普通高等院校"十四五"规划教材

统计学原理与 SPSS 应用

季丽　黄爱玲　主编

何明芳　副主编

立信会计出版社
LIXIN ACCOUNTING PUBLISHING HOUSE

图书在版编目(CIP)数据

统计学原理与 SPSS 应用 / 季丽,黄爱玲主编. —上海:立信会计出版社,2021.5(2025.7 重印)
ISBN 978-7-5429-6839-5

Ⅰ. ①统… Ⅱ. ①季… ②黄… Ⅲ. ①统计分析-软件包-高等学校-教材 Ⅳ. ①C819

中国版本图书馆 CIP 数据核字(2021)第 091268 号

策划编辑　　王艳丽
责任编辑　　王艳丽

统计学原理与 SPSS 应用
TONGJIXUE YUANLI YU SPSS YINGYONG

出版发行	立信会计出版社
地　　址	上海市中山西路 2230 号　　邮政编码　200235
电　　话	(021)64411389　　传　真　(021)64411325
网　　址	www.lixinaph.com　　电子邮箱　lixinaph2019@126.com
网上书店	http://lixin.jd.com　　http://lxkjcbs.tmall.com
经　　销	各地新华书店
印　　刷	常熟市华顺印刷有限公司
开　　本	787 毫米×1092 毫米　　1/16
印　　张	18.25
字　　数	492 千字
版　　次	2021 年 5 月第 1 版
印　　次	2025 年 7 月第 5 次
书　　号	ISBN 978-7-5429-6839-5/C
定　　价	45.00 元

如有印订差错,请与本社联系调换

前　言

　　统计学本质上是一门研究方法论的学科,重在培养学生搜集、整理、分析数据的能力。"统计学"课程是高等院校经济类、管理类专业学生必修的一门重要的专业基础课。《统计学原理与SPSS应用》是根据社会经济和科技发展的需求以及经济管理类高等院校教育培养目标的要求而编写的。

　　本教材主要包括理论和实验两部分内容。理论部分主要包括总论、统计调查、统计整理、综合指标、时间数列、统计指数、抽样推断、相关与回归和假设检验等。实验部分主要采用SPSS软件,介绍了SPSS在数据录入、数据整理与表达、统计绘图制表、描述性统计分析、相关与回归、均值比较分析中的应用。

　　本教材具有以下四个突出特点。

　　(1)理论实用,软件操作易学易练。理论部分概念简明、体系完整、实践性强,每章都通过实际例子导入基本理论和方法,突出理论运用的针对性。实验部分以SPSS20.0(中文版)为基础,以应用实例为主线,以实验操作步骤和结果解释为主要内容,介绍了SPSS软件基本常用的功能,易学易练。

　　(2)体例风格新颖,强调技能训练。本教材突出对学生经济统计方法应用能力的培养,设置了一些生动活泼、趣味性较强的小栏目,如"考考你""举一反三""知识链接"等,以激发学生的学习兴趣。此外,每一章后面还设有案例,案例紧密联系本章理论教学内容,精心设计研讨问题,重点培养学生理论联系实际的能力,使学生学会利用统计方法解决实际问题。

　　(3)重点突出,融入课程思政要求。每一章的开头都设置了"学习目标与要求""能力目标与要求"和"思政目标与要求",方便学生迅速掌握本章学习重点。此外,本教材按照教育部印发的《高等学校课程思政建设指导纲要》要求,在每章中增加了思政德育内容,包括"案例描述"和"案例提示"两部分内容,以期培养学生正确的人生观、世界观和价值观。

　　(4)习题配套齐全,题型丰富。本教材根据每章教学内容设计了题量较大、题型丰富的练习题,包括单选题、多选题、判断题、简答题、计算分析题,以方便学生自我练习,巩固教学内容。

　　季丽、黄爱玲担任本教材主编,负责整体设计、修改、统稿与定稿工作。何明芳担任本教材副主编,负责SPSS实训部分的设计、修改与审校工作。具体编写分工如下:季丽编写了第一、第二、第三、第五、第八章;吴幼园编写了第七章和第九章;叶晨思编写了第四章;王天时编写了第六章;何明芳编写了第十三、第十四、第十五章;龚晗编写了第十章;温旻昊编写了第十一章;黎莉编写了第十二章。课件由张夏祎制作。

作者在编写过程中参考和借鉴了许多其他学者和专家的成果,在此表示深深的谢意。另外,感谢立信会计出版社对本教材出版的大力支持。限于作者水平,书中可能存在疏漏和不妥之处,敬请专家和读者多提宝贵意见。

编　者

2021 年 3 月

目　录 //

第一章 总 论

知识目标与要求

(1) 了解统计的含义、统计的职能。

(2) 理解统计学的研究对象、研究方法和工作过程。

(3) 理解统计学的基本概念和统计指标体系的定义。

(4) 掌握统计数据的类型及各种数据之间的区别。

能力目标与要求

(1) 了解统计学的发展前沿问题。

(2) 学会用统计学的基本方法分析问题。

(3) 学会设计简单的统计指标体系。

思政目标与要求

(1) 建立统计学思维方式,理解统计学是以唯物辩证法为理论基础的。

(2) 学会从质和量的统一结合上全面观察、分析事物的矛盾性、差异性、共同性、规律性及趋势性,学会用数据分析问题。

 课前导读

为什么要学习统计学?我国著名人口学家马寅初先生对这一问题进行了精辟的阐述。他说过,统计即生活,统计即人生。学者不能离开统计而研究,政治家不能离开统计而施政,实业家不能离开统计而执业。另外,从诺贝尔经济学奖的颁奖统计情况同样可以看出统计学的重要意义:诺贝尔经济学奖1969年首次颁奖后,40多次颁奖中绝大多数获奖者都有统计和数学背景。例如,2000年,詹姆斯·赫克曼(James J. Heckman)和丹尼尔·麦克法登(Daniel L. McFadden)因在微观计量经济学领域的贡献而获奖。他们发展了广泛应用于个体和家庭行为实证分析的理论和方法。

2003年,美国人英格尔(Robert F. Engle)和英国人格兰杰(Clive W.J. Granger)因在金融时间序列模型和协整模型等方面的贡献而获奖。瑞典皇家科学院指出,两人的研究成果改变了人们以往对经济增长、价格以及利率等的分析,从而为经济学家提供了一种评估风险的新方法。

我们现代人离不开信息,离不开统计。统计是现代人谋生的手段。据统计,在近百年来最有用的科学中,统计学列前十位。

第一节 统计学概述

一、统计的含义

按《不列颠百科全书》的定义,统计学是一门搜集、分析、表述和解释数据的学科。

统计工作即统计实践活动,是指人们按照调查研究任务,对社会经济现象的数量方面进行搜集资料、整理资料和分析运用资料的工作过程。统计工作一般由专门的统计机构和统计人员负责。

统计资料是指反映社会经济现象特征的各项数字资料和与之有联系的其他包括调查阶段搜集的原始资料,以及经过加工整理和分析后的图表及文字资料等系统资料。统计资料是一种重要的信息,是统计工作的成果。

统计学是研究怎样进行社会经济统计活动的学科,它阐述了人们在研究社会经济现象的数量和数量关系时应该遵循的原理、原则和采用的方法等。

统计工作、统计资料与统计学之间有着密切的联系。统计资料是统计工作的成果,是人们对社会经济现象进行统计研究的基础。统计学是统计工作的经验总结,统计学来源于实践,又高于实践,起着指导和引领统计工作的作用。统计工作要以统计学的理论为指导,并检验和发展统计理论。

二、统计学的研究对象

统计学的研究对象是指统计研究所要认识的客体。一般来说,统计学的研究对象是各种社会经济现象总体的数量,以及通过这些数量反映出来的客观现象发展变化的规律性。什么是社会经济现象? 例如,工业、农业、商业、交通运输业等现象都可以理解为社会经济现象。什么是数量? 例如,经济现象的规模、水平、速度、比例、结构、普遍程度等都可以理解为数量。

统计学研究对象的特点包括如下几项。

1. 数量性

数量性是统计学研究对象的基本特点。数字是统计的语言,数据资料是统计的"原料"。一切客观事物都有质和量两个方面,事物的质与量密切联系、共同规定着事物的性质。没有无量的质,也没有无质的量。一定的质,规定着一定的量;一定的量,也表现为一定的质。但从认识的角度来看,质和量是可以区分的,人们可以在一定的质的情况下,单独地研究事物的量,即通过认识事物的量进而认识事物的质。因此,事物的数量是我们认识客观现实的重要方面,即通过分析研究统计数据资料掌握统计对象的规律性,我们就可以达到统计分析研究的目的。例如,要研究国内生产总值的发展变化情况,就要对其数量、构成及数量变化趋势等进行分析,这样才能正确地分析和研究国内生产总值的规律性。

2. 总体性

统计学是以客观现象总体的数量作为研究对象的。统计学研究的对象是社会经济领域中各种经济现象总体的数量,即统计学通过对总体普遍存在着的事实进行大量观察和综合分析,从而得出反映现象总体的数量特征和规律性。社会经济现象的数据资料和数量对比关系等,一般是在一系列复杂因素的影响下形成的。在这些因素当中,有起着决定和普遍作用的主要因素,也有起着偶然和局部作用的次要因素。由于种种原因,在不同的个体中,它们相互结合的方式和实际发生的作用都不可能完全相同。所以,每个个体都具有一定的随机性质,而由足够多个体组成的总体又具有相对稳定的共同趋势,显示出一定的规律性。研究总体的统计数据资料,不排除对个别事物的深入调查研究,但它是为了更好地分析研究事物总体的统计规律性。

3. 具体性

统计学研究的是社会经济领域中具体现象的数量,但它不是纯数量的研究,是具有明确的现实含义的,这一特点是统计学与数学的"分水岭"。数学是研究事物的抽象空间和抽象数量的学科,而统计学研究的数量是客观存在的、具体实在的数量表现。统计研究对象的这一特点,也正是统计工作必须遵循的基本原则。正因为统计研究对象是客观存在的、具体实在的数量表现,它才能独立于客观世界,不以人们的主观意志为转移。统计资料作为主观对客观的反映,只有如实地反映具体的已经发生的客观事实,才能为我们进行统计分析研究提供可靠的基础,才能分析、探索和掌握事物的统计规律性。虚假的统计数据资料是不能成为统计数据资料的,因为它违背了统计研究对象的这一特点。

4. 变异性

统计研究对象的变异性是指构成统计研究对象的总体各单位,在某一方面必须是同质的,但在其他方面又要有差异,而且这些差异并不是由某种特定的原因事先给定的。也就是说,总体各单位除了必须有某一共同标志表现作为它们形成统计总体的客观依据,还必须要在所要研究的标志上存在变异的表现。

三、统计的职能

统计具有三大职能,即信息职能、咨询职能和监督职能。

(一)信息职能

统计的信息职能是指统计部门根据科学的统计指标体系和统计调查方法,灵敏、系统地采集、处理、传输、贮存和提供大量的以数据描述为基本特征的社会经济信息。

(二)咨询职能

统计的咨询职能是指利用已经掌握的丰富的统计信息资源,运用科学的分析方法和先进的技术手段,深入地开展综合分析和专题研究,为科学决策和管理提供各种可供选择的咨询建议与对策方案。

(三)监督职能

统计的监督职能是指根据统计调查和分析,及时、准确地从总体上反映经济、社会和科技的运行状态,并对其实行全面、系统的定量检查、监测和预警,以促使国民经济按照客观规律的要求,持续、稳定、协调地发展。

统计的这三种职能是相互联系、相互作用、相互促进、相辅相成的。信息职能是保证咨询职能和监督职能有效发挥的基础,是统计最基本的职能;咨询职能是信息职能的延续和深化;而监督职能则是在信息职能和咨询职能基础上的进一步拓展,并促进统计信息职能和咨询职能的优化,监督职能是保障国民经济平稳运行的重要职能。

第二节 统计学的研究方法

一、统计工作的过程

一个完整的统计工作过程主要包括统计设计、统计调查、统计整理和统计分析四个方面。

（1）统计设计是指对统计工作的各个方面和各个环节进行通盘的考虑和全面安排。统计设计包括：根据统计任务制定统计指标和指标体系；对统计对象进行分组和分类；制定搜集资料与整理资料的方法、步骤；安排统计工作中各个部门各个阶段的衔接与协调；等等。统计设计是统计工作的前期工程，它决定了统计工作的全面布置，关系到统计工作过程的各个环节。所以，统计设计是一项很重要而且复杂的工作。

（2）统计调查是指根据统计研究的目的、任务，采用各种调查方式和方法，有组织、有计划地对被研究总体的各个单位进行观察登记、搜集原始资料的过程。对个体单位的认识逐步过渡到对总体的认识，是统计认识活动的一个重要特点。因此，统计调查是认识事物的起点。统计调查所搜集的原始资料是统计整理和统计分析的基础和前提，是决定整个统计工作质量的关键。

（3）统计整理是指对调查资料加以科学汇总，使之条理化、系统化的工作过程。这一阶段的任务就是根据研究目的，按一定的标志将调查资料进行分组，并全面地综合汇总，从而使调查资料便于研究分析。所以，这一阶段是统计研究的一个中间环节。

（4）统计分析是指对经过加工整理的统计资料应用各种统计分析方法，从静态和动态方面进行基本的数量分析，并根据分析研究的结果得出判断和结论，以认识和揭示社会经济现象的内在联系和规律性的工作过程。统计分析是统计充分发挥信息职能作用的关键阶段，因为通过统计调查、统计整理所得到的统计数据，虽然能够描述被研究现象总体的状况，但是不能说明事物的内在联系，不能回答事物发展变化的原因、影响因素、发展的趋势和规律性。因此，统计分析可以使我们对事物的认识从感性认识上升到理性认识。

二、统计学的研究方法

统计研究的基本方法主要有大量观察法、分组法、综合分析法和归纳推断法。

（一）大量观察法

大量观察法是指对所要研究事物的全部或是足够多数的单位进行观察的方法。这是由统计研究对象的大量性和复杂性决定的。复杂的社会经济现象是由许多个别现象在多因素综合作用下形成的，任何个别事物都处在相互联系、相互制约的统一整体中，不可能脱离整体而孤立存在。这些个别事物的特征及其数量表现有很大差别，我们不能任意抽取个别的少量个别事物进行观察，必须在对被研究对象的全面分析基础上确定调查对象的范围，观察全部或足够多数的调查单位，这样才能对客观现象的规律性有所了解。所以，大量观察法是统计研究的基本方法之一。运用大量观察法对同类社会经济现象进行调查和综合分析，可以将现象中次要的、偶然的因素作用排除掉，主要研究大量的、共同起作用的因素对现象总体的影响，从中探寻其呈现的规律性。

（二）分组法

分组法是指根据所研究事物总体的特点和统计研究任务，按一定标志把总体划分为若干个性质不同的组或类型的一种统计方法。利用统计分组法可以做以下两项工作：一是将通过大量观察得到的、反映错综复杂和多种类型的社会经济现象资料划分为不同类型，以确定所研究现象的同质总体；二是将同质总体中的单位区分为若干个小总体（组），以反映总体内部的分布特征。上述两项工作为统计资料的加工整理和统计分析奠定了基础。

（三）综合分析法

综合分析法是指运用多种综合指标和多种分析手段，根据现象间的相互联系对其进行全面概括的一种分析方法。

常用的综合分析指标有总量指标、相对指标、平均指标、标志变异指标、速度指标和统计指数等。综合分析则是指对综合指标进行分解和对比分析，以研究总体的差异程度和数量关系。

常用的综合分析方法有动态趋势分析法、因素影响分析法、相关与回归分析法和综合平衡法等。

（四）归纳推断法

归纳推断法是归纳法和推断法的统称。归纳法是指由个别到一般，由案例到概括的推理方法。从个别到一般是统计研究应遵循的重要原则之一。

统计研究的四种基本方法并不是孤立存在的，它们之间相互联系、相辅相成，从而构成一个完整的统计研究方法体系。综合分析法和分组法是相互依存、密不可分的。统计分组的目的是正确运用综合指标研究社会经济现象的质和量。综合指标离不开科学的统计分组。如果没有科学的分组，综合指标则往往会掩盖总体内部的差异，成为笼统的指标。综合分析法和分组法是建立在大量观察法的基础上的。归纳推断法是统计研究的进一步深化，通过归纳推断所得出的结论也是建立在前三种基本方法基础上的。同时，只有更多地运用归纳推断法，统计研究的领域才能更广泛。

▶ **知识链接**

表 1.1 经济成分分类与代码

代码	分类及构成	代码	分类及构成
1	公有经济	2	非公有经济
11	国有经济	21	私有经济
12	集体经济	22	港澳台经济
		23	外商经济

三、统计学的理论基础与方法论基础

（一）统计学的理论基础

政治经济学对统计学具有理论上的指导意义。统计学要以政治经济学阐明的社会经济发展规律为理论基础，进行统计调查、分组、整理统计资料和统计分析。同时，设计统计指标与指标体系、确定指标含义、设计统计标准，也应以政治经济学所阐明的概念、经济理论与经济范畴为依据。

（二）统计学的方法论基础

辩证唯物主义是人类认识世界所依据的最根本的方法论和世界观，它也是人类认识客观事物发展变化的根本方法。社会经济统计学是研究社会经济现象总体数量特征的一门方法论科学，必须将马克思辩证唯物主义作为它的方法论基础。以辩证唯物主义为基础来研究统计对象的性质与特点是统计学专门的研究方法。

数学是统计科学方法的理论依据之一。在统计学当中，不少计算公式和模型都是利用数学理论设计的。数学在不断地变革、充实并完善着统计学的研究方法。同时，统计学更积极地吸收系统论、信息论与控制论等新兴学科的观点、方法及其基本原理。例如，统计方法运用电子计算机来实现，大大提高了统计的科学性。

第三节　统计学的基本概念

一、统计总体和总体单位

（一）统计总体

1. 统计总体的概念

统计总体是指由客观存在的、具有某种共同性质的许多个别单位所构成的整体，简称总体。例如，要研究广东省民办高校的教学情况，广东省所有的民办高校就构成了统计总体；要研究福建省石狮市服装企业的生产经营情况，石狮市所有的服装企业就构成了统计总体。

2. 统计总体的分类

统计总体按照不同的分类标准有不同的分类方法。

按照总体单位数是否可计量，统计总体分为无限总体和有限总体。无限总体是指统计总体中包括的单位数是无限的，是不可计量的。有限总体即总体中包括的单位数是有限的，是可以计量的。对于有限总体，既可以进行全面调查，也可以抽样调查。对于无限总体，只能进行抽样调查，根据样本数据推断总体。

按照总体单位是否属于不同时间范畴，统计总体分为静态总体和动态总体。静态总体所包含的各个单位在同一个时间范畴内。动态总体所包含的各个单位则不在同一时间范畴内。

3. 统计总体的特征

（1）大量性。统计总体一般是由许多单位组成的，个别单位或为数极少的单位不足以构成总体。因为个别单位的数量表现可能是各种各样的，只对少数单位进行观察，其结果难以反映现象总体的一般特性。总体的综合数量特征是客观规律在一定条件下发生作用的结果，只有在大量事物的普遍联系中才能表现出来。

（2）同质性。构成总体的各个单位必须具有某种共同的性质。性质不同、成分各异的多个单位不能成为统计总体。同质性是构成统计总体的必要条件。只有组成总体的各个单位是同质的，我们才能通过观察、研究个体的数量特征，归纳、揭示出总体的综合特征和规律性。

（3）差异性。虽然构成总体的各个单位必须在某一方面具有同质性，但同时它们在其他方面又必须具有差异，因为有差异才有必要进行统计研究。

（二）总体单位

总体单位是指构成统计总体的个别事物。原始资料最初就是从各个总体单位取得的，总体单位是各项统计数字最原始的承担者。

（三）统计总体和总体单位的关系

统计总体和总体单位是相对而言的，根据研究目的的不同，它们之间可以互相转化，即总体单位可以转化为总体，总体也可以转化为总体单位。例如，如果研究广东省民办高校的教学情况，那么广东省所有的民办高校就是统计总体，广东省每一所民办高校就是总体单位；如果研究广东省某一所民办高校的办学情况，那么这所高校就不再是总体单位，而是统计总体了。

二、统计标志和统计指标

（一）统计标志

1. 统计标志的定义

统计标志简称标志，是指总体中各单位所共同具有的属性和特征。或者说，标志是说明总体单位属性和特征的名称。例如,要研究某市零售商业企业的经营情况,统计总体是该市所有零售商业企业,总体单位是该市的某一家零售商业企业,某一家零售商业企业的年销售额、费用额等都是统计标志。

2. 统计标志的分类

统计标志按照不同的分类标准有不同的分类方法。

(1)标志按照表现形式不同,分为数量标志和品质标志。数量标志表明总体单位数量方面的特征,是可以用数值表示的。例如,某高校 2021 级一班会计专业 40 位同学构成一个统计总体,每名学生的身高、体重等是数量标志,表明总体单位数量方面的特征。又如,职工年龄、工资、工龄等也是数量标志。品质标志表明总体单位属性方面的特征,是不能用数值表示的。上例中,每名学生的家庭住址、每名学生的性格等,都是品质标志,反映总体单位属性方面的特征。又如,职工的性别、民族、工种等也是品质标志。品质标志主要用于分组,将性质不相同的总体单位划分开来,便于计算各组的总体单位数,计算结构和比例指标。数量标志既可用于分组,也可用于计算标志总量以及其他各种质量指标。

(2)标志按照变异情况不同,分为不变标志和可变标志。当某一标志的具体表现在各个总体单位中均相同时,则这个标志称为不变标志。不变标志是使许多个别单位结合为统计总体的前提,体现为总体的同质性。一个总体必须有一个或几个不变标志。可变标志是指各个总体单位不尽相同的那些标志,即一个总体具有若干个可变标志。例如,我国第七次人口普查规定:人口普查的对象是具有中华人民共和国国籍并在中华人民共和国境内常住的人。按照这一规定,在作为调查对象的人口总体中,国籍和在境内居住是不变标志,而性别、年龄、民族、职业等则是可变标志。不变标志是构成统计总体的基础,因为至少必须有一个不变标志将各总体单位联系在一起,才能使它们构成一个总体。可变标志是统计研究的主要内容,因为如果各总体单位的标志都相同,那就没有进行统计分析研究的必要了。

(二)标志表现

统计标志表明总体单位所共同具有的属性和特征,而标志表现是标志特征在各单位的具体体现。如果说标志是统计所要调查的项目,那么标志表现就是调查所得结果和标志的实际体现。例如,某职工的性别为女,年龄为 42 岁,民族为汉族。这里"女""42 岁""汉族"就是性别、年龄、民族的具体体现,即标志表现。

标志表现是标志在各个单位中的具体表现。标志表现有品质标志表现和数量标志表现之分。品质标志表现只能用文字表述,因此不能转化为统计指标,但当对其对应的单位进行总计时,它可以形成统计指标。数量标志表现为一个具体数值,也称标志值。

就一个品质标志或数量标志而言,其具体表现可能多种多样,不能将标志与标志表现混为一谈。例如,对 3 个工人的月工资计算平均数,只能说是对 3 个标志表现或 3 个标志值(变量值)计算平均数,不能说对 3 个数量标志计算平均数,因为数量标志只有一个,即"工人月工资"。

(三)统计指标

1. 统计指标的定义

统计指标是一个反映社会经济现象总体综合数量特征的概念。统计指标属于十分重要的统计学基本范畴。统计指标通常表现为指标名称和指标数值两部分内容。但是,在没有进行实际统计时,指标名称也称为统计指标。例如,年末全国人口总数、全年国内生产总值、国民生产总值、年度总增长率等都是统计指标。又如,2019 年年末我国总人口数为 140 005 万人,比去年同期增加 467 万人;2019 年我国国内生产总值为 990 865 亿元,比去年同期增长 6.1%[①]。这些都是统计指标。

---

① 此类统计均未包含港澳台地区数据,全书同。

由于统计指标反映的是一定社会经济范畴的内容,因此,一方面统计指标的确定必须以经济理论对社会经济范畴所作的一般概括为基础,即要以经济理论为指导,科学地设置统计指标;另一方面统计指标又必须是对社会经济范畴的进一步具体化,确切地反映社会经济现象的数量关系。例如政治经济学对劳动生产率这个经济范畴作了一般的概括说明,即劳动生产率是表明单位劳动时间所创造的使用价值。但当劳动生产率作为一个统计指标时,就必须明确其劳动时间是指工人的劳动时间还是企业全体职工的劳动时间,即确定是工人劳动生产率还是全员劳动生产率。

统计指标一般由指标名称和指标数值构成。但是一个完整的统计指标构成要素除了指标名称和指标数值,还应该包括统计指标所属的时间、范围、口径、计量单位等。

2. 统计指标的特点

统计指标一般具有以下三个特点。

(1) 数量性。统计指标的数量性是指统计指标都是可以用数值来表现的,这是统计指标最基本的特点。统计指标所反映的就是客观现象的数量特征,这种数量特征是统计指标存在的形式,没有数量特征的统计指标是不存在的。

(2) 综合性。统计指标的综合性是指统计指标既是大量同质个别单位的总计,又是许多个体现象数量综合的结果。统计指标的形成都必须经过从个体到总体的过程,即通过个别单位数量差异的抽象化来体现总体综合数量的特点。

(3) 具体性。统计指标的具体性有两方面的含义:一是统计指标不是抽象的概念和数字,而是一定的具体的社会经济现象的量的反映,是在质的基础上的量的集合。这一点使社会经济统计和数理统计相区别。二是统计指标说明的是客观存在的、已经发生的事实,它反映了社会经济现象在具体地点、时间和条件下的数量变化。这一点是它和计划指标的区别。

3. 统计指标的分类

(1) 统计指标按其说明总体现象的内容不同,可分为数量指标和质量指标。

数量指标是指反映社会经济现象总规模水平和工作总量的统计指标,一般用绝对数表示,如职工人数、工业总产值、工资总额等。

质量指标是指反映总体相对水平或平均水平的统计指标,一般用相对数或平均数表示,如计划完成程度、平均工资等。

(2) 统计指标按照其表现形式不同,可以分为总量指标、相对指标和平均指标。

总量指标是反映现象总体规模的统计指标,通常以绝对数的形式来表现,因此它又称为绝对数指标,如土地面积、国内生产总值、财政收入等。总量指标按其反映的时间状况不同又可以分为时期指标和时点指标。时期指标又称时期数,它反映的是某一经济现象在一段时期内的总量,如产品产量、能源生产总量、财政收入、商品零售额等。时期数通常可以累计,从而得到更长时期内的总量。时点指标又称时点数,它反映的是某一经济现象在某一时刻上的总量,如年末人口数、科技机构数、公司员工数、股票价格等。时点数通常不能累计,各时点数累计后没有实际意义。

相对指标又称相对数,是两个绝对数之比,如经济增长率、物价指数、全社会固定资产增长率等。相对数的表现形式通常为比例和比率两种。

平均指标又称平均数或均值,它反映的是某一经济现象在某一空间或时间上的平均数量状况,如人均国内生产总值、人均利润等。

(3) 统计指标按其功能作用的不同,可分为描述指标、评价指标和预警指标。

描述指标是指反映社会经济现实状况、社会生产活动的过程和结果的统计指标,如人口总数、国内生产总值、财政收入与支出、土地面积、失业人口数、高校数量等。这类指标是对社会经济情况的基本认识,是统计信息的主体。

评价指标是指对社会经济活动的结果进行比较、评价、考核,用于检查工作质量和经济效益的指标,如劳动生产率、成本费用率、资产负债率、总资产贡献率、国内生产总值增长速度等。评价指标一般应该与标准进行对比使用,如和计划、定额,其他国家、地区、企业数据进行比较。

预警指标是指用于宏观经济运行的监测指标,即人们可以根据指标数值的变化,预测国民经济将要出现的不平衡、突变事件,如通货膨胀率、失业率、利率、汇率等。这类指标对国民经济的发展和社会稳定具有重要的作用。

(四)统计标志与统计指标的区别与联系

1. 统计标志与统计指标的区别

(1)含义不同。统计标志是说明总体单位特征的,统计指标是说明统计总体特征的。

(2)表现形式不同。统计指标必须是可计量的,统计标志未必都是可计量的。统计标志有用文字表示的品质标志和用数字表示的数量标志;统计指标则都是用数值表示的,没有不能用数值表示的统计指标。

(3)性质不同。统计指标具有综合性,而统计标志一般不具有综合性。

2. 统计标志与统计指标的联系

(1)汇总关系。统计指标的数值一般是由总体单位的数量标志值综合汇总而来的。

(2)变换关系。统计标志与统计指标之间存在着变换关系,如果统计的研究目的发生变化,原来的统计总体成了总体单位,则相应的统计指标也就变为数量标志。反过来,如果原来的总体单位变成统计总体,则相应的数量标志也就成了统计指标。

▶ **知识链接**

采购经理指数(PMI)是指通过对企业采购经理的月度调查结果统计汇总、编制而成的指数。它涵盖了企业采购、生产、流通等各个环节,包括制造业和非制造业领域,是国际上通用的监测宏观经济走势的先行性指数之一,具有较强的预测、预警作用。PMI 是反映当期全行业(制造业和非制造业)产出变化情况的综合指数。当 PMI 高于 50% 时,说明经济总体较上月扩张;低于 50% 则说明经济总体较上月收缩。

三、变异、变量与变量值

变异就是可变标志在总体各个单位中的具体表现。变异是普遍存在的,有变异才需要统计。客观事物的变异是统计分组和统计分析的基础。

变量是指可变的数量标志和全部的统计指标。变量的数值表现就是变量值,即可变数量标志或统计指标的不同取值。例如,大学生的年龄、身高、体重,商业企业的销售额、利润、费用、职工人数等都是变量。

变量按其取值是否连续,可以分为连续型变量和离散型变量。连续型变量的各个变量值是连续不断的,相邻的两个数值之间可以作无限分割,即可用小数表示。例如,大学生的年龄、身高、体重等都是连续型变量。离散型变量的各个变量值不能用小数表示,只能用整数表示。例如,学生人数、职工人数、企业个数、企业设备台数、医院个数等都是离散型变量。

变量的数值表现就是变量值。例如,商品销售额可以是 20 万元、30 万元、50 万元等,这些数字就是变量值。

第四节 统计指标体系

一、统计指标体系的定义

一个统计指标只能反映社会经济现象某一侧面的特征,说明一个简单现象的数量关系,而社会经济现象是一个复杂的整体,各类现象之间又存在着相互联系和相互制约的关系。因此,我们需要采用一套相互联系的统计指标来反映社会现象各个方面的特征以及事物发展的全过程,从而说明复杂现象的数量关系。这些由若干个相互联系的统计指标组成的整体,称为统计指标体系。

具体来讲,统计指标体系是由各种互相联系的指标群构成的整体,它可以说明所研究的社会经济现象各方面互相依从和互相制约的关系。

统计指标体系根据统计任务的需要,能够全面地反映统计对象的数量特征、数量关系和互相联系。例如,全面实现小康社会的评价指标体系、企业财务分析指标体系都是统计指标体系。

二、统计指标体系的分类

(一) 按统计指标体系反映的范围不同分类

按统计指标体系反映的范围不同,它可分为宏观指标体系和微观指标体系。宏观指标体系是指反映全国范围社会经济现象数量特征的指标体系,如我国国民经济核算体系中建立的统计指标体系、反映全国工业状况的指标体系等。微观指标体系是指反映基层单位运行和经营管理情况的指标体系,如反映一个科研单位基本情况的指标体系,等等。

(二) 按统计指标体系反映内容的不同分类

按统计指标体系反映内容的不同,它可分为国民经济指标体系、社会指标体系及科学技术指标体系。国民经济指标体系是反映整个社会生产、流通、分配、消费等社会再生产过程和条件的指标体系,如我国按照建立社会主义市场经济的要求建立的国民经济核算基本框架指标体系。社会指标体系是以人们物质文化生活为中心,反映社会状况的指标体系,如人口统计的指标体系、居民收入和消费的指标体系等。科学技术指标体系是反映科学技术发展水平及变化等情况的指标体系,如开展科学技术活动的人力、物力、财力条件以及科研成果的数量及质量等指标体系。

(三) 按统计指标体系作用的不同分类

按统计指标体系作用的不同,它可分为基本指标体系和专题指标体系。基本指标体系是指由反映社会经济基本情况的主要指标所构成的指标体系,如我国国民经济核算基本框架形成的指标体系。专题指标体系是指反映某一方面社会经济问题的指标体系,如能源指标体系、运输指标体系、教育指标体系等。

▶ **知识链接**

企业财务分析指标体系主要包括下面一些指标。

1. 偿债能力

(1) 短期偿债能力指标:流动比率、速动比率、现金流动负债比率。

(2) 长期偿债能力指标:资产负债率、产权比率、已获利息倍数、长期资产适合率。

2. 营运能力

(1) 流动资产周转情况指标：①应收账款（应收账款周转率、应收账款周转天数）；②存货（存货周转率、存货周转天数）；③流动资产（流动资产周转率、流动资产周转天数）。

(2) 固定资产周转情况指标：固定资产周转率（次）。

(3) 总资产周转情况指标：总资产周转率（次）。

3. 盈利能力

(1) 主营业务利润率。

(2) 成本费用利润率。

(3) 总资产报酬率。

(4) 净资产收益率。

(5) 社会贡献率。

(6) 社会积累率。

4. 发展能力

(1) 营业收入增长率。

(2) 总资产增长率。

(3) 固定资产成新率（固定资产净值率）。

5. 分析体系

(1) 净资产收益率。

(2) 总资产净利率。

(3) 权益乘数。

6. 价值分析

(1) 市盈率（倍数）。

(2) 股利收益率。

(3) 市净率（倍数）。

本章几个重要概念之间的相互关系如表 1.2 所示。

表 1.2　几个重要概念之间的相互关系

统计总体	总体单位	标　志	变异	变　量	变　量　值	指标
某市商业企业	该市每一家商业企业	某一家商业企业 不变标志—商业企业 可变标志 行业：五金、百货、糖酒 〕品质标志 经营品种：电视机、图书 职工人数 销售额 〕数量标志	某一家商业企业 销售额： 1月 2月 3月 销售主要品种： 甲商品 乙商品	某一家商业企业 连续型 销售额 购进额 离散型 职工人数 电视机销售数量	全市商业企业汇总 商业企业数 3 000 家 职工人数 36 万人 销售额 1 500 亿元 〕数量指标 完成计划百分比 平均每人销售额 劳动效率 〕质量指标	数量指标 质量指标

主要知识点

```
                    ┌ 统计工作
        统计的含义 ─┤ 统计资料
                    └ 统计学
                            ┌ 数量性
                            │ 总体性
        统计学研究对象的特点 ┤ 具体性
                            └ 变异性
                    ┌ 信息职能
        统计的职能 ─┤ 咨询职能
                    └ 监督职能
                        ┌ 统计设计
                        │ 统计调查
        统计工作的过程 ─┤ 统计整理
                        └ 统计分析
                        ┌ 大量观察法
                        │ 分组法
        统计学的研究方法 ┤ 综合分析法
                        └ 归纳推断法

总论 ─┤                                              ┌ 有限总体
                        ┌ 统计总体 ┬ 按照是否可计量分 ┤ 无限总体
                        │          │                  ┌ 静态总体
                        │          └ 按照时间不同分 ──┤ 动态总体
                        │ 总体单位                     └
                        │                              ┌ 数量标志
                        │ 统计标志 ┬ 按照表现形式不同分 ┤ 品质标志
                        │          │                    ┌ 不变标志
                        │          └ 按照变异情况不同分 ┤ 可变标志
        统计学的基本概念 ┤                              ┌ 数量指标
                        │          ┌ 按照内容不同分 ──┤ 质量指标
                        │          │                  ┌ 总量指标
                        │ 统计指标 ┤ 按照表现形式不同分 ┤ 相对指标
                        │          │                  └ 平均指标
                        │          │                  ┌ 描述指标
                        │          └ 按功能作用的不同分 ┤ 评价指标
                        │                              └ 预警指标
                        │ 变异
                        │ 变量 ┬ 连续变量
                        └      └ 离散变量
                                                          ┌ 宏观指标体系
                        ┌ 按指标体系反映的范围不同分类 ──┤ 微观指标体系
                        │                                  ┌ 国民经济指标体系
        统计指标体系 ───┤ 按指标体系反映内容的不同分类 ──┤ 社会指标体系
                        │                                  └ 科学技术指标体系
                        │                                  ┌ 基本指标体系
                        └ 按指标体系作用的不同分类 ──────┤ 专题指标体系
```

关于征集对幸福广东指标体系意见的启事

编制幸福广东指标体系是落实"加快转型升级、建设幸福广东"要求的重大举措。幸福是一个内涵丰富的概念,建设幸福广东是一个共建共享并不断深化的长期过程。开展幸福广东指标体系的研究和编制,是促进建设幸福广东的一个手段,目的是引导全社会不断深化对幸福的认识,并以此汇聚民意、凝聚建设幸福广东的共识,激发全社会研究和探索幸福广东建设路径的热情,引导各级党委政府以群众幸福为工作导向。目前的幸福广东指标体系框架是我们根据之前民意征集结果,借鉴国内外的研究成果和经验,结合省委省政府现阶段中心工作以及各方面意见初步拟定的框架。该指标体系力求体现广东特色,既重视物质生活,又重视精神需求;既重视全社会普遍的幸福需求,更重视工农群众的幸福需求,进一步拓宽群众表达诉求幸福的渠道,帮助我们不断改进工作。该指标体系包括客观指标和主观指标两部分:客观指标部分体现在"建设幸福广东评价指标表"内,突出推动各级政府围绕"建设幸福广东"改进有关工作,增进民生福祉;主观指标部分体现在"广东群众幸福感测评指标表"内,用于反映群众对幸福广东建设实现程度的感受。编制幸福广东指标体系是一个不断修改完善的过程。该指标体系将根据社会公众的意见修改完善,经进一步论证后公布实施。指标体系发布后,我们还将根据人们对幸福认识的深化以及建设幸福广东的实践,适时地对指标体系进行动态调整。

请您踊跃参与本次意见征集活动,对幸福广东指标体系以及我们下一步工作提出宝贵意见。具体意见请发送到电子邮箱 jw_ghc@gd.gov.cn,或通过南方网、金羊网、奥一网、南方日报网、省政府门户网站及省发展改革委门户网站以留言形式提出。

感谢您的支持。

幸福广东指标体系编制领导小组办公室

建设幸福广东评价指标表(征求意见稿)

该部分指标用于突出推进各级政府围绕"建设幸福广东"改进有关工作,增进民生福祉,请您对这些指标的设置是否合适提出意见。

编号	一级指标	权重	编号	二级指标	权重(%)	您的意见
A	就业和收入	14%	A1	农村居民人均纯收入	20	合适　不合适
			A2	城镇单位职工平均工资	20	合适　不合适
			A3	城镇最高、最低组别收入比	15	合适　不合适
			A4	农村最高、最低组别收入比	15	合适　不合适
			A5	劳动者报酬占 GDP 比重	15	合适　不合适
			A6	城镇零就业家庭占城镇家庭总户数比重	15	合适　不合适
B	教育和文化	10%	B1	高中阶段教育毛入学率	20	合适　不合适
			B2	义务教育规范化学校达标率	20	合适　不合适
			B3	职业技能培训人数占从业人员比重	20	合适　不合适

（续表）

编号	一级指标	权重	编号	二级指标	权重（%）	您的意见	
B	教育和文化	10%	B4	每万人拥有公共文化设施面积	20	合适	不合适
			B5	年人均参与文化活动次数	20	合适	不合适
C	医疗卫生和健康	10%	C1	人均预期寿命	25	合适	不合适
			C2	每千人口医疗机构床位数	15	合适	不合适
			C3	基层医疗机构门急诊量占比	15	合适	不合适
			C4	人均拥有公益性体育场地设施面积	15	合适	不合适
			C5	城乡居民国民体质达标率	15	合适	不合适
			C6	城乡居民平均休闲时间	15	合适	不合适
D	社会保障	12%	D1	每万人拥有收养性社会福利单位床位数	20	合适	不合适
			D2	城乡基本养老保险覆盖率	20	合适	不合适
			D3	城乡三项基本医疗保险参保率	20	合适	不合适
			D4	外来务工人员工伤保险覆盖率	20	合适	不合适
			D5	最低生活保障标准与城乡人均消费支出比例	20	合适	不合适
E	消费和住房	12%	E1	居民消费价格指数	30	合适	不合适
			E2	城镇发展型消费占消费支出比重	15	合适	不合适
			E3	农村发展型消费占消费支出比重	15	合适	不合适
			E4	农村低收入住房困难户住房改建完成率	20	合适	不合适
			E5	城镇保障性住房任务完成率	20	合适	不合适
F	公用设施	7%	F1	农村饮用水安全普及率	25	合适	不合适
			F2	行政村通客运班车率	25	合适	不合适
			F3	城市每万人公交车辆拥有量	25	合适	不合适
			F4	每万人拥有城乡社区服务设施数	25	合适	不合适
G	社会安全	10%	G1	各类生产安全事故死亡率	25	合适	不合适
			G2	食品和药品安全指数	35	合适	不合适
			G3	万人治安和刑事警情数	40	合适	不合适
H	社会服务	7%	H1	每万人持证社工人数	25	合适	不合适
			H2	弱势人群救助覆盖率	25	合适	不合适
			H3	行政效能有效投诉量	25	合适	不合适
			H4	信访案件按期办结率	25	合适	不合适
I	权益保障	8%	I1	涉及民生重大决策的民调率和听证率	20	合适	不合适
			I2	行政复议案件按时办结率	20	合适	不合适
			I3	法院案件法定审限内结案率	20	合适	不合适
			I4	村（居）务公开民主管理示范达标率	20	合适	不合适
			I5	劳动人事争议仲裁结案率	20	合适	不合适

（续表）

编号	一级指标	权重	编号	二级指标	权重(%)	您的意见
J	人居环境	10%	J1	森林覆盖率(达标率)	10	合适　不合适
			J2	城市人均公园绿地面积	15	合适　不合适
			J3	村庄规划实施覆盖率	15	合适　不合适
			J4	城市全年空气二级以上天数比例	15	合适　不合适
			J5	生活垃圾处理率	15	合适　不合适
			J6	城镇生活污水处理率	15	合适　不合适
			J7	水功能区水质达标率	15	合适　不合适

其他意见

广东群众幸福感测评指标表(征求意见稿)

序号	一级指标	二级指标	您的意见
1		对个人幸福程度的总体评价	1　2　3　4　5
2	个人发展	工作状况满意度	1　2　3　4　5
3		收入状况满意度	1　2　3　4　5
4		个人发展前景预期满意度	1　2　3　4　5
5		社会地位认可程度	1　2　3　4　5
6	生活质量	教育状况满意度	1　2　3　4　5
7		社会保障水平满意度	1　2　3　4　5
8		医疗服务水平满意度	1　2　3　4　5
9		住房状况满意度	1　2　3　4　5
10		交通出行状况满意度	1　2　3　4　5
11		社区(村)服务设施满意度	1　2　3　4　5
12		体育健身满意度	1　2　3　4　5
13		必要休闲时间保障程度	1　2　3　4　5
14	精神生活	人际社交满意度	1　2　3　4　5
15		家庭和谐度	1　2　3　4　5
16		娱乐生活满意度	1　2　3　4　5
17		文化生活满意度	1　2　3　4　5
18	社会环境	生产或创业环境满意度	1　2　3　4　5
19		社会诚信度	1　2　3　4　5
20		消费环境满意度	1　2　3　4　5
21		社会治安满意度	1　2　3　4　5
22		社会文明状况满意度	1　2　3　4　5
23		食品药品安全满意度	1　2　3　4　5

（续表）

序号	一级指标	二级指标	您的意见
24	社会公平	诉求表达渠道满意度	1 2 3 4 5
25		司法公正满意度	1 2 3 4 5
26		民主决策参与程度	1 2 3 4 5
27		选举权利保障程度	1 2 3 4 5
28	政府服务	政府工作效率满意度	1 2 3 4 5
29		政府服务态度满意度	1 2 3 4 5
30		突发事件处理满意度	1 2 3 4 5
31		政务公开满意度	1 2 3 4 5
32	生态环境	饮用水质量满意度	1 2 3 4 5
33		空气质量满意度	1 2 3 4 5
34		卫生状况满意度	1 2 3 4 5
35		绿化建设满意度	1 2 3 4 5

其他意见

"您的意见"分为5个等级：1为很满意；2为满意；3为比较满意；4为不满意；5为很不满意。

资料来源：广东省人民政府网站。

研讨问题

1. 你的幸福观是什么？
2. 你认为广东省设计的幸福指标体系是否科学合理，你有补充意见吗？
3. 根据你感兴趣的问题设计一套指标体系。

思政德育课堂

1. 案例描述

2019年以来，国家统计局直接查处89起案件，共处分处理统计违纪违法责任人员1 289名，其中党纪政务处分744人，其他组织处理545人。在受到党纪政务处分的人员中，党纪处分338人，政务处分632人，其中有226人同时受到党纪和政务处分。

在受到党纪处分的人员中，厅局级干部29人，包括地方党政领导干部25人、统计机构3人、其他部门1人，其中警告19人、严重警告9人、开除党籍1人；县处级干部109人，包括地方党政领导干部80人、统计机构16人、其他部门13人，其中警告58人、严重警告36人、撤销党内职务9人、留党察看1人、开除党籍5人；乡科级及以下干部191人，包括地方党政领导干部56人、统计机构63人、其他部门72人，其中警告68人、严重警告103人、撤销党内职务18人、留党察看1人、开除党籍1人；其他类别人员9人，全部为其他部门人员，其中警告3人、严重警告4人、撤销党内职务2人。

在受到政务处分的人员中，厅局级干部29人，包括地方党政领导干部22人、统计机构6人、其他部门1人，其中警告10人、记过10人、记大过8人、撤职1人；县处级干部213人，包括地方党政领导干部131人、统计机构46人、其他部门36人，其中警告87人、记过69人、记大过36人、降级6人、撤职10人、开除5人；乡科级及以下干部378人，包括地方党政领导干部62人、统计机构133人、其他部门183人，其中警告129人、记过118人、记大过85人、降级21人、撤职24

人、开除 1 人;其他类别人员 12 人,包括统计机构 1 人、其他部门 11 人,其中警告 2 人、记过 6 人、降级 1 人、撤职 2 人、开除 1 人。

上述 89 起案件已对 1 575 家统计违法企业进行行政处罚,其中警告 334 家,警告并罚款 1 241 家,罚款金额共计 7 644.26 万元。

资料来源:国家统计局网站。

2. 案例提示

(1) 统计局加大违法查处力度。近年来,对统计违纪违法案件,国家统计局不断加大查处力度,地方党委政府和纪检监察机关、组织(人事)部门不断加大责任追究力度,坚决防范和惩治统计造假。2019 年以来,89 起由国家统计局直接查处的案件已经落实对责任人员的处分处理。作为公职人员要学法、懂法、守法。

(2) 遵守职业道德、遵守国家法律。不论从事任何行业的工作都要遵纪守法,遵守职业道德。地方各级人民政府、政府统计机构和有关部门以及各单位的负责人,不得自行修改统计机构和统计人员依法搜集、整理的统计资料,不得以任何方式要求统计机构、统计人员及其他机构、人员伪造、篡改统计资料,不得对依法履行职责或者拒绝、抵制统计违法行为的统计人员打击报复,否则将受到法律的制裁。

(3) 学会应用统计思维分析问题。我们要学会从质和量的统一结合上全面观察、分析事物的矛盾性、差异性、共同性、规律性及趋势性,学会用数据分析问题。

习 题

【单项选择题】

1. 统计一词的三层含义是(　　)。
   A. 统计调查、统计整理、统计分析　　　　B. 统计工作、统计资料、统计学
   C. 统计信息、统计咨询、统计监督　　　　D. 统计理论、统计方法、统计技能
2. 社会经济统计的研究对象是(　　)。
   A. 一切现象质的方面　　　　　　　　　　B. 一切现象的数量方面
   C. 社会经济现象的质量方面　　　　　　　D. 大量社会经济现象总体的数量方面
3. 一个统计总体(　　)。
   A. 只能有一个标志　　　　　　　　　　　B. 只能有一个指标
   C. 可以有多个标志　　　　　　　　　　　D. 可以有多个指标
4. 某机床厂要统计该企业的自动机床的数量和产值,这两个变量(　　)。
   A. 均为离散型变量　　　　　　　　　　　B. 均为连续型变量
   C. 前者为连续型变量,后者为离散型变量　D. 前者为离散型变量,后者为连续型变量
5. 要了解 12 000 名学生的学习情况,则总体单位是(　　)。
   A. 12 000 名学生　　　　　　　　　　　　B. 每一名学生
   C. 12 000 名学生的学习成绩　　　　　　　D. 每一名学生的学习成绩
6. 某地区有 1 568 家工业企业,研究这些企业的产品生产情况,总体单位是(　　)。
   A. 该地区每一家工业企业　　　　　　　　B. 该地区 1 568 家工业企业
   C. 每一件产品　　　　　　　　　　　　　D. 全部工业产品
7. 下列属于品质标志的是(　　)。

A. 工资　　　　　　　B. 性格　　　　　　　C. 年龄　　　　　　　D. 体重

8. 变量是指(　　　)。

A. 不变的数量标志　　　　　　　　　　B. 不变的指标

C. 可变的品质标志　　　　　　　　　　D. 可变的数量标志

9. 研究某班全体学生考试成绩,其中 4 名学生的成绩分别为 68 分、74 分、82 分和 95 分,这 4 个数字是(　　　)。

A. 标志　　　　　　B. 变量　　　　　　C. 指标　　　　　　D. 变量值

10. 为了了解某班学生《统计学原理》的学习情况,经统计该班学生平均成绩为 78 分,及格率为 96%,成绩优秀率为 10%,这三项内容是(　　　)。

A. 数量标志　　　　B. 品质标志　　　　C. 指标　　　　　　D. 变量值

【多项选择题】

1. 统计总体的主要特点包括(　　　)。

A. 同质性　　　　　　　　B. 大量性　　　　　　　　C. 差异性

D. 抽象性　　　　　　　　E. 具体性

2. 对某市工业企业进行调查得到以下资料,其中属于数量指标的有(　　　)。

A. 某工业企业是亏损企业　　　　　　B. 该市工业总产值为 183 450 万元

C. 全部职工人数 180 万人　　　　　　D. 某企业职工人数 1 200 人

E. 机器总台数 86 800 台

3. 在全国人口普查中,(　　　)。

A. 全国每个人是总体单位　　　　　　B. 某人"男性"是品质标志

C. "年龄"是数量标志　　　　　　　　D. "人口平均寿命"是数量标志

E. "全国人口总数"是数量指标

4. 下列各项中,属于统计指标的有(　　　)。

A. 我国某年国内生产总值　　　　　　B. 某同学某学期平均成绩

C. 某地区出生人口总数　　　　　　　D. 某个工人生产某种产品的产量

E. 某市工业劳动生产率

5. 下列变量中,属于连续型变量的有(　　　)。

A. 机床数　　　　　　　　B. 学生人数　　　　　　　C. 耕地面积

D. 粮食产量　　　　　　　E. 汽车产量

6. "统计"一词的三层含义包括(　　　)。

A. 统计资料　　　　　　　B. 统计学　　　　　　　　C. 统计指标

D. 统计工作　　　　　　　E. 统计图表

7. 统计学的研究方法主要有(　　　)。

A. 大量观察法　　　　　　B. 综合指标法　　　　　　C. 统计推断法

D. 统计分组法　　　　　　E. 统计应用法

8. 统计指标的要素有(　　　)。

A. 指标空间范围　　　　　B. 指标计算方法　　　　　C. 指标的含义

D. 指标数值　　　　　　　E. 指标时间

9. 针对 400 名学生英语四级考试成绩,下列说法正确的有(　　　)。

A. 总体是 400 名学生　　　　　　　　B. 平均成绩是指标

C. 总体单位是 400 名学生　　　　　　D. 成绩是变量

E. 成绩是指标

10. 一个完整的统计工作过程包括（   ）。

A. 统计指标　　　　　　　　B. 统计设计　　　　　　　　C. 统计调查

D. 统计整理　　　　　　　　E. 统计分析

【判断题】

1. 截至 2020 年 3 月，中国互联网上网人数达 9.04 亿人，较 2018 年年底增加 7 508 万人，这些数字表明社会经济现象总体的规模和水平。　　　　　　　　　　　　　（   ）

2. 在人口普查中，某人"女性"是品质标志，"21 岁"是数量标志。　　　　（   ）

3. 标志是不能用数值表示的，而指标都是可用数值表示的。　　　　　　（   ）

4. 有些统计指标的数值是由总体单位的数量标志值汇总而来的。　　　　（   ）

5. 品质标志表明单位属性方面的特征，其标志表现只能用文字来表现，所以品质标志不能转化为统计指标。　　　　　　　　　　　　　　　　　　　　　　　　　（   ）

6. 某商业企业的职工人数、销售额都是离散型变量。　　　　　　　　　（   ）

7. 数量指标一般用绝对数表示，质量指标一般用相对数和平均数表示。　（   ）

8. 构成统计总体的各个单位，它们至少有一个标志是不变标志。　　　　（   ）

9. 所有的标志和指标都可以用数值表示。　　　　　　　　　　　　　　（   ）

10. 构成统计总体的每个单位，它们只能有一个标志。　　　　　　　　（   ）

【简答题】

1. 简述统计学的研究对象和主要研究方法。

2. 一个完整的统计工作过程包括哪几个环节？

3. 为什么说统计总体与总体单位的地位随着研究目的而改变？举例说明。

4. 什么是标志？标志和指标的区别和联系有哪些？

5. 什么是统计指标？统计指标的构成要素有哪些？

第二章 统计调查

知识目标与要求

(1) 了解统计调查的定义、分类。

(2) 掌握重点调查、典型调查、抽样调查的区别和联系。

(3) 掌握统计调查方案的内容。

能力目标与要求

(1) 掌握统计调查的方法,学会在不同条件下应用不同的统计调查方法。

(2) 掌握全面调查与非全面调查之间的区别和联系。

(3) 能够根据实际情况设计统计调查方案,进行统计调查。

思政目标与要求

(1) 在统计调查活动中,坚持实事求是和诚实守信原则。

(2) 规范数据采集行为,坚持职业道德,遵守《中华人民共和国统计法》的相关规定。

课前导读

2018年年末(2018年是第四次全国经济普查年份),全国共有规模以上高技术制造业企业法人单位33 573个,比2013年末(2013年是第三次全国经济普查年份)增长24.8%;占规模以上制造业的比重为9.5%,比2013年提高1.7个百分点。

2018年,规模以上高技术制造业企业法人单位研究与试验发展(以下简称R&D)经费支出3 559.1亿元,比2013年增长75.0%;占规模以上制造业的比重为28.4%,比2013年提高2.9个百分点;R&D经费与营业收入之比为2.27%,比规模以上制造业平均水平高0.93个百分点。

2018年,规模以上高技术制造业企业法人单位全年专利申请量为26.5万件,其中发明专利申请量为13.8万件,分别比2013年增长85.1%和85.8%;发明专利申请量所占比重为52.0%,比规模以上制造业平均水平高13.2个百分点。

2018年年末,全国共有从事第二产业和第三产业活动的法人单位2 178.9万个,比2013年年末增加1 093.2万个,增长率为100.7%;产业活动单位2 455.0万个,增加1 151.5万个,增长率为88.3%;个体经营户6 295.9万个(详见表2.1)。

表 2.1　2018 年我国第二产业和第三产业单位数与个体经营户数

	单位数（万个）	比重
一、法人单位	2 178.9	100.0%
企业法人	1 857.0	85.2%
机关、事业法人	107.5	4.9%
社会团体	30.5	1.4%
其他法人	183.9	8.5%
二、产业活动单位	2 455.0	100.0%
第二产业	484.1	19.7%
第三产业	1 970.9	80.3%
三、个体经营户	6 295.9	100.0%
第二产业	732.3	11.6%
第三产业	5 563.6	88.4%

资料来源：国家统计局网站。

你了解这些统计数据是通过什么统计调查方法得到的吗？为什么要用这个方法？它与其他的统计调查方法相比又有什么区别与联系？

第一节　统计调查概述

统计调查是整个统计工作的一个重要阶段，担负着提供基础资料的任务，是决定整个统计工作质量的重要环节。要掌握统计调查的方法，首先应该理解统计调查的概念和基本要求。

一、统计调查的定义

统计调查是根据统计研究预定的目的、要求和任务，运用科学的调查方法，有计划、有组织地搜集资料的工作过程。

客观现象是错综复杂的，要认识客观规律，就必须从客观现象中搜集资料，并进行加工整理、分析研究。资料分为两种：初级资料和次级资料。初级资料又称原始资料，是指为了研究某个问题而进行实地观察，或通过调查从党政机关、企事业单位、学校和其他团体获得的第一手资料。次级资料是指原来已经过加工的现成资料，如从统计年鉴、会计报表、报纸杂志和互联网上摘引的资料。由于次级资料一般都是从原始资料过度而来的，所以统计调查所搜集的资料主要是指原始资料。

二、统计调查的基本要求

统计调查是统计整理、统计分析、统计预测和统计决策的前提，其所搜集的资料必须遵循以下原则。

（一）准确性

准确性是指统计调查资料必须准确，这是统计工作的生命。不真实的统计调查数据必然会导致错误的分析结论，其危害要比没有数据更严重。因此，统计调查工作必须深入实际，实事求是。

（二）及时性

及时性是指统计调查所提供的统计资料必须符合规定的时限。统计调查工作具有很强的时效性，必须做到及时搜集、及时整理与及时发表；否则，数据资料一旦过时，就会降低甚至失去效用，从而造成资源的浪费。

（三）全面性

全面性是指统计调查工作必须按照统计方案的要求，全面、系统地掌握所要调查的全部单位和全部项目的全部资料，保证资料完整无缺。只有搜集到全面的资料，才能避免由于不完整的数据资料而导致片面的结果。

三、统计调查的意义

统计调查主要是搜集原始资料，即直接对调查单位的情况进行登记或调查，如在人口普查中，相关人员要对每一户、每一人直接填表登记。

统计调查是整个统计工作过程的第二个阶段，其意义表现为以下两方面。

（1）统计调查所搜集和提供的资料是统计整理和分析的基础，即只有先通过调查得到资料，然后才能进行整理和分析。

（2）统计调查所搜集原始资料的质量在很大程度上决定了整个统计工作的质量。正如工业企业中原材料的质量对产品的质量至关重要一样，如果统计调查搜集的原始资料有误，那么后面的统计分析结果肯定也不正确。因此，原始资料的质量对保证和提高统计工作的质量以及进行正确的决策判断有着重要意义。

四、统计调查的种类

统计调查的组织形式和调查方法是多种多样的，可按不同的标志进行分类。

（一）按照搜集资料的组织方式可分为统计报表制度和专门调查

1. 统计报表制度

统计报表制度是各相关部门以一定的格式和程序自下而上地定期上报基层单位统计资料的制度。它是国家统计系统和各业务部门为了定期取得系统、全面的基本统计资料而采用的一种调查方式，是取得我国国民经济基本统计资料的一种补充方式。

2. 专门调查

专门调查是指为了了解和研究某项情况或者问题而专门组织的调查，包括普查、抽样调查、重点调查和典型调查。这种调查的组织机构不是常设的，而是根据研究目的和任务临时设置的。

（二）按照调查对象是否完全可分为全面调查和非全面调查

全面调查和非全面调查区分的主要标志是调查对象所包括的单位是否完全。

1. 全面调查

全面调查是指对调查对象的全部单位都加以调查，如人口普查等。其目的是取得全面而准确的资料，它具有调查范围广、工作量大、耗费人力物力多、取得资料全面的特点。由于全面调查存在成本高、周期长、工作量大的缺点，其主要适用于那些关系国计民生的重要数据的调查活动，如全国人口普查。

2. 非全面调查

非全面调查是指对调查对象中的一部分单位进行调查,以取得调查对象的一部分资料,用来推断总体或反映总体的基本情况,如对农产品进行抽样调查、对城乡居民家庭进行抽样调查等。非全面调查包括重点调查、典型调查、抽样调查等几种方式。

非全面调查的特点是调查单位较少,可做深入细致的调查研究,节时节力,运用灵活。

(三)按照登记的连续性分为经常性调查和一次性调查

1. 经常性调查

经常性调查是指随着调查对象情况的变化而连续不断地进行登记的一种调查形式。其目的是连续观察事物发展变化的过程和结果。经常性调查具有连续性的特点,如对产品的产量、商品的销售量、原材料和能源的消耗量数据等都要通过连续登记才能取得。

2. 一次性调查

一次性调查是指对调查对象在某一特定时刻的情况进行调查,以取得其在某一瞬间的资料。一次性调查是一种不连续调查,可以定期或不定期地进行,也称为非连续性调查。这类调查一般是针对某一具体问题而组织的,如我国为了查清全国人口在数量、结构、分布和居住环境等方面的情况而进行的全国人口普查就属于一次性调查。

(四)根据统计调查的具体方法分为直接观察法、报告法、采访法和通讯法

1. 直接观察法

直接观察法是指调查人员在现场对调查对象直接进行计数、登记的调查方法。由于调查人员在现场,所以这种方法可以保证资料的准确性,但需要花费大量的人力、物力和时间。

2. 报告法

报告法是指报告单位以各种原始凭证为基础,按规定填写调查表并按时上报的调查方法。它与统计报表制度相似。

3. 采访法

采访法分为口头询问法和被调查者自填法。口头询问法是指调查人员按照调查项目的要求,向调查对象询问并将结果记入调查表内的调查方法。这种方法可保证调查表的质量,回答率亦高,但花费人力、时间也多。被调查者自填法是指被调查者自填表格的调查方法。这种方法较能节省人力和时间,且适用于调查内容不宜公开的调查。

4. 通信法

通信法主要通过寄发调查表的形式进行。这种方法调查范围广,可给被调查者以较充裕的时间,但回复率通常较低,有时得出的结论并无代表性,调查所需时间较长。

五、数据的计量尺度

无论是标志也好,指标也好,它们最终都以数据的形式出现。根据所采用的计量尺度不同,这些统计数据可以分为定类数据、定序数据、定距数据和定比数据四类。定类数据和定序数据都用文字或者数字代码来表现事物的品质特征或者属性特征,因此,它们也称为定性数据或品质数据。定距数据和定比数据都用数值来表现事物的数量特征,因此,它们也称为定量数据或数量数据。

(一)定类数据

定类数据是只能归于某一类别的非数值型数据,是对事物进行分类的结果,表现为无顺序的类别,也称分类数据。比如,性别可分为男性和女性两类,民族可分为汉族、少数民族等。虽然我

们也可以用 1 或者 0 表示男性与女性、汉族与少数民族，但是这些数字没有大小比较之分，只是不同类别现象的一个代码，并不代表真正的值，不能进行数学计算。用定类数据对某一经济现象进行分析时，由于不同类别的地位平等，没有高低大小之分，因此各类别之间的顺序是可以改变的。定类数据是计量层次最低的数据。

（二）定序数据

定序数据是只能归于某一有序类别的非数值型数据，是对事物按照一定的次序进行分类的结果，表现为有顺序的类别，也称顺序性数据。比如，高校教师的职称分为助教、讲师、副教授和教授，业主对住房的满意度分为很满意、满意、一般、不满意、很不满意等。这都属于定序数据。我们可以用数字 1，2，3，4 来表示职称，用 5，4，3，2，1 来表示满意程度，但这些数字代码只能体现一种顺序或者程度，不能体现事物之间的具体数量差别。客观现象的同类别间存在顺序性差异，因此用定序数据在对现象进行分析时，其顺序是不能随意排列的。

（三）定距数据

定距数据是一种不仅能反映事物所属的类别和顺序，还能反映事物类别或者顺序之间数量差距的数据。定距数据是比定序数据高一层次的数据。它不仅能将现象区分为不同类型并进行排序，而且可以准确地指出类别之间的差距。例如，学生某门课程的考试成绩可用"百分制"来测量、物体的重量可用"千克"来测量、物体的长度可用"米"来测量等。由此可以看出，定距数据有确定的计量单位，其计量结果表现为数值。由于这种尺度的每一间隔都是相等的，我们只要给出一个度量单位，就可以准确地指出两个计数之间的差值。例如，将 5 名学生的考试成绩从低到高进行排序，得到 20 分、55 分、60 分、75 分、99 分的序列。序列中不仅有明确的高低之分，而且可以计算差距。比如，20 分与 55 分之间相差 35 分，75 分与 99 分之间相差 24 分。

定距变量的值可以用数字表示，是真正意义上的值，可以进行加减运算，但不能进行乘或除的运算，因为在等级序列中没有固定的、有确定意义的"0"位。例如，学生甲得分为 95 分，学生乙得分为 0 分，可以说甲比乙多出 95 分，却不能说甲的成绩是乙的 95 倍或无穷大。因为 0 分在这里不是一个绝对的标准，并不意味着乙学生毫无知识。正如我们不能说 40 ℃比 20 ℃温暖 2 倍一样。没有确定标准的"0"位，但有基本确定的测量单位。例如，台风的测量单位是 1 级，学生分数的测量单位是 1 分。

（四）定比数据

定比数据是一种不仅能反映事物之间数量差异，还能通过对比计算来体现相对程度的数据，其计量的结果也表示为数值。只要是存在绝对 0 点现象（即 0 代表没有），我们就可以使用定比数据进行对比计算。比如，企业的营业收入 100 万元、某人身高 177 厘米、人均国内生产总值 2 000 美元/人等，都是定比数据。例如，我们可以通过将某地区人口数与当地的土地面积进行对比来计算人口密度，这个人口密度指标就可以说明人口相对的密集程度。定比数据是包含信息最多的数据，绝大多数统计数据都属于定比数据。

上述四种数据类型对事物的计量层次是由低级到高级、由粗略到精确逐步递进的。高层次的数据具有低层次数据的全部特征，高层次数据可以转化为低层次数据。比如，将考试成绩的百分制转化为五等级计分制，定距数据就转化为定序数据了。因此，适用于低层次数据的统计方法，也适用于较高层次的数据。比如，在叙述数据的集中趋势时，对定类数据通常是计算众数，对定序数据通常是计算中位数，但对定距数据和定比数据同样也可以计算众数和中位数；反之，适用于高层次测量数据的统计方法，则不能用于较低层次的测量数据，因为低层次测量数据不具有高层次测量数据的数学特征。比如，对定距数据和定比数据可以计算数值平均数，但对定类数据和定序数据则不能计算数值平均数。

区分数据的类型十分重要,因为我们对不同类型的数据应采用不同的统计方法来处理和分析。

第二节　统计调查方案

一项大型的统计调查往往需要成千上万人员的协助才能够完成。为了顺利完成调查任务,相关人员需要在调查过程中统一认识、统一内容、统一方法与统一步调。因此,相关部门在组织调查之前必须事先设计一个切实可行、周密细致的调查方案。

一、统计调查目的

设计调查方案时要先明确调查目的,即要解决什么问题。如果目的不明确,就无法确定向谁调查、调查什么、用什么方法调查等一系列问题,并可能造成两种情况:一是列入无关紧要的调查项目,得到一些不需要的资料,浪费了人力和物力;二是遗漏了重要的调查项目,真正需要的资料却没有得到,不能满足调查的实际需求。

调查目的要明确,而且必须尽可能与实际相结合。例如,对某城市工业企业的机器设备利用情况进行的调查,任务是准确掌握各个企业拥有机器设备的数量、价值和使用情况,目的是分析和探求机器设备在使用过程中的价值、技术性能、工作能力等的变化规律,并为合理配置机器设备、提高利用率、加强设备技术管理和固定资产管理等提供依据。

除了在调查方案中详细说明调查目的,也可在调查表、问卷的前面或填表说明中简要说明调查目的。

二、统计调查对象

统计调查对象是指需要进行调查的总体,它是由多个具有同性质的调查单位组成的集合。例如,调查某个城镇居民的生活水平时,该城镇所有的居民均为调查对象。调查单位是指构成调查对象的个体,是调查项目和指标的承担者或载体。例如,调查某地区国有企业职工的教育培训情况时,该地区所有国有企业的每一名职工都是调查标志的承担者,都是调查单位。

我们在确定调查单位的同时,还要确定报告单位。报告单位是指向上级提交报表或调查表的单位,也称为填报单位,即按照调查方案的要求,负责向调查者报告调查结果的单位和个人。调查单位可以是某种事物,也可以是人或者机构,而报告单位(填报单位)则只能是人或者机构,两者有时一致,有时不一致。例如,调查国有工业企业生产经营情况时,每一家国有工业企业既是调查单位,又是报告单位;调查国有企业职工教育情况的资料时,每一位职工是调查单位,而企业则是报告单位(填报单位)。

三、统计调查项目

统计调查项目是指所有调查的内容,即要登记的调查单位的特征。调查项目一般就是调查单位各个标志的名称,包括品质标志(如企业的经济性质、规模、行业等)和数量标志(如企业的产量、产值、利润等)。

我国第七次人口普查登记的主要项目包括:姓名、公民身份证号码、性别、年龄、民族、受教育程度、行业、职业、迁移流动、婚姻生育、死亡、住房情况等。

需要强调的是,各项统计调查研究的成败在很大程度上取决于调查表(或问卷)的设计是否科学、所抽取的样本是否有代表性、调查工作是否可靠等。

四、统计调查问卷

调查信息的收集可以采用统计调查问卷的形式。调查问卷的设计是统计调查中的关键环节,对调查数据的质量乃至分析结论都有重要的影响。要设计出一份优秀的问卷,设计者一方面需要具备广博的知识,另一方面还应注意遵循问卷设计的必要程序与原则,掌握问卷设计的技巧。

(一) 调查问卷的设计原则

调查问卷的设计是一项创造性工作,其总体要求是简明扼要,科学合理。不同类型的调查问卷,其内容各不相同,但都需要满足问卷设计的根本要求,即在一定的成本下获取最低误差的有效数据。调查问卷的设计原则主要体现在如下四个方面。

1. 功能性原则

功能性原则是设计调查问卷时应遵循的最基本的原则,即实现问卷的基本功能并达到规范设计和满足调查需求的目的。这一原则具体表现在一致性、完整性、准确性和可行性等方面。例如,在问卷设计时应充分考虑后续的数据统计和分析工作;题目的设计必须是容易录入的,并且可以进行具体的数据分析;即使是主观性的问题也要进行量化,这样才能与后续的统计计算环节更好地衔接起来。

2. 可靠性原则

可靠性原则是指作为数据搜集工具的问卷应使数据在一定条件下保持稳定性。具体来说,由于调查者、被调查者和调查环境不同,数据会产生波动,而好的问卷应减少这些干扰对数据质量的影响。

3. 效率性原则

效率性原则是指在满足调查要求,获得充足信息的前提下,设计者应选择最简单的调查方式,使问卷的长度、题量和难度最小,以节省调查费用,降低调查成本,即一方面要使问卷尽量获取全面、准确、有效的信息,另一方面又要节省成本,避免浪费,不要询问与调查主题无关的问题或者可问可不问的问题。

4. 可维护性原则

问卷的设计不应一蹴而就,一份优秀的问卷需要经过反复的修改和检验,不断提高、不断完善。一份便于修正的问卷应当结构清晰,层次分明,当某一问题需要调整时,基本不会影响其他内容。另外,要提高调查数据的价值,设计者应注意问卷的标准化,以使数据口径一致,保证数据在时间和空间上具有可比性。

(二) 调查问卷的组成内容

调查问卷一般由以下五部分内容组成。

1. 问卷标题

标题即问卷的题目,是对问卷调查内容的概括,问卷的标题可以反映调查的主题,如大学生倦怠感调查问卷、电脑网络对大学生学习生活影响的调查问卷。

2. 问卷开头

问卷的开头部分通常包括问候语、填表说明和问卷编号。问候语是为了引起被调查者的重视,消除其疑虑,激发他们的参与意识。

例如：

先生/女士：

您好！

我是泰康人寿保险公司的访问员，我们目前正在进行一项有关产品的调查研究，请问您是否可以抽时间参加我们的访问呢？

多谢您的支持和配合！

问候语应该语气亲切、诚恳、礼貌，简要说明为什么要进行此项调查，即交代清楚调查的目的，必要时还应说明保密原则和奖励措施等。问候语的内容和措辞得当，可以使被调查者易于接受和合作，从而降低拒访率，提高调查结果的可靠性和有效性。

填写说明是向被调查者提示填写问卷时应注意的事项，以及解释说明某些指标或问题的含义等。填写说明可以帮助和规范被调查者对问卷的回答，尤其是自填式问卷。填写说明可以集中放在问卷前面，也可以分散到各有关问题之前。

问卷编码主要用于识别问题、调查人员、被调查者地址等，可用于检查调查人员的工作，防止舞弊行为，便于校对检查、更正错误，等等。

3. 甄别部分

甄别部分也称为过滤部分，其目的是在正式调查之前对被调查者进行过滤、筛选，剔除不合适的调查对象。一般而言，不合适的调查对象有两种：一种是与调查项目有直接利益关系的人群；另一种是不符合调查要求的人群，如在年龄、性别或其他方面不符合要求。甄别的目的是确保被调查者都是合格对象，提高调查工作的质量。

例如，某房地产公司问卷，甄别部分为：

(1) 您的年龄（　　）。

A. 21～25 岁　　　　　　　B. 26～30 岁　　　　　　　C. 31～35 岁

D. 36～40 岁　　　　　　　E. 40 岁以上

选择 A 终止，选择 BCDE 继续访问。

(2) 您的学历（　　）。

A. 小学　　　　　　　　　B. 初中　　　　　　　　　C. 高中

D. 大专　　　　　　　　　E. 本科　　　　　　　　　F. 研究生以上

选择 ABC 终止，选择 DEF 继续访问。

(3) 您的工作单位（　　）。

A. 机关单位　　　　　　　B. 事业单位　　　　　　　C. 国有企业

D. 民营企业　　　　　　　E. 个体　　　　　　　　　F. 自由职业者

选择 ABCDEF 继续访问。

(4) 您的月收入（　　）。

A. 1 000 元以下　　　　　B. 1 000～2 000 元　　　　C. 2 000～4 000 元

D. 4 000～6 000 元　　　　E. 6 000～8 000 元　　　　F. 8 000 元以上

选择 A 终止，选择 BCDEF 继续访问。

(5) 您目前的居住方式（　　）。

A. 自己租房　　　　　　　B. 单位租房　　　　　　　C. 自己房产

D. 其他（标明）

4. 主体

主体部分也就是问卷的正文，是问卷的核心内容，包括调查的主要内容，具体由问题和备选答案组成。问卷主体部分的设计是问卷设计的重点。

例如,下面就是投资理财调查问卷的主体部分,大家可以看看这个问卷的设计。

投资理财调查问卷
——亿人金融理财规划师

欢迎您参加本次答题,成功提交后可凭此问卷到亿人金融领取精美礼品一份。

1. 您进行金融理财的主要动机是( )。

A. 防止资产缩水   B. 获取资产的稳定增值   C. 获取高额投资收益

D. 其他

2. 您的风险承受能力为( )。

A. 不低于收益预期   B. 不低于同期银行存款利率   C. 本金不亏损

D. 本金亏损不超过 5%   E. 本金亏损不超过 10%   F. 本金亏损超过 10%

3. 您所拥有金融资产(包括黄金、活期存款、股票、基金、债券、信托和投资型保险等)的规模为( )。

A. 30 万元   B. 50 万元   C. 50 万~100 万元

D. 100 万~500 万元   E. 500 万元以上

4. 以下资产所占比例最大的是( )。

A. 黄金   B. 银行理财产品   C. P2P

E. 股票   F. 基金   G. 私募基金

H. 余额宝

5. 您知悉有关金融的基本知识和相关信息的渠道有( )。(多选)

A. 报纸、杂志   B. 互联网   C. 电视、广播媒体

D. 朋友介绍   E. 金融公司

6. 您对私募基金等金融基本制度和相关法规的了解程度是( )。

A. 熟悉   B. 一般了解   C. 不知道

D. 精通

7. 请问您听说过或者知晓的企业有( )。

A. 宁波亿人金融   B. 宜信财富   C. 天弘财富

D. 昀沣资产

8. 您希望选择投资期限在( )的金融产品。

A. 1 年   B. 2 年   C. 3 年

D. 5 年   E. 1 个月

9. 您愿意选择投资的金融产品是( )。

A. 本金安全+浮动分成

B. 预期同期限银行定期存款利息收益+浮动分成

C. 预期收益

D. 预期收益+浮动分成

10. 您在考虑购买金融产品过程中,影响您决策的主要因素(按重要性大小依次排序)有( )。(多选)

A. 预期收益率   B. 过去金融产品的投资经历

C. 服务质量   D. 风险因素

E. 其他

11. 您的年龄为( )。

A. 20 岁以下   B. 21～30 岁   C. 31～40 岁

D. 41～50 岁   E. 51～60 岁   F. 60 岁以上

12. 您的职业是( )。

A. 金融业内人士   B. 国家机关干部   C. 事业单位

D. 技术人员   E. 商业服务   F. 军人

G. 学生   H. 医生   I. 教师、科技人员

J. 个体户、私营企业主   K. 退休人员   L. 其他

13. 您的职位是( )。

A. CEO/企业高层   B. 总监/企业中高管理层

C. 部门经理/部门主管/企业中层管理

D. 一般员工   E. 自由职业者   F. 其他

14. 您的文化程度是( )。

A. 初中及以下   B. 高中或中专   C. 大专

D. 本科   E. 硕士研究生   F. 硕士研究生以上

15. 您会选择理财机构举办的( )活动。

A. 产品宣讲会   B. 金融沙龙   C. 休闲活动

D. 其他

16. 如果您愿意增加自己的金融知识参加交流会,比较方便的时间是( )。

A. 周一至周五   B. 周六或周日   C. 其他时间

请输入您的姓名,亿人金融将尽快安排家庭理财规划师与您联系,为您呈上详细规划书,再次感谢配合!

5. 背景部分

背景部分是关于被调查者基本情况的背景资料,如企业的名称、行业、职工人数以及个人的性别、年龄、职业等。

（三）调查问卷设计应注意的问题

为了在问卷调查中更好地达到问卷的调查目的,设计问卷的问题时必须注意下列问题。

(1) 尽量围绕调查目的来设定问题。问卷的设计应该从问卷的总标题出发,首先,研究这个调查问卷的总标题应该包括哪些大的方面;其次,避免所设计的问题都围绕总标题的某一个或某几个方面,而遗漏了其他方面的问题。例如,你要设计大学生综合素质方面的调查问卷,而所设计的 10 个问题只包括政治思想素质方面,没有包括学习能力、心理素质等其他方面的内容,这样设计的问题就不是全面的,没有围绕调查目的来设定问题,另外也不要设计与调查目的无关的问题,这样会浪费人力、物力和财力。同时,设计者还要注意调查项目的可行性。

(2) 尽量避免需要大量回忆的问题。例如"过去 3 年内你用于旅游的费用支出是多少?"等问题。

(3) 尽量避免设计的问题杂乱无章。问题的排列顺序要有逻辑性,一般是先易后难、由浅入深,敏感的问题放在最后。

(4) 尽量避免设计的问题过少或者过多。问卷中问题的数量应该根据调查目的的要求进行设计,设计的问题既不能太少,也不能太多,问题太少不能满足调查目的的要求,保证不了调查质量,问题太多被调查者需要大量时间来回答,被调查者很难有耐心一直配合到最后,而

且也会浪费大量时间和财力。因此,问卷设计的问题太少、太多都不能满足调查目的需要,适度就好。

（5）尽量避免大量使用开放式问题。由于开放式问题没有备选答案,被调查者的个体素质差异又较大,他们可以随意回答,这样反而给问卷整理、汇总工作带来较大麻烦。但是,如果问卷中一个开放性问题都没有,也很难了解被调查者的真实想法,阻碍被调查者的主观意愿发挥。因此,一张问卷中一般都包含一个或者两个开放性问题,以便了解被调查者的真实想法。

（6）尽量避免使用断定性问题。例如,"您一天抽多少只烟?"这种问题就是断定式问题。如果被调查者根本就不吸烟,他就无法回答。所以,设计者应该增加一个"过滤性"问题。例如,"您吸烟吗?"如果回答"是",则继续提问,"否"则终止提问。

（7）尽量避免使用不确切的词语,如"大概""经常""一些"等,由于各个被调查者的理解不同,这类问题应该避免或者减少使用。例如,"你经常生病吗?""您在哪个地方出生?""应该是你上个月生病几次?""您出生在哪个省、市?"

（8）尽量避免使用敏感问题,包括各地风俗和民族习惯中忌讳的问题、涉及个人利害关系问题、个人隐私问题等。例如,"你有'婚外情'吗?"

五、统计调查表

调查信息的收集也可以采用统计调查表的形式。统计调查表是将各个调查项目按照一定的逻辑关系安排在一定的表格上。调查表根据登记单位的多少,可以分为单一表和一览表。

1. 单一表

在一份表上只登记一个调查单位的表格称为单一表。如果调查项目较多,一份调查表可由几页表格组成。例如,工业企业的定期报表、职工情况登记表和高等学校新生入学登记表均属单一表。单一表的优点是可以容纳较多的标志,便于整理和分类;缺点是每份表格上都要注明调查地点、时间及其他共同事项,无法省略。

2. 一览表

在一份表上登记若干调查单位的表格称为一览表。例如人口普查表,即一张表上可填几个人的信息。又如学生成绩单,即一张成绩单可以登记多名学生成绩。一览表的优点是每个调查单位的共同事项只需要登记一次,可以节省许多人力和时间,便于加总合计和核对差错。例如,下面的第七次全国人口普查短表就是一览表。

第七次全国人口普查短表

经国务院批准进行第七次全国人口普查	表　　号:R601 表
人口普查的标准时点为 2020 年 11 月 1 日零时	制定机关:国家统计局
人口普查的原始资料不向任何单位和个人提供	国务院人口普查办公室
仅供汇总使用	批准文号:国发〔2019〕24 号
公民应履行如实申报普查项目的义务	有效期至:2021 年 3 月

地址:_____省(区、市)_____市(地、州、盟)_____县(市、区、旗)_____乡(镇、街道)_____普查区_____普查小区_____户编号

一、住户项目

H1. 户别

1. 家庭户

2. 集体户

H2. 本户应登记人数

2020 年 10 月 31 日晚居住本户的人数＿＿＿＿＿＿人

户口在本户,2020 年 10 月 31 日晚未住本户的人数＿＿＿＿＿＿人

H3. 本户 2019 年 11 月 1 日至 2020 年 10 月 31 日期间的出生人口

男＿＿＿＿＿＿人 女＿＿＿＿＿＿人

H4. 本户 2019 年 11 月 1 日至 2020 年 10 月 31 日期间的死亡人口

男＿＿＿＿＿＿人 女＿＿＿＿＿＿人

H5. 住所类型

1. 普通住宅

2. 集体住所

3. 工作地住所

4. 其他住房

5. 无住房

(选择 2—5 的,跳至个人项目)

H6. 本户现住房建筑面积

＿＿＿＿＿＿平方米

H7. 本户现住房间数

＿＿＿＿＿＿间

二、个人项目

每个人都填报的项目

D1. 姓名

＿＿＿＿＿＿＿＿＿

D2. 与户主关系

0. 户主

1. 配偶

2. 子女

3. 父母

4. 岳父母或公婆

5. 祖父母

6. 媳婿

7. 孙子女

8. 兄弟姐妹

9. 其他

D3. 公民身份证号码

☐☐☐☐☐☐☐☐☐☐☐☐☐☐☐☐☐☐

D4. 性别

1. 男

2. 女

D5. 出生年月

出生于：_____年_____月

D6. 民族

_____族

D7. 普查时点(2020 年 11 月 1 日零时)居住地

1. 本普查小区

2. 本村(居)委会其他普查小区

3. 本乡(镇、街道)其他村(居)委会

4. 本县(市、区、旗)其他乡(镇、街道)

5. 其他县(市、区、旗)，请在下面填写地址

_____省(区、市)

_____市(地、州、盟)

_____县(市、区、旗)

6. 香港特别行政区、澳门特别行政区、台湾地区

7. 国外

D8. 户口登记地

1. 本村(居)委会

2. 本乡(镇、街道)其他村(居)委会

3. 本县(市、区、旗)其他乡(镇、街道)

4. 其他县(市、区、旗)，请在下面填写地址

_____省(区、市)

_____市(地、州、盟)

_____县(市、区、旗)

5. 户口待定→D11

D9. 离开户口登记地时间

1. 没有离开户口登记地→D11

2. 不满半年

3. 半年以上,不满一年

4. 一年以上,不满二年

5. 二年以上,不满三年

6. 三年以上,不满四年

7. 四年以上,不满五年

8. 五年以上,不满十年

9. 十年以上

D10. 离开户口登记地原因

0. 工作就业

1. 学习培训

2. 随同离开/投亲靠友

3. 拆迁/搬家

4. 寄挂户口

5. 婚姻嫁娶

6. 照料孙子女

7. 为子女就学

8. 养老/康养

9. 其他

3 周岁及以上(2017 年 10 月 31 日以前出生)的人填报的项目

D11. 受教育程度

1. 未上过学

2. 学前教育

3. 小学

4. 初中

5. 高中

6. 大学专科

7. 大学本科

8. 硕士研究生

9. 博士研究生

15 周岁及以上(2005 年 10 月 31 日以前出生)的人填报的项目

D12. 是否识字

1. 是

2. 否

▶ **考考你**

你还了解统计调查问卷设计的其他注意事项吗?

六、调查时间和调查期限

调查时间是指调查资料的所属时间。如果所要调查的是时期现象,就要明确规定调查资料登记的起止日期。例如,若调查 2021 年第一季度的钢产量,则调查时间是从 2021 年 1 月 1 日起至 3 月 31 日为止,共 3 个月。若调查的是时点现象,要明确规定一个统一的标准时点。例如,我国第七次人口普查规定,以 2020 年 11 月 1 日零点为标准时点,在标准时点以前死亡和标准时点以后出生的人口不应登记在内。

调查期限是指从调查工作开始到结束的时间,一般是指调查登记工作所花费的时间。但在某些专项调查中,它包括从调查方案设计到提交调查报告的整个工作时间。为了提高统计资料的时效性,在可能的情况下,调查期限尽可能缩短。规定调查期限的目的是使调查工作能及时开展、按时完成。例如,某企业在 2021 年 1 月 10 日上报 2020 年产成品库存资料,调查时间是 2020 年 12 月 31 日,调查期限是 10 天。

七、调查的组织工作

为了保证整个统计调查工作的顺利进行,在调查方案中还应有一个周密的组织实施计划。其主要内容应该包括:调查工作的领导机构和办事机构;调查人员的组织;资料报送办法;调查前的准备工作(包括宣传教育、干部培训、调查问卷的准备、调查经费的预支、调查方案的传达布置、试点及其他工作等)。

第三节 统计调查体系

过去我国以全面调查为主的统计调查方法体系,是按照高度集中的计划经济体制和分级管理的要求建立起来的。改革开放以来,面对日益发展的多种经济成分、多种分配方式、多种分配类型、多种经营方式等复杂多变的调查对象并存的格局,在利益主体多元化的情况下,全面调查方法受到了严峻的挑战。因此,我国对统计调查方法体系进行了重大改革,确立了以周期性普查为基础,以经常性抽样调查为主体,以必要的统计报表、重点调查、综合分析为补充的统计调查方法体系。

一、统计报表

统计报表是按统一规定的表格形式、统一的报送程序和报表时间,自下而上提供基础统计资料的一种统计调查形式,它是一种具有法律性质的报表。统计报表所列内容一般以单项调查资料为主。政府主管部门根据统计法规,以统计表格形式和行政手段自上而下布置,而后由企事业单位自下而上层层汇总上报,逐级提供基本统计数据。因此,统计报表制度是一种自上而下进行工作布置,自下而上通过填制统计报表搜集数据的制度。

(一) 统计报表的种类

1. 按调查范围不同

按调查范围不同,统计报表可分为全面统计报表和非全面统计报表。全面统计报表要求调查对象中的每一个单位都要填报。非全面统计报表只要求调查对象的一部分单位填报。

2. 按填报单位不同

按填报单位不同,统计报表可分为基层统计报表和综合统计报表。基层统计报表是由基层企事业单位填报的报表,综合统计报表是由主管部门或部门根据基层报表逐级汇总填报的报表。综合统计报表主要用于搜集全面的基本情况。此外,它也常被重点调查等非全面调查所采用。

3. 按报送周期不同

按报送周期长短不同,统计报表可分为日报、周报、旬报、月报、季报、半年报和年报。周期短的统计报表,要求资料上报迅速,填报的项目比较少;周期长的统计报表,内容要求全面一些。例如,年报具有年末总结的性质,反映当年国家的方针、政策和计划贯彻执行情况,内容要求更全面和详尽;日报和旬报称为进度报表,主要用来反映生产、工作的进展情况;月报、季报和半年报主要用来掌握国民经济发展的基本情况,检查各月、季、年的生产工作情况。年报是每年上报一次,主要用来全面总结全年经济活动的成果,检查年度国民经济计划的执行情况等。

4. 按报表内容和实施范围不同

按报表内容和实施范围不同,统计报表可分为国家统计报表、部门统计报表和地方统计报表。国家统计报表是指国民经济基本统计报表,由国家统计部门统一制发,用于搜集全国性的经济和社会基本情况,包括农业、工业、基建、物资、商业、外贸、劳动工资、财政等方面最基本的统计资料。部门统计报表是指为了适应各部门业务管理需要而制定的专业技术报表。地方统计报表是指针对地区特点而补充制定的地区性统计报表。它是为本地区的计划和管理服务的。

(二) 统计报表的特点

统计报表的主要特点包括:第一,报表资料的来源建立在基层单位各种原始记录的基础上,基层单位也可利用其资料对生产、经营活动进行监督管理;第二,由于统计报表是逐级上报和汇总的,各级领导部门能获得管辖范围内的报表资料,了解本地区、本部门的经济和社会发展状况;第三,统计报表属于经常性调查,调查项目相对稳定,有利于积累资料和进行动态对比分析。

二、普查

普查是指为了某种特定的目的而专门组织的一次性的全面调查。普查一般是调查一定时点上的社会经济现象的总量,但也可以调查某些时期现象的总量,或者调查一些并非总量的指标。普查涉及面广、指标多、工作量大、时间性强。为了取得准确的统计资料,普查对集中领导和统一行动的要求最高。

(一) 普查的特点

普查作为一种特殊的数据搜集方式,具有以下几个特点。

1. 普查通常是一次性的或周期性的

普查由于涉及面广、调查单位多,需要耗费大量的人力、物力和财力,通常需要间隔较长的时间,一般每隔 5 年或 10 年进行一次。例如,我国开展过第三产业普查、农工业普查、基本单位普查等。后来,我国对普查工作进行了调整,调整后的主要普查项目包括人口普查、农业普查和经济普查三项。目前,我国在尾数逢 0 的年份实施全国人口普查,在尾数逢 6 的年份实施全国农业普查,在尾数逢 3 和 8 的年份实施全国经济普查。

2. 普查应规定统一的标准时点

标准时点是指对调查对象登记时所依据的统一时点。调查资料必须反映调查对象在这一时点上的状况,以避免调查时因情况变动而产生重复登记或遗漏现象。例如,我国第七次人口普查的标准时点为 2020 年 11 月 1 日 0 时,农业普查的标准时点定为普查年份的 12 月 31 日 24 时,就是要反映在这一时点上我国相关方面的实际状况。

3. 普查应规定统一的期限

在普查范围内,各调查单位或调查点尽可能同时进行登记,并在最短的期限内完成普查,以便在方法和步调上保持一致,保证资料的准确性和时效性。

4. 普查应规定统一的项目和指标

普查人员必须按照统一规定的项目和指标进行登记,不准任意改变或增减内容,以免影响资料的汇总和综合,从而降低资料质量。对于同一种普查,每次调查的项目和指标应力求一致,以便进行历次调查资料的对比分析和观察社会经济现象的发展变化情况。

5. 普查的数据比较准确

普查的数据一般比较准确,规范化程度也较高。因此,它可以为抽样调查或其他调查提供基本依据。

6. 普查适用的范围较窄

普查的使用范围比较窄,主要调查一些最基本及特定的现象,一般应用于基本的国情、国力方面的调查。

普查既是一项技术性很强的专业工作,又是一项广泛性的群众工作。我国历次人口普查都认真贯彻群众路线,做好宣传和教育工作,得到群众的理解和配合。

(二) 普查的组织形式

普查的组织形式一般以下有两种。

(1) 建立专门的普查机构,配备大量的普查人员,对调查单位进行直接的登记,如人口普查等。

(2) 利用调查单位的原始记录和核算资料,颁发调查表,由登记单位填报,如物资库存普查等。

利用调查单位的原始记录和核算资料进行普查,这种方式比第一种简便,适用于内容比较单一、涉及范围较小的情况,特别是为了满足某种紧迫需要而进行的"快速普查",就可以采用这种方式。因为它是由登记单位将填报的表格越过中间一些环节直接报送到最高一级机构集中汇总。

▶**考考你**

你了解全面统计报表和普查之间的区别与联系吗?

▶**知识链接**

我国现行普查项目年份和时点的安排

2003 年,经国务院批准,我国调整了普查项目和周期。调整后的普查项目包括人口普查、农业普查和经济普查三项。

全国人口普查每 10 年进行一次,在尾数逢 0 的年份实施,标准时点为普查年度的 11 月 1 日 0 时。

全国农业普查每 10 年进行一次,在尾数逢 6 的年份实施,标准时点为普查年度的 12 月 31 日 24 时。

全国经济普查每 5 年进行一次,在尾数逢 3 和 8 的年份实施,标准时点为普查年度的 12 月 31 日。2003 年由于"非典"的特殊原因,第一次全国经济普查延至 2004 年实施。

已开展的普查项目年份一览表(截至 2020 年年底)

项目	第一次	第二次	第三次	第四次	第五次	第六次	第七次
人口普查	1953 年	1964 年	1982 年	1990 年	2000 年	2010 年	2020 年
农业普查	1996 年	2006 年	2016 年				
经济普查	2004 年	2008 年	2013 年	2018 年			

资料来源:国家统计局网站。

三、抽样调查

抽样调查是指按照随机原则从调查总体中抽选一部分单位进行调查,并据以对调查总体作出估计和推断的一种非全面调查方法。显然,抽样调查虽然是非全面调查,但它的目的却在于取得反映总体情况的信息资料,因而也可起到全面调查的作用。目前,抽样调查已成为世界各国普遍采用的一种统计调查方法。在我国,已有相当部分的统计调查项目,如农产品产量调查、城乡住户调查、价格调查和人口变动调查等,都是依靠抽样调查方法取得统计数据的。

(一)抽样调查的特点

(1)样本单位采用随机原则抽取。所谓随机,就是要保证总体中每个单位有同等的抽样机会,使调查单位的确定不受调查者主观愿望的影响,即排除主观因素的影响。

(2)根据部分调查的实际资料对调查对象总体的数量特征作出估计。抽样调查的任务在于先通过样本单位的调查计算出综合指标,然后以此来推算总体的总量指标或水平指标。

(3)抽样误差可以事先计算并加以控制。抽样调查是以样本资料推断总体数量特征,这样将不可避免地会产生误差。但这种误差与其他统计估算所产生的误差不同,它可以根据有关资料事先加以计算,并通过一定的途径来控制误差的范围,以保证抽样推断结果达到预期的可靠程度。

(二)抽样调查的基本形式

(1)纯随机抽样又称简单随机抽样,是指按照随机原则,直接从总体单位中抽选部分单位作为样本的抽样方式。具体的抽取方法是首先确定总体范围,对总体单位编号,形成明确的"抽样框",然后用抽签的方式或根据随机数字表抽取部分调查单位。这种方法适用于总体单位的标志变异程度不大,或者具有某种特征的单位均匀地分布于总体各部分的情况。

(2)类型抽样。它是先将总体单位按其属性特征分成若干类型或层,然后在类型或层中随机抽取样本单位。其特点是通过划类分层增加各类型中单位间的共同性,从而容易抽出具有代表性的调查样本。该方法适用于总体情况复杂,各单位之间差异较大,单位较多的情况。

(3)等距抽样。它是先将总体各单位按一定标志或次序排列成为图形或一览表式(也就是通常所说的排队),然后按相等的距离或间隔抽取样本单位。其特点是抽出的单位在总体中是均匀分布的。因此,它的抽样误差比纯随机抽样的误差小。等距抽样既可以用于与调查项目相关的标志排队,也可以用于与调查项目无关的标志排队。等距抽样是实际工作中应用较多的方法。目前,我国城乡居民收支等调查都是采用这种方式。

(4)整群抽样。它是先将总体各单位划分为若干群,然后以群为单位,从中随机抽取若干群,最后对选出的群中所有单位进行全面调查。其特点是当被调查单位的地理位置比较集中时,采取整群抽样比较方便。但这种方法抽选的单位较集中,各单位在总体中分布的均匀性较差,因此整群抽样比前三种抽样方式的抽样误差大,样本代表性较低。

(5)多阶段抽样。它是指在抽取样本时,分阶段从总体中抽取样本的一种抽样调查方法。第一阶段,将总体分为若干个一级抽样单位,从中抽选若干个一级抽样单位入样;第二阶段,将入样的每一个一级单位分成若干个二级单位,从入样的每个一级单位中各抽选若干个二级抽样单位入样……以此类推,直到获得最终样本。多阶段抽样具有很强的适用性,组织工作复杂,但样本的代表性较高,又节约人力、物力、财力,因而它在复杂的社会经济现象中应用较广泛。

四、重点调查

重点调查是指在全体调查对象中选择一部分重点单位进行调查,以取得统计数据的一种非全面调查方法。重点单位是指这些单位中被调查项目的标志值之和在全部单位的总标志值中的占比很大,而这些单位的数量在全部单位中的占比却很小。通过对这些单位的调查,统计人员就可以取得总体的基本情况。例如,对我国上海大众、一汽大众、上海通用、北京现代、东风日产、长城汽车等几个汽车企业进行调查就属于重点调查。虽然它们在全国汽车企业中只是少数,但是它们的产量却占绝大比重,对这些重点企业进行调查,比全面调查要省时、省力,更能及时了解全国汽车生产的基本情况。

和抽样调查不同的是,重点调查取得的数据只能反映总体的基本发展趋势,不能用来推断总体,因而它也只是一种补充性的调查方法,目前主要应用于一些企业集团的调查。重点调查的优点是既花费人力物力较少,又能及时提供必要的资料,便于各级管理部门掌握基本情况,采取措施。

(一)重点单位的选择

重点调查的重点单位,通常是指在调查总体中能够代表总体情况、特征和主要发展变化趋势的那些样本单位。这些单位可能数目不多,但有代表性,能够反映调查对象总体的基本情况。

(1)根据调查任务确定重点单位。基本标准是所选出的重点单位的标志值必须能够反映所研究总体的基本情况。一般来说,重点单位要尽可能少,而其标志值在总体中所占的比重要尽可能大。

(2)重点单位可以是基层单位的企业,亦可以是某些地区、某些行业或部门。

(3)重点单位不是固定不变的。针对不同问题的重点调查,或同一问题不同时期的重点调查,其重点单位不是一成不变的,而是随着情况的变化随时调整的。

(4)重点单位应该是管理健全、统计基础工作较好的单位。

（5）调研人员应先对研究总体有较全面的认识和了解，然后再选择重点单位进行调查。

（二）重点调查的特点

（1）重点调查节省人力、物力和财力，能反映总体的基本情况，但不能用于推断总体的总量。

（2）重点调查项目多、内容全，有助于对所调查现象进行深入研究。

（三）重点调查的组织形式

重点调查根据研究问题的不同需要，可以采取一次性调查的方式，也可以进行定期调查的方式。一次性调查适用于临时调查任务。定期调查适用于经常性调查任务，统计人员可以颁发定期报表，让选定的重点单位填报，这样可以定期观察一些重点单位主要技术经济指标的完成情况及其变动情况。

五、典型调查

典型调查是指根据调查目的和要求，在对调查对象进行初步分析的基础上有意识地选取少数具有代表性的典型单位进行深入细致的调查研究，借以认识同类事物的发展变化规律及本质的一种非全面调查方法。典型调查要求相关人员搜集大量的第一手资料，搞清所调查对象的各方面情况，并对其进行系统、细致的剖析，最后得出用于指导工作的结论和办法。

（一）典型调查的特点

典型调查有以下几个特征。

（1）典型调查主要是定性调查。典型调查主要依靠调查者深入基层对调查对象进行直接调查、剖析，取得第一手资料，这样才能透过事物的现象发现事物的本质和发展规律。它适用于定性研究，不能用于定量研究。

（2）典型调查是根据调查者的主观判断，选择少数具有代表性的单位进行调查。因此，调查者的判断能力、思想水平和对调查单位的了解情况对代表性单位的选择起着决定作用。

（3）典型调查的方式是面对面的直接调查。调查者深入基层与调查对象进行直接接触与剖析，因此对现象的内部机制和变化过程往往了解得比较清楚，获得的资料比较全面、系统。

（4）典型调查方便、灵活，可以节省时间、人力和经费。典型调查的调查对象少，调查时间快，反映情况快，调查内容系统周密，使用的调查工具不多。

（二）典型单位的选择

首先，统计人员应根据调查的目的，参照调查对象和典型单位的有关资料和情况确定典型单位不能主观片面，确保选中的单位具有充分的代表性和典型意义。其次，统计人员要合理确定典型单位的数目，即在总体各单位差别不大的情况下，选择一个或几个有足够代表性的单位就可以了。如果总体单位比较多，各单位差别又比较大，则应多选一些单位。

六、抽样调查、重点调查和典型调查的异同

1. 抽样调查、重点调查和典型调查之间的不同之处

（1）调查单位的意义和取得的方式方法不同。重点调查选择的是重点单位，不具有代表性；典型调查选择的是典型单位，有代表性；抽样调查是按随机原则选择样本，有代表性。

（2）研究目的不同。重点调查是掌握重点单位的状况，了解总体的基本情况；典型调查是通过典型单位的情况推算总体的情况；抽样调查是通过样本的情况推算总体的情况。

（3）准确性和可靠性程度不同。重点调查只能了解总体的基本状况，不能进行推断；典型调查只是一般的推断，不能计算和控制误差；抽样调查的目的就是推断总体的情况，它可以事先计

算和控制误差。

2. 抽样调查、重点调查、典型调查之间的联系

（1）抽样调查、重点调查和典型调查三者都是非全面调查。

（2）不同的统计调查方法，各有其特点和作用。在实际工作中，并非只能单用一种方法，而是可以将多种方式方法结合起来运用，这样才能搜集丰富的统计资料。各种统计调查方法的特点归结如表 2.2 所示。

表 2.2　各种统计调查方法的特点

调查方法	调查范围	调查时间	组织形式	资料搜集方法
统计报表	全面或非全面	经常	报表制度	报告
普查	全面	一次	专项调查	采访或报告
抽样调查	非全面	经常或一次	专项调查	直接观察或报告
重点调查	非全面	经常或一次	报表或专项	报告
典型调查	非全面	一次	专项调查	采访、开座谈会

▶ 知识链接

近年来"三新"统计工作开展情况

按照党中央、国务院的要求，国家统计局积极推进以下"三新"统计调查工作。"三新"是指新产业、新业态、新商业模式。

1. 建立"三新"统计分类

国家统计局以《国民经济行业分类(GB/T 4754—2017)》为基础，对其中符合"三新"特征的有关活动进行再分类，并参照《战略性新兴产业分类》《高技术产业(服务业)分类》《高技术产业(制造业)分类》等相关分类标准，于 2018 年 8 月制定并印发《新产业新业态新商业模式统计分类(2018)》。

2. 完善"三新"统计监测制度

根据党中央国务院的决策部署，国家统计局于 2016 年印发《新产业新业态新商业模式专项统计报表制度》，并在 2017 年进一步充实"三新"统计内容，改进重点领域统计调查，形成《新产业新业态新商业模式统计监测制度(试行)》。此后，国家统计局根据"三新"发展的新情况、新变化，逐年对监测制度进行修订完善。

3. 开展"三新"统计分析

依据"三新"统计监测制度，国家统计局陆续测算和发布了战略性新兴产业、电子商务交易等重点领域的主要数据，对国家和各地区的"三新"经济发展态势和进展情况进行动态监测评价。同时，国家统计局还研究制定了"三新"经济增加值核算办法和经济发展新动能指数测算方法，根据《新产业新业态新商业模式统计分类(2018)》《新产业新业态新商业模式增加值核算方法》按时发布相关统计数据。

资料来源：国家统计局网站。

思考题

1. 统计调查的基本要求有哪些？

2. 统计调查方案一般包括哪些内容？

主要知识点

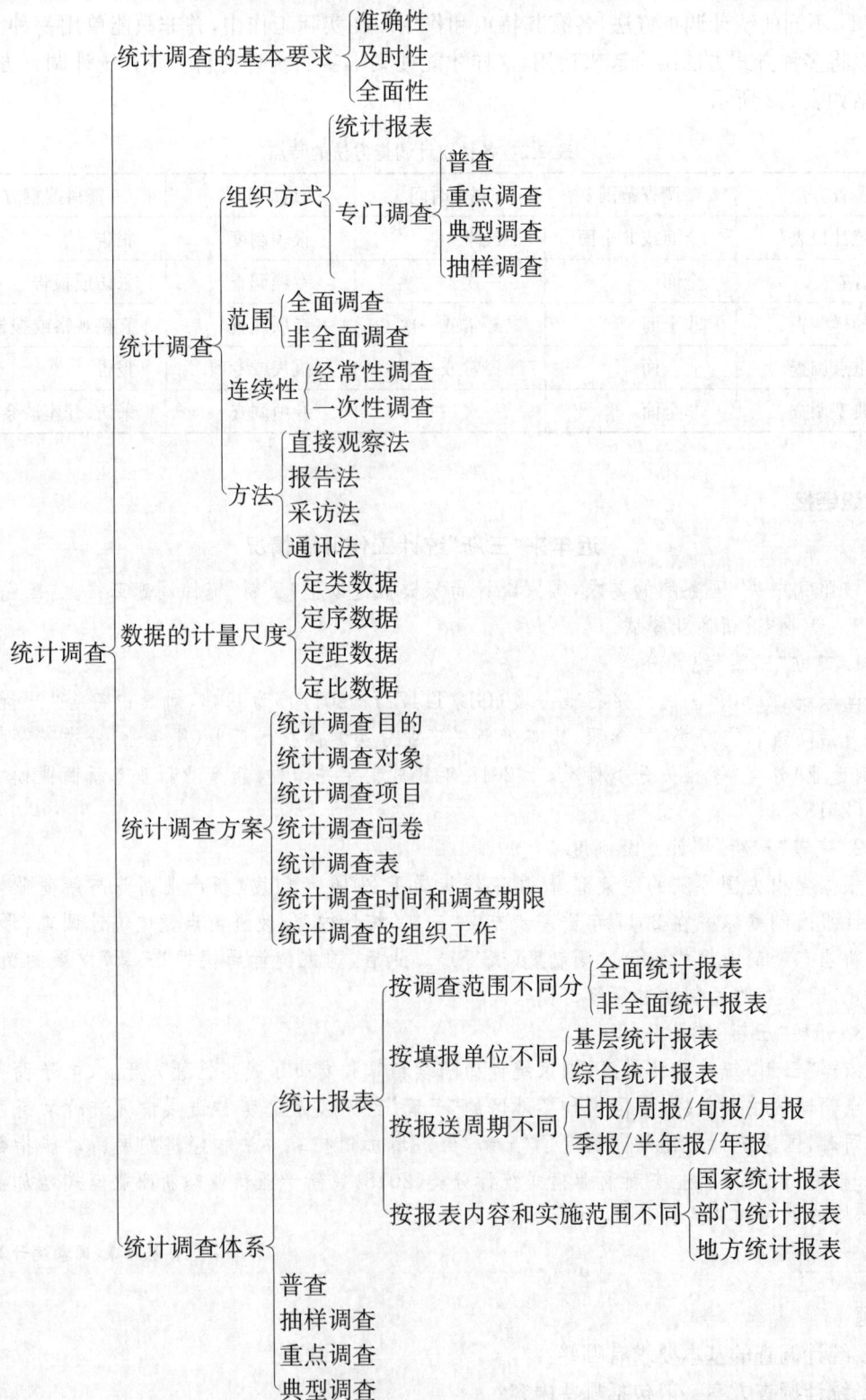

统计调查
- 统计调查的基本要求
  - 准确性
  - 及时性
  - 全面性
- 统计调查
  - 组织方式
    - 统计报表
    - 专门调查
      - 普查
      - 重点调查
      - 典型调查
      - 抽样调查
  - 范围
    - 全面调查
    - 非全面调查
  - 连续性
    - 经常性调查
    - 一次性调查
  - 方法
    - 直接观察法
    - 报告法
    - 采访法
    - 通讯法
- 数据的计量尺度
  - 定类数据
  - 定序数据
  - 定距数据
  - 定比数据
- 统计调查方案
  - 统计调查目的
  - 统计调查对象
  - 统计调查项目
  - 统计调查问卷
  - 统计调查表
  - 统计调查时间和调查期限
  - 统计调查的组织工作
- 统计调查体系
  - 统计报表
    - 按调查范围不同分
      - 全面统计报表
      - 非全面统计报表
    - 按填报单位不同
      - 基层统计报表
      - 综合统计报表
    - 按报送周期不同
      - 日报/周报/旬报/月报
      - 季报/半年报/年报
    - 按报表内容和实施范围不同
      - 国家统计报表
      - 部门统计报表
      - 地方统计报表
  - 普查
  - 抽样调查
  - 重点调查
  - 典型调查

第七次全国人口普查方案

（摘要）
第一部分　总说明

根据《中华人民共和国统计法》《中华人民共和国统计法实施条例》《全国人口普查条例》《国务院关于开展第七次全国人口普查的通知》，制定本方案。

一、普查目的

全面查清我国人口数量、结构、分布、城乡住房等方面情况，为完善人口发展战略和政策体系，促进人口长期均衡发展，科学制定国民经济和社会发展规划，推动经济高质量发展，开启全面建设社会主义现代化国家新征程，向第二个百年奋斗目标进军，提供科学准确的统计信息支持。

二、普查时点

普查的标准时点是 2020 年 11 月 1 日零时。

三、普查对象

普查对象是指普查标准时点在中华人民共和国境内的自然人以及在中华人民共和国境外但未定居的中国公民，不包括在中华人民共和国境内短期停留的境外人员。

四、普查内容和普查表

普查登记的主要内容包括：姓名、公民身份证号码、性别、年龄、民族、受教育程度、行业、职业、迁移流动、婚姻生育、死亡、住房情况等。

根据不同的普查对象和普查内容，具体分为四种普查表。

（一）第七次全国人口普查短表

普查短表包括反映人口基本状况的项目，由全部住户（不包括港澳台居民和外籍人员）填报。

（二）第七次全国人口普查长表

普查长表包括所有短表项目和人口的经济活动、婚姻生育和住房等情况的项目，在全部住户中抽取 10% 的户（不包括港澳台居民和外籍人员）填报。

（三）第七次全国人口普查港澳台居民和外籍人员普查表

港澳台居民和外籍人员普查表包括反映人口基本状况的项目以及入境目的、居住时间、身份或国籍、就业情况等项目，由在境内居住的港澳台居民和外籍人员填报。

（四）第七次全国人口普查死亡人口调查表

死亡人口调查表包括死亡人口的基本信息，由 2019 年 11 月 1 日至 2020 年 10 月 31 日期间有死亡人口的户填报。

五、普查方法

普查采用全面调查的方法，以户为单位进行登记。

普查采用按现住地登记的原则，每个人必须在现住地进行登记。普查对象不在户口登记地居住的，户口登记地要登记相应信息。

普查登记采用普查员入户询问、当场填报，或由普查对象自主填报等方式进行。

普查数据采集原则上采用电子化的方式。采取普查员使用电子采集设备（PAD 或智能手机）登记普查对象信息并联网实时上报，或由普查对象通过互联网自主填报等方式进行。

普查员应按照工作要求，在户口整顿基础上对所负责普查小区进行全面摸底，掌握普查小区内的人口和居住情况，编制《户主姓名底册》，根据《户主姓名底册》进行入户登记工作，并参考部门行政记录等资料进行比对复查,确保普查登记真实准确、不重不漏。

六、普查数据处理

各级普查机构负责普查数据处理。国务院人口普查办公室统一编制数据采集、审核、编辑、汇总程序。

国务院人口普查办公室集中部署数据采集处理环境。各级普查机构应保障必要的数据处理办公环境和网络条件,采取必要的安全措施,确保数据处理工作安全、顺利地进行。

七、普查组织实施

(一)全国统一领导

国务院第七次全国人口普查领导小组负责普查组织实施中重大问题的研究和决策。普查领导小组办公室设在国家统计局,具体负责普查的组织实施。

(二)部门分工协作

领导小组各成员单位要按照职能分工,各负其责、通力协作、密切配合,共同做好普查工作。对普查工作中遇到的困难和问题,要及时采取措施予以解决。

(三)地方分级负责

地方各级人民政府设立相应的普查领导小组及其办公室,领导和组织实施本区域内的普查工作。村民委员会和居民委员会设立人口普查小组,协助街道办事处和乡镇政府动员和组织社会力量,做好本区域内的普查工作。

普查指导员和普查员可以从国家机关、社会团体、企业事业单位借调,也可以从村民委员会、居民委员会或者社会招聘。借调和招聘工作由县级人民政府负责。

(四)各方共同参与

国家机关、社会团体、企业事业单位应当按照《中华人民共和国统计法》《中华人民共和国统计法实施条例》《全国人口普查条例》的规定,参与并配合普查工作。

八、普查质量控制

普查实行严格的质量控制制度,建立健全普查数据质量追溯和问责机制,确保普查数据可核查、可追溯、可问责。国务院人口普查办公室统一领导、统筹协调普查全过程质量控制的有关工作。地方各级普查机构主要负责人对本行政区域普查数据质量负总责,确保普查数据真实、准确、完整、及时。各级普查办公室必须严格执行各阶段工作要求,保证各阶段工作质量达到规定标准,确保普查工作质量与数据质量合格达标。

九、普查宣传

各级宣传部门和普查机构应制定宣传工作方案,深入开展普查宣传。

各级宣传部门应组织协调新闻媒体及有关部门,通过报刊、广播、电视、互联网、手机和户外广告等多种渠道,充分利用微博、微信、短视频等新媒体传播手段,宣传普查的重大意义、政策规定和工作要求,积极营造良好的普查氛围。

各级普查机构要组织开展形式多样的宣传活动,动员社会各界支持、参与普查。

十、普查法规与纪律要求

坚持依法普查,普查工作要严格按照《中华人民共和国统计法》《中华人民共和国统计法实施条例》《全国人口普查条例》《国务院关于开展第七次全国人口普查的通知》及相关规定组织开展。

普查对象应当依法履行普查义务,如实提供普查信息,不得虚报、瞒报、拒报。拒绝提供普查所需的资料,或者提供不真实、不完整的普查资料的,由县级以上人民政府统计机构责令改正,予以批评教育,情节严重的依法严肃处理。普查取得的数据,严格限定用于普查目的,不得作为任何部门和单位对各级行政管理工作实施考核、奖惩的依据。普查中获得的能够识别或者推断单个普查对象身份的资料,任何单位和个人不得对外提供、泄露,不得作为对普查对象实施处罚等具体行政行为的依据,不得用于普查以外的目的。各级普查机构及其工作人员,必须严格履行保密义务。

十一、普查主要工作阶段

普查工作分三个阶段进行。

一是准备阶段(2019年10月—2020年10月)。这一阶段的主要工作是:组建各级普查机构,制定普查方案和工作计划,进行普查试点,落实普查经费和物资,准备数据采集处理环境,开展普查宣传,选聘培训普查指导员和普查员,普查区域划分及绘图,进行户口整顿,开展摸底,等等。

二是普查登记阶段(2020年11月—12月)。这一阶段的主要工作是:普查员入户登记,进行比对复查,开展事后质量抽查,等等。

三是数据汇总和发布阶段(2020年12月—2022年12月)。这一阶段的主要工作是:数据处理、汇总、评估,发布主要数据公报,普查资料开发利用,等等。

十二、其他

(一)我国香港特别行政区、澳门特别行政区的人口数,按照香港特别行政区政府、澳门特别行政区政府公布的资料计算。

我国台湾地区的人口数,按照台湾地区有关主管部门公布的资料计算。

(二)因交通极为不便等特殊因素,需采用其他登记时间和方法的地区,须报请国务院人口普查办公室批准。

(三)对认真执行本方案,忠于职守,坚持原则,在普查工作中做出显著成绩的单位和个人,按照国家有关规定给予表彰奖励。

(四)本方案由国务院人口普查办公室负责解释。

研讨问题

1. 为什么我国第七次人口普查要规定标准时点?
2. 我国人口普查的目的是什么?
3. 我国人口普查对象是什么?人口普查单位是什么?

方案设计

浙江省"民生民意杯"第四届大学生统计调查方案设计大赛
复赛项目名单

序号	作品名称	团队名称	负责人	学院
1	满意度视角下"慕课"发展现状及前景探析——基于扩展TAM模型	紫夜泯晓	韩冬杰	会计学院
2	梦想小镇,激活"众创"引擎——基于余杭"梦想小镇"的调研分析	时间回旋	王晶	数统学院
3	杭州市居民对于智慧云社区的满意度及潜在需求分析——以社区服务App为例	呵呵无敌萝莉小超人	蒋佳霖	数统学院
4	"指缝间的网费"——基于三大运营商的客户满意度调查及网费优化探究	一路有你	王乐乐	数统学院

（续表）

序号	作品名称	团队名称	负责人	学院
5	积极老龄化背景下老年人再就业意愿调查	风向标	沈国权	数统学院
6	杭州"定制公交"的发展前景调查	小红薯	邢晨阳	数统学院
7	基于结构方程模型的养老金并轨实施社会公众满意度统计调查——以杭州市为例	民生观察团	叶德健	金融学院
8	私家车停车现状调查分析——以杭州市为例	I'm the best	郎伊竞	会计学院
9	团购 App 对居民生活的影响	The Avengers	梁静怡	数统学院
10	地铁"便"随行，服务"优"随心——基于杭城轨道交通票价及服务满意度的调查	极速前进	洪宇	数统学院
11	生育二胎，你准备好了吗？——杭州市居民压力对二胎生育观的影响	Babies	林艳艳	数统学院
12	个税递延背景下商业养老保险购买意愿度调查——以杭州市为例	明日夕阳红	沈凯豪	财政学院
13	"让天下没有难看的病"——探究互联网医疗在杭州实行的居民意向调查	The Healer	陈晓霄	数统学院
14	拆迁农民生活状况调查——以浙江省诸暨市为例	我们	杨春飞	财政学院
15	关于青少年对"单独二胎"政策态度的调查分析	The Lions	邵潇莞	会计学院
16	微公交对杭州市居民出行方式的影响	微度	罗彦朦	会计学院
17	"新消费时代"——杭州市大学生网络分期购物满意度与潜在需求调查	浙财分期购调查小队	陈懿	经贸学院
18	居民对公共道路停车位包月制度的满意度调查——基于 SEM-PLS 模型	Jumper	朱皓正	数统学院
19	MOOC 时代的大学革命——基于杭州高校对 MOOC 平台认知和使用行为的调查研究	golden 蛋	叶志超	会计学院
20	关于延迟退休的民意调查研究——以杭州市为例	Roar	宋楚	数统学院
21	名校情结该"结"还是该"解"——基于在杭高校大学生的调查	同路人	朱彬彬	数统学院
22	为 P2P 提供领跑中国的力量——交易机制对 P2P 借贷平台的影响及改革建议	燃烧的星辰	吕晓蒂	数统学院
23	"大城小床 or 小城大房？"大学生就业理念的调查研究	我们归来	王迪	数统学院
24	杭州微公交使用现状及市民满意度调查	"微五"	应列泽	数统学院
25	"和谐寝室从这里起步"——基于浙江省高校分寝模式的调查研究	2211 统计小分队	陈依佳	会计学院
26	梦想与现实职业的抉择——对杭州市已就业人群的职业现状及满意度调查	Life Planners	叶家梁	会计学院

（续表）

序号	作 品 名 称	团队名称	负责人	学 院
27	智慧教育来临,中学生准备好了吗——基于宁波4家中学的调查与分析	青春依旧在中学团队	郑巧璐	金融学院
28	基于TAM模型的网络借贷平台可信度影响因素研究——以在杭高校大学生为例	Diamond Team	林心怡	金融学院

研讨问题

1. 参考浙江财经大学参加浙江省"民生民意杯"第四届大学生统计调查方案设计大赛进入复赛项目名单,针对你感兴趣的某一课题内容设计一份统计调查方案。

2. 你为什么对此问题感兴趣?

思政德育课堂

1. 案例描述

2020年12月,天津市宝坻区统计局对天津凤聚宝食用农产品有限公司进行年度报表审核和检查,检查发现天津凤聚宝食用农产品有限公司(法定代表人方加彬)在统计上严重失信,提供不真实的统计资料。天津市宝坻区统计局依据《中华人民共和国统计法》第四十一条第一款(第二项)对天津凤聚宝食用农产品有限公司进行政处罚,行政处罚决定书文号为2021年津宝统法处字第1号,处罚内容为警告并处罚款8万元,处罚决定日期为2021年1月6日,并在国家统计局网站上的"严重失信企业信息"栏目进行公示,公示期限为2021年1月6日至2022年1月5日。

资料来源:国家统计局网站。

2. 案例提示

我们必须按照《中华人民共和国统计法》的要求,严格遵守实事求是的原则,真实准确地进行统计。任何单位和个人都必须依照国家有关规定,真实、准确、完整、及时地提供统计调查所需的资料,不得提供不真实或者不完整的统计资料,不得迟报、拒报统计资料。

习　题

【单项选择题】

1. 中国工商银行某市分行为了总结先进的管理经验,特别对几个先进的储蓄网点进行调查。这种调查属于(　　)。
   A. 重点调查　　　　B. 典型调查　　　　C. 抽样调查　　　　D. 普查

2. 专门调查中属于全面调查的是(　　)。
   A. 重点调查　　　　B. 典型调查　　　　C. 抽样调查　　　　D. 普查

3. 调查项目的承担者是(　　)。
   A. 调查对象　　　　B. 调查单位　　　　C. 填报单位　　　　D. 调查方案

4. 调查我国汽车集团:上汽、东风、一汽、长安、北汽、广汽、华晨、长城、吉利以及江淮等大型汽车集团的销售量,了解我国汽车产量基本情况,此调查方式属于(　　)。
   A. 普查　　　　　　B. 抽样调查　　　　C. 典型调查　　　　D. 重点调查

5. 重点单位是指(　　)。
   A. 具有代表性的单位

B. 这些单位的个数在总体中占很大比重

C. 这些单位的标志总量占总体标志总量中的绝大部分

D. 这些单位在全局工作中处于重要地位

6. 抽样调查应遵守的原则是(　　)。

A. 随意性原则　　　　　B. 随机原则　　　　　C. 可比性原则　　　　　D. 全面性原则

7. 统计报表一般属于(　　)。

A. 经常性的全面调查　　　　　　　　　B. 一次性的全面调查

C. 经常性的非全面调查　　　　　　　　D. 一次性的非全面调查

8. 下面属于经常性调查的是(　　)。

A. 每 10 年一次的人口普查　　　　　　B. 对某品牌的手机市场占有率的调查

C. 企业期末进行的库存盘点　　　　　　D. 商业企业按月报送的销售额

9. 统计调查方案的核心内容是(　　)。

A. 调查目的　　　　　　　　　　　　　B. 调查对象和调查单位

C. 调查问卷　　　　　　　　　　　　　D. 调查时间

10. 要了解厦门市居民家庭的收支情况,最适合的调查方式是(　　)。

A. 普查　　　　　　　B. 重点调查　　　　　　C. 典型调查　　　　　　D. 抽样调查

【多项选择题】

1. 普查是指(　　)。

A. 非全面调查　　　　　　B. 专门调查　　　　　　C. 全面调查

D. 经常性调查　　　　　　E. 一次性调查

2. 我国第七次人口普查的标准时点是 2020 年 11 月 1 日 0 时,下列情况中,应统计人口数的有(　　)。

A. 2020 年 11 月 2 日出生的婴儿　　　　B. 2020 年 10 月 31 日出生的婴儿

C. 2020 年 10 月 31 日死亡的人　　　　　D. 2020 年 11 月 1 日 1 时死亡的人

E. 2020 年 10 月 31 日出生、11 月 1 日 6 时死亡的人

3. 2003 年,为适应经济和社会发展需要,并与国家编制五年计划更好衔接,推进国民经济核算与统计调查体系的综合配套改革,国务院决定,将(　　)合并为经济普查,同时将建筑业纳入普查范围。

A. 全国基本单位普查　　　　　　　　　B. 工业普查

C. 第三产业普查　　　　　　　　　　　D. 人口普查

E. 农业普查

4. 下列调查中,调查单位与填报单位一致的有(　　)。

A. 工业企业生产设备调查　　　　　　　B. 人口普查

C. 工业企业现状调查　　　　　　　　　D. 工业企业工人的工资情况调查

E. 城市零售商店销售情况调查

5. 统计报表按实施范围不同,可分为(　　)。

A. 国家统计报表　　　　　　　　　　　B. 综合统计报表

C. 基层统计报表　　　　　　　　　　　D. 部门统计报表

E. 地方统计报表

6. 调查方案应包括的主要内容有(　　)。

A. 确定调查目的　　　　　　　　　　　B. 确定调查对象和调查单位

C. 确定调查内容　　　　　　　　　　D. 确定调查时间和调查期限

E. 制定调查的组织实施计划

7. 统计调查中,属于专门调查形式的调查有( )。

    A. 普查　　　　　　　　B. 重点调查　　　　　　　C. 典型调查

    D. 抽样调查　　　　　　E. 统计报表

8. 统计调查应遵循的原则有( )。

    A. 准确性　　　　　　　B. 经济性　　　　　　　　C. 及时性

    D. 完整性　　　　　　　E. 真实性

9. 统计数据计量尺度可分为( )。

    A. 定类尺度　　　　　　B. 定序尺度　　　　　　　C. 定距尺度

    D. 定比尺度　　　　　　E. 定量尺度

10. 在工业企业设备调查中,( )。

    A. 所有工业企业是调查对象　　　　B. 工业企业的所有设备是调查对象

    C. 工业企业的每台设备是调查单位　D. 每个企业是调查单位

    E. 每个工业企业是填报单位

【判断题】

1. 统计报表是我国搜集统计资料的一种重要的组织形式。　　　　　　　　( )

2. 调查单位和填报单位在任何情况下都不可能一致。　　　　　　　　　　( )

3. 全国人口普查中调查单位是全国每个家庭。　　　　　　　　　　　　　( )

4. 民营企业经济效益调查,调查单位与报告单位是一致的。　　　　　　　( )

5. 普查是专门组织的经常性全面调查。　　　　　　　　　　　　　　　　( )

6. 普查确定标准时点是为了避免统计资料的重复和遗漏。　　　　　　　　( )

7. 重点调查是为了说明总体数量的基本情况。　　　　　　　　　　　　　( )

8. 一般来说,选出的重点单位要尽可能少,而其标志值在总体中所占的比重要尽可能大。

                                                           ( )

9. 普查与抽样调查是两种对立不相容的调查方式。　　　　　　　　　　　( )

10. 抽样调查是最科学的非全面调查。　　　　　　　　　　　　　　　　　( )

【简答题】

1. 结合实际,谈一谈我国现行统计调查方法体系。

2. 我国已进行过几次全国经济普查? 普查时点、对象和内容是什么?

3. 抽样调查、重点调查和典型调查的区别与联系有哪些?

4. 结合我国目前的实际情况,阐述抽样调查的作用。

5. 统计调查方案应包含哪些主要内容?

【实务题】

    根据你感兴趣或者是社会经济热点难点问题,也可以结合自己专业的情况,设计一份统计调查方案。

第三章

统计整理

知识目标与要求

(1) 了解统计整理的定义、作用、内容、程序、审核与汇总技术。

(2) 理解统计分组的定义、作用、分组标志的选择，能依据实际资料进行统计分组。

(3) 了解分配数列的一般特征、组距式变量数列的编制以及统计表的种类与设计。

能力目标与要求

(1) 掌握组距式分配数列的编制方法。

(2) 掌握统计分组方法和统计资料整理方法。

(3) 学会设计统计表。

思政目标与要求

(1) 在统计整理活动中，按照统计法和相关规章制度的要求规范数据审核、整理、上报等行为。

(2) 培养严格遵守职业道德、遵守法律的品质。

课前导读

　　大数据统计结果显示，普通人外出旅行时都希望买到便宜的机票。北欧知名机票搜索引擎 Momondo 的大数据统计显示，买机票也是有学问的，通常周二的航班票价最低，周六的机票最贵。Momondo 通过比较人们最常订票的 100 条航线的 126 亿多个机票价格发现，周二的机票价格平均比周六的便宜 11.5％；从时段来看，晚上 6 时至午夜的机票价格最便宜，上午 10 时到下午 3 时的机票最贵。另外，通常情况下，先于出发日期 53 天购票，你能买到最便宜的机票（一些大热航线可能有例外）。

　　请同学们考虑一下，搜索引擎 Momondo 是如何发现周二的航班票价最低、周六的机票最贵的？

第一节　统计整理概述

一、统计整理的定义

　　统计整理是指根据统计研究的目的，把统计调查所搜集到的原始资料进行科学的加工，使之系统化、条理化和科学化,从而得出能够反映事物总体特征的资料,为统计分析做好准备的工作过程。

统计整理是统计工作的第三个阶段。统计工作经过了统计调查之后,搜集了大量的统计资料。但是,这些统计资料是个别的、分散的,只能说明总体单位的情况,不能反映总体的综合数量特征。仅凭这些停留在原始形态的统计资料不能深刻地说明事物的本质并揭示事物的发展规律。因此,我们还必须对搜集来的统计资料进行科学的整理。

统计整理有两种含义:一是对统计调查所得的原始资料的整理;二是对某些已经加工过的综合统计资料的整理。作为一个相对独立的统计工作阶段来说,统计资料整理主要指对原始资料的整理。

统计整理通过对调查资料进行科学加工使之成为说明总体特征的综合资料,实现了调查资料从反映总体单位特征的标志向反映总体综合数量特征的统计指标的转化,实现了人们从对社会经济现象个体的观察到对社会经济现象总量认识的转化,即使人们对社会经济现象的认识从感性认识过渡到理性认识。统计整理是统计调查的继续,是统计分析的前提和基础,它在整个统计工作中发挥着承上启下的作用,它既是统计调查的继续,又是统计分析的前提。统计资料整理方法的正确与否,将直接影响对客观情况描述的准确性及对其分析的真实性。

二、统计整理的方法和程序

(一)统计整理的方法

统计整理的方法包括统计分组、统计汇总和编制统计表。

统计分组是根据研究任务的要求,将调查所得的原始资料划分为各组或各类。统计分组是统计整理的核心问题。

统计汇总是在统计分组的基础上,把总体单位各种标志的标志值汇总起来。汇总的方式主要有手工汇总和电子计算机汇总。

编制统计表是把汇总的资料按一定的规则在表格上表现出来。

(二)统计整理的程序

统计整理工作是一项细致的、科学性很强的工作,必须有组织、有计划地进行。统计整理的基本步骤有如下五步。

1. 设计和编制统计资料整理方案

在进行统计整理之前,我们应当根据统计整理的目的,首先确定要对统计调查中所搜集资料的哪些内容进行整理,然后再确定如何进行统计分组、采用哪些汇总指标以及统计资料如何表现等。这些整理方案的内容体现在一系列的整理表或综合表中。

正确制定统计整理方案是保证统计整理有计划、有组织地进行的首要步骤,是统计设计在统计整理阶段的具体化。

2. 对原始资料进行审核

在进行统计整理之前,相关人员必须对调查来的原始资料进行审核,以保证统计资料和统计整理的质量。这是一项不可缺少的准备工作。对原始资料的审核主要包括审核资料的准确性、及时性和完整性三个方面的内容,如果发现问题,应及时加以纠正。

(1)资料的准确性是审核的重点。对资料准确性的审核是通过逻辑检查和计算检查两个方面进行的。逻辑检查是审核原始资料的内容是否合理、有无相互矛盾或不符合实际的地方。计算检查是通过计算复核整理表中的各项数字有无差错,各项指标的计算方法是否恰当,计算单位是否正确,有关指标间的平衡关系是否得到保持,等等。

（2）审核资料的及时性,是要检查资料是否符合调查规定的时间、资料的报送是否及时等。

（3）审核资料的完整性,是要检查报送单位是否有不报、漏报的现象以及被调查单位提供的资料是否齐全等。

对于通过审查发现的问题和错误,应及时予以查询和纠正。

3. 对原始资料进行分组和汇总

原始资料经审核后,相关人员按照一定的组织形式和方法,对原始资料进行统计分组和统计汇总,计算出各组的单位数和合计总数,计算出各组指标和综合指标。

4. 将汇总好的统计资料再一次进行审核

这一步骤是指对整理好的统计资料再一次进行审核,改正在汇总过程中发生的差错。

5. 将整理结果编制成统计表

这一步骤是指将统计整理和汇总的结果用统计表和统计图的形式表示出来,这样可以清晰、简明、扼要地反映统计总体的特征。

▶ **知识链接**

1. 大数据的定义

对于"大数据"一词,高德纳咨询公司给出了这样的定义:大数据是指需要使用新型处理模式才能具有更强的决策力、洞察发现力和流程优化能力的海量、高增长率和多样化的信息资产。

2. 大数据的特征

容量:数据的大小决定所考虑的数据的价值和潜在的信息。

种类:数据类型的多样性。

速度:指获得数据的速度。

可变性:妨碍了处理和有效地管理数据的过程。

真实性:数据的质量。

复杂性:数据量巨大,来源多渠道。

3. 大数据的应用

洛杉矶警察局和加利福尼亚大学合作利用大数据预测犯罪的发生率。

"google 流感趋势"（google flu trends）利用搜索关键词预测禽流感的散布情况。

统计学家内特·西尔弗利用大数据预测 2012 美国选举结果。

麻省理工学院利用手机定位数据和交通数据建立城市规划。

梅西百货利用大数据系统对多达 7 300 万种货品进行实时调价。

医疗行业早就遇到了海量数据和非结构化数据的挑战,近年来很多国家都在积极利用大数据推进医疗信息化发展。

4. 大数据发展的趋势

趋势一:数据的资源化。

趋势二:与云计算的深度结合。

趋势三:科学理论的突破。

趋势四:数据科学和数据联盟的成立。

趋势五:数据泄露泛滥。

趋势六：数据管理成为核心竞争力。

趋势七：数据质量是 BI(商业智能)成功的关键。

趋势八：数据生态系统复合化程度加强。

统计资料的汇总是统计整理阶段最主要的工作内容,也是统计整理工作最关键的环节。

三、统计汇总

(一)统计汇总的组织形式

统计汇总一般有以下几种组织形式。

1. 逐级汇总

逐级汇总是自下而上一级一级地汇总本地区、本系统或本单位的调查资料。这种组织形式能满足各级单位对资料的需要,也便于就地审核和订正原始资料,但汇总层次多,比较费工费时,出现差错的机会也会增多。

2. 集中汇总

集中汇总是把全部调查资料集中在一个机关或者最高统计机关进行汇总。这种组织形式可以缩短汇总时间,减少汇总差错,适合使用计算机进行汇总。但其缺点是原始资料如有差错不能就地更正,整理结果有时不能及时满足各地区、各部门的需要。

3. 综合汇总

除了上述两种形式之外,在实际工作中,人们有时还会将两者结合起来使用,即对各地区和各级都需要的基本资料实行逐级汇总,对全国的总数字和其他一些需要在全国范围内进行加工的资料,或者对本系统的全面资料实行集中汇总。这种汇总的方式称为综合汇总。

(二)统计汇总的审核

统计汇总的审核包括汇总前的审核和汇总后的审核两个环节。汇总前的审核是把握统计汇总质量的关键,审核的主要内容是资料的准确性、及时性和完整性。汇总后的审核是检查汇总工作的质量,审核的主要内容是汇总结果的真实性和准确性。

(三)统计汇总的方式

统计汇总的方式主要有两种:手工汇总和计算机汇总。

1. 手工汇总

常用的手工汇总方法有以下四种。

(1)划记法。划记法就是用点、线或其他符号计算汇总各组或总体的单位数。常用的划记符号有"正""※"等。划记法简便易行,但容易出现错漏,而且这种方法只能汇总各组或总体的单位数,不能汇总各组和总体各单位的标志值。

(2)过录法。过录法就是将分散的原始资料过录到预先设计的汇总表格上,然后加总各组和总体的单位数或标志值的合计数,再把合计数填到综合统计表格上去。过录法适用于统计报表资料的汇总、历史资料的整理。过录法的优点是既可汇总总体的单位数,又可汇总其标志值。过录法一般适用于总体单位数不太多、分组比较简单的场合。

(3)折叠法。折叠法就是将各调查表中需要加总的同一横行或纵栏预先折好,按一定顺序一张一张地叠在一起,将其直接进行加总,然后将加总结果填入综合统计表格之内。这种方法简便易行,省工省时,但汇总之后一旦发现计算有错误,将前功尽弃,又得从头算起。

(4) 卡片法。卡片法就是把调查资料按分组汇总的要求,用特制的摘录卡片按一张卡片摘录一个总体单位资料的原则进行摘录,然后利用卡片作为分组计数的工具,加总总体的单位数和标志值。这种方法较为准确可靠,但比较费工费时,一般适用于大规模调查资料的整理和分组较多的资料的汇总。

2. 计算机汇总

计算机汇总是进行统计汇总的主要方法,是统计汇总技术的新发展,也是统计现代化的重要标志。计算机汇总主要包括编制程序、编码、数据录入、数据编辑、计算与制表等步骤。

> ▶ **知识链接**
>
> 在国家统计局官网上如何查找统计数据?
>
> 目前,国家统计局官方网站提供以下四种数据查询方式。
>
> 1. "最新发布"——获取最新统计数据的首选
>
> 国家统计局官网是国家统计局发布统计信息的主要渠道之一,每逢月、季、年度等统计信息发布日,国家统计局官网"最新发布"栏目都会发布新闻稿。它与"国家统计信息发布日程表"一致,是公众获取最新统计数据的首选。
>
> 2. 统计数据库——快速查询统计指标及系列数据的渠道
>
> 统计数据库包括历年月、季、年度数据,用户可通过数据库"搜索"、选择"指标"等方式方便快捷地查询到历年、分地区、分专业的数据,这是公众快速查阅统计指标及系列数据的最便捷方法。
>
> 3. "统计出版物"——网上查阅年鉴类书籍
>
> 国家统计局官网中的"统计出版物"栏目提供《中国统计年鉴》《统计公报》《国际统计年鉴》《金砖国家联合统计手册》四类图书的电子版,以方便公众查阅。
>
> 4. 关键字检索
>
> 国家统计局官网首页设置了检索功能,读者在检索框内输入关键字就可以查看自己感兴趣的信息。

第二节 统 计 分 组

一、统计分组的定义

统计分组是指根据统计研究的需要,将统计总体按照一个或几个标志划分为若干部分,把属于同一性质的单位集中在一起,把不同性质的单位区别开来,形成各种不同类型集合的一种统计方法。现象的同质性是研究现象数量关系的前提。统计分组的目的是按照不同的标志,把统计研究对象的本质特征正确地反映出来,保持组内的同质性和组间的差别性,以便进一步运用各种统计方法,研究总体的数量表现和数量关系。例如,我国工业企业分为大型企业、中型企业和小型企业。

统计分组具有两方面的含义:对总体而言是"分",即将总体中的个体按照它们的差异性区分为若干部分;对个体而言是"合",即将性质相同的个体组合起来。就作为分组标准的标志来说,同组的个体单位间都具有相同的标志,不同组的个体单位间则具有不同的标志。统计分组主要就是在统计总体内部进行的一种定性分类。

二、统计分组的作用

统计分组在统计研究过程中的作用是多方面的,但根本作用则有以下几个方面。

(一)区分社会经济现象间质的差别

统计分组的过程就是区别事物性质的过程,而在区分事物性质的过程中,社会经济类型的划分是极为重要的。划分社会经济类型是指对直接反映社会生产关系的各种社会经济现象按性质的不同进行划分。例如,按产业分组和按轻重工业分组等。2015—2020年我国国内生产总值贡献率如表3.1所示。

表3.1　2015—2020年我国国内生产总值统计表　　　　　　单位:亿元

	国内生产总值	第一产业	第二产业	第三产业
2015	688 858.2	57 774.6	281 338.9	349 744.7
2016	746 395.1	60 139.2	295 427.8	390 828.1
2017	832 035.9	62 099.5	331 580.5	438 355.9
2018	919 281.1	64 745.2	364 835.2	489 700.8
2019	990 865.1	70 466.7	386 165.3	534 233.1
2020	1 015 986.0	77 754.0	384 255.0	553 977.0

注:本统计表按照当年价格计算。

资料来源:《中国统计年鉴2020》。

(二)反映社会经济现象总体的内部结构

统计总体经过分组后,被划分为若干个性质不同的组成部分,我们通过计算各个组成部分的总量在总体总量中所占的比重,可以分析和研究总体内部各组成部分的性质和比例关系,从而认识现象的发展过程和发展规律。这种分组类型称为结构分组。例如,全国人口按性别分组,可以分为男性人口和女性人口;按城乡分组,可以分为城镇人口和乡村人口;按年龄分组,可以分为多个年龄段人口。这些分组可以反映人口总体中男性人口和女性人口分别占总人口的结构情况、城镇人口和乡村人口分别占总人口的结构情况以及各年龄段人口占总人口的结构情况。2019年我国人口及其构成情况如表3.2所示。

表3.2　2019年我国人口数及其构成统计表　　　　　　单位:万人

指　　标	年末人口 (万人)	比　重	指　　标	年末人口 (万人)	比　重
全国总人口	140 005	100.00%	乡村	55 162	39.40%
其中:男	71 527	51.09%	其中:0~14岁	23 492	16.80%
女	68 478	48.91%	15~64岁	98 910	70.60%
其中:城镇	84 843	60.60 %	65岁及以上	17 603	12.60%

资料来源:《中国统计年鉴2020》。

（三）分析社会经济现象之间的相互依存关系

各种社会经济现象都不是孤立的，它们之间是相互联系、相互依存和相互制约的关系。利用统计分组分析和研究现象之间的相互依存关系，有助于人们全面、深刻地认识事物。例如，居民收入与消费之间的关系，商品销售额与流通费用额或费用率之间的关系，学习时间与学习成绩之间的关系，在一定范围内农作物的施肥量与亩产量之间的关系，等等，都存在着依存关系。这种分组类型称为分析分组。表 3.3 反映了我国城镇居民人均收入与人均现金消费支出之间的依存关系。

表 3.3　我国城镇居民人均收入与人均现金消费支出统计表　　　　单位：元

指　标	1990 年	1995 年	2000 年	2010 年	2015 年	2019 年
城镇居民人均收入	1 516.2	4 288.1	6 295.9	21 033.4	31 194.8	42 358.8
城镇居民人均现金消费支出	1 278.9	3 537.6	4 998.0	13 471.5	21 392.4	28 063.4

资料来源：《中国统计年鉴 2020》。

三、统计分组的方法

统计分组的关键在于选择分组标志、划分各组界限和确定分组体系。

（一）选择分组标志

分组标志就是将统计总体区分为各个性质不同的组的标准或根据。任何事物都有许多标志，如果标志选择不当，分组结果必然不能正确反映总体的性质特征。对于同一统计资料，使用不同的标志分组，往往会反映出不同的甚至相反的结果。为使统计分组具有科学性，保证统计整理的准确性，在选择分组标志时，必须遵循以下基本原则。

1. 根据统计研究的目的和具体任务选择分组标志

对于同一总体，由于统计研究的目的和任务不同，采用的分组标志也就不同。例如，要研究某高校学生的学习情况，可以选择学习成绩、英语四六级考试通过率、职业技能证书通过率等标志；要研究该高校学生的身体健康情况，可以选择身高、体重、肺活量、人格健全等标志。由此可见，对于不同的研究目的与任务，应选择不同的分组标志。

2. 根据最重要、最能够反映研究对象的本质特征及内在联系的标志选择分组标志

分组标志选择正确与否，关系到能否正确地反映研究对象的总体性质特征，达到统计研究的目的。在研究对象的若干标志中，有的能揭示总体的本质特征，是具有决定意义的标志；有的则是非本质的、次要的标志。因此，我们必须要围绕统计研究的目的和任务，在对现象进行科学分析的基础上，选择最重要、最能反映现象本质特征及内在联系的标志作为分组标志。例如，要研究我国人民的生活水平，可以按城镇居民和农村居民分组，可以按不同收入水平分组，可以按不同消费水平分组等标志。但是在这些标志中要注意选择最重要、最能够反映研究对象的本质特征及内在联系的标志作为分组标志。本例可以选择按城镇居民和农村居民分组，因为城镇居民和农村居民的消费结构是不同的，农村居民的消费中包括生产资料的消费，而城镇居民消费中则不包括生产资料的消费。因此，按照城镇居民和农村居民分组最能够反映研究对象的本质特征。

3. 根据现象所处的历史条件、具体时间、地点选择分组标志

在可供选择的标志中，最能反映总体特征的标志往往随时间、地点、条件的变化而有所不同。例如，要研究某地区的企业规模时，反映企业规模大小的标志有很多，如职工人数、产品产量、产

值、生产能力、固定资产总值等。选取什么标志反映企业规模大小为好,这需要结合企业所处的历史条件、具体时间来确定。对于劳动密集型企业,适合采用职工人数作为分组标志来分析企业的生产规模。对于技术密集型企业,适合采用固定资产总值作为分组标志来分析企业的生产规模。中华人民共和国成立初期,工业极不发达,应选择职工人数的多少来反映工业企业的规模;而在中华人民共和国成立70多年后的现在,就比较适合用生产能力和固定资产总值作为分组标志来分析企业的生产规模。

(二)划分各组界限

划分各组界限就是要在分组标志的变异范围内,划定各组之间的性质界限和数量界限。在实际工作中,如果界线划分不当,就会混淆各组的性质差别。

根据分组标志的特征不同,统计总体可按品质标志分组,也可按数量标志分组,但在两种分组情形下各组界限的划分方法是不相同的。

1. 按品质标志分组

按品质标志分组是指选择反映事物属性差异的品质标志作为分组标志,并在品质标志的变异范围内划定各组的界限,将总体划分为若干个性质不同的组成部分。例如,人口按性别分为男、女两组,大学生按家庭住址分为省内、省外学生,企业按规模分为大型企业、中型企业、小型企业。为了保证分类的统一性和完整性,国家制定了标准的分类目录,如《工业部门分类目录》《工业产品分类目录》等。

> ▶ **知识链接**
>
> **国家体育产业统计分类**
>
> 一、分类目的
>
> 为加快推动体育产业发展,科学界定体育产业的统计范围,建立体育产业统计调查制度,依据《国务院关于加快发展体育产业促进体育消费的若干意见》(国发〔2014〕46 号)、《国务院关于印发全民健身计划(2016—2020 年)的通知》(国发〔2016〕37 号)和《国务院办公厅关于加快发展健身休闲产业的指导意见》(国办发〔2016〕77 号),以《国民经济行业分类》(GB/T 4754—2017)为基础,制定本分类。
>
> 二、概念界定和分类范围
>
> 体育产业是指为社会提供各种体育产品(货物和服务)和体育相关产品的生产活动的集合。分类范围包括:体育管理活动,体育竞赛表演活动,体育健身休闲活动,体育场地和设施管理,体育经纪与代理、广告与会展、表演与设计服务,体育教育与培训,体育传媒与信息服务,其他体育服务,体育用品及相关产品制造,体育用品及相关产品销售、出租与贸易代理,体育场地设施建设等 11 个大类。
>
> **国家旅游及相关产业统计分类**
> **(2018 年)**
>
> 一、分类目的
>
> 为加快旅游业发展,科学界定旅游及相关产业的统计范围,依法开展旅游统计调查监测,依据《中华人民共和国统计法》《国务院关于促进旅游业改革发展的若干意见》(国发〔2014〕31 号),以《国民经济行业分类》(GB/T 4754—2011)为基础,制定本分类。

2. 按数量标志分组

按数量标志分组是指选择反映事物数量差异的数量标志作为分组标志,并在按数量标志下的变异范围内划定各组的界限,将总体划分为性质不同的若干组成部分。例如,学生按学习成绩分组、商业企业按销售额分组、工业企业按生产能力分组等,都是按数量标志分组。

(三) 确定分组体系

确定分组体系是指运用多个分组标志进行各方面的分组,形成一个分组体系。分组体系有以下两种形式。

1. 平行分组体系

总体按一个标志分组称为简单分组。对同一总体采取两个或两个以上标志进行简单分组,形成的分组体系称为平行分组体系。例如,对同一班级先按照学习成绩标志分组,分为及格和不及格两组,然后按性别标志再对同一个班级总体进行分组,分为男和女两组。这两种分组方式形成的分组体系就是平行分组体系。

2. 复合分组体系

对同一总体选择两个或两个以上分组标志层叠起来进行分组,称为复合分组。由复合分组形成的分组体系称为复合分组体系。例如,对同一班级先按照学习成绩标志分组,分为及格和不及格两组,然后对及格这一组按性别标志进行再分组,分为及格男同学和及格女同学两组。对不及格这一组按性别标志进行再分组,分为不及格男同学和不及格女同学两组,这样的分组体系就是复合分组体系。

第三节　分　配　数　列

一、分配数列的定义

在统计分组的基础上,将总体的所有单位按组归类排列,形成总体中各个单位在各组间的分布,称为分配数列或次数分配。分配数列反映了总体中所有单位在各组内的分布状态和分布特征,它是进行统计分析的一种重要手段。

分配数列主要由两部分构成:各组名称(或各组变量值)和各组的单位数。其中,各组的单位数又称为次数、频数、权数,各组单位数与总体单位总数之比称为比率或频率。比率有时也可列入分配数列中。

根据分组标志特征的不同,分配数列可以分为品质分配数列和变量分配数列。

品质分配数列是指按品质标志分组形成的分配数列,简称品质数列。例如,人口按性别分为男、女两组形成的数列,大学生按家庭住址分为省内、省外学生两组形成的数列,企业按规模分为大型企业、中型企业和小型企业三组形成的数列。

变量分配数列是指按数量标志分组形成的次数分配数列,简称变量数列。例如,学生按成绩分为 60 分以下、60~80 分、80~100 分三组形成的数列,商业企业按年销售额的多少分为 10 亿元以下、10 亿~50 亿元、50 亿元以上三组形成的数列。

二、变量数列的种类

变量数列分为单项式变量数列和组距式变量数列。

(一)单项式变量数列

单项式变量数列是按数量标志分组后,用一个变量值代表一个组而形成的数列。

单项式变量数列一般适用于变量值不多、变量值的变动范围不大、变量呈离散条件的情况。例如,某村按家庭子女人数分组形成的数列,如表 3.4 所示。

从表 3.4 可以看出,在单项式变量数列中,各组只有一个变量值,每个变量值代表一个组的情况。

表 3.4　某村按家庭子女人数分组表　　　　　　　　　　单位:户

按家庭子女人数分组	家庭户数	比重	按家庭子女人数分组	家庭户数	比重
1 人	10	16.7%	4 人及以上	5	8.3%
2 人	20	33.3%	合计	60	100.0%
3 人	25	41.7%			

(二)组距式变量数列

组距式变量数列是按照数量标志分组后,用变量值变动的一定范围(即组距)代表一个组而形成的数列。

当变量值较多、变量值变动的范围比较大时,编制单项式变量数列会使分组过多,总体单位过于分散,不便于分析问题。这时应当采用组距式变量数列。例如,某班学生的统计学成绩统计表即为组距式变量数列,如表3.5 所示。

表 3.5　某班统计学成绩统计表　　　　　　　　　　单位:人

按成绩分组	学生人数	比重	按成绩分组	学生人数	比重
60 分以下	3	6.7%	80~90 分	10	22.2%
60~70 分	10	22.2%	90 分以上	2	4.5%
70~80 分	20	44.4%	合计	45	100.0%

在编制组距式变量数列时应明确如下问题。

1. 组限

组限是指每一组的最大值和最小值,即每组两端的数值。其中,每组的最小值即起点数值称为下限,每组的最大值即终点数值称为上限。上限和下限之间的差称为组距,表示各组标志值变动的范围。

连续变量由于不能一一列举其变量值,只能采用组距式的分组方式,且相邻的组限必须重叠。例如,以总产值、商品销售额、劳动生产率、工资等为标志进行分组,就只能是相邻组限重叠的组距式分组。在相邻组组限重叠的组距式分组中，若某单位的标志值正好等于相邻两组的上下限的数值时，一般把此值归并到下限的那一组，即包括下限，不包括上限。

2. 组距和组数

当组距式变量数列一组内包含多个变量时，组内变量最大的值称为上限，变量最小的值称为下限。各组上限与下限之间的差称为组距。即：

$$组距 = 上限 - 下限$$
$$全距 = 最大的变量值 - 最小的变量值$$

组距式变量数列中分组的个数称为组数。组距的大小与组数的多少呈反比，两者关系如下：

$$组数 = \frac{全距}{组距}$$

对同一个总体来说，全距是一定的，组距大，组数就少；反之，组距小，组数就多。组数太多、太少都不好：组数多，相同性质不能归入一组；组数少，不相同的性质归入一组，就失去了区别事物的界限，不能达到正确反映客观事实的目的。

组距式分组使资料的真实性受到一定程度的影响。组距式分组的假定条件是：变量在各组内的分布都是均匀的，即各组标志值呈线性变化。

组距式分组以后，各组内部各单位的次要差异淡化了，各组之间的主要差异更加突出，这样各组之间的规律性就可以更容易地显示出来。

根据这个道理，组距太小、分组过细的话，容易将同类单位划分到不同的组中，从而显示不出现象类型的特点；但组距太大、组数太少的话，会把不同性质的单位归并到同一组中，从而失去区分事物的界限，不能达到正确反映客观事实的目的。因此，组距的大小、组数的确定应根据研究对象的经济内容和标志值的分散程度等因素来确定，不可强求一致。

3. 组中值

组中值是上、下限之间的中点数值，也可以说是各组变量范围的中间数值，代表各组标志值的一般水平。组中值并不是各组标志值的平均数，因为各组标志数的平均数在统计分组后很难计算出来，所以人们就常以组中值近似地代替平均数。组中值仅存在于组距式分组数列中，单项式分组中不存在组中值。

组中值的计算是有假定条件的，即假定各组标志值的变化是均匀的（与组距式分组的假定条件相同）。一般情况下，组中值可根据各组的上、下限进行简单平均。对于第一组是"多少以下"、最后一组是"多少以上"的开口组，组中值的计算可参照邻组的组距来决定。各种情况的组中值计算公式如下：

$$组中值 = \frac{上限 + 下限}{2}$$

$$缺上限组中值 = 下限 + \frac{邻组组距}{2}$$

$$缺下限组中值 = 上限 - \frac{邻组组距}{2}$$

4. 等距数列和不等距数列

等距数列是指变量数列中各组的组距相等。也就是说，各组标志值的变动都限于相同的范围。不等距数列即各组组距有一组与其他组不相等的变量数列。

在实际工作中，采用等距数列还是不等距数列，取决于研究对象的性质特点。在标志值变动比较均匀的情况下宜采用等距数列。等距数列便于各组单位数和标志值直接比较,也便于计算各项综合指标。在标志值变动很不均匀的情况下宜采用不等距数列。不等距数列有时更能说明现象的本质特征。

5. 频数

统计分组后各组对应的单位数称频数,也称为频率、次数、权数、各组单位数。各组单位数占总体单位总数的比重称频率。其中,各组的频率大于 0,所有组的频率总和等于 1 或 100%。

在变量分配数列中,频数表明对应组标志值的作用程度。频数的数值越大,表明该组标志值对于总体水平所起的作用也越大;反之,频数的数值越小,表明该组标志值对于总体水平所起的作用越小。在组距数列中,影响各组次数分布的要素包括组数、组距、组限和组中值。

有时为了更简便地概括总体各单位的分布特征,我们还需要编制累计频数数列和累计频率数列。累计有向上累计和向下累计两种方法。向上累计也称较小制累计,是指将各组频数由变量值低的组向变量值高的组累计,表明在这些数值以下所有数值所占的比重。例如,在表 3.6 中,较小制累计第三组中的 36 人表示本班考试成绩在 80 分以下的总人数为 36 人,72% 表示成绩在 80 分以下的学生在本班所占的比重为 72%。向下累计也称较大制累计,是指将各组频数由变量值高的组向变量值低的组累计,表明在这些数值以上所有数值所占的比重。例如,较大制累计第二组的 47 人,表示本班考试成绩在 60 分以上的总人数为 47 人,94% 表示 60 分以上的学生在本班所占的比重为 94%。

表 3.6　某班学生"统计学"成绩统计表　　　　　　　　　　　　单位:人

按分数分组	频数		较小制累计		较大制累计	
	人数	比重	人数	比重	人数	比重
60 分以下	3	6.0%	3	6%	50	100%
60～70 分	12	24.0%	15	30%	47	94%
70～80 分	21	42.0%	36	72%	35	70%
80～90 分	9	18.0%	45	90%	14	28%
90 分以上	5	10.0%	50	100%	5	10%
合计	50	100.0%	—	—	—	—

6. 次数分布特征

某一现象总体的性质不同,其次数分布也不同。归纳起来主要有以下三种类型。

(1)钟形分布。钟形分布的主要特点是"两头小,中间大",即靠近中间的变量值的次数分布较多,而越靠近两边的变量值的次数分布越少。钟形分布的曲线形状类似古代的一口大钟,如图 3.1 所示。

(2)U 形分布。U 形分布的主要特点是"两头大,中间小",即越靠近两边的变量值的次数分布越大,而靠近中间的变量值的次数分布较少。U 形分布的曲线形状类似英文大写的字母 U,如图 3.2 所示。

(3)J 形分布。在社会经济现象中,一些统计总体分布曲线呈 J 形,称为 J 形分布。J 形分布的主要特点是"一边小,一边大"。正 J 形分布是各组的次数随着变量值的增加而增多。例如,投资额与利润率的关系表现为投资额越大、利润率越高,即为正 J 形分布,如图 3.3 所示。反 J 形分布是各组次数会随着变量值的增大而减少。例如,人口数量按年龄大小进行分组,则会表现出年龄越高,人数越少的现象,即反 J 形分布,如图 3.4 所示。

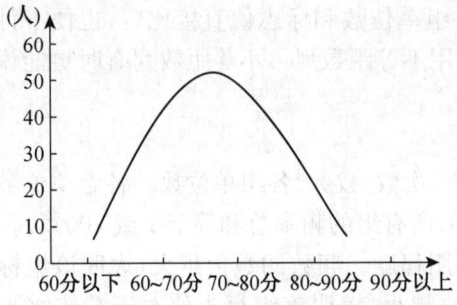

图 3.1　学生成绩人数分布图（钟形分布）

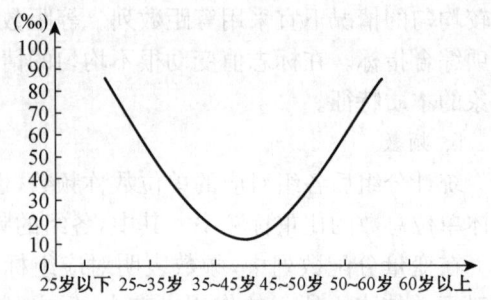

图 3.2　人口死亡按年龄分布图（U 形分布）

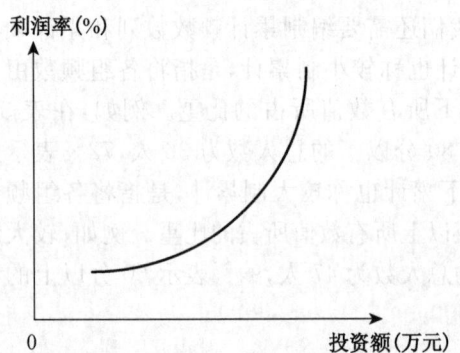

图 3.3　投资额与利润率分布图（正 J 形分布）

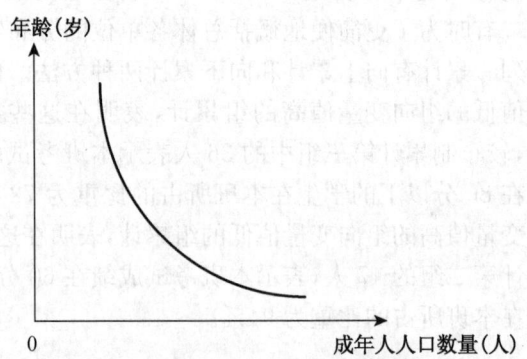

图 3.4　人口数量与年龄分布图（反 J 形分布）

▶ 知识链接

　　洛仑兹曲线（Lorenz Curve）也称"劳伦兹曲线"，就是在一个总体（国家、地区）内，以"最贫穷的人口开始计算，一直到最富有人口"的人口百分比对应其收入百分比的点组成的曲线。洛伦兹曲线是为了研究国民收入在国民之间的分配问题，由美国统计学家洛仑兹（Max Otto Lorenz）提出的。图3.5为洛仑兹曲线和基尼系数示意图。

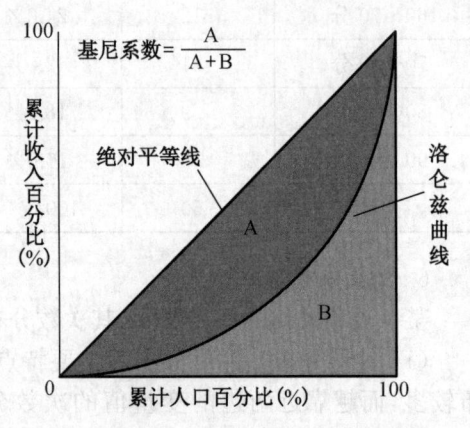

　　基尼系数（Gini Coefficient）也称坚尼系数，是20世纪初意大利经济学家基尼根据洛仑兹曲线所定义的判断收入分配公平程度的指标。基尼系数是比例数值，在 0 和 1 之间，是国际上用来综合考察居民内部收入分配差异状况的一个重要分析指标。人们通常把 0.4 作为贫富差距的警戒线，基尼系数大于这一数值的话，社会容易出现动荡。

图 3.5　洛仑兹曲线和基尼系数示意图

三、变量数列的编制方法

（一）单项式变量数列

　　单项式变量数列是指按数量标志分组后，用一个变量值代表一个组而形成的数列。其编制方法较为简单，首先将变量值分组，一般来说，有一个变量值就应该列为一个组，有多少个变量值就应列出多少个组；然后统计每个组的单位数有多少；最后编制单项式变量数列统计表。单项式变量数列一般适用于变量值不多、变量值的变动范围不大、变量呈离散条件的情况。

（二）组距式变量数列

组距式变量数列是指按照数量标志分组后,用变量值变动的一定范围(即组距)代表一个组而形成的数列。

当变量值较多、变量值变动的范围比较大时,编制单项式变量数列会使分组过多,总体单位过于分散,不便于分析问题。这时应当采用组距式变量数列。下面举例说明组距式变量数列的编制方法。

1. 排序

例如,某班 50 名学生"统计学原理"期末考试成绩如下,要求编制组距为 10 的组距数列。

$$
\begin{array}{cccccccccc}
75 & 90 & 32 & 71 & 51 & 73 & 60 & 87 & 90 & 25 \\
62 & 83 & 64 & 65 & 65 & 95 & 86 & 75 & 82 & 68 \\
68 & 79 & 69 & 70 & 72 & 76 & 90 & 69 & 73 & 93 \\
78 & 78 & 79 & 80 & 65 & 81 & 68 & 82 & 73 & 74 \\
85 & 70 & 74 & 86 & 63 & 82 & 63 & 87 & 69 & 76
\end{array}
$$

这些数据看起来比较零乱,很难直接看出数据的基本规律,下面将这些数据由小到大进行排列。

$$
\begin{array}{cccccccccc}
25 & 32 & 51 & 60 & 62 & 63 & 63 & 64 & 65 & 65 \\
65 & 68 & 68 & 68 & 69 & 69 & 69 & 70 & 70 & 71 \\
72 & 73 & 73 & 73 & 74 & 74 & 75 & 75 & 76 & 76 \\
78 & 78 & 79 & 79 & 80 & 81 & 82 & 82 & 82 & 83 \\
85 & 86 & 86 & 87 & 87 & 90 & 90 & 90 & 93 & 95
\end{array}
$$

从上面重新排好的数列可以看出,该班"统计学原理"课程考试成绩为 25～95 分,最低分为 25 分,最高分为 95 分。大多数学生的分数为 60～90 分。

2. 确定全距

全距的计算公式如下:

$$全距 = 最大标志值 - 最小标志值 = 95 - 25 = 70$$

3. 计算组距或组数

组距的大小和组数的多少,是互为条件和互相制约的。当全距一定时,组距越大,组数就越少;组距越小,组数就越多。在实际应用中,组距应是整数,最好是 5 或 10 的整倍数。在确定组距时,必须考虑原始资料的分布状况和集中程度,注意组距的同质性,尤其是对根本性的质量界限,绝不能混淆,否则就会失去分组的意义。在等距分组条件下,存在以下关系:

$$组数 = \frac{全距}{组距}$$

对学生考试成绩编制组距数列时,一般是编制组距为 10 的变量数列,其计算公式如下:

$$组数 = \frac{全距}{组距} = \frac{70}{10} = 7$$

4. 确定组限

对于离散变量,根据情况既可用单项式分组,也可用组距式分组。在组距式分组中,相邻组既可以有确定的上、下限,其组限也可以重叠。

连续变量由于不能一一列举其变量值,只能采用组距式的分组方式,且相邻的组限必须重叠。例如,以总产值、商品销售额、劳动生产率、工资等为标志进行分组,就只能是相邻组限重叠的组距式分组。确定组限应注意以下五方面的问题。

（1）包括极值。最大组的上限应该包括最大变量值，最小组的下限应该包括最小变量值。

（2）突出质的差别。根据分组的内容应该确定本内容质的差别，例如，学生成绩就应该突出60分，即及格与不及格应该放在两个组，不应该是一组。计划完成程度就应该突出100%，即完成计划和没有完成计划就应该分开放在两个组。

（3）组限最好是 5，10，100，1 000 的倍数。组限是 5，10，100，1 000 这些数的倍数，这样后续计算组中值等指标就比较方便。

（4）特殊情况应该设置开口组。有极大值和极小值时应该设置开口组。

（5）每一组的单位数最小应该是 1。只要是设置的组就应该有各组单位数，不可以设置一个组后，而这组的单位数是 0。

5. 列表

将分组标志及形成的各组、次数分布、比重等列到统计表里，如表 3.7 所示。

表 3.7　某班学生统计学成绩统计表　　　　　　　　　　　　　　　　单位：人

按成绩分组	学生数	比重	按成绩分组	学生数	比重
60 分以下	3	6%	80～90 分	11	22%
60～70 分	14	28%	90 分以上	5	10%
70～80 分	17	34%	合计	50	100%

第四节　统　计　表

一、统计表的定义

统计资料整理的结果可以用不同的形式表现。统计表是应用最广泛的形式。把统计调查得来的数字资料经过汇总整理后，按一定的顺序填在一定的表格之内，这种表格就称为统计表。简而言之，填报统计指标的表格就称为统计表。它是统计数字资料的有效载体。没有统计数字的统计表，只能视为统计表格。

统计表的主要作用如下。

（1）能有条理、系统地排列统计资料，在较小的空间容纳较大的信息量，使人在阅读时一目了然。

（2）能合理地、科学地组织统计资料，使人在阅读时便于对照比较。

（3）利用统计表易于检查数字的完整性和正确性，也便于统计资料的积累和保存。

二、统计表的结构和内容

（一）统计表的结构

从形式上看，统计表是由总标题、横行标题、纵栏标题和指数数值四部分构成。总标题是统计表的名称，用来表明全部统计数字资料的内容，一般应该包括时间、空间和指标主要内容等。横行标题一般应该位于统计表的左边，用来说明总体及其各个分组的名称。纵栏标题一般位于统计表的上方，一般用来表示统计指标的名称。横行标题和纵栏标题并不是固定不变的，一般是可以互换的。指标数值位于统计表格中纵横标题交叉处。此外，有些统计表在表下面还增列补充资料、注解、附记、资料来源、某些指标计算方法和说明、填表单位、填表人员以及填表日期等，如表 3.8 所示。

表 3.8　2020 年我国国内生产总值及构成统计表　　　　　单位：亿元

按产业分组	国内生产总值	比重	按产业分组	国内生产总值	比重
第一产业	77 754.0	7.7%	第三产业	553 977.0	54.5%
第二产业	384 255.0	37.8%	合计	1 015 986.0	100.0%

资料来源：中华人民共和国 2020 年国民经济和社会发展统计公报。

（二）统计表的内容

从内容上看，统计表是由两部分组成的。统计表的内容包括主词和宾词两部分。主词是统计表所要说明的总体，它可以是各个总体单位的名称、总体的各个组或者是总体单位的全部。宾词是用来说明总体的统计指标，包括指标名称和指标数值。

主词列在横行标题的位置，宾词中指标名称列在纵栏标题的位置，但有时为了编排合理和阅读方便，也可以互换。

三、统计表的分类

根据统计表中的主词是否分组以及如何分组，统计表可分为简单表、分组表和复合表三种。

（一）简单表

主词不经过任何分组的统计表，即把不经过任何分组的单位名称依次排列的统计表称为简单表。

简单表有两种类型：一是同一时间上的各总体单位排列，这种表称为空间数列表，一是总体在不同时间上的简单排列，这种表称为时间数列表。例如，表 3.9 我国农村贫困状况统计表，表 3.10 某班学生统计学成绩单，都是简单表，没有经过任何分组，只是按照时间和学号进行排列。

表 3.9　我国农村贫困状况统计表　　　　　单位：万人

年份	2010 年标准		年份	2010 年标准	
	贫困人口	贫困发生率		贫困人口	贫困发生率
2015	5 575	5.7%	2018	1 660	1.7%
2016	4 335	4.5%	2019	551	0.6%
2017	3 046	3.1%			

注：2010 年标准为每人每年生活水平 2 300 元（2010 年不变价）。

资料来源：《中国统计年鉴 2020》。

表 3.10　某班学生统计学成绩单　　　　　单位：分

学号	统计学成绩	学号	统计学成绩	学号	统计学成绩
152148101	85	152148108	84	1521481015	71
152148102	90	152148109	52	1521481016	72
152148103	65	1521481010	68	1521481017	74
152148104	78	1521481011	95	1521481018	76
152148105	76	1521481012	42	1521481019	87
152148106	67	1521481013	65	1521481020	87
152148107	83	1521481014	74		

（二）简单分组表

简单分组表是将主词按某一标志分组后形成的统计表。它可以按照数量标志分组，也可以按照品质标志分组。例如，表 3.11 某班统计学成绩统计表，就是一个简单分组表。

表 3.11　某班统计学成绩统计表　　　　　　　　　单位：人

按成绩分组	人数	比重	按成绩分组	人数	比重
60 分以下	2	10%	80～90 分	5	25%
60～70 分	4	20%	90 分以上	2	10%
70～80 分	7	35%	合计	20	100%

（三）复合分组表

复合分组表是主词按两个或两个以上的标志进行复合分组组成的统计表。它可以更有条理地、更清晰地显示复合分组的关系和作用。例如，表 3.12 某高校学生构成统计表，选择三个标志进行重叠分组，是复合分组表。首先对该高校全体学生按照性别分为男、女两组，然后分别对两个组按照民族又分为汉族和少数民族，最后对四个组又按照学生生源地分为省内学生和省外学生，形成八个组。复合分组的特点是按照两个或者两个以上的分组标志进行分组，其次是层叠分组。即先按第一个标志对总体进行第一次分组，顺次按照第二个标志对已经分好的组进行第二次分组，按照第三个标志对已经分好的组进行第三次分组等，都是在已经分好组的内部进行再分组。

表 3.12　某高校学生构成统计表　　　　　　　　　单位：人

分组	学生数	分组	学生数
男	8 650	女	7 500
汉族	7 700	汉族	6 800
省内	7 590	省内	5 800
省外	110	省外	1 000
少数民族	950	少数民族	700
省内	450	省内	450
省外	500	省外	250

四、统计表的设计

统计表的设计必须科学、实用、简明、美观、符合逻辑关系，一般要注意以下几个问题。

（一）统计表的设计应合理

（1）统计表的各种标题应简明确切，概括基本内容。

（2）主词和宾词的排列顺序，应按先局部后整体的原则排列。各行需要合计时，合计一般列在最后。各纵栏合计数一般列在最前面。

（3）主词和计量单位用甲、乙、丙等文字表示，宾词指标用 1，2，3 等阿拉伯数字表示。为了说明各栏之间的计算关系，还可以用加、减、乘、除表示各栏之间数量运算关系。

（4）统计表中必须注明数字资料的计量单位。当全表只有一种计量单位时，可以把计量单位写在表的右上方；当各行的计量单位不同时，在横行标题后专设一栏，分别标写各行的计量单位；当各纵栏的计量单位不同时，则在各纵栏标题的下方或右侧标写相应的计量单位。

（二）统计表的形式应合理

（1）统计表左右两侧习惯上采用不封闭的"开口表"形式，主要是由于统计分析表和计算表要经常根据实际情况增减列数，左右两侧不封口比较方便。

（2）统计表内，各横行之间不一定划线隔开，一般最上面一行和最下面一行要用横线分开，而纵栏之间则必须用细纵线隔开。

（3）统计表格式的设计，在使用电子计算机的条件下，横向宽度要符合打印机的型号。在手工整理的条件下，应设计成由纵横线条交叉组成的长方形表格，长宽之间应保持适当的比例。统计表上、下两端的端线应以粗线或双线绘制。

（三）统计表的填写应规范

（1）表中数字应该填写整齐，对准位数。在某一栏数据与其他栏相同时，一定要填上全部数据，而不应该写同上、同下、同左、同右；当缺少某项资料时，用符号"…"表示；当数字为 0 或因数小可略而不计时，要写上 0；当不存在某项数字时，用符号"—"表示。

（2）对于资料来源、注释一般都写在表的下面，必要时可以附简要的说明。

（3）统计表审核无误后，制表人和主管负责人应签名并加盖本单位的公章，以示负责。

主要知识点

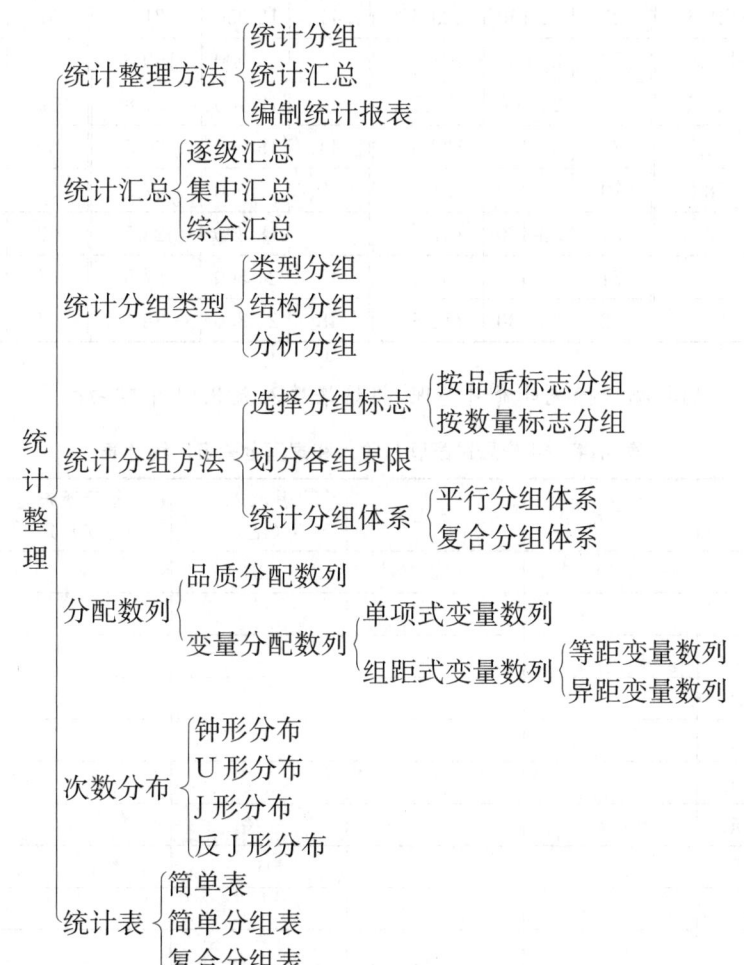

案例分析

统计资料整理

现有某城市 64 户居民家庭月收入和家庭金融资产（各种储蓄、有价证券、手存现金等）的资料，如表 3.13 所示。

表 3.13　64 户居民家庭月收入和家庭金融资产资料表

户编号	月收入（元）	金融资产（万元）	户编号	月收入（元）	金融资产（万元）	户编号	月收入（元）	金融资产（万元）	户编号	月收入（元）	金融资产（万元）
1	5 050	13.8	17	4 950	8.5	33	28 050	91.5	49	13 260	18.5
2	6 000	15.0	18	9 000	14.5	34	30 050	168.0	50	12 380	21.2
3	4 830	9.0	19	8 000	15.5	35	14 760	28.3	51	39 000	142.5
4	6 200	14.0	20	4 880	12.0	36	17 750	38.0	52	11 560	28.3
5	7 000	16.5	21	12 500	29.3	37	27 560	120.0	53	28 000	88.7
6	10 050	22.5	22	16 850	37.9	38	18 500	45.5	54	19 050	45.8
7	15 050	37.9	23	18 000	48.5	39	25 850	59.3	55	26 050	99.5
8	16 750	48.0	24	13 800	28.7	40	38 000	112.0	56	19 950	48.5
9	15 650	48.6	25	14 150	23.5	41	12 350	21.5	57	29 000	77.5
10	25 050	131.0	26	29 830	101.5	42	38 000	150.0	58	35 000	185.0
11	16 750	48.5	27	20 000	28.5	43	12 180	31.8	59	14 350	16.7
12	19 900	51.5	28	32 450	138.6	44	15 000	30.5	60	34 000	90.5
13	23 550	78.6	29	11 750	31.5	45	26 000	67.5	61	22 500	79.5
14	21 500	43.5	30	38 450	167.5	46	18 800	28.5	62	41 000	115.0
15	23 830	78.6	31	12 470	32.5	47	24 500	87.5	63	18 850	47.3
16	20 050	60.5	32	28 500	111.5	48	27 850	88.0	64	29 000	120.0

请根据表 3.13 的数据进行统计资料整理，将结果填入表 3.14 中空白处。

表 3.14　64 户居民家庭月收入和家庭金融资产统计表

按月收入分组	户数	户数比重	月收入（元）	金融资产（万元）	户均金融资产（万元）
（甲）	（1）	（2）	（3）	（4）	（5）
5 000 元以下					
5 000～10 000 元					
10 000～15 000 元					
15 000～20 000 元					
20 000～25 000 元					
25 000～30 000 元					
30 000～35000 元					
35 000 元以上					
合　计					

研讨问题

    1. 你理解了什么是统计资料整理吗? 表 3.13 是什么统计表?

    2. 表 3.14 是什么统计表? 是按什么标志进行统计分组的?

    3. 月收入与户均金融资产是什么关系?

思政德育课堂

1. 案例描述

    2018 年 3 月统计执法检查发现,灵武市有关专业统计数据严重失实。根据有关线索立案调查发现 20 个固定资产投资项目虚报,15 家规模以上工业企业提供不真实统计资料,且情节严重。在立案调查外,还根据有关线索核查发现 26 个固定资产投资项目和 10 家规模以上工业企业虚报统计数据,其中部分企业违法数额占应报数额比例特别高。灵武市有关部门非法干预项目单位独立真实报送统计数据,指令企业报送虚假统计数据。抵制、拒绝、阻碍统计执法检查问题突出。地方党政领导以及相关部门领导对统计造假、弄虚作假严重失察。部分企业、单位涉嫌利用虚假统计数据骗取物质利益。

资料来源:国家统计局网站。

2. 案例提示

    (1) 统计局对有关责任单位和责任人提出了处分处理建议,并移送有关地方党委、政府依法依规进行严肃处理,处分处理结果将适时向社会公开。

    (2) 真实准确是统计工作的生命。

    (3) 对于重大统计违法案件,做到发现一起,查处一起,加大曝光力度,依纪依法追究统计违纪违法责任人责任。

    (4) 要严格执行统计法律法规,依法独立真实报送统计资料,切实维护自身合法权利,认真履行法定义务,自觉抵制对企业独立真实上报统计数据的干扰。

习　题

【单项选择题】

    1. 统计分组的关键是(　　)。

        A. 确定分组形式　　　　　　　　　　B. 划分经济类型

        C. 正确选择分组标志和划分各组界限　D. 确定组数与组距

    2. 按分组标志性质不同,次数分配数列可以分为(　　)。

        A. 等距数列和异距数列　　　　　　　B. 品质数列和变量数列

        C. 单项数列和组距数列　　　　　　　D. 动态数列和指数数列

    3. 下列属于变量分配数列的是(　　)。

        A. 大学生按性别分组　　　　　　　　B. 商业企业按劳动生产率分组

        C. 商业企业按经济类型分组　　　　　D. 企业按国民经济部门分组

    4. 将统计总体按某一标志分组的结果表现为(　　)。

        A. 组内同质性,组间差异性　　　　　B. 组内差异性,组间同质性

        C. 组内同质性,组间同质性　　　　　D. 组内差异性,组间差异性

5. 统计分组的组数和组距是相互制约的,表现在(　　)。
　　A. 组数越多,组距越大　　　　　　　　B. 组数越多,组距越小
　　C. 组数越少,组距越小　　　　　　　　D. 组数与组距无关

6. 次数分布数列中的次数是指(　　)。
　　A. 分组的数量标志　　　　　　　　　　B. 分组的组数
　　C. 分布在各组的总体单位数　　　　　　D. 组中值

7. 在分组时,凡遇到某单位的标志值正好等于相邻两组上下限数值时,一般将此单位(　　)。
　　A. 归入下限所在组　　　　　　　　　　B. 归入上限所在组
　　C. 归入上线或下限所在的组均可　　　　D. 另行分组

8. 用离散变量划分组限时,相邻的组限原则上(　　)。
　　A. 应重合　　　　　B. 应连续　　　　　C. 应间断　　　　　D. 应相等

9. 某连续变量数列,其末组为开口组,下限为 600,已知邻组组中值为 560,则本组组中值为(　　)。
　　A. 610　　　　　　　B. 640　　　　　　　C. 650　　　　　　　D. 660

10. 当出现极大、极小值时,应设置(　　)。
　　A. 闭口组　　　　　B. 开口组　　　　　C. 单项数列　　　　D. 组距数列

【多项选择题】

1. 统计整理的基本步骤包括(　　)。
　　A. 设计和编制统计整理方案　　　　　　B. 对调查资料进行审核
　　C. 对调查资料进行统计分组和汇总　　　D. 对分组、汇总资料进行审核
　　E. 编制统计图表

2. 在统计整理之前,对原始资料进行审核的主要内容有(　　)。
　　A. 原始资料的社会性　　　　　　　　　B. 原始资料的准确性
　　C. 原始资料的及时性　　　　　　　　　D. 原始资料的系统性
　　E. 原始资料的完整性

3. 统计分组同时具备的含义有(　　)。
　　A. 对个体来讲是"分"　　　　　　　　　B. 对个体来讲是"合"
　　C. 对总体来讲是"分"　　　　　　　　　D. 对总体来讲是"合"
　　E. 无法确定"分"与"合"

4. 下列按品质标志分组的有(　　)。
　　A. 人口按民族分组　　　　　　　　　　B. 企业按规模大、中、小型分组
　　C. 学生按考试成绩分组　　　　　　　　D. 工人按工龄分组
　　E. 产品按品种分组

5. 变量数列由两个要素构成,它们可以有(　　)名称。
　　A. 各组组限　　　　　B. 各组次数　　　　　　　C. 各组频数
　　D. 各组变量值　　　　E. 各组总体单位数

6. 组距式分组适合于(　　)。
　　A. 所有离散型变量　　　　　　　　　　B. 连续变量
　　C. 离散变量且变量值的变动幅度较大　　D. 离散变量且变量值的变动幅度很小
　　E. 一切变量

7. 按统计表的不同分组情况分类,统计表可分为(　　)。

A. 简单表　　　　　　　　B. 调查表　　　　　　　　C. 简单分组表

D. 复合分组表　　　　　　E. 分析表

8. 某企业按职工生产零件数分组资料如表 3.15 所示，表中（　　）。

表 3.15　按职工生产零件数分组资料

按生产零件数分组	组中值（件）	职工人数（人）
100～200 件	150	220
200～300 件	250	380
300～400 件	350	200
合计	—	800

A. 变量是 220、380、200　　　B. 变量是 100、200、300、400

C. 变量是零件数　　　　　　　D. 变量有三个　　　　　E. 组中值有三个

9. 统计分组的作用有（　　）。

A. 划分现象的类型　　　　　　　　　　B. 研究现象间的依存关系

C. 反映现象的发展趋势　　　　　　　　D. 反映总体的构成

E. 反应现象的相对水平

10. 统计表从形式上来看，主要包括（　　）。

A. 总标题　　　　　　　　B. 横行标题　　　　　　　　C. 纵栏标题

D. 指标数值　　　　　　　E. 主词

【判断题】

1. 统计分组是统计整理的最重要的工作。（　　）
2. 统计分组对总体而言是分的含义，所以统计分组只有分的含义。（　　）
3. 复合分组就是选择两个或两个以上的分组标志对同一总体进行的并列分组。（　　）
4. 变量数列是将总体按数量标志分组所形成的分配数列。（　　）
5. 异距数列是指各组次数均不相等的变量数列。（　　）
6. 在等距数列中，组距的大小与组数的多少呈反比。（　　）
7. 单项式变量数列一般在变量值不多，且变量值的变动范围不大，离散型变量的条件下采用。（　　）
8. 用连续变量作分组标志时，相邻组的上、下限应重合。（　　）
9. 区分简单分组与复合分组的依据是分组数目的多少。（　　）
10. 将统计总体按品质标志分组的结果形成变量数列。（　　）

【简答题】

1. 什么是统计整理？统计整理有哪些步骤？
2. 什么是统计分组？统计分组有哪些类型？
3. 选择分组标志应遵循的原则是什么？
4. 举例说明什么是简单表、分组表和复合表？
5. 举例说明什么是组限、上限、下限、组距、组中值和全距？

【计算分析题】

1. 某集团及其所属企业按生产计划完成程度进行如下四种分组：

第一种	第二种	第三种	第四种
100%以下	80%以下	90%以下	95%以下
100%～110%	80.1%～90%	90%～100%	95%～105%
110%以上	90.1%～100%	100%～110%	105%～115%
	100.1%以上	110%以上	115%以上

要求:请指出上述分组中哪几组是错误的,为什么?

2. 某班组 22 名工人看管机器台数资料如下:

　　　　　5，4，4，5，4，2，4，4，3，2，4，3，3，4，5，3，4，4，2，4，3，2

要求:根据该资料编制单项变量分配数列。

3. 某班 40 名学生统计学考试成绩如下:

69	89	87	81	78	78	72	61	70	82	84	86	88	74
73	72	68	75	83	98	57	81	55	79	76	96	76	71
60	90	68	76	72	76	85	89	92	64	57	83		

要求:根据资料编制组距式变量数列。(提示:可分五组)

4. 某年某商业集团所属子公司的有关资料如表 3.16 所示。

表 3.16　某年某商业集团所属子公司有关资料

所属子公司	职工人数(人)	实际销售额(万元)	计划完成程度
第一子公司	40	2 800	100%
第二子公司	51	4 000	103%
第三子公司	62	4 000	90%
第四子公司	79	9 000	110%
第五子公司	84	7 000	90%
第六子公司	110	13 000	119%
第七子公司	100	800	104%
第八子公司	140	1 000	102%
第九子公司	78	1 700	98%
第十子公司	65	5 800	109%

要求:将以上资料按计划完成程度分组,并汇总各组子公司数、职工人数、实际销售额,将整理结果编制一张统计表。(提示:可分三组,组距 10%)

第四章 综合指标

知识目标与要求

(1) 了解总量指标的定义、分类、特点、作用和应注意的问题。

(2) 理解时期指标和时点指标的区别。

(3) 掌握各种相对指标的定义与计算方法。

(4) 掌握平均指标的定义、分类和计算方法，以及影响算术平均数的因素。

(5) 掌握标志变异指标的定义、分类、计算方法和应用条件。

能力目标与要求

(1) 掌握时期指标和时点指标的区别与联系。

(2) 掌握各种相对指标的计算方法和应用条件。

(3) 掌握各种平均指标的计算方法和应用条件。

(4) 掌握在实际工作中各种标志变异指标的计算方法和应用条件。掌握离散系数计算条件。

思政要求

(1) 通过统计数据、统计分析见证我国经济发展的成就，见证改革开放的伟大成绩，坚定改革开放思想，与党中央保持一致，激发爱国主义情怀。

(2) 运用专业统计知识，能够对国内经济的微观与宏观数据进行统计分析，分析社会经济热点、难点问题，发现问题，揭示规律，辨明是非，传播社会正能量。

🛰 课前导读

国家统计局发表的中华人民共和国 2020 年国民经济和社会发展统计公报显示，初步核算，全年国内生产总值 1 015 986 亿元，比上年增长 2.3%。其中，第一产业增加值 77 754 亿元，增长 3.0%；第二产业增加值 384 255 亿元，增长 2.6%；第三产业增加值 553 977 亿元，增长 2.1%。第一产业增加值占国内生产总值比重为 7.7%，第二产业增加值比重为 37.8%，第三产业增加值比重为 54.5%。预计全年人均国内生产总值 72 447 元，比上年增长 2.0%。国民总收入 1 009 151 亿元，比上年增长 1.9%。

你了解这些统计指标是如何计算的吗？从统计学角度看这些指标都是什么指标？什么是总量指标、相对指标、平均指标？如何计算这些指标？

如果一个教师教两个班级的"统计学原理"课程，假设两个班级的平均分数都是 75 分，你能说明这两个班级中哪个班级"统计学原理"课程平均分数代表性高吗？

上面例子说明只有总量指标、相对指标、平均指标,在分析社会经济现象时还是远远不够的,还应设立标志变异指标。

经过统计调查和资料整理,即可得到反映社会经济现象的一系列总量指标。这些总量指标有何意义?能够说明现象总体的什么问题?与其他现象之间有无联系?联系程度如何?需要进一步分析研究。由于统计活动的数量性特点,在分析研究过程中需要进一步计算各种各样的分析指标,以便揭示事物内在的本质特征。统计分析是统计资料整理的继续和深化。本章将详细介绍它们的分类和计算方法。

第一节 总量指标

一、总量指标的定义

总量指标是说明社会经济现象总体在一定时间、地点和条件下的总规模或总水平的统计指标。总量指标用绝对数形式表示,因此也称为绝对指标。例如,2020 年我国全年国内游客 28.8 亿人次,国内旅游收入 22 286 亿元,就是总量指标,反映我国国内游客和旅游收入的规模情况。总量指标数值的大小受总体范围的制约,总体范围大,指标数值大;反之,则小。在社会经济统计中,总量指标有着重要作用。

(一)总量指标是认识社会经济现象总体的起点

总量指标可以反映总体的基本状况和基本实力。例如,我们要了解一个国家的自然和经济状况,就要通过这个国家的土地面积、人口数、劳动力数、国内生产总值、失业人口数等一系列总量指标来了解。例如,我国 2020 年全年国内生产总值 1 015 986 亿元,第三产业增加值 553 977 亿元。年末国家外汇储备 32 165 亿美元。全年粮食产量 66 949 万吨,比上年增加 565 万吨。全年全部工业增加值 313 071 亿元。全年社会消费品零售总额 391 981 亿元。全年货物进出口总额 321 557 亿元。全年全国一般公共预算收入 182 895 亿元。这些总量指标表明我国经济、社会的基本情况。

(二)总量指标是编制计划、实行经营管理的主要依据

国民经济计划的基本指标常以总量指标的形式规定。同时计划的执行情况和各项管理工作,也都建立在对客观事实正确认识的基础上,并通过对实际数字资料的分析,制定出切实可行的方针、政策和各项管理措施。例如,一个商业企业要制定今年的销售计划,就要首先掌握去年企业的实际销售情况,还要预测今年的居民收入增加情况,还要了解国家的各项政策等情况。这些情况也都体现为总量指标。

(三)总量指标是计算相对指标和平均指标的基础

每个相对指标和平均指标都是有关总量指标对比的结果。例如,出勤率的计算是用出勤人数除以总人数,出勤人数和总人数都是总量指标。平均工资的计算是用工资总额除以职工人数,而工资总额和职工人数也都是总量指标。因此,没有总量指标就不能计算相对指标和平均指标,所以总量指标是计算相对指标和平均指标的基础。

▶ **考考你**

1. 在填报高考志愿时,你通过哪些总量指标了解你要报考的大学?

2. 中国要全面实现小康社会,你认为达到全面小康社会标准应有哪些评价指标?

二、总量指标的种类

总量指标按不同的标志,可以划分为若干类型。

(一)总体单位总量和总体标志总量

总量指标按反映现象总体内容的不同,可分为总体单位总量和总体标志总量,总体单位总量简称为总体总量或单位总量,总体标志总量简称为标志总量。

单位总量是指总体内所有单位数的总和,如全国零售商店总数、全国高等学校总数等。标志总量是指总体中各单位标志值的总和,如某地区工业总产值、某企业销售额等。总体单位总量和总体标志总量并不是固定不变的,而是随着研究目的的不同而变化的。例如,若研究对象是某地区商业企业经营情况时,则该地区商业企业总个数是总体单位总量,各企业职工人数之和是总体标志总量。如以该地区商业企业的职工为总体,研究职工的工资收入情况,则职工人数是总体单位总量,工资总额为总体标志总量。正确区分总体单位总量和总体标志总量指标,对计算平均指标有重要意义。

(二)时期指标和时点指标

总量指标按反映的时间状态不同,可分为时期指标和时点指标。

时期指标是说明现象在一段时间内某种标志值累积总量的指标。如一定时期的工业总产值、人口出生数、工资总额等。时点指标是说明现象在某一时刻(瞬间)上某种标志总量的指标。就一般意义而言,人口数、土地面积、商品库存量等属于时点指标。

时期指标和时点指标各有不同的特点。时期指标数值的大小与时期的长短有直接关系,各时期数值可以直接相加,其资料搜集要通过经常性调查取得;时点指标数值的大小与现象活动过程的长短没有直接关系,各时点指标数值不能直接相加,其资料搜集是通过一次性调查来完成的。

▶ **举一反三**

你能正确区分下列指标哪些是时期指标,哪些是时点指标吗?

(1)商品购进额、商品销售额、商品库存额。

(2)在校生人数、毕业生人数、招生人数。

(3)出生人数、死亡人数、人口数。

(4)职工人数、工资总额、工业总产值。

(三)实物指标、价值指标和劳动量指标

总量指标按计量单位的不同,可分为实物指标、价值指标和劳动量指标。

1. 实物指标

实物指标是根据事物的自然属性和物理属性单位计量的统计指标。它使用的计量单位有以下几种。

(1)自然单位,即按照被研究现象的自然状态来度量其数量的一种单位。如人口按"人"、牲畜按"头"计量等。

(2)度量衡单位,即按照统一的度量衡制度的规定来计量事物数量的单位,如重量以"千克"为单位计量,长度以"米"为单位计量等。例如,某商业企业销售大米10吨。

(3)双重单位或复合单位,即指采用两个或两个以上单位结合使用来计量的一种单位。双重单位如电机用"台/千瓦"表示,复合单位如货运周转量以"吨/千米"表示。

(4)标准实物单位,即按统一折算的标准来度量被研究现象数量的一种单位。例如,我国采

用的能源标准是标准煤,以此作为各种能源换算成标准煤时的标准量,国家标准(CB 2589—81)规定每千克标准煤的热值为 29 271 千焦(即 7 000 千卡)。国家标准要求用平均低位发热量与能源标准量对比,计算出这种能源折标准煤换算系数。如原煤平均低位发热量 20 908 千焦(5 000 千卡/千克),折标准煤换算系数 0.714 3 千克标准煤/千克。洗精煤平均低位发热量 26 344 千焦(6 300 千卡/千克),折标准煤换算系数 0.900 0 千克标准煤/千克。

2. 价值指标

价值指标是以货币作为价值尺度计量社会物质财富或劳动成果的统计指标,如社会商品零售额、利润额、国内生产总值等。价值指标具有较强的综合概括能力。

3. 劳动量指标

劳动量指标是以劳动时间作为计量单位的统计指标,一般用工时、工日表示。一个工人做一个小时工,称为一工时,八个工时等于一个工日。劳动量指标是评价劳动时间利用程度和计算劳动生产率的依据,同时也是企业编制生产计划和检查生产计划的依据。

三、总量指标的计算

总量指标的计算方法有直接计量法、推算和估算法。

(一) 直接计量法

直接计量法是指对研究对象进行直接计数、点数或测量后,将总量指标的数值计算出来的方法。这种方法要求对总体的所有单位都进行登记,并汇总出所需要的资料。如商品流转统计报表中库存量的统计,人口普查资料等,基本都是这样算出来的。

(二) 推算和估算法

在总量指标不能直接计算或不必直接计算的情况下,采用推算和估算法。常用的推算方法有以下几种。

1. 因素关系推算法

因素关系推算法是利用社会经济现象的各个影响因素之间的关系,根据已知因素来推算未知因素资料的方法。如"销售额=单价×销售量",这一关系式的某两项已知就可推算另一未知因素的数值。

2. 比例关系推算法

比例关系推算法是利用各种相关资料的比例关系进行推算的一种方法。例如,某地集团消费品零售额历年占零售总额的 10%,已知某年当地零售总额为 660 亿元,用比例推算法可知,该地集团消费品零售额为 66 亿元(即 660 亿元×10%)。

3. 平衡关系推算法

平衡关系推算法是利用各种平衡关系来推算未知指标的方法。如"期初库存+本期购进=本期销售+期末库存",这一关系式中的三项已知就可以平衡推算另一未知因素的数值。

第二节 相 对 指 标

一、相对指标概述

总量指标虽然可以综合反映社会经济现象的规模、水平和工作总量,但由于现象总体的复杂性,仅根据总量指标仍难以对客观事物作出正确的判断。相对指标就是在总量指标的基础上进行对比而产生的统计分析指标。它有利于反映现象之间的联系状况。

(一) 相对指标的定义

相对指标又称相对数,是社会经济现象中两个有联系的统计指标数值的对比值。它反映现象之间的数量对比关系和联系程度,在国民经济管理、企业经济活动分析和统计研究中应用很广。其主要作用有以下几点。

1. 反映社会经济现象之间的相对水平和联系程度

运用相对指标,可以观察某一总体的任务完成程度,内部的结构状况、指标之间的比例关系,一事物在另一事物中的普遍程度、强度和密度,从而有利于分析同类现象在不同空间上的联系与区别,为揭示现象的本质和特点提供依据。例如,人们常用计划完成相对数判断一个企业任务的完成情况,用人均国民收入衡量一个国家的经济实力,用耐用消费品的平均拥有量评估一个地方的生活状况。虽然这些相对指标不是唯一的评判标准,但仍然为我们分析研究问题带来了方便。

2. 提供现象之间的比较基础

相对指标把总量指标之间的具体差异抽象化,从而使不可比的现象转化为可比现象。例如,要比较两个企业流通费用额的节约情况,如果仅以费用额的绝对节约额进行比较就难以说明问题,因为它们所完成的商品销售额可能是不同的,而费用额的多少直接受商品销售额大小的影响。如果采用相对指标流通费用率来分析流通费用的节约情况,则可作出正确判断。因为流通费用率表明单位商品销售额所支付的费用额,排除了销售额大小的影响。这样一来,两个企业甚至多个企业就有了共同对比的基础。

(二) 相对指标的表现形式

相对指标的表现形式一般用无名数表示。无名数是一种抽象化的数值,多用倍数、系数、成数、百分数和千分数来表示。

1. 倍数和系数

倍数和系数是将对比基数抽象化为 1 而计算的相对数。当分子数值比分母数值大很多时,常用倍数表示。例如,我国 2020 年按可比价格计算国内生产总值为 1 015 986 亿元,是 2015 年国内生产总值 688 858.2 亿元的 1.44 倍。当分子、分母数值差别不大时,常用系数表示,系数可以大于 1,也可以小于 1。例如,根据我国 2019 年全国人口变动情况抽样调查样本数据,男女性别比例为 104.45∶100,以女性人口为基数。

2. 成数

成数是将对比基数抽象化为 10 而计算的相对数。如粮食产量增加一成,即增长 10%。

3. 百分数和千分数

百分数(%)是将对比基数抽象为 100 而计算的相对数,百分数是相对指标中最常用的表现形式。当分子、分母数值差别不大时可用百分数表示。例如,某企业计划完成程度为 110%,学生出勤率为 99% 等。

百分点是百分数的另一种表述形式,它是百分数中以 1% 为单位,即 1 个百分点等于 1%,它在两个百分数相减的情况下应用。例如,原来银行储蓄年利率为 3.5%,现在上调一个百分点,说明现在银行储蓄年利率为 4.5%。

千分数(‰)是将对比基数抽象为 1 000 而计算的相对数。一般在两个数值对比中,如果分子比分母的数值小很多时,则用千分数表示。例如,我国 2019 年人口出生率为 0.48‰,死亡率为 7.14‰,自然增长率为 3.34‰。

此外,相对指标也用有名数表示,有名数主要用于强度相对数的表示,同时使用计算强度相对数时的分子、分母指标数值的计量单位,如人均粮食产量用千克/人,人口密度用人/平方公里,人均收入用元/人表示,等等。

> **▶知识链接**
>
> "百分数"与"百分点"
>
> 百分数是用一百作分母的分数,在数学中用"%"来表示,在文章中一般都写作"百分之多少"。百分数与倍数不同,它既可以表示数量的增加,也可以表示数量的减少。运用百分数时,也要注意概念的精确。例如,"比过去增长 20%",即过去为 100,现在是"120";"比过去降低 20%",即过去是 100,现在是"80";"降低到原来的 20%",即原来是 100,现在是"20"。运用百分数时,还要注意有些数最多只能达到 100%,如产品合格率,种子发芽率等;有些百分数只能小于 100%,如粮食出粉率等;有些百分数却可以超过 100%,如产品产量计划完成情况等。
>
> "占""超""为""增"的用法。"占计划百分之几"指完成计划的百分之几;"超计划的百分之几",就应该扣除原来的基数(—100%);"为去年的百分之几"就是等于或相当于去年的百分之几;"比去年增长百分之几"应扣掉原有的基数(—100%)。
>
> 百分点是指不同时期以百分数形式表示的相对指标(如速度、指数、构成等)的变动幅度。例如:某地国内生产总值中,第一产业占的比重由 2019 年的 21.8% 下降到 2020 年的 18.2%。
>
> 从上述资料中,我们可以说:国内生产总值中,第一产业所占比重,2020 年比 2019 年下降3.6 个百分点(18.2—21.8=—3.6);但不能说下降 3.6%。
>
> 资料来源:国家统计局网站。

二、相对指标的分类与计算

相对指标按其对比所起的作用或对比的基础不同,可分为计划完成相对数、结构相对数、比较相对数、比例相对数、强度相对数和动态相对数。

(一)计划完成相对数

计划完成相对数也称计划完成百分数或计划完成程度指标,是指一定时期社会经济现象的实际完成数与计划完成数对比而得到的相对数,一般用百分数表示。它主要用于检查计划完成情况。其基本计算公式为:

$$计划完成相对数 = \frac{实际完成数}{同期计划数} \times 100\%$$

公式中的分子、分母要求在指标含义、计算口径、计算方法、计量单位、空间范围等方面一致。由于计划完成相对数是以计划任务数为准来检查实际计划的完成程度,所以在计算中分子与分母不能互相调换。

在制订计划时,由于具体情况与计算要求不同,计划任务数的表现形式有绝对数、相对数和平均数三种,所以计划完成程度在计算形式上有所不同,但计算方法仍然是上述计划完成相对数的基本公式。

1. 计划数为绝对数

在制订计划数时,计划任务为绝对数的,计算方法与计划完成相对数的基本公式相同。

例 4.1 某年某商业企业商品销售额计划指标为 42 000 万元,当年该企业的实际商品销售额为 46 200 万元,则:

$$计划完成程度 = \frac{46\ 200}{42\ 000} \times 100\% = 110\%$$

计算结果表明,该商业企业超额 10% 完成了当年的商品销售任务。

2. 计划数为相对数

在制订计划时计划数有时是相对数,以相对数形式规定的计划指标,其计划完成程度的计算方法有如下两种。

(1) 按提高率规定计划任务的计算:

$$计划完成程度 = \frac{1+实际提高率}{1+计划提高率} \times 100\%$$

例 4.2　某企业某年计划利润要求比上年提高 2%,实际执行结果是利润额比上年提高了 4%,则该企业利润计划完成情况为:

$$计划完成程度 = \frac{1+4\%}{1+2\%} \times 100\% = 101.96\%$$

计算结果表明,该企业利润额计划完成 101.96%,超过计划任务数的 1.96%。

(2) 按降低率规定计划任务的计算:

$$计划完成程度 = \frac{1-实际降低率}{1-计划降低率} \times 100\%$$

例 4.3　某企业某年计划单位产品能耗要比上年降低 3%,而实际单位产品能耗降低率为 5%,则该企业单位产品能耗计划完成情况为:

$$单位产品能耗计划完成程度 = \frac{1-5\%}{1-3\%} \times 100\% = 97.94\%$$

计算结果表明,该企业实际单位产品能耗为计划的 97.94%,比计划单位产品能耗降低了 2.06%(1−97.94%)。因此,该企业超额完成计划。

3. 计划数为平均数

在制订计划时计划数有时是平均数,以平均数形式规定的计划指标,其计划完成程度的计算按照下面公式:

$$计划完成相对数 = \frac{实际完成平均数}{同期计划平均数} \times 100\%$$

例 4.4　某酿造厂计划规定 5 月份该企业某品牌酱油每 500 毫升平均成本为 5.12 元,实际 5 月份该品牌酱油每 500 毫升平均成本为 5 元,则:

$$该企业平均成本计划执行情况 = \frac{5}{5.12} \times 100\% = 97.7\%$$

这个企业该品牌酱油平均成本计划完成 97.7%,平均成本实际比计划多降低 2.3%,超额完成计划。

4. 计划执行进度的检查

在实际工作中,有时实际完成数所含的时期只是计划期的一部分,这种实际数与计划数的对比,称为计划执行进度。它不是在计划期末,而是在计划执行过程中的计算,一般用于检查计划执行的均衡性。其计算公式为:

$$计划执行进度 = \frac{执行期内完成额}{全期计划数} \times 100\%$$

例 4.5 某工厂某年 1 月份完成的产值为 120 万元,2 月份为 124 万元,3 月份为 150 万元,全年计划数为 1 440 万元,则:

$$截至 3 月份的计划执行进度 = \frac{120 + 124 + 150}{1\ 440} \times 100\% = 27.36\%$$

如果按照生产均衡性的观点看,该企业计划执行进度走在了时间的前头,即在 25% 的时间里,完成了 27.36% 的任务。

5. 长期计划执行情况的检查

长期计划一般是指五年计划、十年计划和远景规划,其中以五年计划为主。由于长期计划规定的计划指标有两种不同的要求:一是规定计划期末年应达到的水平,二是规定整个计划期内应达到的总量。所以,长期计划执行情况的检查也相应有水平法和累计法两种。

(1) 水平法长期计划执行情况的检查。水平法用于检查计划期内最后 1 年应达到的水平而制定的计划指标。如各种产品的产量、工业总产值、农业总产值、社会商品零售额等计划执行情况的检查均应使用水平法。其计算公式为:

$$计划完成程度 = \frac{计划期末年实际达到的水平}{计划期末年规定达到的水平} \times 100\%$$

例 4.6 某汽车厂第五个五年计划规定,汽车生产量在计划期末年达到 150 万辆,实际在计划期末年已达到 153 万辆,则:

$$计划完成程度 = \frac{153}{150} \times 100\% = 102\%$$

计算结果表明,该汽车厂超 2% 完成五年计划,如果 150 万辆汽车不是在第五年完成,而是在第四年 12 月至第五年 11 月就达到了,则说明提前一个月时间完成了五年计划。

(2) 累计法长期计划执行情况的检查。累计法用于检查计划期内各年应达到的累计数而制定的计划指标。如基本建设投资额、造林面积、新增生产能力等计划执行情况的检查均应使用累计法。其计算公式为:

$$计划完成程度 = \frac{计划期内累计完成数}{计划期规定的累计数} \times 100\%$$

例 4.7 某县五年计划规定的基本建设投资额为 120 亿元,5 年内实际完成 130 亿元,则:

$$计划完成程度 = \frac{130}{120} \times 100\% = 108.33\%$$

计算结果表明,该县以超计划 8.33% 的比例完成五年基本建设投资额。如果在计划期内实际累计数提前达到计划要求,则可计算五年计划的提前完成时间。如例 4.7,该县计划五年基本建设投资总额为 120 亿元,实际上截至第五年的 11 月份已经达到 120 亿元,则说明该县提前 1 个月完成五年计划。

计划指标完成情况好坏的评价,要以计划指标的性质和要求为标准。有的计划指标是以最低限额提出的任务,如财政收入、商品销售额、利润额等成果收入性指标,计划完成程度以等于或大于 100% 为好,大于 100% 的表示超额完成计划,小于 100% 的表示未完成计划。有的计划指标是以最高限额规定的,如产品的单位成本、原材料单位消耗量、商品流通费用率等消耗支出性指标,计划完成程度以小于或等于 100% 为好,小于 100% 的为超额完成计划,大于 100% 的表示未完成计划。

（二）结构相对数

结构相对数又称比重指标，是在分组情况下，总体内部各组的数值与总体数值相比计算的相对数。它反映总体内部构成情况，表明总体中各部分所占比重大小，一般用百分数表示。其计算公式为：

$$结构相对数 = \frac{总体中某一部分数值}{总体全部数值} \times 100\%$$

上式的分子、分母可以是各组总体单位数与总体单位总数的对比，也可以是各组标志总量与总体标志总量的对比。各部分所占比重之和必须等于100%或1。如果由于四舍五入的关系而不等于100%或1时，一定要进行调整。结构相对数分子属分母的一部分，即分子、分母是一种从属关系，所以分子、分母不能互换。

例 4.8　某高等学校人员按工作岗位的人员分布及其结构相对指标（比重）如表 4.1 所示。

表 4.1　某高等学校人员比重计算表　　　　单位：人

人员分类	人数	比重
（甲）	（1）	（2）＝（1）/∑（1）
教师	450	50.0%
干部	300	33.3%
工人	150	16.7%
合计	900	100.0%

从表 4.1 中可以看到，该高校职工总数中，教师占总人数的 50%，干部（即行政管理人员）占总人数的 33.3%，至于这一结构是否合理，应结合学校的性质和任务来评价。

结构相对数是在分组基础上计算出来的，因此，科学地统计分组是正确计算结构相对数的前提。结构相对数在社会经济统计中应用广泛，其主要作用是：第一，可以反映社会经济现象在一定时间、地点、条件下总体结构的特征。如表 4.1 就反映了某一高校的人员构成特点，从一个侧面揭示了教师在学校中的主体地位。第二，将不同时期的结构相对数比较，可以反映事物内部构成的变化过程和发展趋势。表 4.2 将 2008—2014 年我国第三产业的就业结构比例进行比较，说明自 2008 年以来，第一产业吸纳的就业人数比重有明显下降的趋势；第二产业就业比重逐步上升，2014 年略有下降，6 年上升了 15.5 个百分点；第三产业吸纳的就业人数比重一直呈现上升的趋势，6 年上升了 14.9 个百分点。这在一定程度上反映了生产力发展过程中三次产业结构发展变化的规律性。

表 4.2　我国 2008—2014 年各产业的就业结构

年份	第一产业	第二产业	第三产业
2008	39.6%	27.2%	33.2%
2009	38.1%	27.8%	34.1%
2010	36.7%	28.7%	34.6%
2011	34.8%	29.5%	35.7%
2012	33.6%	30.3%	36.1%
2013	10.0%	43.9%	46.1%
2014	9.2%	42.7%	48.1%

资料来源：《中国统计年鉴 2015》。

（三）比例相对数

比例相对数也称比例相对指标，是总体内部不同部分数值之间对比求得的比率。它可以反映总体各组成部分之间数量联系程度和比例关系。其计算公式为：

$$比例相对数 = \frac{总体中某一部分数值}{总体中另一部分数值}$$

比例相对数可以用百分数或几比几的形式表示，有时要求用 $1:m:n$ 的连比形式反映总体中若干部分之间的比例关系。如基本建设投资额中工业、农业、教育投资的比例。为了能清楚地反映各部分之间的数量关系，用来连比的组数不宜过多。

例 4.9 我国 2019 年人口数据为 140 005 万人，男性公民 71 527 万人，女性公民 68 478 万人，我国男女性别比例如果以女性为 100，则男性人口数是女性的 104.45%，男女性比例约等于 104.45:100。

比例相对数同结构相对数有着密切的联系。比例相对数是一种结构性比例，但两者对比的方法不同，结构相对数是一种包含关系，分子是分母的一部分；比例相对数的分子和分母是一种并列关系，因而分子、分母可以互换。在实际工作中，往往把结构相对数和比例相对数结合起来应用，既可以分析总体各部分构成比例的协调程度，也可以研究总体的结构是否合理。

（四）比较相对数

比较相对数也称比较相对指标，是指同一时间同类指标在不同空间之间对比求得的相对指标。它可以反映同一时间同类事物在不同空间条件下的差异程度，其中的不同空间可以指不同国家、不同地区、不同部门，也可以是不同单位。其计算公式为：

$$比较相对数 = \frac{甲地某类指标数值}{乙地同类指标数值}$$

例 4.10 某月份甲商业企业人均劳动效率为 14 000 元，乙商业企业为 18 000 元，则甲企业为乙企业的 77.8%，乙企业为甲企业的 1.29 倍。说明乙企业的劳动效率高于甲企业。

比较相对数既可以用百分数表示，也可以用倍数表示；用以比较的指标既可以是总量指标，也可以是相对指标或平均指标。不论采用哪种指标对比，都必须注意分子指标与分母指标的可比性，即指标含义、计算方法、计算口径、计量单位、所属时间必须一致。

比较相对数可以是同一时期同类现象在不同地区或单位之间的对比，从对比中观察"多快好省"和"少慢差费"；也可以是与国家标准、同行业的先进水平和平均水平相比较，从而为找出差距，提高企业的生产、管理水平和挖掘潜力提供依据。

比较相对数中的两个指标哪个作为对比的基数，可以根据研究目的而定。一般情况下，比较相对数的分子和分母可以互换，便于从不同的角度来说明同一问题。

比较相对数和比例相对数也存在着一定区别，比例相对数反映的比例关系，有时是有客观标准的，违背这个标准，就会造成比例关系失调。比较相对数反映的就是事物之间的对比关系，一般不存在比例正常或失调的问题。

（五）强度相对数

强度相对数也称强度相对指标或强度指标，是指同一时期内两个性质不同而又有一定联系的总量指标之比。它可以反映社会经济现象的强度、密度和普遍程度。其计算公式为：

$$强度相对数 = \frac{某一总量指标数值}{另一有联系且不同类的总量指标数值}$$

例 4.11　2019 年年底我国人口数为 140 005 万人,按 960 万平方千米土地面积计算,则:

$$我国人口密度 = \frac{140\ 005}{960} = 145.8(人 / 平方千米)$$

强度相对数与其他相对数比较,是一种特殊的相对数。因为前四种相对数均为同类现象的指标对比,而强度相对数是有联系的两个总体的不同类现象的指标对比。一般情况下,强度相对数是个有名数指标,由分子与分母的单位组成复合单位,如全员劳动效率的计量单位为"元/人",人口密度的计量单位为"人/平方千米";也有单名数的情况,如商品流转速度用"次"或"天"表示;还有用百分数或千分数来表示的,如商品流通费用率用"%"、人口出生率用"‰"表示等。

强度相对数与其他相对数比较,在社会经济统计中具有特殊的作用,主要表现在以下几方面。

1. 反映一个国家或一个地区的经济实力

一个国家或一个地区的经济实力受该国家或地区人口多少的影响非常大,所以仅用总量指标来直接对比是片面的,还要采用强度相对指标。例如,我国最近几年的粮食总产量和世界上其他国家相比是不低的,2020 年达 66 949 万吨,排在世界前列,但我国是世界上人口最多的国家,按人口平均分摊的粮食产量,每人只有 478 千克,这个水平在世界上就排不到前面了。由此看出,强度指标可以揭示我国经济实力与发达国家之间的差距。

2. 反映某种事物的密度和普遍程度

人们生活是否便利、舒适,生活水平是否有较大提高,与有些事物的密度和普遍程度密切相关。例如,商业网密度说明商业网点发展的普及程度,医疗网密度说明医院的服务范围,电话普及率说明电话的普及程度,平均每一邮局服务人口说明邮电通信服务水平,人口密度说明某一国家或地区人口分布的稠密状况等。

3. 反映企业经济效益的好坏

考核企业的经济效益情况,不能只用利润总额多少、上缴税金多少来反映,而要把企业的利润和上缴的税金联系起来进行研究,如可以计算强度指标资金利税率,这一指标高,说明企业固定资产和流动资产使用的经济效益高。还可以计算一些其他的强度相对指标,如用流通费用率、流动资金周转速度、流动资金占用率、商品适销率、成本利润率等指标来反映企业经济效益的高低。

在强度相对数的计算运用过程中,根据需要可以将对比指标的分子、分母互换,从而产生了正指标和逆指标两种计算形式。如商业网点密度指标为:

$$每千人拥有商业机构数 = \frac{某地零售商业机构数(个)}{某地人口数(千人)} \quad (正指标)$$

$$每个商业机构服务人口数 = \frac{某地人口数(千人)}{某地零售商业机构数(个)} \quad (逆指标)$$

强度指标的数值愈大愈好的指标,称为正指标;反之,称为逆指标或反指标。

但要注意的是,并不是所有的强度指标的分子、分母都能互换。例如,人口出生率、人口死亡率等指标的分子、分母是不能互换的。

(六)动态相对数

动态相对数又称动态相对指标,是不同时间的两个总量指标之比,用来反映现象在不同时间

的发展变化情况。动态相对指标又称为发展速度,其计算公式为:

$$动态相对指标 = \frac{报告期水平}{基期水平} \times 100\%$$

报告期是指统计所主要研究和说明的时期,亦称计算期。基期就是作为对比的基础时期。根据统计研究的任务和需要,基期可以是前期、上年同期或者是某个具有历史意义的时期。

例 4.12 某企业去年销售额为 1 000 万元,本年销售额达到 1 200 万元,求该企业本年的发展速度。

$$本年发展速度 = \frac{1\,200}{1\,000} \times 100\% = 120\%$$

计算结果表明,该企业本年的销售额比去年增加了 20%,即发展速度为 120%。

> ▶**考考你**
> 1. 你能正确区分下列指标哪些是相对指标吗?
> ① 工资总额; ② 钢材消耗量; ③ 商业网点密度; ④ 国内生产总值; ⑤ 流动资金周转次数。
> 2. 相对指标中,分子、分母可以互相调换的有哪几个?
> ① 结构相对指标; ② 比例相对指标; ③ 比较相对指标; ④ 强度相对指标; ⑤ 计划完成相对指标; ⑥ 动态相对指标。

三、相对指标的应用原则

(一)注意对比指标的可比性

相对指标既然是两个有联系的指标对比,就要求这两个指标在内容、范围、计算方法、时间长短以及有关规定的口径上协调一致,相互适应。对比各个时期的统计指标,若期中发生过行政区划、组织机构、隶属关系以及统计方法制度等方面的变动,就不能直接对比,需要进行统一调整后才能对比。

(二)注意同绝对数指标结合运用

相对指标是通过两个有联系指标的对比,用一个抽象化的比值来表明现象之间的相互关系,从而把现象的具体规模或水平抽象掉了,不能反映现象间绝对量的差别。又由于在事物的比较过程中,有时候会出现总量指标较大、相对指标较小,或总量指标较小、相对指标较大的现象。所以,在这类情况下,一定要把相对指标和绝对指标结合起来应用,否则就不能真正反映事物的本质特征。

(三)注意多种相对指标综合运用

各种相对指标只能从某一个侧面或某一个方面反映事物数量之间的对比关系,要想全面地观察和分析事物,就需要把多种相对指标综合运用,构建一个指标体系。例如,要想了解工业企业的经营管理情况,我们可以把劳动生产率、市场销售率、资金利润率、流通费用率、计划完成程度等指标结合起来,形成一个反映企业经营管理水平的指标体系,这样就可以对企业的经营管理活动作出全面、科学的评价。

第三节 平均指标

一、平均指标的定义

平均指标可以是同一时间同类社会经济现象的一般水平,也可以是不同时间同类社会经济现象的一般水平,前者称为静态平均数,后者称为动态平均数。本节只论述静态平均数,动态平均数将在第五章介绍。

平均指标(即静态平均数)是用来反映同质总体各单位某一数量标志在一定时间、地点、条件下所达到的一般水平的综合指标。例如,班组的平均工资,青年歌手大奖赛中每位歌手的平均得分,都是平均指标。平均指标将总体中各单位标志值的差异抽象化,它可能不等于总体内任何一个单位的具体水平,但对总体具有代表性。平均指标在认识社会经济现象总体数量特征方面有着重要作用,主要表现在以下几个方面。

1. 反映分配数列中各变量值分布的集中趋势

在总体中,各单位某一标志在数量上的变化是有差异的,变量值从小到大形成一定的分布,在社会经济现象的范围内,较多地表现为呈正态分布。标志值很小或很大的数值出现次数较少,平均数周围的单位数则占较大比重,因而平均数反映了标志值变动的集中趋势,代表着变量数列的一般水平。例如,某企业职工工资,每月收入很少或很多的职工是少数,而收入在中等水平即平均工资周围的人数则占职工总数的很大比重。因此,可用平均工资代表该企业的工资水平。

2. 反映同类现象在不同时空的对比情况

由于平均指标消除了总体单位数的影响,反映现象的一般水平,故有利于比较现象在不同地区之间的差异,反映现象在不同时间上的发展变化情况。例如,评价两个同类商业企业营业员的劳动效率,就不能用销售总额比较,因为销售总额受营业员人数多少的影响,而平均指标人均销售额,就可以客观评价两个企业的工作成效。如果把连续几年的人均销售额排在一起,就可以观察营业员劳动效率的提高或降低情况。

3. 分析现象之间的依存关系

在社会经济现象中,有些现象并不是孤立的,而是相互联系的,利用平均指标可以分析它们之间的依存关系。例如,把每亩施肥量与农作物的平均亩产量进行比较,可以发现这两者之间的相互依存关系。即在一定范围内,每亩施肥量与农作物的平均亩产量呈正比关系。

平均指标按计算方法不同,可分为算术平均数、调和平均数、几何平均数、众数和中位数。前三种是根据总体所有标志值来计算的,称为数值平均数;后两种是根据标志值所处的位置来确定的,称为位置平均数。

在算术平均数、调和平均数、几何平均数、众数和中位数中最常用的指标就是算术平均数。下面分别阐述各种平均指标的特点和计算方法。

二、平均指标的计算

(一) 算术平均数

算术平均数的基本形式是总体单位某一数量标志值之和(总体标志总量)除以总体单位数,其计算公式为:

$$算术平均数 = \frac{总体标志总量}{总体单位数}$$

例 4.13　某企业 2021 年 6 月职工人数为 1 340 人,其工资总额为 4 288 000 元,该企业职工月平均工资为 3 200 元(4 288 000÷1 340)。

计算算术平均数的方法称为算术平均法。在计算和应用算术平均数时,要特别注意分子与分母必须同属一个总体。即分子与分母是一一对应的关系,有一个总体单位必有一个标志值与之相对应,否则就不是平均指标。这正是算术平均数与强度相对数之间的根本区别。强度相对数是两个有联系的不同总体的总量指标对比,这两个总量指标之间没有依附关系,只是在经济内容上存在客观联系,可以说明现象的强度、密度和普遍程度;算术平均数则是一个总体内的标志总量与单位总数的对比,用来说明总体单位某一标志的一般水平。

根据掌握的资料和计算上的复杂程度不同,算术平均数又可分为简单算术平均数和加权算术平均数两种。

1. 简单算术平均数

如果没有直接掌握算术平均数基本计算公式所需的分子和分母资料,掌握的只是总体各单位的标志值,则可以用简单算术平均法计算平均指标。其计算公式为:

$$\bar{x} = \frac{x_1 + x_2 + \cdots + x_n}{n} = \frac{\sum x}{n} \tag{4.1}$$

式中,$\bar{x}$ 代表算术平均数;x 代表各单位的标志值;$\sum$ 代表总和符号;n 代表总体单位数。

例 4.14　某企业某小组有 6 名工人,某天他们加工的零件数分别为 19 件、21 件、22 件、24 件、25 件和 28 件,则每个工人的平均加工零件数为:

$$\bar{x} = \frac{\sum x}{n} = \frac{19 + 21 + 22 + 24 + 25 + 28}{6} = 23.17(\text{件})$$

2. 加权算术平均数

计算加权算术平均数有两种情况:一是依据单项式变量数列计算,二是依据组距式变量数列计算。

在单项式变量数列的情况下,已知各组的变量值(x)和各组的次数(f),且各组的次数又不相等,则要用加权算术平均法计算平均指标。其计算公式为:

$$\bar{x} = \frac{x_1 f_1 + x_2 f_2 + \cdots + x_n f_n}{f_1 + f_2 + \cdots + f_n} = \frac{\sum xf}{\sum f} \tag{4.2}$$

式中,f 代表各组次数,其余符号与前相同。

例 4.15　某工厂某小组 10 名工人加工零件数资料如表 4.3 所示。

表 4.3　某工厂某小组生产情况统计表

按加工零件数分组(件)	工人数(人)	每组工人加工零件数(件)
x	f	xf
20	2	40
30	2	60
40	8	320
50	6	300
60	2	120
合　计	20	840

要求:计算该企业 20 名工人平均加工零件数。该小组工人平均加工零件数为:

$$\overline{x} = \frac{\sum xf}{\sum f} = \frac{840}{20} = 42(件)$$

加权算术平均数与简单算术平均数的不同点在于:简单算术平均数只反映一个因素,即变量值的影响,而加权算术平均数反映两个因素,即变量值和次数的共同影响。当标志值较大而次数也较多时,平均数就接近于标志值大的一方;当标志值比较小而次数较多时,平均数就接近于标志值小的一方。在变量值既定的情况下,次数对平均数的大小起着权衡轻重的作用,所以在计算加权算术平均数时,通常把次数称为权数。当各组次数相同时,次数就失去权数的作用,这时加权算术平均数与简单算术平均数相等。

加权算术平均数的权数有两种表现形式:一种是绝对数,另一种是结构相对数。但两种权数的性质相同,由此而计算的平均指标也相同。相对数权数是根据绝对数计算出来的,反映权数在各个变量值之间的分配比例,能更好地体现权数的实质。以相对数权数计算平均指标的公式为:

$$\overline{x} = \sum x \cdot \frac{f}{\sum f} \tag{4.3}$$

例 4.16 仍以表 4.3 的资料为例,计算其平均数的过程如表 4.4 所示。

表 4.4　某工厂某小组生产情况统计表

按加工零件数分组	工人人数(人)		零件数乘以权数
	绝对数	相对数	
x	f	$\dfrac{f}{\sum f}$	$x \cdot \dfrac{f}{\sum f}$
20 件	2	0.1	2
30 件	2	0.1	3
40 件	8	0.4	16
50 件	6	0.3	15
60 件	2	0.1	6
合　计	20	1.0	42

则该小组工人平均加工零件数为:

$$\overline{x} = \sum x \cdot \frac{f}{\sum f} = 42(件)$$

表 4.4 的计算结果与表 4.3 相比,各组权数的形式发生了变化,但算术平均数没有变。由此可见,权数形式的变动并不改变权数的实质。

在实际工作中,有时需要根据组距式变量数列计算平均数。它的计算方法与单项式变量数列基本相同,所不同的是要先计算出各组的组中值,再以组中值作为某一组变量值的代表值来进行计算。

例 4.17 某企业工人奖金情况如表 4.5 所示。

表 4.5　某企业工人平均奖金计算表

按职工奖金情况分组	各组人数（人）	组中值	各组奖金额（元）
	f	x	xf
500～600 元	10	550	5 500
600～700 元	20	650	13 000
700～800 元	50	750	37 500
800～900 元	40	850	34 000
900 元以上	10	950	9 500
合　计	130	—	99 500

则该企业职工平均奖金为：

$$\bar{x} = \frac{\sum xf}{\sum f} = \frac{99\,500}{130} = 765.4（元）$$

根据组距式变量数列计算加权算术平均数，是假定各单位标志值在组内的分布是均匀的。实际上，这种分布要完全均匀一般是不可能的，由于各组组中值与组平均数会存在一定程度的误差，因此用组中值计算出来的加权算术平均数只是一个近似值。

▶ **考考你**

1. 加权算术平均数的大小受哪些因素的影响？

2. 在什么条件下，加权算术平均数等于简单算术平均数？

3. 为什么青年歌手大奖赛计算平均分数时要去掉一个最高分和一个最低分？

▶ **举一反三**

你能正确区分下列指标哪些是强度相对指标吗？

① 工人平均劳动生产率；　② 人均国内生产总值；　③ 人均钢材消耗量；　④ 人均粮食消费数量；　⑤ 职工平均工资；　⑥ 人均收入；　⑦ 人均粮食产量；　⑧ 出生率。

（二）几何平均数

几何平均数是 n 个单位的标志值的连乘积的 n 次方根。它是一种具有特殊用途的平均数，适用于计算标志值的连乘积等于总比率或总速度的社会经济现象的平均比率或平均速度，几何平均数分为简单几何平均数和加权几何平均数两种。计算几何平均数要求各观察值之间存在连乘积关系，它的主要用途是：对比率、指数等进行平均；计算平均发展速度；复利下的平均年利率；连续作业的车间求产品的平均合格率。

1. 简单几何平均数

在资料未分组的条件下，几何平均数采用不加权的方法计算。

$$G = \sqrt[n]{\prod X} \tag{4.4}$$

例 4.18　某企业向银行申请一笔贷款，期限为 4 年，以复利计息。每年的利率分别是 4.5%，5.1%，5.5%，6.9%，求平均年利率。

年均本利率 $G = \sqrt[n]{\prod X} = \sqrt[4]{104.5\% \times 105.1\% \times 105.5\% \times 106.9\%} = 105.50\%$

则平均年利率为 $105.50\% - 1 = 5.50\%$。

例 4.19 某企业某种产品要经过四个车间的流水作业才能完成,如果第一车间的产品合格率为 90%,第二车间的产品合格率为 97%,第三车间的产品合格率为 95%,第四车间的产品合格率为 98%,且该产品的总合格率等于各车间合格率之积。则四个车间的平均合格率为:

$$G = \sqrt[n]{\prod X} = \sqrt[4]{90\% \times 97\% \times 95\% \times 98\%} = 95\%$$

2. 加权几何平均数

当各个标志值出现的次数不相同时,几何平均数的计算采用加权的形式:

$$G = \sqrt[\Sigma f]{\prod X^f} \tag{4.5}$$

例 4.20 某汽车集团公司 10 年的汽车产量环比发展速度如下:第一、第二年为 105%,第三、第四年和第五年各为 110%,第六、第七年和第八年各为 120%,第九年和第十年各为 130%,则 10 年的汽车产量总发展速度为各年环比发展速度的连乘积,平均发展速度为:

$$G = \sqrt[\Sigma f]{\prod X^f} = \sqrt[10]{(105\%)^2 \times (110\%)^3 \times (120\%)^3 \times (130\%)^2} = 115.7\%$$

计算结果表明,该汽车集团公司 10 年的汽车产量平均发展速度为 115.7%。

(三) 众数

众数是总体中出现次数最多或最普遍的标志值。它是位置平均数,不受数列中极端变量值的影响,这是区别于算术平均数的一个重要标志。但它与算术平均数的作用一样,也可以反映总体各单位某一数量标志值的一般水平,只是精确度有所区别。例如,某班 40 个学生当中,20 岁的有 3 名,19 岁的有 5 名,18 岁的有 29 名,17 岁的有 3 名;由于 18 岁的人数最多,故 18 岁为该班学生年龄标志的众数。它可以代表该班学生年龄的一般水平。又如,为了掌握集市上某种商品的价格水平,可不必全面登记该商品的全部价格来求其算术平均数,只需用该商品成交量最多的那个价格即众数作为代表值,就可以反映该商品价格的一般水平。众数是根据特殊位置确定的,当数列没有明显的集中趋势而趋于均匀分布时,不存在众数。

众数的确定,根据掌握资料的不同可采用不同的方法,一般有以下两种情况。

1. 根据单项数列确定众数

在单项数列情况下,确定众数很简单,次数最多的那一组的变量值就是众数。

例 4.21 某专卖店各种规格羊毛衫销售资料如表 4.6 所示。

表 4.6 羊毛衫销售量统计表 单位:升

羊毛衫规格	销售量	羊毛衫规格	销售量
80 cm	60	105 cm	150
85 cm	90	110 cm	130
90 cm	140	115 cm	80
95 cm	160	120 cm	70
100 cm	300	合 计	1 180

从表 4.6 中可以看出,100 cm 的羊毛衫销售量最大,为 300 件,因此 100 cm 就是众数。

2. 根据组距数列确定众数

在组距数列条件下,确定众数比较复杂。可以先确定众数所在组,然后运用下限公式或上限公式进行计算,以求得近似的众数。其上限公式、下限公式分别如公式 4.6 和 4.7 所示。

$$M_0 = L + \frac{\Delta_1}{\Delta_1 + \Delta_2} \times d \tag{4.6}$$

$$M_0 = U - \frac{\Delta_2}{\Delta_1 + \Delta_2} \times d \tag{4.7}$$

式中,M_0 代表众数;L 代表众数组下限;U 代表众数组上限;Δ_1 代表众数组次数与前一组次数之差;Δ_2 代表众数组次数与后一组次数之差;d 代表众数组组距。

例 4.22 某村农民家庭某年人均纯收入资料如表 4.7 所示。

表 4.7 某村农户某年人均纯收入统计表　　　　　　　单位:户

按年人均纯收入分组	农户数	按年人均纯收入分组	农户数
3 200 元以下	5	4 000～4 200 元	8
3 200～3 400 元	10	4 200～4 400 元	5
3 400～3 600 元	45	4 400 元以上	5
3 600～3 800 元	12		
3 800～4 000 元	10	合　计	100

由表 4.7 可知,人均纯收入在 3 400～3 600 元的农户最多(为 45 户),这一组即为众数组。根据公式近似地计算为:

$$L = 3\,400, \quad U = 3\,600, \quad d = 3\,600 - 3\,400 = 200$$
$$\Delta_1 = 45 - 10 = 35, \quad \Delta_2 = 45 - 12 = 33$$

按下限公式确定:

$$M_0 = L + \frac{\Delta_1}{\Delta_1 + \Delta_2} \times d = 3\,400 + \frac{35}{35 + 33} \times 200 = 3\,502.9(\text{元})$$

按上限公式确定:

$$M_0 = U - \frac{\Delta_2}{\Delta_1 + \Delta_2} \times d = 3\,600 - \frac{33}{35 + 33} \times 200 = 3\,502.9(\text{元})$$

从计算结果可以看出,按下限公式和上限公式确定的结果是一致的,在实际工作中选用其中一种方法计算即可。

(四)中位数

将总体中各单位的标志值按大小顺序排列,位于中间位置的标志值就是中位数,它与众数一样,也是位置平均数,同样不受数列中极端变量值的影响。在变量数列中,有一半单位的标志值小于中位数,另一半单位的标志值大于中位数,因而中位数也叫分割值。

中位数的确定,根据所掌握资料的不同,分为以下两种情况。

1. 根据未分组资料确定

根据未分组的资料确定中位数,先把各单位的标志值按大小顺序排列,然后根据公式确定中点位置,其公式为:

$$中点位置 = \frac{n+1}{2}$$

式中，n 代表变量值的个数。

当变量值的个数为奇数时，中点位置所对应的变量值即为中位数；当变量值的个数为偶数时，则中点位置的前、后两个变量值的简单算术平均数即为中位数。

例 4.23 有 5 名工人的奖金分别为 580 元、880 元、970 元、1 190 元和 1 298 元，则中点位置为 $3\left(\frac{5+1}{2}\right)$，中位数为第三个工人的奖金额 970 元。如果有 4 名工人的奖金分别为 800 元、880 元、970 元和 1 190 元，则中点位置为 $2.5\left(\frac{4+1}{2}\right)$，中位数为第二个工人和第三个工人奖金的简单平均数 $925\left(\frac{880+970}{2}\right)$ 元。

2. 根据分组资料确定

根据分组资料确定中位数比较复杂。可以先用公式 $\frac{\sum f+1}{2}$ 确定中位数的位置，并根据各组的向上（或向下）累计次数，找出中位数所在组，然后按照下限或上限公式确定中位数。

下限公式：

$$M_e = L + \frac{\frac{\sum f}{2} - S_{(m-1)}}{f_m} \times d \qquad (4.8)$$

上限公式：

$$M_e = U - \frac{\frac{\sum f}{2} - S_{(m+1)}}{f_m} \times d \qquad (4.9)$$

式中，M_e 代表中位数；L 代表中位数所在组的下限；U 代表中位数所在组的上限；f_m 代表中位数所在组的次数；$S_{(m-1)}$ 代表中位数所在组以前所有组的累计次数；$S_{(m+1)}$ 代表中位数所在组以后所有组的累计次数；d 代表中位数所在组的组距。

例 4.24 仍用表 4.7 的数据来确定中位数，如表 4.8 所示。

表 4.8　某村农户某年人均纯收入中位数确定表　　　　　　　单位:户

按年人均纯收入分组	农户数	农户数累计	
		向上累计	向下累计
3 200 元以下	5	5	100
3 200～3 400 元	10	15	95
3 400～3 600 元	45	60	85
3 600～3 800 元	12	72	40
3 800～4 000 元	10	82	28
4 000～4 200 元	8	90	18
4 200～4 400 元	5	95	10
4 400 元以上	5	100	5
合计	100	—	—

根据表 4.8 中的资料,确定中位数的过程为:

$$中点位置 = \frac{\sum f + 1}{2} = \frac{100 + 1}{2} = 50.5$$

其中,$L = 3\,400$,$U = 3\,600$,$d = 3\,600 - 3\,400 = 200$,$f_m = 45$,$S_{(m-1)} = 10 + 5 = 15$,$S_{(m+1)} = 12 + 10 + 8 + 5 + 5 = 40$。

按下限公式确定:

$$M_e = L + \frac{\dfrac{\sum f}{2} - S_{m-1}}{f_m} \times d = 3\,400 + \frac{\dfrac{100}{2} - 15}{45} \times 200 = 3\,555.6(元)$$

按上限公式确定:

$$M_e = U - \frac{\dfrac{\sum f}{2} - S_{m+1}}{f_m} \times d = 3\,600 - \frac{\dfrac{100}{2} - 40}{45} \times 200 = 3\,555.6(元)$$

计算结果表明,用下限或上限公式确定中位数,其结果是一样的,在实际工作中可根据情况选择一种方法计算。

三、平均指标的应用原则

在统计研究和分析中,平均指标得到了极其广泛的应用,为了保证平均指标的科学性,更好地发挥其作用,在应用时必须遵守以下几条基本原则。

(一)在同质总体中计算和应用平均指标

同质总体是指由性质相同的同类单位构成的总体。只有在同质总体中,总体各单位才具有共同的特征,这样才能按某一数量标志计算其平均数。把本质不同的事物放在一起平均,将会形成一种虚构的平均数,它会抹杀现象之间的本质差异,歪曲现象的真实情况。因此,总体的同质性是计算应用平均指标首先要注意的问题。例如,研究平均价格时,就应分产品或商品性质来计算平均价格。

(二)用组平均数补充说明总平均数

平均数是在抽去局部特征和差异以后计算出来的,它给人以总体的、综合的数量概念。如果要进一步分析问题,仅仅到此是不够的,还必须计算总体内部各种类型或各部分的平均数,以配合总平均数做进一步说明。

例 4.25 某工业企业两个小组的工资情况如表 4.9 所示。

表 4.9 各类人员工资情况统计表

按熟练程度分组	甲 组				乙 组			
	人数（人）	比重	工资总额（元）	平均工资（元）	人数（人）	比重	工资总额（元）	平均工资（元）
技术工	12	40%	18 480	1 540	28	70%	42 280	1 510
学徒工	18	60%	25 560	1 420	12	30%	16 680	1 390
合计	30	100%	44 040	1 468	40	100%	58 960	1 474

表 4.9 的资料说明,该企业乙组平均工资比甲组高 6(即 1 474 - 1 468)元,且从技术工或学

徒工的平均工资来看,甲组均高于乙组。

之所以会出现这种组平均数和总平均数不一致的情况,其主要原因就是各组具有不同工资水平的技术工和学徒工的比重不同。甲组中工资水平较高的技术工的人数比重比乙组少 30 个百分点;而工资水平较低的学徒工的人数比重甲组比乙组多 30 个百分点。在这种情况下,只有用技术工和学徒工各自的平均工资补充说明总平均工资,才能得出正确的结论。

(三)用分布数列补充说明总平均数

由于平均数把总体各单位的差异给掩盖了,无法反映总体各单位的分布状况。因此,总体单位的分布状况,根据分析研究的需要,可以用分布数列补充说明总平均数,以便多视角地观察问题。

例 4.26 某市某年 105 个商业企业商品销售计划完成情况如表 4.10 所示。

表 4.10 计划完成程度分布表

单位:个

企业按计划完成程度分组	商业企业数	企业按计划完成程度分组	商业企业数
80%以下	3	110%～120%	30
80%～90%	4	120%～130%	10
90%～100%	8		
100%～110%	50	合 计	105

根据某市 105 家商业企业的全部实际销售额和全部计划销售额计算,其总平均计划完成程度为 108%,这说明该市商业企业的商品销售计划完成比较好,超 8% 完成任务。如果结合分布数列观察,有 15 个企业没有完成计划,有 40 个企业超额 10% 以上完成了计划。用分布数列补充说明总平均计划完成程度,便于我们进一步研究后进企业的问题、总结推广先进企业的经验。

第四节 标志变异指标

一、标志变异指标的定义

标志变异指标又称标志变动度,是反映总体各单位标志值之间差异大小的综合指标。标志变异指标是和平均指标相联系的一种分析指标。平均指标可以综合反映某一数量标志的一般水平,却把各单位之间的差异抽象掉了,且平均指标本身也无法说明其代表性的大小,标志变异指标则正好弥补这一点。如果用平均指标来说明分配数列中变量值的集中趋势,则标志变异指标说明变量值的离中趋势。所以,在统计研究中,经常把平均指标和标志变异指标结合起来应用。标志变异指标在统计分析研究中的作用主要有以下几方面。

1. 标志变异指标是衡量平均指标代表性的尺度

平均指标作为某一数量标志值的代表值,其代表性的大小与总体内各个标志值的分散程度有密切关系。平均指标的代表性与标志变异指标的关系是,总体的标志变异指标愈大,平均指标的代表性愈弱;反之,标志变异指标愈小,平均指标的代表性愈强。例如,有两个小组学生统计学的考试成绩,第一组的 4 个人分别为 60 分、70 分、80 分和 90 分;第二组的四个人分别为 20 分、80 分、100 分和 100 分。两个小组的平均成绩都是 75 分,但两组变量值的差异程度却明显不同。第一组的最高分和最低分相差 30 分,第二组却相差 80 分,可见第一组的平均成绩 75 分代表性较强,而第二组的平均成绩 75 分代表性较弱。

2. 标志变异指标可用来研究现象的稳定性和均衡性

标志变异指标可以表明生产过程的节奏性或其他经济活动过程的均衡性,说明经济管理工作的质量。例如,某企业两个车间某月份产品生产计划完成情况如表 4.11 所示。

表 4.11　某企业两个车间某月份产品生产计划完成情况统计表

部门	生产计划完成百分数			
	全月	上旬	中旬	下旬
甲车间	100.0%	33%	34%	33%
乙车间	100.0%	12%	38%	50%

甲、乙两车间虽然都完成了全月生产计划,但两车间在执行计划的均衡性方面差异较大。甲车间各旬比较均衡,而乙车间表现为前松后紧。这为我们进一步分析提供了依据。

3. 标志变异指标是确定抽样数目和计算抽样误差的必要依据

这部分内容将在以后的抽样推断中详细论述。

二、标志变异指标的计算

标志变异指标一般有极差、平均差、标准差、离散系数等几种,前三种的计量单位与平均指标相同,后一种是与平均指标对比,消除了原有计量单位的一种相对指标。

(一) 极差

极差又称全距,是总体各单位中最大标志值与最小标志值之差,一般用 R 表示。其计算公式为:

$$极差 = 最大标志值 - 最小标志值$$

例如,前面所述两个小组统计学平均考试成绩的代表性,就是用极差进行衡量和比较的。极差测定标志变异情况很简单,而且容易理解和掌握。但极差只涉及极大和极小两个标志值,不是根据全部标志值计算的,容易受极端值的影响,不能充分说明各个标志值的具体变动情况,所以在应用时有较大的局限性。

(二) 标准差

标准差是总体各单位标志值与其算术平均数离差平方的算术平均数的平方根。它是测定标志变异程度最常用、最主要的指标。标准差的意义与平均差基本相同,但标准差采用了平方的方法来消除正、负离差的影响,考虑了总体中各单位标志值的变动影响,更符合数学的运算要求。所以说标准差不仅具有平均差的优点,而且还弥补了平均差的不足,它综合反映标志变动度最合理的指标,在实际工作中得到了极为广泛的应用。标准差一般用 σ 表示。

由于掌握资料的不同,标准差的计算分为两种情况。

1. 简单平均法

在资料未分组的条件下,可采用简单平均法计算标准差。其计算公式为:

$$\sigma = \sqrt{\frac{\sum (x - \bar{x})^2}{n}} \tag{4.10}$$

例 4.27　两组学生统计学成绩如表 4.12 所示。

根据表 4.12 中的资料,第一和第二组平均成绩均为 75 分,其标准差计算为:

$$\sigma_1 = \sqrt{\frac{\sum (x_1 - \overline{x}_1)^2}{n}} = \sqrt{\frac{500}{4}} = 11.2(\text{分})$$

$$\sigma_2 = \sqrt{\frac{\sum (x_2 - \overline{x}_2)^2}{n}} = \sqrt{\frac{4\,300}{4}} = 32.8(\text{分})$$

表 4.12　标准差计算表

第　一　组			第　二　组		
按考试成绩分组	离差	离差平方	按考试成绩分组	离　差	离差平方
x_1	$x_1 - \overline{x}_1$	$(x_1 - \overline{x}_1)^2$	x_2	$x_2 - \overline{x}_2$	$(x_2 - \overline{x}_2)^2$
60 分	−15	225	20 分	−55	3 025
70 分	−5	25	80 分	5	25
80 分	5	25	100 分	25	625
90 分	15	225	100 分	25	625
合计	—	500	合计	—	4 300

计算结果表明,在第一和第二组学生平均成绩相等($\overline{x}=75$ 分)的情况下,第一组的标准差(11.2 分)小于第二组的标准差(32.8 分),说明第一组平均成绩的代表性好于第二组。

2. 加权平均法

在分组的条件下,可采用加权平均法计算标准差。其计算公式为:

$$\sigma = \sqrt{\frac{\sum (x - \overline{x})^2 f}{\sum f}} \tag{4.11}$$

例 4.28　已知甲组工人的平均奖金为 1 767 元,其标准差为 92 元;乙组工人的奖金如表 4.13 所示。

表 4.13　标准差计算表

按奖金情况分组	组中值	工人人数	离　差	离差平方	离差平方乘以次数
	x	f	$x - \overline{x}$	$(x - \overline{x})^2$	$(x - \overline{x})^2 f$
1 500～1 600 元	1 550	2	−217	47 089	94 178
1 600～1 700 元	1 650	3	−117	13 689	41 067
1 700～1 800 元	1 750	5	−17	289	1 445
1 800～1 900 元	1 850	6	83	6 889	41 334
1 900 元以上	1 950	2	183	33 489	66 978
合　计	—	18	—	—	245 002

乙组工人平均奖金为 1 767 元,根据表 4.13 中资料,其标准差计算为:

$$\sigma_乙 = \sqrt{\frac{\sum (x - \overline{x})^2 f}{\sum f}} = \sqrt{\frac{245\ 002}{18}} = 116.7(元)$$

计算结果表明,在两组工人奖金相等的情况下,乙组的标准差(116.7 元)大于甲组的标准差(92 元),说明乙组工人平均奖金的代表性没有甲组好。

(三)离散系数

1. 离散系数定义

以上所介绍的各种标志变异指标,都与平均指标有相同的计量单位,是反映标志变动度的绝对指标,其数值的大小不仅受标志值之间差异程度的影响,而且还受标志水平高低的影响。因此,在比较两个数列的标志变动度、衡量其平均指标的代表性时,如果两个总体或数列的性质不同,计量单位不同或平均水平不同,就不能采用前述的某一标志变异指标直接比较其离差的大小,而应分析标志变异指标的相对指标,即离散系数。它是极差、平均差、标准差和方差与其算术平均数的对比值,分别称为极差系数、平均差系数、标准差系数和方差系数,但在实际工作中,标准差系数应用最为普遍。

2. 标准差系数公式

标准差系数一般用 V_σ 表示。其计算公式为:

$$V_\sigma = \frac{\sigma}{\overline{x}} \times 100\% \tag{4.12}$$

例 4.29 甲商店职工的平均工资为 1 900 元,标准差为 20 元;乙商店职工的平均工资为 1 600 元,标准差为 18 元。从资料看,$\sigma_甲 > \sigma_乙$,似乎可以判断乙商店平均工资的代表性好于甲商店。是否如此? 我们可以通过计算标准差系数来进行说明。现分别计算为:

$$V_{\sigma甲} = \frac{20}{1\ 900} = 1.05\%, \qquad V_{\sigma乙} = \frac{18}{1\ 600} = 1.13\%$$

计算结果表明,$V_{\sigma甲} < V_{\sigma乙}$,这说明甲商店平均奖金的代表性好于乙商店,与我们的直观结果相反。

从以上分析可以看出,离散系数越大,说明平均数的代表性越差;相反,离散系数越小,说明平均数的代表性越好。

▶ **考考你**

1. 为什么要计算变异系数?

2. 如何用标志变异指标测定平均指标代表性大小?

(四)交替标志的标准差

交替标志实质上就是品质标志。当总体单位某种品质标志的具体表现为"是"与"非"或"有"与"无"两种情况时,这种品质标志就称为交替标志(或称为是非标志)。如企业经济类型分为国有与非国有,产品质量分为合格和不合格,学习成绩分为及格与不及格等,均为交替标志。要测定其变动程度,也需要计算标准差。交替标志标准差的测定,其原理与前述的内容一致,但在计算的表现形式上有所区别。

交替标志的标准差在计算时,首先要将交替标志的具体表现数量化,即将具有某种属性的单位的标志值用"1"表示,将不具有该种属性的单位的标志值用"0"表示;其次,计算其平均数和标准差。

设总体单位数为 N,具有某种属性的单位数为 N_1,其比重(或成数)为 $N_1 \div N = P$;不具有该种属性的单位数为 N_0,其比重为 $N_0 \div N = q$(或 $1 - P$)。据此计算,如表 4.14 所示。

表 4.14 交替标志平均数和标准差计算表

标志值	单位数	标志值乘单位数	离差$(\overline{x_p}=p)$	离差平方	离差平方乘权数
x	f	xf	$(x-\overline{x})$	$(x-\overline{x})^2$	$(x-\overline{x})^2 f$
1	N_1	N_1	$1-P$	$(1-P)^2$	$(1-P)^2 N_1$
0	N_0	0	$0-P$	P^2	$P^2 N_0$
合 计	N	N_1	—	—	$(1-P)^2 N_1 + P^2 N_0$

交替标志的平均数与标准差分别为：

$$\overline{x} = \frac{\sum xf}{\sum f} = \frac{N_1}{N} = P \tag{4.13}$$

$$\sigma = \sqrt{\frac{\sum (x-\overline{x})^2 f}{\sum f}} = \sqrt{\frac{(1-p)^2 N_1 + p^2 N_0}{N}} = \sqrt{\frac{(1-p)^2 N_1}{N} + \frac{p^2 N_0}{N}}$$

$$= \sqrt{(1-p)^2 p + p^2 (1-p)} = \sqrt{p(1-p)(1-p+p)} = \sqrt{p(1-p)} \tag{4.14}$$

因为$\frac{N_1}{N}=P$，所以$\frac{N_0}{N}=1-P$。

以上计算结果表明，交替标志的平均数就是交替标志中具有某种属性的单位数在总体中所占的比重；其标准差就是具有某种属性的单位数在总体中所占比重和不具有这种属性的单位数在总体中所占比重乘积的平方根。交替标志的标准差在抽样推断中具有重要的作用。

▶ **知识链接**

集中趋势和离散程度是数据分布的两个重要特征，要全面了解数据分布的特点还要清楚数据的分布形态是否对称，即偏态程度，还要清楚数据分布的扁平程度，即峰态程度。

"偏度"(skewness)一词是由统计学家皮尔逊(K. Pearson)在1895年首次提出的，是对统计数据分布偏斜方向和程度的度量，是统计数据分布非对称程度的数字特征。偏度亦称偏态、偏态系数。

常用计算方法为：

（未分组）

$$sk = \frac{\sum (x-\overline{x})^3}{(n-1)(n-2)s^3}$$

（分组）

$$sk = \frac{\sum (x-\overline{x})^3 f}{\sum f \cdot s^3}$$

式中，sk 是偏态系数；n 是资料项数；x 是各组标志值；$\overline{x}$ 是算数平均数；s^3 样本标准差的三次方。

当统计数据为对称分布时，$sk=0$，正态分布的偏度为0，数据是对称的，两侧尾部长度对称。

sk 接近 0 则可认为分布是对称的。若知道分布有可能在偏度上偏离正态分布时,可用偏离来检验分布的正态性。右偏时一般算术平均数＞中位数＞众数,左偏时相反,即众数＞中位数＞平均数。正态分布时三者相等,如图 4.0 所示。

sk＞0 称分布具有正偏离,也称右偏态,此时数据位于均值右边的比位于左边的少,直观表现为右边的尾部相对于与左边的尾部要长,因为有少数变量值很大,使曲线右侧尾部拖得很长,且 sk 值越大,右偏程度越高,如图 4.2 所示。

sk＜0 称分布具有负偏离,也称左偏态,此时数据位于均值左边的比位于右边的少,直观表现为左边的尾部相对于与右边的尾部要长,因为有少数变量值很小,使曲线左侧尾部拖得很长,且 sk 值越小,左偏程度越高,如图 4.3 所示。

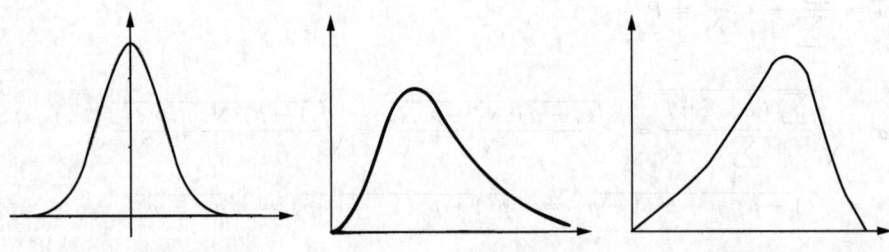

图 4.1　对称钟形分布图　　图 4.2　右偏(正态)分布图　　图 4.3　左偏(负偏)分布图

"峰度"(Kurtosis)一词是由统计学家皮尔逊(K. Pearson)在 1905 年首次提出的,是描述总体中所有取值分布形态陡缓程度的统计量。这个统计量需要与正态分布相比较,峰度为 0 表示该总体数据分布与正态分布的陡缓程度相同;峰度大于 0 表示该总体数据分布与正态分布相比较为陡峭,为尖顶峰,如图 4.4 所示。峰度小于 0 表示该总体数据分布与正态分布相比较为平坦,为平顶峰,如图 4.5 所示。峰度的绝对值数值越大表示其分布形态的陡缓程度与正态分布的差异程度越大。

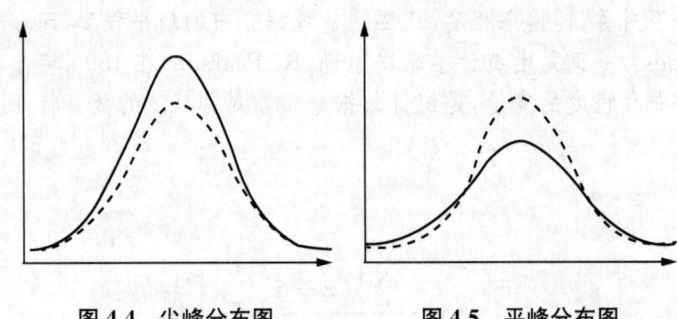

图 4.4　尖峰分布图　　图 4.5　平峰分布图

常用计算公式为:

(未分组)

$$k = \frac{n(n+1)\sum(x-\bar{x})^4 - \left[\sum(x-\bar{x})^2\right]^2(n-1)}{(n-1)(n-2)(n-3)s^4}$$

(分组)

$$k = \frac{\sum(x-\bar{x})^4 f}{\sum f \cdot s^4} - 3$$

式中,k 是峰度系数;n 是资料项数;x 是各组标志值;$\bar{x}$ 是算术平均数;s^4 样本标准差的 4 次方。

由于正态分布的峰度系数为 0;当 $k>0$ 时为尖峰分布,数据分布更集中;当 $k<0$ 时为扁平分布,数据分布更分散。

主要知识点

综合指标
- 总量指标
  - 作用
    - 认识社会经济现象总体的起点
    - 编制计划、实行经营管理的主要依据
    - 计算相对指标和平均指标的基础
  - 种类
    - 按反映的总体内容分
      - 总体单位总量
      - 总体标志总量
    - 按反映的时间状态分
      - 时期指标
      - 时点指标
    - 按计量单位的不同分
      - 实物指标
      - 价值指标
      - 劳动量指标
- 相对指标
  - 作用
    - 反映社会经济现象之间的相对水平和联系程度
    - 提供现象之间的比较基础
  - 表现形式
    - 无名数
    - 有名数
  - 种类
    - 计划完成相数
      - 计划数为绝对数
      - 计划数为相对数
      - 计划数为平均数
      - 计划执行进度的检查
      - 长期计划执行情况的检查
        - 水平法
        - 累计法
    - 结构相对数
    - 比例相对数
    - 比较相对数
    - 强度相对数
    - 动态相对数
  - 应用原则
    - 对比指标的可比性
    - 同绝对数指标结合运用
    - 多种相对指标综合运用
- 平均指标
  - 作用
    - 反映分布数列中各变量值分布的集中趋势
    - 反映同类现象在不同时空的对比情况
    - 分析现象之间的依存关系
  - 种类
    - 算术平均数
    - 几何平均数
    - 众数
    - 中位数

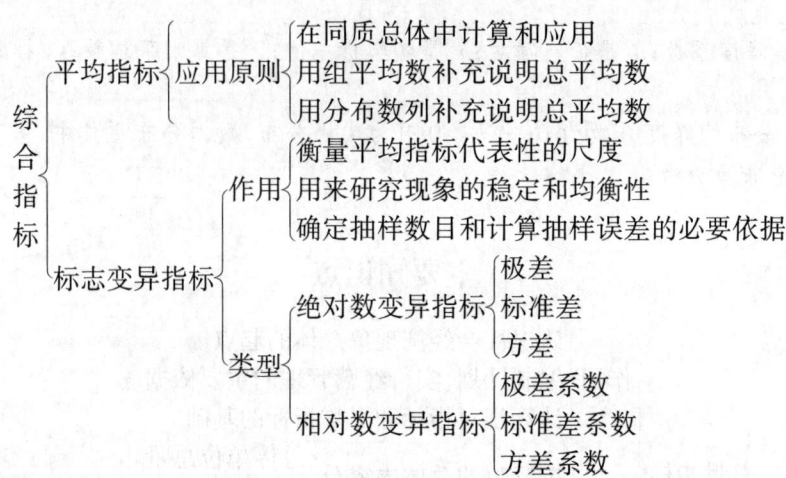

《中国统计年鉴 2020》主要统计指标解释

平均增长速度表明社会经济现象在一个较长的时期内逐期平均增长变化的程度,它不能根据各个环比增长速度直接求得,但与平均发展速度之间存在着一定的数量关系:平均增长速度＝平均发展速度－1。

平均发展速度是一种根据环比发展速度计算的序时平均数,由于各时期对比的基础不同,所以计算平均发展速度不能采用一般的序时平均数的计算方法,计算方法分为水平法和累计法。水平法,又称几何平均法,即将环比发展速度按连乘法用几何平均数公式计算。累计法,也称方程法,根据一段时期内各年发展水平总和与基期水平的关系,列出方程式计算平均发展速度。水平法着重考虑最后一年所达到的发展水平;累计法着重考虑整个时期累计发展水平的总量。

本《年鉴》内所列的平均增长速度,除固定资产投资用"累计法"计算外,其余均用"水平法"计算。从某年到某年平均增长速度的年份,均不包括基期年在内。如建国四十三年以来的平均增长速度是以 1949 年为基期计算的,则写为 1950—1992 年平均增长速度,其余类推。

出生率(又称粗出生率)指在一定时期内(通常为一年)一定地区的出生人数与同期内平均人数(或期中人数)之比,用千分率表示。本资料中的出生率指年出生率,其计算公式为:

$$出生率 = \frac{年出生人数}{年平均人数} \times 1\,000‰$$

式中,出生人数指活产婴儿,即胎儿脱离母体时(不管怀孕月数),有过呼吸或其他生命现象。年平均人数指年初、年底人口数的平均数,也可用年中人口数代替。

死亡率(又称粗死亡率) 指在一定时期内(通常为一年)一定地区的死亡人数与同期内平均人数(或期中人数)之比,用千分率表示。本资料中的死亡率指年死亡率,其计算公式为:

$$死亡率 = \frac{年死亡人数}{年平均人数} \times 1\,000‰$$

人口自然增长率指在一定时期内(通常为一年)人口自然增加数(出生人数减死亡人数)与该时期内平均人数(或期中人数)之比,用千分率表示。计算公式为:

$$人口自然增长率 = \frac{本年出生人数－本年死亡人数}{年平均人数} \times 1\,000‰$$

$$= 人口出生率－人口死亡率$$

老年人口抚养比也称老年人口抚养系数。指某一人口中老年人口数与劳动年龄人口数之比。通常用百分比表示。用以表明每 100 名劳动年龄人口要负担多少名老年人。计算公式为：

$$EDR = \frac{P_{65}^+}{P_{15\sim64}} \times 100\%$$

其中，EDR 为老年人口抚养比，P_{65}^+ 为 65 岁及以上的老年人口数，$P_{15\sim64}$ 为 15～64 岁的劳动年龄人口数。

国内生产总值（GDP）指一个国家所有常住单位在一定时期内生产活动的最终成果。国内生产总值有三种表现形态，即价值形态、收入形态和产品形态。从价值形态看，它是所有常住单位在一定时期内生产的全部货物和服务价值与同期投入的全部非固定资产货物和服务价值的差额，即所有常住单位的增加值之和；从收入形态看，它是所有常住单位在一定时期内创造的各项收入之和，包括劳动者报酬、生产税净额、固定资产折旧和营业盈余；从产品形态看，它是所有常住单位在一定时期内最终使用的货物和服务价值与货物和服务净出口价值之和。在实际核算中，国内生产总值有三种计算方法，即生产法、收入法和支出法。三种方法分别从不同的方面反映国内生产总值及其构成。

对于一个地区来说，这一数据称为地区生产总值。

国民总收入（GNI）原称国民生产总值（GNP），指一个国家所有常住单位在一定时期内收入初次分配的最终结果。一国常住单位从事生产活动所创造的增加值在初次分配中主要分配给该国的常住单位，但也有一部分以生产税（扣除生产补贴）、劳动者报酬和财产收入等形式分配给非常住单位；同时，国外生产所创造的增加值也有一部分以生产税（扣除生产补贴）、劳动者报酬和财产收入等形式分配给该国的常住单位，从而产生了国民总收入的概念。它等于国内生产总值加上来自国外的初次分配收入净额。与国内生产总值不同，国民总收入是个收入概念，而国内生产总值是个生产概念。

城镇登记失业人员是指年满 16 周岁（含）至依法享受基本养老保险待遇的，有劳动能力和就业要求，处于无业状态并在公共就业和人才服务机构进行失业登记的城镇常住人员。

城镇登记失业率城镇登记失业人员与城镇单位就业人员（扣除使用的农村劳动力、聘用的离退休人员、港澳台及外方人员）、城镇单位中的不在岗职工、城镇私营业主、个体户主、城镇私营企业和个体就业人员、城镇登记失业人员之和的比。

城镇调查失业率指城镇失业人口占城镇就业人口与失业人口之和的百分比，根据全国月度劳动力调查数据计算。

居民可支配收入指居民可用于最终消费支出和储蓄的总和，即居民可用于自由支配的收入。既包括现金收入，也包括实物收入。按照收入的来源，可支配收入包含四项，分别为工资性收入、经营净收入、财产净收入和转移净收入。

居民消费支出是指居民用于满足家庭日常生活消费需要的全部支出，既包括现金消费支出，也包括实物消费支出。消费支出可分为食品烟酒、衣着、居住、生活用品及服务、交通、通信、教育文化娱乐、医疗保健以及其他用品及服务八大类。

社会消费品零售总额指企业（单位、个体户）通过交易直接售给个人、社会集团非生产、非经营用的实物商品金额，以及提供餐饮服务所取得的收入金额。个人包括城乡居民和入境人员，社会集团包括机关、社会团体、部队、学校、企事业单位、居委会或村委会等。

网上零售额指通过公共网络交易平台（包括自建网站和第三方平台）实现的商品和服务零售额之和。商品和服务包括实物商品和非实物商品（如虚拟商品、服务类商品等）。

平均工资指单位就业人员在一定时期内平均每人所得的工资额。它表明一定时期工资收入的高低程度,是反映就业人员工资水平的主要指标。计算公式为:

$$平均工资 = \frac{报告期就业人员工资总额}{报告期就业人员平均人数}$$

研讨问题

1. 根据《中国统计年鉴2020》中主要统计指标解释,请分析在16项指标中哪些是总量指标,哪些是相对指标,哪些是平均指标?

2. 国内(地区)生产总值是表明一个地区经济发展情况的主要指标,是否能只用这一指标来考核各地区的经济发展情况?为什么?

3. 如何理解这些指标的含义?

思政德育课堂

1. 案例描述

2020年政府工作"对账单"来了,17项量化指标任务全部完成。

(1) 城镇新增就业900万人以上,实际完成城镇新增就业1 186万人。

(2) 城镇调查失业率6%左右,实际城镇调查失业率平均为5.6%。

(3) 城镇登记失业率5.5%左右,实际2020年第四季度末为4.24%。

(4) 居民消费价格指数(CPI)3.5%左右,实际为2.5%。

(5) 财政赤字抗疫国债,赤字率3.6%以上,赤字规模比去年增加1万亿,同时发行1万亿抗疫特别国债,上述2万亿都转给地方。

实际赤字率安排为3.6%以上,赤字规模3.76万亿,比去年增加1万亿,同时发行1万亿抗疫特别国债,上述2万亿资金已经全部转给地方。

(6) 中央本级支出,支出安排负增长,非急需非刚性支出压缩50%以上。实际下降0.1%,非急需非刚性支出压缩50%以上。

(7) 减税降费和为企业减负,新增减税降费约5 000亿元,全年新增减负超2.5万亿元。实际新增减税降费累计超5 000亿元,全年累计新增减负超2.5万亿元。

(8) 降低企业宽带和专线平均资费15%,实际宽带下降31.7%,专线下降18.6%。

(9) 大型商业银行普惠型小微企业贷款,增速高于50%,12月底5家大型商业银行普惠型小微企业贷款4.03万亿元,同比增长54.8%,各自增速均超40%。

(10) 职业技能培训今明两年培训3 500万人次以上,2020年开展补贴性培训2 700.5万人次,以工代训2 209.6万人次。

(11) 高职院校扩招,今明两年200万人,2020年实际扩招157.44万人。

(12) 地方政府专项债券安排3.75万亿元,比去年增加1.6万亿元,实际3.75万亿元,比去年增加1.6万亿元。

(13) 中央预算内投资6 000亿元,实际6 000亿元。

(14) 新开工改造城镇老旧小区3.9万个,实际4.03万个。

(15) 国家铁路建设资本金1 000亿元,实际1 000亿元。

(16) 新建高标准农田8 000万亩,实际8 391万亩。

(17) 居民医保人均财政补助标准增加30元,12月底各地实际人均补助达到或超过国家标准。

　　过去的 2020 年是极不平凡的一年,面对严峻复杂的国内外环境,特别是新冠肺炎疫情的严重冲击,中国政府顶住重重压力,高质量地完成了各项任务。17 项量化指标全部完成。

2. 案例提示

　　(1) 案例显示中国政府面对严峻复杂的国内外环境,能够带领全国人民排除万难在极不平凡之年取得了极不平凡的成就。

　　(2) 中国政府全力以赴稳就业保就业,用"真金白银"切实为企业"松绑",稳住物价兜住民生底线。案例彰显了我们中国政府民"生大于天"的执政理念,民生的保障是有力有效的,突出表现在三个比较重要的方面:一是就业扩大,二是物价总体稳定,三是收入继续增长。

　　(3) 当代大学生要努力成才,成为国家建设栋梁,热爱伟大祖国。

习　题

【单项选择题】

1. 据报道,某地某年工业总产值 87 698 亿元,比上年增长 8%,其中,轻工业总产值 49 876 亿元,重工业总产值 37 822 亿元,资料中的总量指标有(　　)个。
   A. 一　　　　　　　　B. 两　　　　　　　　C. 三　　　　　　　　D. 四

2. 总量指标以(　　)形式表示。
   A. 绝对数　　　　　　B. 相对数　　　　　　C. 平均数　　　　　　D. 百分数

3. 某地区某年年末人口总数 1 000 万人,该指标为(　　)。
   A. 时期指标,实物指标　　　　　　　　　B. 时点指标,实物指标
   C. 时期指标,价值指标　　　　　　　　　D. 时点指标,价值指标

4. 下列属于结构相对指标的是(　　)。
   A. 人均钢产量　　　　　　　　　　　　　B. 职工平均工资
   C. 产品合格率　　　　　　　　　　　　　D. 轻重工业的比例

5. 某厂劳动生产率计划比去年提高 8%,实际仅提高 4%,则劳动生产率计划完成程度为(　　)。
   A. $\dfrac{8\%}{4\%}$　　　　B. $\dfrac{4\%}{8\%}$　　　　C. $\dfrac{108\%}{104\%}$　　　　D. $\dfrac{104\%}{108\%}$

6. 下列指标中,不属于时期指标的是(　　)。
   A. 出生人数　　　　　　　　　　　　　　B. 国内生产总值
   C. 货运量　　　　　　　　　　　　　　　D. 牲畜存栏数

7. 计划完成程度相对指标(　　)。
   A. 以大于 100% 为超额完成计划　　　　B. 以小于 100% 为超额完成计划
   C. 以 100% 完成计划为最好　　　　　　D. 视现象性质而定

8. 在相对指标中,主要用有名数来表现指标数值的是(　　)。
   A. 结构相对数　　　B. 强度相对数　　　C. 比较相对数　　　D. 动态相对数

9. 某班有 40 名学生,共有手机 45 部。平均每名学生拥有手机 1.125 部,这个指标是(　　)。
   A. 平均指标　　　　B. 强度相对指标　　　C. 总量指标　　　D. 发展水平指标

10. 某产品单位成本计划某年比上年降低 4%,实际降低 6%,则计划完成程度为(　　)。
    A. $\dfrac{94\%}{96\%}$　　　　B. 6%−4%　　　　C. $\dfrac{6\%}{4\%}$　　　　D. $\dfrac{96\%}{94\%}$

11. 计算平均指标最常用的方法和最基本的形式是(　　)。

A. 中位数　　　　　　　B. 众数　　　　　　　C. 几何平均数　　　　D. 算术平均数

12. 算术平均数的基本形式是（　　　）。

　　A. 同一总体不同部分对比

　　B. 总体的部分数值与全部数值对比

　　C. 不同总体两个有联系的指标数值对比

　　D. 总体单位数量标志值之和与总体单位数之比

13. 各标志值与（　　　）的离差平方和最小。

　　A. 众数　　　　　　　B. 算术平均数　　　　C. 几何平均数　　　　D. 中位数

14. 当变量值中有一项为 0，则不能计算（　　　）。

　　A. 算术平均数　　　　　　　　　　　　　B. 几何平均数

　　C. 众数　　　　　　　　　　　　　　　　D. 中位数

15. 某车间有三个流水作业的工序，某月份车间三个工序制品合格率依次为 98%，92% 和 95%。
　　则车间平均合格率为（　　　）。

　　A. $\dfrac{1+1+1}{\dfrac{1}{0.98}+\dfrac{1}{0.92}+\dfrac{1}{0.95}}$　　　　　　　　　B. $\sqrt[3]{0.98\times0.92\times0.95}$

　　C. $\dfrac{0.98+0.92+0.95}{3}$　　　　　　　　D. $\dfrac{0.98\times0.92\times0.95}{3}$

16. 在标志变异指标中，由总体中两个极端数值大小决定的是（　　　）。

　　A. 全距　　　　　　　B. 方差　　　　　　　C. 标准差　　　　　　D. 标准差系数

17. 比较两个算术平均数不相等的总体平均数代表性大小时，应采用（　　　）。

　　A. 标准差　　　　　　B. 方差　　　　　　　C. 标准差系数　　　　D. 全距

18. 若一个单项式变量数列的各个标志值都增加 1 倍，次数都减少 $\dfrac{1}{2}$，则众数的大小（　　　）。

　　A. 不变　　　　　　　B. 减少 $\dfrac{1}{2}$　　　　　C. 增加 1 倍　　　　　D. 无法判断

19. 标志变异指标的数值越大，则（　　　）。

　　A. 变量值越分散，平均数代表性越低

　　B. 变量值越集中，平均数代表性越高

　　C. 变量值越分散，平均数代表性越高

　　D. 变量值越集中，平均数代表性越低

20. 甲班平均成绩为 85 分，标准差为 9.4 分，乙班平均成绩 75 分，标准差为 10 分，因此（　　　）。

　　A. 甲班平均成绩代表性比乙班高

　　B. 乙班平均成绩代表性比甲班高

　　C. 无法比较哪个班学生平均成绩代表性高

　　D. 两个班学生平均成绩代表性一样高

【多项选择题】

1. 在各种平均指标中，不受极端数值影响的平均指标有（　　　）。

　　A. 简单算术平均数　　　　　B. 加权算术平均数　　　　　　C. 中位数

　　D. 几何平均数　　　　　　　E. 众数

2. 下列各项中，属于时期指标的有（　　　）。

A. 某地区人口出生人数　　　B. 某地区人口死亡数　　　C. 某地区年末人口数

D. 某高校在校生人数　　　E. 某农户拖拉机台数

3. 时点指标数值的特点有(　　)。

A. 可以连续计数　　　　　B. 可以直接相加　　　　　C. 只能间隔计数

D. 与时期长短无关　　　　E. 与时期长短呈正比

4. 属于强度相对指标的有(　　)。

A. 人口出生率　　　　　　B. 资产收益率　　　　　　C. 人均GDP

D. 人口密度　　　　　　　E. 某市每千人医生数

5. 某地区某年国内生产总值为1 380亿元。这个指标为(　　)。

A. 时期指标　　　　　　　B. 时点指标　　　　　　　C. 数量指标

D. 总量指标　　　　　　　E. 质量指标

6. 相对指标的表现形式有(　　)。

A. 系数　　　　　　　　　B. 倍数　　　　　　　　　C. 成数

D. 复名数　　　　　　　　E. 百分数或千分数

7. 下列相对指标中,分子、分母在计算时可以互换的有(　　)。

A. 结构相对数　　　　　　B. 比例相对数　　　　　　C. 比较相对数

D. 有复名数的强度相对数　E. 计划完成相对数

8. 标志变异指标可以反映(　　)。

A. 变量的一般水平　　　　B. 总体分布的集中趋势　　C. 总体分布的离中趋势

D. 平均指标的代表性大小　E. 现象的总规模和总水平

9. 全国人口数、商品库存量、人口出生数和出口总额这四个指标(　　)。

A. 都是总量指标　　　　　　　　　　B. 都是质量指标

C. 都是数量指标　　　　　　　　　　D. 有两个时期指标、两个时点指标

E. 都是时期指标

10. 下列指标中的结构相对指标有(　　)。

A. 某班上课出勤率　　　　　　　　　B. 会计专业学生占全校学生的比重

C. 国内生产总值的发展速度　　　　　D. 某年人均消费额

E. 轻重工业比例

【判断题】

1. 时期指标的数值大小与时期长短有关,时期越长,则对应的指标值越大。　　　　(　　)

2. 平均指标反映分配数列中各变量值分布的集中趋势。　　　　　　　　　　　　(　　)

3. 几何平均数是位置平均数,不受极端数值影响。　　　　　　　　　　　　　　(　　)

4. 计划完成程度的计算结果超过100%,表示计划任务超额完成。　　　　　　　　(　　)

5. 算术平均数反映总体各单位标志值的离中趋势。　　　　　　　　　　　　　　(　　)

6. 强度相对指标有正、逆指标之分。　　　　　　　　　　　　　　　　　　　　(　　)

7. 某企业某年1月计划单位产品成本比上年同期降低4%,实际执行结果降低2%,只完成计划
的一半。　　　　　　　　　　　　　　　　　　　　　　　　　　　　　　　　(　　)

8. 平均指标对总体的代表性大小与标志变异指标数值大小呈正比。　　　　　　　(　　)

9. 各标志值与算术平均数离差之和大于0。　　　　　　　　　　　　　　　　　(　　)

10. 一般只在总体数据较多,而且又存在较明显的集中趋势的变量数列,才存在众数。(　　)

【简答题】

1. 什么是时期指标和时点指标？各有什么特点？

2. 什么是平均指标？如何理解其在统计分析中的作用？

3. 影响算术平均数的因素有哪些？

4. 平均指标的应用原则有哪些？

5. 为什么要计算变异系数？

【计算分析题】

1. 某地区土地面积为 4.4 万平方千米，人口资料如表 4.15 所示。

表 4.15　人口资料统计表

计量单位：万人

人口分布	上　年	本　年
城市	230	240
农村	150	160
合计	380	400

要求：(1) 根据上述资料计算出所有可能计算的相对指标。

　　　(2) 指出哪一种是相对指标？

2. 某县粮食生产情况如表 4.16 所示。

表 4.16　某县粮食生产情况统计表

按亩产量分组	播种面积比重
400 公斤以下	8%
400～500 公斤	35%
500～600 公斤	45%
600 公斤以上	12%
合　计	100%

注：1 公斤＝1 千克。

要求：根据以上资料计算该县粮食平均亩产量。

3. 某工业企业某车间工人加工零件情况资料如表 4.17 所示。

表 4.17　某工业企业某车间工人加工零件情况统计表

按加工零件数分组	工人数（人）
20 件以下	2
20～30 件	8
30～40 件	20
40～50 件	50
50～60 件	10
60～70 件	5
70 件以上	5
合　计	100

要求:确定该车间工人加工零件数的众数和中位数。

4. 某项银行贷款期限为 10 年,年息按复利计算,年利率及有关资料如表 4.18 所示。

表 4.18　银行贷款利率统计表

年利率	年数(年)
6%	2
7%	5
8%	2
9%	1
合　计	10

要求:计算该项贷款的平均年利率。

5. 某企业第一小组工人平均日产量 8 件,标准差为 1.5 件。第二小组资料如表 4.19 所示。

表 4.19　第二小组生产情况统计表

日产量(件)	工人数(人)
8	11
12	4
14	7
15	6
16	2
合　计	30

要求:(1) 分析两个小组日产量的平均水平。
(2) 说明平均日产量代表性的优劣。

第五章

时 间 数 列

知识目标与要求

(1) 了解时间数列的定义、构成因素、分类和编制原则。

(2) 掌握时间数列水平指标计算方法。

(3) 掌握时间数列速度指标计算方法。

能力目标与要求

(1) 掌握时间序列的编制方法和分类方式。

(2) 掌握测定长期趋势的最小平方法。

(3) 掌握季节变动测定的方法。

思政目标与要求

(1) 运用时间序列的分析方法,掌握时间序列趋势变动的必然性与偶然性,见证我国经济发展的成就,见证改革开放的伟大成绩,坚定改革开放思想。

(2) 与党中央保持一致,激发爱国主义情怀。坚信实现中华民族的伟大复兴是必然的,为实现"两个一百年"奋斗目标而努力。

课前导读

2020 年中国统计年鉴数据显示,我国近年来国内生产总值按照不变价格计算的环比发展速度如表5.1 所示。

表5.1 我国近年来国内生产总值按照不变价格计算的环比发展速度

年份	环比发展速度	年份	环比发展速度	年份	环比发展速度
2011	109.6%	2015	107.0%	2018	106.7%
2012	107.9%	2016	106.8%	2019	106.1%
2013	107.8%	2017	106.9%	2020	102.3%
2014	107.4%				

你从表 5.1 中能看出我国近年来国内生产总值的环比发展速度是如何变化的吗?

环比发展速度指标是如何计算的?这几年的平均发展速度你能够计算出来吗?今后 2 年的发展速度你能预测出来吗?在时间数列这一章就要研究这些指标的计算方法。

静态分析指标是在相同时间内对现象之间的相互关系进行比较分析的方法。但是,任何社会经济现象都有一个产生和发展变化的过程,因此仅有静态分析是不够的,还必须从动态的角度对事物的发展状态进行分析。通过动态分析,逐渐认识或加深认识事物发展变化的规律,以便科学地预测未来,有计划地指导我们的行动。

第一节 时间数列概述

一、时间数列的定义

时间数列又称为动态数列、时间序列,是将某一指标在不同时间上的数值,按时间(如按年、季、月等)先后顺序排列而成的统计数列,如表 5.2 所示。

表 5.2 2014—2019 年我国部分主要经济指标统计表

年份	国内生产总值(亿元)	年末人口数(万人)	人口自然增长率(‰)	每千人口医院卫生院床位数(张)	城镇单位在岗职工平均工资(元)	年底就业人员数(万人)
2014	643 563.1	136 782	5.21‰	4.85	57 361	77 253
2015	688 858.2	137 462	4.96‰	5.11	63 241	77 451
2016	746 395.1	138 271	5.86‰	5.37	68 993	77 603
2017	832 036.9	139 008	5.32‰	5.72	76 121	77 640
2018	919 281.1	139 538	3.81‰	6.03	84 744	77 586
2019	990 865.1	140 005	3.34‰	6.30	93 383	77 471

资料来源:《中国统计年鉴 2020》。

一般来说,时间数列是由两个基本要素构成的。一是现象的所属时间,如表 5.2 中的 2014 年、2015 年等;二是反映客观现象各个具体指标数值,如表 5.2 中各年的国内生产总值、年末人口数等。在时间数列中,指标数值也称发展水平。

时间数列在统计分析中,可以描述社会经济现象变化的全过程,为研究社会经济现象的发展速度和变化规律提供依据。例如,表 5.2 中的国内生产总值在 2014—2019 年表现为逐年增长的趋势;人口自然增长率在 2014—2019 年表现为先是下降的趋势,2016 年略有上升,2017—2019 年持续下降。这有助于我们分析过去和预测未来。可见,时间数列是我们观察分析事物的一种重要方法。

> ▶ **考考你**
> 1. 静态数列和动态数列有何区别和联系?
> 2. 时间数列的构成要素有哪些?

二、时间数列的种类

时间数列按其指标表现形式的不同,分为绝对数时间数列、相对数时间数列和平均数时间数列三种。其中,绝对时间数列是基本的时间数列,相对数时间数列和平均数时间列是在其基础上派生的。

(一) 绝对数时间数列

绝对数时间数列又称为总量指标时间数列，是由一系列总量指标数值按时间先后顺序排列而成的统计数列。它反映了某种社会经济现象在各个时期达到的规模、水平及其发展变化情况。按其所反映现象的时间状况不同，绝对数时间数列又可分为时期数列和时点数列。

时期数列是反映某种社会经济现象在一段时间内发展过程总量的绝对数数列。如表 5.2 中所列的 2014—2019 年我国国内生产总值就是一个时期数列。时期数列有如下特点：数列中的每一项指标数值都是通过连续登记取得的；数列中每个指标数值的大小与其包含时间的长短有直接关系，包含时期越长，指标数值越大；数列中各项指标数值可以直接相加，相加后反映更长一段时期的总量指标。

时点数列是指反映某种社会经济现象在一定时点（时刻）上的状况及其水平的绝对数时间数列。如表 5.2 中所列 2014—2019 年我国年末人口数、年底就业人员数就是时点数列。时点数列有如下特点：数列中的每一项指标数值，都是在某一时刻的特定状况下进行一次性登记取得的；数列指标的数值大小，与时点间隔的长短无直接关系；数列中各项指标不能相加，加总后的结果不具有实际意义。

> ▶ **考考你**
>
> 你能正确区分下列数列中哪些属于时点数列吗？
> ① 某高校历年年末在校生人数；② 某高校历年毕业生人数；③ 某高校历年招生人数；④ 某商店各月月末商品库存额；⑤ 某商店各月商品销售额；⑥ 某商店各月商品购进额；⑦ 某农场历年年末生猪存栏头数；⑧ 某厂历年年末设备台数。

(二) 相对数时间数列

相对数时间数列又称为相对指标动态数列，是由一系列同类相对指标数值按时间先后顺序排列而成的统计数列。它反映社会经济现象之间的数量对比关系或说明现象的结构、速度的发展变化过程。如表 5.2 中人口自然增长率和每千人口医院卫生院床位数都是相对数时间数列。

由于相对指标表现为两个绝对指标之比，而绝对指标又分为时期指标和时点指标，所以相对数时间数列可由两个时期数列对比、两个时点数列对比或一个时期数列和一个时点数列对比而进行编制。

(三) 平均数时间数列

平均数时间数列又称为平均指标时间数列，是由一系列同类平均指标数值按时间先后顺序排列而成的统计数列。它反映某一社会经济现象一般水平的变化过程或发展趋势。如表 5.2 中城镇单位在岗职工平均工资数列即是平均数时间数列。除平均工资以外，还有像各个时期的粮食作物平均亩产量、产品单位成本、工人劳动生产率等所构成的时间数列，都是平均数时间数列。

平均数也表现为两个绝对数指标之比，因此平均数时间数列也可以由两个时期数列对比、两个时点数列对比或一个时期数列和一个时点数列对比而编制。

三、时间数列的编制原则

时间数列显示现象的发展变化规律，各项指标具有可比性。因此，可比性是编制时间数列应遵循的基本原则。其具体要求如下所述。

(一) 时间长短应该统一

时间数列中的各项指标如果是时期指标，其数值所属的时期长度应该相等。因为，时期指标的数值大小与时期长短有直接关系,只有时期长度一致,才能保证各指标值之间的可比性。时间数列中的各项指标如果是时点指标,其数值之间的时间间隔长度应该相等,以便于对比分析。

有时出于特定目的的需要,也可以把不同时间长度的同类指标组成时间数列而进行比较分析,如表 5.3 所示。

表 5.3 我国几个重要时期钢产量统计表 单位:万吨

时 间	钢产量	时 间	钢产量
1900—1949 年	776	1991—1995 年	42 478
1953—1957 年	1 667	2019 年	120 477.4
1981—1985 年	20 304		

以上时间数列资料中的第一项指标为中华人民共和国成立以前 50 年钢产量的总和,其后三项指标均为 5 年的钢产量之和,最后一项是 2019 年的钢产量,虽然这些数据代表的时间长度不相等,但能说明中华人民共和国成立前后钢铁工业的迅速发展情况。此数例旨在说明时间数列中时间要求的灵活性。但就一般情况而言,数列中各项指标的时间长度应相等。

(二)总体范围应该统一

随着时间的推移,被研究现象所属的空间范围及主管系统的变动影响有关时间数列指标的变化,则其总体范围前后不可比。例如,研究某地区工业生产发展情况,如果那个地区的行政区划有了变动,则前后指标就不能直接对比,而是必须将指标进行适当的调整,求得总体范围一致,才能观察事物在时间上的发展变化过程。

(三)经济内容应该统一

时间数列中的指标,有时会出现名称相同,其经济内容或经济含义却不相同的情况,如果不注意,就会影响对问题的分析。如商品价格有购进价格和销售价格之分,如果把这两种价格混在一起构成时间数列,就会得出错误的分析结论。因此,编制时间数列,不仅要看名称,更要注意指标内容。

(四)计算方法应该统一

时间数列中各项指标的计算口径、计量单位和计算方法应该统一,并保持不变。例如,要研究工业企业劳动生产率的变动,产量用实物量还是用价值量,人数用全部职工还是用生产工人数,前后都要统一起来。这是数列中各项指标可比性的一个重要方面。

第二节 时间数列的水平指标

时间数列的分析指标可分为水平指标和速度指标两大类,本节阐述水平指标的计算方法,速度指标的计算方法将在下一节介绍。下面分别介绍水平指标中的发展水平和平均发展水平,增长量和平均增长量。

一、发展水平

发展水平是时间数列中的每项指标数值,具体反映某种社会经济现象在不同发展时期或时点上实际达到的水平。它是计算各种动态分析指标的基础。

发展水平既有总量指标,也有相对指标和平均指标。

发展水平按在时间数列中的位置不同,把时间数列的第一项称为最初水平,通常用 a_0 表示;

最后一项称为最末水平,通常用 a_n 表示;其余中间各项称为中间水平,分别以 a_1,a_2,$\cdots$,a_{n-1} 表示。

发展水平按在时间数列分析中的作用不同,将被研究时期的发展水平称为报告期水平或计算期水平,通常用 a_i 表示;将作为比较时期的发展水平称为基期水平或前期水平。通常用 a_0 或 a_{i-1} 表示。

二、平均发展水平

平均发展水平又称为序时平均数或动态平均数,是根据数列中不同时期(或时点)上的发展水平计算的平均数。平均发展水平和前述的一般平均数(静态平均数)有相同之处,但也存在区别。具体表现为:第一,静态平均数是根据变量数列计算的,而动态平均数是根据时间数列计算的;第二,静态平均数是将总体各单位在同一时间上的数量差异抽象化、从空间截面上反映总体的一般水平,而动态平均数是将总体的某一指标在不同时间上的数量差异抽象化,从时间过程上反映总体的一般水平。它们的相同之处在于,都是把现象总体的个别数量差异抽象化,反映现象的一般水平。

平均发展水平在动态分析中具有重要的意义,它可以把时间长短不等的总量指标由不可比变为可比;消除现象在短期内波动的影响,便于观察发展变化趋势和规律性。

时间数列的发展水平,可以是绝对数,也可以是相对数或平均数。因此,平均发展水平可以根据绝对数时间数列计算,也可以根据相对数和平均数时间数列计算。其中,由绝对数时间数列计算平均发展水平是最基本的方法。本节主要介绍用绝对数时间数列和相对数时间数列计算平均发展水平的内容。

> ▶ **考考你**
>
> 静态平均数和动态平均数有何区别和联系?

(一)根据绝对数时间数列计算平均发展水平

绝对数时间数列分为时期数列和时点数列两种,由于它们具有不同的性质和特点,因而在计算方法上也不一样。

1. 依据时期数列计算

由于时期数列的各项指标数值可以相加。所以,依据时期数列计算平均发展水平可采用简单算术平均法。其计算公式为:

$$\bar{a} = \frac{a_1 + a_2 + a_3 + \cdots + a_n}{n} = \frac{\sum a}{n} \tag{5.1}$$

式中,$\bar{a}$ 代表平均发展水平;$a_i (i=1,2,3,\cdots,n)$ 代表各期发展水平;n 代表指标项数。

例 5.1 某企业某年各季度的销售额资料如表 5.4 所示。

表 5.4　某企业某年销售情况统计表　　　　　　　　　　　　　　单位:万元

时　　期	销售额	时　　期	销售额
第一季度	1 450	第三季度	1 480
第二季度	1 400	第四季度	1 500

要求:计算该企业该年各季度平均销售额。

$$\bar{a} = \frac{\sum a}{n} = \frac{1\,450 + 1\,400 + 1\,480 + 1\,500}{4} = 1\,457.5(万元)$$

计算结果表明:该企业该年各季度平均销售额为 1 457.5 万元。

2. 依据时点数列计算

时点数列有连续时点数列和不连续时点数列之分,这两种时点数列中又有间隔相等与间隔不等两种表现形式。由于掌握资料不同,时点数列的平均发展水平就有四种情况计算公式。满足连续时点数列的条件是指按日登记取得资料的时点数列,它有两种情况:一是数列中的各项指标为逐日登记、并且是逐日排列的;二是数列中的各项指标非逐日变动,只在发生变动时进行统计。通常将前者称为间隔相等的连续时点数列,后者称为间隔不等的连续时点数列。

▶ **考考你**

你认为按下面情况排列的数列是连续的吗?

(1)星期一、星期二、星期三。

(2)1 月、2 月、3 月。

(3)2013 年、2014 年、2015 年。

(4)1 日、2 日、3 日。

(1)连续间隔相等时点数列的平均发展水平。连续时点数列是指按日登记取得资料的时点数列。间隔相等的连续时点数列的平均发展水平的计算公式为:

$$\bar{a} = \frac{\sum a}{n} \tag{5.2}$$

例如,已知某企业 1 个月内每天的工人数,如果计算该月每天平均工人数,则将每天工人数相加之和除以该月的日历天数即可求得。

(2)连续间隔不等时点数列的平均发展水平。时间数列中各指标之间间隔不相等,但是连续的时间数列,间隔不等的连续时点数列的平均发展水平的计算公式为:

$$\bar{a} = \frac{\sum af}{\sum f} \tag{5.3}$$

式中,f 代表各项指标的时间间隔,其余符号与前相同。

例 5.2 某企业某年 1 月份职工人数变动情况记录如表 5.5 所示。

表 5.5　某企业某年 1 月份职工人数变动表　　　　　　　　单位:人

时　间	职工人数	时　间	职工人数
1 日	35	15 日	55
9 日	50	31 日	48

要求:计算该企业 1 月份平均职工人数。

$$\bar{a} = \frac{\sum af}{\sum f} = \frac{35 \times 8 + 50 \times 6 + 55 \times 16 + 48 \times 1}{31} \approx 49(人)$$

计算结果表明:该企业 1 月份平均职工人数约为 49 人。

(3) 不连续间隔相等时点数列的平均发展水平。间隔相等时点数列是指按月末、季末或年末登记取得资料的时点数列。它有两种情况,数列中的各项指标表现为逐期期末登记排列。间隔相等的不连续时点数列的平均发展水平的计算公式为:

$$\bar{a} = \frac{\frac{a_1+a_2}{2}+\frac{a_2+a_3}{2}+\frac{a_3+a_4}{2}+\cdots+\frac{a_{n-1}+a_n}{2}}{n-1} \tag{5.4}$$

$$= \frac{\frac{a_1}{2}+a_2+a_3+\cdots+a_{n-1}+\frac{a_n}{2}}{n-1}$$

利用这种方法计算平均发展水平有一个前提条件,即假定现象在相邻两个时点之间的发展变动是均匀的。首先,以每一小段的中间值代表该小段的平均水平;然后,再将各小段的平均水平用简单算术平均法计算,得到整个被研究时期的平均发展水平。这种方法称为"首尾(末)折半法"。

例 5.3 某企业某年第一季度工人人数资料如表 5.6 所示。

表 5.6 某企业某年第一季度工人人数统计表

时 间	1月1日	2月1日	3月1日	4月1日
工人人数(人)	260	280	270	286

要求:计算该企业第一季度平均工人数。

$$\bar{a} = \frac{\frac{a_1+a_2}{2}+\frac{a_2+a_3}{2}+\frac{a_3+a_4}{2}+\cdots+\frac{a_{n-1}+a_n}{2}}{n-1}$$

$$= \frac{\frac{a_1}{2}+a_2+a_3+\cdots+a_{n-1}+\frac{a_n}{2}}{n-1}$$

$$\bar{a} = \frac{\frac{260+280}{2}+\frac{280+270}{2}+\frac{270+286}{2}}{4-1}$$

$$= \frac{\frac{260}{2}+280+270+\frac{286}{2}}{3}$$

$$\approx 274(人)$$

计算结果表明:该企业第一季度平均工人数约为 274 人。

(4) 不连续间隔不等时点数列的平均发展水平。数列中各项指标表现为非均衡的期末登记排列。不连续间隔不等时点数列的平均发展水平的计算公式为:

$$\bar{a} = \frac{\frac{a_1+a_2}{2}f_1+\frac{a_2+a_3}{2}f_2+\cdots+\frac{a_{n-1}+a_n}{2}f_{n-1}}{f_1+f_2+\cdots+f_{n-1}} \tag{5.5}$$

式中,$f_i(i=1, 2, 3, \cdots, n-1)$代表各时点的间隔长度,其他符号与前相同。

利用这种方法计算平均发展水平,是以各期期末资料不全为条件,以资料缺欠的时点间隔长度为权数而采用的加权算术平均法。

例 5.4 某企业某年工人人数资料如表 5.7 所示。

表 5.7 某企业某年工人人数统计表

时　间	1月1日	5月1日	8月1日	11月30日	12月31日
工人人数（人）	1 200	1 230	1 280	1 275	1 270

要求：计算该年该企业平均工人人数。

$$\bar{a} = \frac{\frac{a_1+a_2}{2}f_1 + \frac{a_2+a_3}{2}f_2 + \cdots + \frac{a_{n-1}+a_n}{2}f_{n-1}}{f_1+f_2+\cdots+f_{n-1}}$$

$$= \frac{\frac{1\,200+1\,230}{2}\times4 + \frac{1\,230+1\,280}{2}\times3 + \frac{1\,280+1\,275}{2}\times4 + \frac{1\,275+1\,270}{2}\times1}{12}$$

$$= \frac{15\,007.5}{12} \approx 1\,251（人）$$

计算结果表明：该年该企业平均工人人数约为 1 251 人。

从理论上讲，在计算时点数列平均发展水平的四种方式中，以第一种为最优、准确性最好，但在实际工作中往往受客观条件的限制；第二种使用较少；第三种使用得最多、最为普遍，因为它适用于我国的定期统计制度；第四种有时使用，主要适用于非定期的专门调查。

▶ 举一反三

1. 你认为下列说法对吗？为什么？

（1）连续时点数列即是连续排列的时间数列。

（2）1月月末库存额80万元，2月月末库存额75万元，3月月末库存额85万元，是一个连续型间隔相等时点数列。

2. 首末折半法适用于哪种情况？

① 时期数列资料；② 间隔相等的不连续时点数列资料；③ 间隔不等的时点数列资料；④ 相对数时间数列资料。

（二）根据相对数时间数列计算平均发展水平

相对数时间数列是由具有互相联系的两个总量指标时间数列对比构成的，且作为对比基础的总量指标一般不相等。因此，要先分别计算出分子数列和分母数列的平均发展水平，然后将两个平均数进行对比，求出相对数时间数列的平均发展水平。其基本计算公式为：

$$\bar{c} = \frac{\bar{a}}{\bar{b}} \tag{5.6}$$

式中，$\bar{c}$ 代表相对数时间数列的平均发展水平；$\bar{a}$ 代表分子时间数列的平均发展水平；$\bar{b}$ 代表分母时间数列的平均发展水平。

由于相对数时间数列可由两个时期数列、两个时点数列或由一个时期数列和一个时点数列的对比形成，而时期数列与时点数列的平均发展水平的计算方法又不同，所以相对数时间数列的平均发展水平有以下三种情况。

（1）分子、分母均由时期数列对比组成时间数列，其平均发展水平的计算公式为：

$$\bar{c} = \frac{\bar{a}}{\bar{b}} = \frac{\frac{\sum a}{n}}{\frac{\sum b}{n}} = \frac{\sum a}{\sum b} \tag{5.7}$$

例 5.5 某企业某年商品销售额计划完成情况如表 5.8 所示。

表 5.8 某企业某年销售计划完成情况统计表 单位:万元

季 度	计划数(b)	实际数(a)	计划完成百分比(c)
一	1 300	1 330	102.31%
二	1 280	1 290	100.78%
三	1 270	1 290	101.57%
四	1 320	1 345	101.89%

计划完成程度时间数列是相对数时间数列,由实际销售额和计划销售额这两个时期数列对比计算出来的。由于时期数列的各项指标可以相加,反映更长一段时间内的现象总量,因此该企业该年全年平均各季商品销售计划完成程度为:

$$\bar{c} = \frac{\sum a}{\sum b} = \frac{1\,330 + 1\,290 + 1\,290 + 1\,345}{1\,300 + 1\,280 + 1\,270 + 1\,320} = \frac{5\,255}{5\,170} = 101.64\%$$

(2) 分子、分母均由时点数列对比组成时间数列,其平均发展水平的计算公式因数列的不同情况有所不同,但在实际工作中最常见的是间隔相等的不连续时点数列对比而成的相对数时间数列,其平均发展水平的计算公式为:

$$\bar{c} = \frac{\bar{a}}{\bar{b}} = \frac{\dfrac{\dfrac{a_1}{2} + a_2 + a_3 + \cdots + a_{n-1} + \dfrac{a_n}{2}}{n-1}}{\dfrac{\dfrac{b_1}{2} + b_2 + b_3 + \cdots + b_{n-1} + \dfrac{b_n}{2}}{n-1}} = \frac{\dfrac{a_1}{2} + a_2 + a_3 + \cdots + a_{n-1} + \dfrac{a_n}{2}}{\dfrac{b_1}{2} + b_2 + b_3 + \cdots + b_{n-1} + \dfrac{b_n}{2}} \tag{5.8}$$

例 5.6 某企业某年第二季度工人数及其构成资料如表 5.9 所示。

表 5.9 某企业某年第二季度各月末工人数统计表 单位:人

日 期	全体职工(b)	工人(a)	工人占全部职工百分比(c)
3 月末	500.0	430.0	86.0%
4 月末	570.0	440.0	77.2%
5 月末	580.0	485.0	83.6%
6 月末	600.0	492.0	82.0%

工人占全部职工比重时间数列是一个相对数时间数列,由工人数和全体职工数这两个时点数列对比所得到。由于分子分母都是不连续间隔相等的时点数列,所以,分子分母都采用首末折半法计算,因此,该企业第二季度工人占全部职工的平均比重为:

$$\bar{c} = \frac{\dfrac{a_1}{2} + a_2 + a_3 + \cdots + \dfrac{a_n}{2}}{\dfrac{b_1}{2} + b_2 + b_3 + \cdots + \dfrac{b_n}{2}} = \frac{\dfrac{430}{2} + 440 + 485 + \dfrac{492}{2}}{\dfrac{500}{2} + 570 + 580 + \dfrac{600}{2}} = \frac{1\,386}{1\,700} = 81.5\%$$

(3) 分子、分母由一个时期数列与一个时点数列对比组成时间数列,时期数列应根据简单算术平均法计算,时点数列根据数列的不同情况而选择不同公式计算。其平均发展水平的常用计算公式为：

$$\bar{c} = \frac{\bar{a}}{\bar{b}} = \frac{\dfrac{a_1 + a_2 + a_3 + \cdots + a_{n-1} + a_n}{n}}{\dfrac{\dfrac{b_1}{2} + b_2 + b_3 + \cdots + b_{n-1} + \dfrac{b_n}{2}}{n-1}}$$ (5.9)

例 5.7　某商业企业第一季度各月销售额、库存额和商品流转次数资料如表 5.10 所示。

表 5.10　某商业企业第一季度商品流转次数计算表

月　份	商品销售额（万元）(a)	月末库存额（万元）(b)	商品流转次数（次）(c)
上年 12 月	—	70	—
1 月	300.00	75.00	4.14
2 月	400.00	55.00	6.15
3 月	280.00	75.00	4.31

商品流转次数时间数列是一个相对数时间数列，由商品销售额时期数列和月末库存额时点数列（分段平均）对比所得到。时期数列采用简单算术平均数方法计算，时点数列是不连续间隔相等的时点数列，采用首末折半法计算。因此，该公司第一季度平均每月商品流转次数为：

$$\bar{c} = \frac{\sum a}{\dfrac{b_1}{2} + b_2 + b_3 + \cdots + \dfrac{b_n}{2}} = \frac{300 + 400 + 280}{\dfrac{70}{2} + 75 + 55 + \dfrac{75}{2}} = \frac{980}{202.5} = 4.84（次）$$

▶ **举一反三**

你认为下列哪些数列是属于两个时期数列对比所形成的相对数时间数列？

（1）工业企业全员劳动生产率数列。

（2）每百元产值利润率时间数列。

（3）工业企业人员构成时间数列。

（4）某企业利润计划完成程度时间数列。

（5）资金利税率时间数列。

▶ **考考你**

某企业 1 月份平均职工人数 45 人，2 月份平均职工人数 55 人，3 月份平均职工人数 45 人。怎样计算 1～3 月内该企业平均每月职工人数？

三、增长量和平均增长量

（一）增长量

增长量又称增减量，是在一定时期内所增减的绝对量，即报告期水平与基期水平之差。它说明某种社会经济现象报告期水平比基期水平增加（或减少）了多少。其计算公式为：

$$增长量 = 报告期水平 - 基期水平$$

计算结果为正值，表示增加量；计算结果为负值，表示减少量。由于比较的基期不同，增长量分为累计增长量和逐期增长量两种。

（1）累计增长量是指报告期水平与某一固定时期水平之差，说明报告期水平较某一固定时期增减的绝对量。用符号表示为：

$$a_1 - a_0, a_2 - a_0, a_3 - a_0, \cdots, a_n - a_0 \tag{5.10}$$

（2）逐期增长量是指报告期水平与前一期水平之差，说明报告期水平较前一期增减的绝对量。用符号表示为：

$$a_1 - a_0, a_2 - a_1, a_3 - a_2, \cdots, a_n - a_{n-1} \tag{5.11}$$

累计增长量与逐期增长量之间具有一定的数量关系，即累计增长量等于各相应时期的逐期增长量之和。用公式表示为：

$$a_n - a_0 = (a_1 - a_0) + (a_2 - a_1) + (a_3 - a_2) + \cdots + (a_n - a_{n-1}) \tag{5.12}$$

表 5.11 中某地区社会消费品零售总额的逐期增长量与累计增长量。

表 5.11　某地区社会消费品零售总额统计表　　单位：亿元

年份	发展水平	增长量		发展速度（%）		增长速度（%）		增长 1% 的绝对值
		累计	逐期	定基	环比	定基	环比	
（甲）	(1)	(2)	(3)	(4)	(5)	(6)	(7)	(8)
2015	114 830.1	—	—	100	—	100	—	—
2016	132 678.4	17 848.3	17 848.3	115.54	115.54	15.54	15.54	1 148.3
2017	156 998.4	42 168.3	24 320.0	136.72	118.33	36.72	18.33	1 326.8
2018	183 918.6	69 088.5	26 920.2	160.17	117.15	60.17	17.15	1 570.0
2019	210 307.0	95 476.9	26 388.4	183.15	114.35	83.15	14.35	1 839.2
2020	234 380.0	119 549.9	24 073.0	204.11	111.45	104.11	11.45	2 103.1

此外，在实际工作中，还经常计算年距增长量指标，即以当年某月或某季的发展水平减去上年同月或同季的发展水平，以消除季节变动的影响。

$$年距增长量 = 本期发展水平 - 上年同期发展水平$$

例 5.8　某商业企业 2020 年第一季度商品销售额为 15 000 万元，2021 年第一季度销售额为 15 200 万元，则年距增长量为：

$$2021 年第一季度的年距增长量 = 15\ 200 - 15\ 000 = 200（万元）$$

（二）平均增长量

平均增长量又称平均增减量，是指某现象在一定时期内平均每期增减变化的数量，即各期增长量的序时平均数。它说明现象在一个较长时期内每期增减变化的一般水平。其计算公式为：

$$平均增长量 = \frac{逐期增长量之和}{逐期增长量项数} = \frac{累计增长量}{数列项数 - 1}$$

例 5.9　根据表 5.11 的资料计算，2015—2020 年某地区社会消费品零售总额每年平均增长量为：

$$\frac{17\ 848.3+24\ 320.0+26\ 920.2+26\ 388.4+24\ 073.0}{5}=\frac{119\ 549.9}{6-1}=23\ 909.98(亿元)$$

> ▶ **考考你**
>
> 1. 累计增长量与逐期增长量之间具有怎样的数量关系?
> 2. "逐期增长量等于各相应时期的累计增长量之和"这一说法对吗? 为什么?

第三节 时间数列的速度指标

反映现象发展变化速度的指标有发展速度、增长速度、平均发展速度和平均增长速度四种。

一、发展速度

发展速度是指某种社会经济现象报告期水平与基期水平之比。它说明报告期水平已发展到基期水平的百分之多少或多少倍,反映某种现象的发展方向和程度。其计算公式为:

$$发展速度=\frac{报告期水平}{基期水平}$$

发展速度大于1(或100%)表示上升,小于1(或100%)表示下降。对比基期的不同,发展速度又可分为定基发展速度和环比发展速度。

(1) 定基发展速度是时间数列中各报告期水平与某一固定基期水平之比(固定基期一般是最初水平 a_0),反映现象在一个较长时期内的发展变动程度。因此,定基发展速度又称为总发展速度。其计算公式为:

$$定基发展速度=\frac{报告期水平}{固定基期水平}$$

用符号表示为: $\dfrac{a_1}{a_0},\dfrac{a_2}{a_0},\dfrac{a_3}{a_0},\cdots,\dfrac{a_n}{a_0}$ (5.13)

例如,表 5.11 中某地区社会消费品零售总额的定基发展速度,是由 2016—2020 年各期发展水平分别与 2015 年的发展水平对比而求得的。

(2) 环比发展速度是时间数列中报告期水平与前一期水平之比,反映现象逐期发展变动的程度。其计算公式为:

$$环比发展速度=\frac{报告期水平}{前一期水平}$$

用符号表示为: $\dfrac{a_1}{a_0},\dfrac{a_2}{a_1},\dfrac{a_3}{a_2},\cdots,\dfrac{a_n}{a_{n-1}}$ (5.14)

例如,表 5.11 中某地区社会消费品零售总额的环比发展速度,是由 2015—2020 年各期发展水平与前一期发展水平对比而得的。

上述两种发展速度之间存在的数量关系如下所示。

第一,定基发展速度等于各相应时期环比发展速度的连乘积,即

$$\frac{a_n}{a_0}=\frac{a_1}{a_0}\times\frac{a_2}{a_1}\times\frac{a_3}{a_2}\times\cdots\times\frac{a_n}{a_{n-1}}$$ (5.15)

例 5.10 由表 5.11 资料计算,2020 年的定基发展速度 = 1.155 4 × 1.183 3 × 1.171 5 × 1.143 5 × 1.114 5 = 204.12%。

第二,两个相邻时期的定基发展速度之比等于相应时期的环比发展速度,即

$$\frac{\frac{a_i}{a_0}}{\frac{a_{i-1}}{a_0}} = \frac{a_i}{a_{i-1}} \tag{5.16}$$

例 5.11 由表 5.11 资料计算,2020 年的环比发展速度 = 2.041 1 ÷ 1.831 5 = 111.44%。

为了消除季节因素对社会经济现象发展变化的影响,在计算月份或季度发展速度时,可选用上年同期作为对比的基期,计算年距发展速度。此外,还可以选用历史最好水平的时间作为对比的基期,以反映在报告期已经发展到超过或不及历史最好水平的程度。

二、增长速度

增长速度又称为增减速度,是报告期增长量与基期发展水平之比。它是表明社会经济现象增长程度的相对指标,说明报告期水平比基期水平增减百分之多少或多少倍。其计算公式为:

$$增长速度 = \frac{增长量}{基期水平} = \frac{报告期水平 - 基期水平}{基期水平} = 发展速度 - 1$$

当发展速度大于 1 时,增长速度为正值,表示现象增加的程度;当发展速度小于 1 时,增长速度为负值,表示现象减少的程度。

增长速度由于采用基期不同,也分为定基增长速度和环比增长速度。

(1) 定基增长速度是报告期的累计增长量与某一固定基期之比,表明某种现象在一段时期内总的增长速度。其计算公式为:

$$定基增长速度 = \frac{累计增长量}{某一固定基期水平}$$

$$= \frac{报告期水平 - 某一固定基期水平}{某一固定基期水平}$$

$$= 定基发展速度 - 1$$

用符号表示为:

$$\frac{a_1 - a_0}{a_0}, \frac{a_2 - a_0}{a_0}, \frac{a_3 - a_0}{a_0}, \cdots, \frac{a_n - a_0}{a_0} \tag{5.17}$$

或

$$\frac{a_1}{a_0} - 1, \frac{a_2}{a_0} - 1, \frac{a_3}{a_0} - 1, \cdots, \frac{a_n}{a_0} - 1 \tag{5.18}$$

例如,表 5.11 中某地区社会消费品零售总额的定基增长速度可以用累计增长量除以固定基期(2015 年)水平计算,也可以用定期发展速度减去 100% 进行计算而得。

(2) 环比增长速度是指逐期增长量与前一期水平之比,表明现象逐期增减的程度。其计算公式为:

$$环比增长速度 = \frac{逐期增长量}{前一期水平}$$

$$= \frac{报告期水平 - 前一期水平}{前一期水平}$$

$$= 环比发展速度 - 1$$

用符号表示为：

$$\frac{a_1 - a_0}{a_0}, \frac{a_2 - a_1}{a_1}, \frac{a_3 - a_2}{a_2}, \cdots, \frac{a_n - a_{n-1}}{a_{n-1}} \qquad (5.19)$$

或

$$\frac{a_1}{a_0} - 1, \frac{a_2}{a_1} - 1, \frac{a_3}{a_2} - 1, \cdots, \frac{a_n}{a_{n-1}} - 1 \qquad (5.20)$$

例如，表5.11中某地区社会消费品零售总额的环比增长速度，可以用逐期增长量除以前一期水平计算，也可以用环比发展速度减去100%进行计算而得。

值得注意的是：定基增长速度和环比增长速度之间没有数量上的计算关系，因而不能直接进行换算。与发展速度一样，增长速度也可以计算年距增长速度，还可以计算报告期水平与历史最好水平的差异程度。

为了把速度指标、水平指标结合起来，深入分析环比增长速度与逐期增长量之间的关系，进一步反映增长速度的实际效果，有必要计算环比增长速度每增减一个百分点所代表的绝对量，通常称为增长1%的绝对值。其计算公式为：

$$增长1\%的绝对值 = \frac{逐期增长量}{环比增长速度 \times 100} = \frac{前一期水平}{100} \qquad (5.21)$$

例如，表5.11中某地区2015—2020年社会消费品零售总额每年增长1%的绝对值是不同的，2016年仅为1 148.3亿元，2020年则为2 103.1亿元，两者的差距为954.8亿元。可见，运用增长1%的绝对值分析问题是非常必要的。

三、平均发展速度与平均增长速度

社会经济现象在不同时期的发展程度是不同的，为了说明社会经济现象在一段较长时间内发展、增长变化的一般程度，需要将现象在各个时期中的速度差异加以抽象，计算平均速度指标。平均速度指标有平均发展速度和平均增长速度两种。

平均发展速度是某种社会经济现象各环比发展速度的序时平均数，说明在发展期内平均发展变化的程度。平均增长速度又称平均增减速度，说明现象在较长时间内平均每期增长或降低的速度，是根据它与平均发展速度的关系推算出来的。其计算公式为：

$$平均增长速度 = 平均发展速度 - 1(或100\%)$$

平均发展速度的计算方法有两种：一是水平法（或称几何平均法），另一种是累计法（或称方程式法）。

（一）水平法

由于社会经济现象发展的总速度不等于各年发展速度之和，而是等于各年环比发展速度的连乘积，所以平均发展速度不能用一般的算术平均法计算，而要用几何平均法计算，这种方法称为水平法。其计算公式为：

$$\bar{x} = \sqrt[n]{x_1 \cdot x_2 \cdot x_3 \cdots x_n} = \sqrt[n]{\prod x} \qquad (5.22)$$

式中，$\bar{x}$ 代表平均发展速度；x 代表各期环比发展速度；n 代表环比发展速度的项数；$\prod$ 代表连乘符号。

由于时间数列中定基发展速度等于各环比发展速度的连乘积，所以计算平均发展速度的公式又可以表示为：

$$\bar{x} = \sqrt[n]{\frac{a_1}{a_0} \times \frac{a_2}{a_1} \times \cdots \times \frac{a_n}{a_{n-1}}} = \sqrt[n]{\frac{a_n}{a_0}} \qquad (5.23)$$

一段时期的定基发展速度即为现象的总发展速度。如果用 R 表示总发展速度,则平均发展速度的公式还可以表示为:

$$\bar{x} = \sqrt[n]{R} \tag{5.24}$$

以上计算平均发展速度的三个公式,虽然形式不同,但其实质与计算结果完全相同。计算平均发展速度,究竟采用哪个公式,主要取决于所掌握的资料。如果掌握的资料是各年的环比发展速度,用第一个公式;如果所掌握的资料是最初水平和最末水平或各期发展水平,用第二个公式;如果已知末期的定基发展速度,用第三个公式。

按几何平均法求现象的平均发展速度,可以借助于对数来计算,也可以直接用多功能电子计算器计算。现以表 5.11 中的资料,将平均发展速度的几种算法分别举例如下。

例 5.12 已知某地区社会消费品零售总额 2015—2020 年各年的环比发展速度分别为 115.54%,118.33%,117.15%, 114.35% 和 111.45%。其年平均发展速度为:

$$\bar{x} = \sqrt[n]{\prod X} = \sqrt[5]{115.54\% \times 118.33\% \times 117.15\% \times 114.35\% \times 111.45\%}$$
$$= \sqrt[5]{2.041\,2} \text{（用多功能计算器开高次方）}$$
$$= 115.34\%$$

接例 5.12,已知某地区社会消费品零售总额 2015 年为 114 830.1 亿元,2020 年为 234 380.0 亿元,其年平均发展速度为:

$$(a_0 = 114\,830.1, \qquad a_n = 234\,380.0, \qquad n = 5)$$

$$\bar{x} = \sqrt[5]{\frac{a_n}{a_0}} = \sqrt[5]{\frac{234\,380.0}{114\,830.0}} = \sqrt[5]{2.041\,1} = 115.34\%$$

接例 5.12,已知某地区社会消费品零售总额 2015—2020 年的总发展速度(即 2020 年的定基发展速度)为 204.11%,其年平均发展速度为:

$$\bar{x} = \sqrt[n]{R} = \sqrt[5]{204.11\%} = 115.34\%$$

计算结果表明,用以上三种公式对同一现象计算平均发展速度,其计算结果基本相同(有时出现小数不一致的情况,属计算过程中四舍五入的因素)。

用水平法计算平均发展速度具有以下两个特点。

(1) 这种方法侧重考察最末一期的发展水平。它要求根据某一基期水平和按此方法计算的平均发展速度所推算出来的最末一期水平应等于最末一期的实际水平,即 $a_0 \bar{x}^n = a_n$。

(2) 这种方法不能准确反映中间水平的起伏状况。从理论上讲,用水平法计算的平均发展速度,是对一定发展阶段各期环比发展速度的平均,受各个时期发展水平的影响;但从第二种计算公式观察,它只突出了最初水平和最末水平的影响,不能全面反映现象在整个发展阶段各期发展快慢的差别。

因此,在运用这一指标时,应注意某一固定基期与最末水平是否受特殊因素影响;同时,要联系各期环比发展速度加以分析,既要看水平,也要看速度,必要时用分段平均发展速度补充总平均发展速度,以对现象的发展作出全面客观的评价。

（二）累计法

累计法是以各期发展水平的总和与某一固定基期水平之比为基础,利用一元高次方程式计算平均发展速度的方法。其计算公式为:

$$\bar{x} + \bar{x}^2 + \bar{x}^3 + \cdots + \bar{x}^n = \frac{\sum\limits_{i=1}^{n} a_i}{a_0} \quad (5.25)$$

解出这个高次方程所得的 $\bar{x}$ 正根,就是所求的平均发展速度。但是,要求解这个方程式是比较复杂的。因此,在实际统计工作中,都是根据事先编好的《平均增长速度查对表》来查对应用。查表求平均发展速度的步骤如下:

首先,根据 $\sum\limits_{i=1}^{n} \dfrac{a_i}{a_0}$ 的计算值判断资料的增减类型。如果计算值大于 n(即平均发展速度>100%),则属于递增类型,应查递增速度表;如果计算值小于 n(即平均发展速度<100%),则属于递减类型,应查递减速度表;如果计算值等于 n,则不必计算平均发展速度(即平均发展速度=100%)。

其次,根据 n 和 $\sum\limits_{i=1}^{n} \dfrac{a_i}{a_0}$ 的计算值从《平均增长速度查对表》的累计法部分查出相应的平均递增速度或递减速度。

最后,根据查表所得的递增速度或递减速度加上 1(或100%),即为所求的平均发展速度。

例 5.13 某地区 2015—2020 年的社会消费品零售总额资料如表 5.12 所示。

表 5.12 某地区社会消费品零售总额统计表

年　份	发展水平(万元)
2015	43 055.4(a_0)
2016	48 135.9(a_1)
2017	52 516.3(a_2)
2018	59 501.0(a_3)
2019	67 176.6(a_4)
2020	76 410.0(a_5)

要求:根据以上资料,用累计法查表求得平均发展速度。

第一,判断资料的增减类型。

$$\sum_{i=1}^{n} \frac{a_i}{a_0} = \frac{48\ 135.9 + 52\ 516.3 + 59\ 501.0 + 67\ 176.6 + 76\ 410.0}{43\ 055.4}$$

$$= \frac{303\ 739.8}{43\ 055.4} = 7.054\ 6 > 5$$

计算结果表明属于递增类型,应查递增速度表。

第二,查累计法递增速度查对表,如表 5.13 所示,即依据 7.054 6(即705.46%)和 5 两个数值查表。在表 5.13 中,"5 年"栏内,最接近705.46%的数值为 705.41%,该数同行最左边的平均每年增长指标数值 11.7%就是平均递增速度。

第三,求平均发展速度,即 11.7%+100%=111.7%。

计算平均发展速度的水平法和累计法各有不同的特点,水平法侧重考察一段时期内,现象在最末 1 年的发展水平及其相应的平均发展速度;累计法侧重考察一段时期内,现象在各年发展水平的总和及其相应的平均发展速度。这两种方法分别适用于不同特点区别采用。例如,基本建设投资额、造林绿化面积等工作比较关心长时间的总量计划完成情况,可以采用累计法计算其平均发展速度;产值、产量等经济效益指标,侧重于考察最末 1 年所达到的水平,可以采用水平法计算其平均发展速度。另外,由于水平法计算起来较为方便,因此它是计算平均发展速度的常用方法。

表 5.13 累计法递增速度查对表(间隔期 1～5 年)

平均每年增长速度	各年发展水平总和为基期的百分比				
	1 年	2 年	3 年	4 年	5 年
11.6%	111.60%	236.15%	375.15%	530.27%	703.38%
11.7%	111.70%	236.47%	375.84%	531.52%	705.41%
11.8%	111.80%	236.79%	376.53%	532.76%	707.43%
11.9%	111.90%	237.12%	377.24%	534.03%	709.48%
12.0%	112.00%	237.44%	377.93%	535.28%	711.51%
12.1%	112.10%	237.76%	378.62%	536.52%	713.53%
12.2%	112.30%	238.09%	379.34%	537.82%	715.63%

运用平均发展速度和平均增长速度,既可以分析现象在较长时期内的发展变化状况,也可以用于预测未来,特别在制订长期计划和战略规划中有突出的应用价值。

> **▶ 考考你**
>
> 据 2020 年国民经济和社会发展统计公报统计,初步核算,2020 全年国内生产总值全年国内生产总值 1 015 986 亿元,比上年增长 2.3%。全年粮食产量 66 949 万吨,比上年增加565万吨,增产 0.9%。全年居民消费价格比上年上涨 2.5%。全年全部工业增加值 313 071 亿元,比上年增长 2.4%。规模以上工业增加值增长 2.8%。全年全社会固定资产投资 527 270 亿元,比上年增长 2.7%。全年房地产开发投资 141 443 亿元,比上年增长 7.0%。全年社会消费品零售总额 391 981 亿元,比上年下降 3.9%。全年实物商品网上零售额 97 590 亿元,按可比口径计算,比上年增长 14.8%,占社会消费品零售总额的比重为 24.9%,比上年提高 4.0 个百分点。全年货物进出口总额 321 557 亿元,比上年增长 1.9%。其中,出口 179 326 亿元,增长 4.0%;进口 142 231 亿元,下降 0.7%。全年全国居民人均可支配收入 32 189 元,比上年增长 4.7%,扣除价格因素,实际增长 2.1%。
>
> 1. 你认为在极其困难的 2020 年,上述指标表明中国经济运行情况怎样,存在哪些问题,如何控制。
>
> 2. 计算平均发展速度的水平法和累计法有何区别?

第四节 时间数列的因素分析

在分析社会经济现象动态变化时,计算时间数列水平指标和时间数列速度指标,只是分析了事物变动的一个方面。然而事物的发展变化是由多种因素共同作用的结果,因此有必要对时间数列进行因素分析。时间数列的因素分析,就是运用统计分析方法测定某一时间数列中主要因素发展变化的状况,以认识经济现象发展变化的规律,为预测现象的未来发展提供依据。

一、时间数列的因素构成

社会经济现象的发展变化错综复杂,影响时间数列的因素多种多样,有政治因素、经济因素和自然技术因素等,如果按影响因素的作用方式整理归类,可分为长期趋势、季节变动、循环变动和不规则变动四种。

长期趋势(用 T 表示)是指社会经济现象受某种基本因素的作用,在较长一段时期内,持续上升或下降的发展趋势。如社会商品零售总额、国内生产总值和职工工资总额等指标,都是随着科学技术的进步和生产率提高等基本因素的影响,呈现逐年持续上升的趋势。

季节变动(用 S 表示)是指社会经济现象受自然条件和社会风俗等因素的影响,在 1 年内随季节更替而出现的周期性波动。如大多数农副产品的生产都因季节更替而有淡季、旺季,这样以农副产品为原材料的加工工业生产,商贸系统农副产品的购销和交通运输部门的货运量方面也出现了季节变动。季节变动的影响有以 1 年为期的,也有以 1 季、1 月、1 周、1 日为周期的。认识和掌握季节变动,对于生产、经营等活动很有帮助。

循环变动(用 C 表示)是指社会经济现象受多种不同因素的影响,在若干年中发生的周期性涨落起伏波动。它既不同于朝单一方向变动的长期趋势,也不同于周期在 1 年内的季节变动。如有些农作物受自然现象的影响,在若干年期间出现的丰歉状况,就是循环变动的一种表现。又如资本主义社会的周期性经济危机,也属于循环变动。

不规则变动(用 I 表示),是指社会经济现象除了受以上各种变动的影响以外,还受临时的、偶然性因素或不明原因而引起的非周期性、非趋势性的随机变动。如地震、洪灾或一些偶然因素对社会经济所造成的影响及结果。不规则变动是不以人的意志为转移的,是无法控制的。

时间数列中每一水平指标都受上述四类因素共同影响和综合作用,其分解模型一般分为加法模型和乘法模型两种。

加法模型是指四类因素相互独立,其加总构成整个时间数列。用符号表示为:

$$y = T + S + C + I \tag{5.26}$$

乘法模型是指四类因素相互影响,其乘积构成整个时间数列。用符号表示为:

$$y = T \cdot S \cdot C \cdot I \tag{5.27}$$

乘法模型是分析测定时间数列的常用模型。因此,下面只介绍乘法模型中四类因素的分析测定方法。

二、长期趋势分析

长期趋势分析是运用一定的数学关系式,对原数列进行修匀(即整理、加工),将其加工成一个新数列,以排除季节变动、循环变动和不规则变动等因素的影响,显示出现象发展变化的趋势或规律,为预测、决策等管理活动提供依据。分析测定长期趋势的方法较多,下面介绍常用的移动平均法和最小平方法。

(一)移动平均法

移动平均法就是从时间数列的第一项开始,按一定的项数求其序时平均数,逐项移动、逐段平均,从而形成以移动平均数构成的新的时间数列。它采取"移动平均"的方式把每一段内的指标差异抽象化,消除偶然因素的影响,这样通过对原数列中不规律变动的修匀,来反映社会经济现象的基本变动趋势。一般来说,这种方法的移动平均项数越多,修匀的作用越大,曲线就越平滑;移动平均的项数越少,修匀的作用越小,曲线的平滑度就越差。

运用移动平均法的关键是移动项数的确定。如果数列中有自然周期,就以该周期长度作为移动平均的项数。例如,在按季度排列的资料中,采用 4 项移动平均;在按月份排列的资料中,采用 12 项移动平均。如果没有自然周期,一般使用奇数项为好。这样新的序时平均数就能与原时间数列的数值一一对应,计算起来比较简单;如果采用偶数项移动平均,则新计算的序时平均数和原时间数列的数值不能一一对应,还需要进行一次两项移动平均,以调整趋势值。

例 5.14 某企业近 10 年来商品销售额资料如表 5.14 所示。

表 5.14 某企业商品销售额资料　　　　　　　　单位:亿元

年份	商品销售额	3 项移动平均	5 项移动平均	4 项移动平均	4 项移动平均正位
2011	4.80	—	—	—	—
2012	5.33	5.63	—		—
				6.07	
2013	6.76	6.49	6.16		6.29
				6.50	
2014	7.38	6.89	6.60		6.71
				6.92	
2015	6.54	6.97	7.04		7.02
				7.11	
2016	7.00	7.02	7.52		7.33
				7.55	
2017	7.52	7.89	7.84		7.86
				8.16	
2018	9.14	8.55	8.40		8.46
				8.75	
2019	8.98	9.16	—		—
2020	9.35	—	—	—	—

1. 三项移动平均

$$第一个平均数 = \frac{4.80 + 5.33 + 6.76}{3} = 5.63 \quad 对正第二项的原值$$

$$第二个平均数 = \frac{5.33 + 6.76 + 7.38}{3} = 6.49 \quad 对正第三项的原值$$

以此类推,边移动边平均,求得三项移动平均新数列共 8 项。

2. 五项移动平均

$$第一个平均数 = \frac{4.80 + 5.33 + 6.76 + 7.38 + 6.54}{5} = 6.16 \quad 对正第三项的原值$$

$$第二个平均数 = \frac{5.33 + 6.76 + 7.38 + 6.54 + 7.00}{5} = 6.60 \quad 对正第四项的原值$$

以此类推,边移动、边平均,求得 5 项移动平均新数列共 6 项。

3. 四项移动平均

$$第一个平均数 = \frac{4.80 + 5.33 + 6.76 + 7.38}{4} = 6.07 \quad 对着第二项和第三项的中间$$

$$第二个平均数 = \frac{5.33 + 6.76 + 7.38 + 6.54}{4} = 6.50 \quad 对着第三项和第四项的中间$$

以此类推,边移动、边平均,求得 4 项移动平均新数列共 7 项。由于每个指标数值都和原时间数列错半期,无法直接进行对比,还必须进行一次正位平均。即再进行一次 2 项移动平均,这样新序时平均数数列的各期数值才能和原时间数列对准。形成新的 4 项正位平均数列共 6 项。

从表 5.14 的计算结果可以看出,移动平均可以使时间数列中短期的偶然的因素弱化,整个数列被修匀得更加平滑,波动趋于平稳。

值得注意的是,用移动平均法修匀后得到的新数列趋势值的项数比原数列的实际项数减少了。上例中,3 项移动平均趋势值首尾共少 2 项;5 项移动平均趋势值首尾共少 4 项;4 项移动平均趋势值首尾共少 4 项。因此,用移动平均法分析长期趋势时移动周期不要定得太长,否则资料缺项较多,以致影响分析的效果。

(二)最小平方法

最小平方法又称最小二乘法,是依据时间数列的观察值(实际值)与趋势值(理论值)的离差平方和为最小值的基本要求,拟合一种趋势模型,然后用求偏导数的方法推导出标准联立方程组,并求解其参数,进而测定各期的趋势值,形成一条较为理想的趋势线。

最小平方法是分析测定长期趋势的最重要方法。它可以拟合直线趋势模型,也可以拟合曲线趋势模型(二次曲线、指数曲线和三次曲线模型)。某一现象应选择哪一种趋势模型拟合,主要取决于现象发展变化的特点。下面主要介绍直线趋势模型内容。

如果时间数列的逐期增长量(或称一次增长量)大致相等,或用散点图观察现象的变动近似一条直线时,就可以对现象的变动趋势拟合直线趋势模型。用符号表示为:

$$y_c = a + bt \tag{5.28}$$

式中,y_c 代表时间数列的趋势值;t 代表时间数列的时间单位;a,b 为参数,分别代表直线的截距和斜率。

根据最小平方法的理论依据,时间数列的观察值(实际值)与趋势值(理论值)的离差平方和为最小值,用公式表示为:

$$\sum(y - y_c) = \text{最小值} \tag{5.29}$$

把直线方程式代入公式(5.29),得:

$$\sum(y - a - bt) = \text{最小值} \tag{5.30}$$

分别对公式(5.30)中的 a 和 b 求偏导数,并令之为零。

首先对 a 求偏导数,得:

$$-2\sum(y - a - bt) = 0$$

即

$$\sum y - na - b\sum t = 0 \tag{5.31}$$

然后对 b 求偏导数,得:

$$-2t\sum(y - a - bt) = 0$$

即

$$\sum yt - a\sum t - b\sum t^2 = 0 \tag{5.32}$$

将公式(5.31)和(5.32)联立求解,可得求解参数 a,b 的标准联立方程组为:

$$\begin{cases} \sum y = na + b\sum t \\ \sum ty = a\sum t + b\sum t^2 \end{cases} \tag{5.33}$$

式中，n 代表数据的项数，其他符号与前相同。

解联立方程组，可得：

$$\begin{cases} b = \dfrac{n\sum ty - \sum t \sum y}{n\sum t^2 - (\sum t)^2} \\ a = \dfrac{\sum y}{n} - b\dfrac{\sum t}{n} = \bar{y} - b\bar{t} \end{cases} \tag{5.34}$$

求得 a, b 两个参数，代入直线趋势模型中，便可以得到与实际观察值相对应的趋势值。由此可以形成一条趋势直线，既可以认识现象的发展变化动态，还可以预测未来。

例 5.15 某企业某种产品 2014—2020 年的生产量资料如表 5.15 所示。

表 5.15 最小平方法计算表   单位：万吨

年 份	生产量 y	逐期增长量	年度顺序 t	ty	t^2	y_c
（甲）	(1)	(2)	(3)	(4)	(5)	(6)
2014	45.2	—	1	45.2	1	44.88
2015	57.5	12.3	2	115.0	4	57.51
2016	69.4	11.9	3	208.2	9	70.14
2017	82.9	13.5	4	331.6	16	82.77
2018	95.7	12.8	5	478.5	25	95.40
2019	108.3	12.6	6	649.8	36	108.03
2020	120.4	12.1	7	842.8	49	120.66
合计	579.4	—	28	2 671.1	140	579.39

从表 5.15 中观察，这种产品生产量的逐期增长量在各年份大体相等，因此我们可以拟合一条趋势直线进行分析，并用最小平方法估计直线模型参数。根据直线模型和相应的联立方程组，将计算出来的表 5.15 中的第(4)、第(5)栏和第(1)、第(3)栏的合计数，代入联立方程组，即

$$\begin{cases} 579.4 = 7a + 28b \\ 2\,671.1 = 28a + 140b \end{cases}$$

解联立方程组：$$\begin{cases} b = \dfrac{7 \times 2\,671.1 - 28 \times 579.4}{7 \times 140 - 28^2} = \dfrac{2\,474.5}{196} = 12.63 \\ a = \dfrac{579.4}{7} - 12.63 \times \dfrac{28}{7} = 82.77 - 50.52 = 32.25 \end{cases}$$

把 a, b 之值代入直线趋势模型，得：

$$y_c = 32.25 + 12.63t$$

根据这个模型，可以计算时间数列中各年对应的趋势值，如表 5.15 第(6)列所示。如果预测该产品 2023 年的生产量(此时 $t = 10$)，可以估算如下：

$$y_{2023} = 32.25 + 12.63 \times 10 = 158.55(万吨)$$

为了简化计算过程，a, b 两个参数还可以采用简捷法(即假定零点法)计算。由于直线趋势模型中的 t 为时间序号，因而可以设任一时间为原点(即 $t = 0$)，当我们把时间数列的原点移至数列中间时，则 $\sum t = 0$。在奇数项的条件下，数列中间一项为原点，记作 0，前后两端的时间序号按正负对称设置，即按 $-5, -4, -3, -2, -1, 0, 1, 2, 3, 4, 5$，两头延伸；在偶数项的条件

下,数列中间两项的中点为原点,则时间序号分别按 -5, -3, -1, 1, 3, 5 两头延伸。由于 $\sum t = 0$,上述标准联立方程组及其参数求解方法便可以简化为:

$$\begin{cases} \sum y = na \\ \sum ty = b\sum t^2 \end{cases} \tag{5.35}$$

则:

$$\begin{cases} a = \dfrac{\sum y}{n} \\ b = \dfrac{\sum ty}{\sum t^2} \end{cases} \tag{5.36}$$

例 5.16　仍以表 5.15 资料,用简捷法计算如表 5.16 所示。

表 5.16　最小平方法简捷法计算表　　　　　　　　　　单位:万吨

年份	生产量 y	年度顺序 t	ty	t^2	y_c
	(1)	(2)	(3)	(4)	(5)
2014	45.2	-3	-135.6	9	44.88
2015	57.5	-2	-115.0	4	57.51
2016	69.4	-1	-69.4	1	70.14
2017	82.9	0	0	0	82.77
2018	95.7	1	95.7	1	95.40
2019	108.3	2	216.6	4	108.03
2020	120.4	3	361.2	9	120.66
合计	579.4	0	353.5	28	579.39

依据表 5.16 中资料,直线趋势模型的 a,b 参数值为:

$$\begin{cases} a = \dfrac{\sum y}{n} = \dfrac{579.4}{7} = 82.77 \\ b = \dfrac{\sum ty}{\sum t^2} = \dfrac{353.5}{28} = 12.63 \end{cases}$$

将 a,b 之值代入直线趋势模型,得:

$$y_c = 82.77 + 12.63t$$

根据此方程计算的各年趋势值见表 5.16 第(5)栏。

如果预测该产品 2023 年的生产量(此时 $t=6$),则可估算为:

$$y_{2023} = 82.77 + 12.63 \times 6 = 158.55(万吨)$$

可见,用简捷法计算的各年趋势值和用一般方法计算的各年趋势值结果相同,以此预测 2023 年这种产品生产量的结果也相同。但要注意,时间数列为偶数项时,原点移在数列中间,这时 b 表示原数列水平增长量的 1/2,即原增长量等于 $2b$。

▶ **考考你**

对于一个时间数列,应如何确定它的发展趋势是直线趋势?

三、季节变动分析

季节变动测定,是运用一定的方法,对季度或月份的历史资料,计算出季节指数,以反映现象的季节变动方向和程度。分析测定季节变动的意义在于认识和掌握其变化规律,克服季节变动带来的不良影响,争取工作的主动性,为编制计划、组织生产、安排市场、进行经济预测和决策提供依据。分析测定季节变动,至少掌握经济现象连续 3 年的月份或季度的资料,才能比较客观地显示出季节变动。分析测定季节变动,按其是否消除长期趋势的影响而分为两类方法:按月(季)平均法和趋势剔除法。本节只介绍按月(季)平均法。

按月(季)平均法,又称同期平均法,它不考虑现象长期趋势的影响,直接根据时间数列资料计算。一般是先分别计算各年同月(季)平均数,再计算各年所有月(季)的总平均数,然后将各年同月(季)平均数与总平均数进行对比,求得季节指数(或称为季节比率)。如果某月(季)的季节指数大于 100%,则表明现象在该月(季)为旺季;如果小于 100%,则为淡季;如果等于 100%,则该月不受季节变动的影响。季节指数的计算公式为:

$$季节指数 = \frac{各年同月(季)平均数}{全期各月(季)总平均数} \times 100\% \tag{5.37}$$

例 5.17 某企业毛线销售情况如表 5.17 所示。

表 5.17　某企业毛线销售情况统计表　　　　　　　　　　计量单位:千克

月份	第一年销量	第二年销量	第三年销量	3 年平均销量	季节指数
(甲)	(1)	(2)	(3)	(4)	(5)
1	200	200	230	210	178.6%
2	210	210	240	220	187.1%
3	150	130	170	150	127.6%
4	90	80	100	90	76.5%
5	70	80	90	80	68.0%
6	60	70	50	60	51.0%
7	50	49	60	53	45.1%
8	41	38	50	43	36.6%
9	80	90	100	90	76.5%
10	85	90	110	95	80.8%
11	110	120	100	110	93.6%
12	190	210	230	210	178.6%
合计	1 336	1 367	1 530	1 411	1 200.0%
平均	111.33	113.92	127.50	117.58	100.0%

现依据表 5.17 中资料,说明季节指数的计算过程。

第一,计算各年同月平均数。如 1 月份为(200+200+230)÷3=210(千克),其余月份类推。

第二,计算所有各月的总平均数。把 3 年 36 个月的资料全部相加后平均,或用 12 个月平均数求总平均数。还可以用 3 个年份的月平均数求总平均数,即 (111.33+113.92+127.50)÷3=117.58(千克)。

第三,计算各月平均数与总平均数的对比值,得出各月的季节指数。如 1 月份为 210÷117.58=178.6%,其余月份类推。

计算结果表明,毛线销售呈现出明显的季节变动。每年12月至来年3月为销售旺季,其中2月份季节指数高达187.1%,进入顶峰;从4月份开始进入淡季,一直延续到11月份,其中8月份季节指数仅有36.6%而降为低谷。据此,我们可以预测未来的季节变动,组织好毛线的经营活动。

假定第四年该企业的毛线销售量计划为2 000千克,则可依据上述季节指数预测各月的销售量。如第四年1月份毛线销售量的预测值为:

$$\frac{2\ 000}{12} \times 178.6\% = 297.67(千克)$$

按月(季)平均法的优点是计算简便、容易理解,缺点是不够精确,因为它没有消除时间数列中长期趋势的影响。要解决这一问题,就要用另一种方法,即趋势剔除法。

▶ **考考你**

1. 你可能会觉得在寒暑假回家时购买火车票都是非常困难的,你知道这是为什么吗? 在日常的生产和生活中如何克服季节变动带来的影响?

2. 怎样计算季节指数?

主要知识点

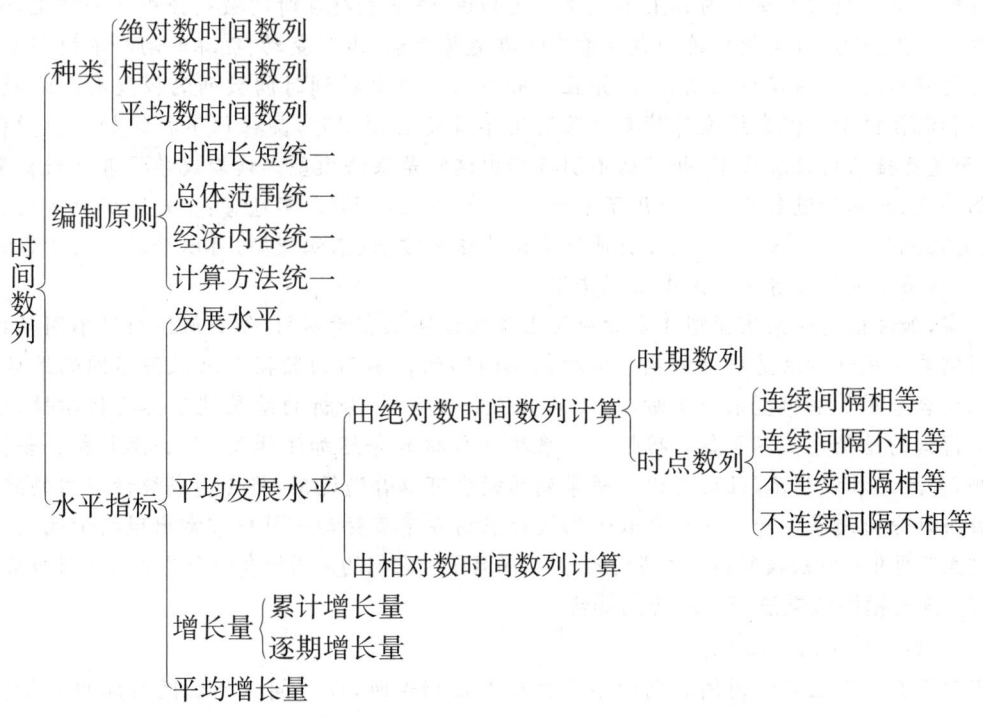

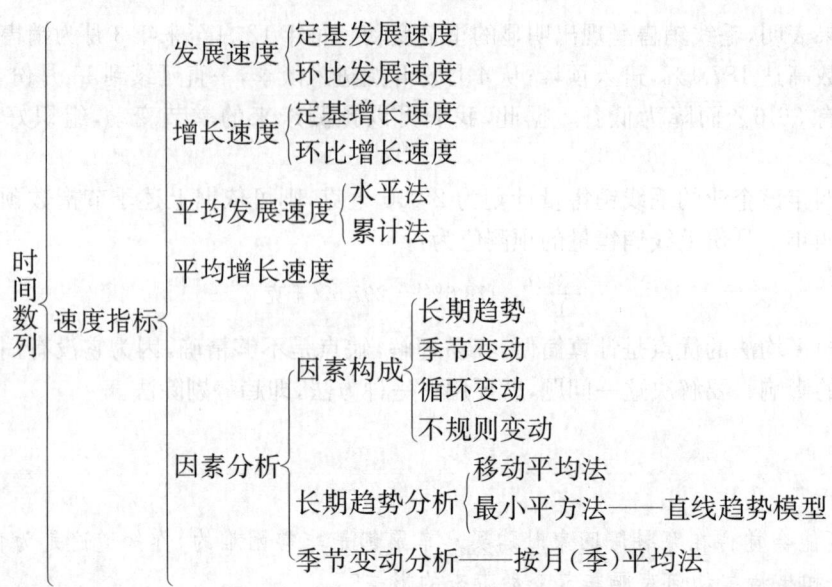

时间数列分析中的加法模型与乘法模型

一、问题

目前的统计教材在有些内容上不完整。比如说，许多教材在时间数列分析这一章里，都在长期趋势分析里提到，时间数列的构成要素有长期趋势变动、季节变动、循环波动和不规则变动（有些教材措辞不同，但内容与此相同）。并且一般教材都随之提到时间数列的模型有加法模型、乘法模型和混合模型。但在讲述季节变动及运用季节变动预测时，却往往不再提加法模型和乘法模型，而是直接采用乘法模型，并且从不明确指出这就是乘法模型。读者或学习者只好稀里糊涂地照猫画虎，并不知道自己已经应用了前面提到的"乘法模型"。其危害：一是造成教学内容不完整，没有系统介绍加法模型；二是容易使读者认为这种方法（乘法模型）可以普遍应用于各种不同的数据，从而导致学习者在使用中出现错误。

其实，加法模型和乘法模型在实际应用上虽然方法上有所不同，但正好适应了不同数据的实际分析需要。统计方法是严重依赖分析对象（数据）的。不同的数据要求采用不同的统计方法。当数据适合采用加法模型来分析时，如果采用了乘法模型，分析的结果就不具有科学性，根据分析结果得到的结论也就不具备正确性。如果统计教材只介绍加法模型、乘法模型和混合模型中的一种，并且不加以明示，让读者以为所学到的模型可以普遍适用，将会造成统计应用的混乱，从而导致统计分析质量下降。这正是我们的统计教材在季节变动一节中常常出现的情况。

这里不再介绍加法模型和乘法模型的原理，而只是对它们的应用场合结合具体的案例加以说明。

二、加法模型和乘法模型的应用场合

（一）加法模型的应用场合

当时间数列图显示的时间数列的季节变动大致相等时，或时间数列图随时间推移等宽推进时，应该采用加法模型，如图 5.1(A)。

（二）乘法模型的应用场合

当时间数列图显示的时间数列的季节变动与时间数列的长期趋势大致呈正比时，应该采用乘法模型。此时，时间数列图大致呈喇叭状或放射状，如图 5.1(B)。根据表 5.18 数据，笔者对加法模型在季节变动分析及预测中的应用加以具体例释。

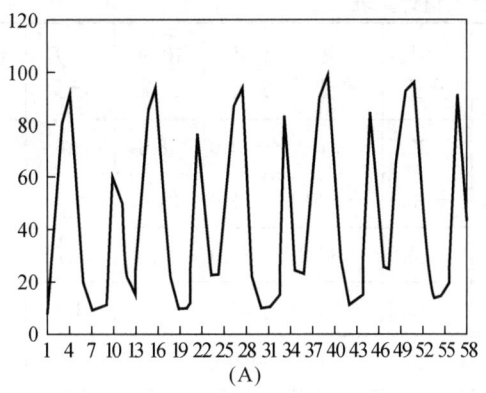
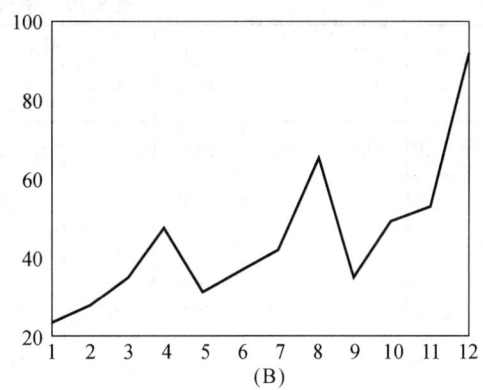

图 5.1 加法模型和乘法模型示意图

三、加法模型应用的一个实例

表 5.18 某禽蛋加工厂 5 年中各月产量表

月 份	第一年产量	第二年产量	第三年产量	第四年产量	第五年产量
1	10	15	22	23	25
2	50	54	60	64	70
3	80	85	88	90	93
4	90	93	95	99	98
5	50	51	56	60	62
6	20	22	23	30	32
7	8	9	9	11	13
8	9	9	10	12	14
9	10	11	14	15	19
10	60	75	81	88	90
11	50	54	56	59	61
12	20	22	23	25	28

注:此处单位省略,下同。

从图 5.1(A)可以看出该时间数列有两个特点:一是每年有大致相等的增长量;二是每年的季节变动大致相等,这从图 5.2(A)可以清楚地看到。所以,应该采用加法模型来分离长期趋势和季节变动。

采用加法模型计算季节变动并预测的步骤如下:① 计算长期趋势;② 剔除长期趋势得到季节要素,因为该数据适合加法模型,所以对长期趋势的剔除应采用减法;③ 预测计算长期趋势可以采用多种不同方法。此处笔者采用最小平方方法拟合直线方程,得到的直线趋势方程为:

$$产量 = 39.576 + 0.163 \times 月份 \tag{5.38}$$

据方程(5.38)可以计算各月趋势值。先计算各月产量与趋势值之差,称为残差;再计算各年同月残差的算术平均数,即得到各月的季节因素值。多数教材这时会进一步讨论将各月(或各季)的季节因素除以总月平均数,得到季节指数。但实际上,如以预测为目的,季节指数的计算就没有必要了(上述计算结果见表 5.19)。

表 5.19 季节因素值计算表

年份	1月产量	2月产量	3月产量	4月产量	5月产量	6月产量	7月产量	8月产量	9月产量	10月产量	11月产量	12月产量
1	−29.7	10.1	39.9	49.8	9.6	−20.6	32.7	−31.9	−31.0	18.8	8.6	−21.5
2	−26.7	12.2	43.0	50.8	8.7	−20.5	−33.7	−33.8	−32.0	31.9	10.7	−21.5
3	−21.6	16.2	44.0	50.9	11.7	−21.5	−35.6	−34.8	−30.9	35.9	10.7	−22.4
4	−22.6	18.3	44.1	52.9	13.8	−16.4	−35.6	−34.7	−31.9	38.0	11.8	−22.4
5	−22.5	22.3	45.1	50.0	13.8	−16.4	−35.6	−34.7	−29.8	41.0	11.8	−21.3
合计	−123.2	79.0	216.2	254.4	57.6	−95.3	−173.1	−169.9	−155.7	165.5	53.7	−109.2
平均	−24.6	15.8	43.2	50.9	11.5	−19.1	−34.6	−34.0	−31.1	33.1	10.7	−21.8

要进行预测,首先需要将要预测时期的趋势值算出来。比如说要预测第六年 5 月的产量,那么在趋势方程(5.38)中将月份换成第六年 5 月的相应值,即

$$60 + 5 = 65$$

即可得到:
$$Y_{65} = 39.576 + 0.613 \times 65 = 50.2$$

趋势值再加上季节因素值即得该月份的预测值:

$$50.2 + 11.5 = 61.7$$

在此,笔者计算出了第六年所有月份的趋势值,并与相应的各月季节因素值相加,得到第六年各月预测值,并作图,其结果见图 5.2(B)。

图 5.2(A)为 5 年各月产量的比较,并显示季节变动的规律;图 5.2(B)显示第六年预测值和第一年实际观察值的比较。可见,第六年的预测值每个月都比第一年要高,这是对此变量数列存在递增的长期趋势的正确反映。《社会经济统计学原理》对上述数据在没有预先分析的情况下,直接对这一组数据采用了乘法模型。其他许多统计学教材也都在季节变动及预测的内容上没有对所使用的模型是加法模型还是乘法模型给予直接说明。笔者认为书中的不足是:在其他章节内容都比较系统完善的同时,而在季节变动一节中却留下了些许遗憾。

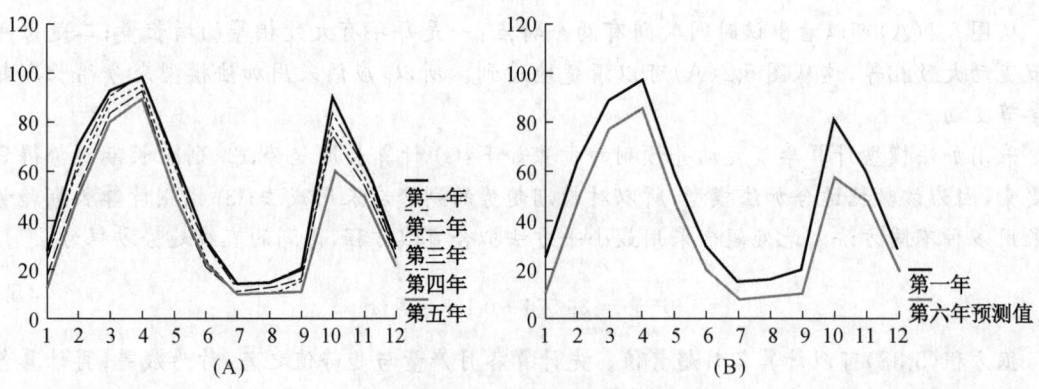

图 5.2 季节变动图

资料来源:张颖,西安财经学院统计学院;杨兰英,陕西中烟工业公司。

研讨问题

    1. 如何确定时间数列中的加法模型和乘法模型的应用场合？

    2. 如何测定季节变化？

思政德育课堂

1. 案例描述

    中华人民共和国成立70年来，我国经济规模不断扩大，综合国力与日俱增，对世界经济增长的贡献大幅提升，国际地位和影响力显著增强。

    国民经济持续快速增长，经济总量连上新台阶。新中国诞生时，我国经济基础极为薄弱。1952年我国国内生产总值仅为679亿元，人均国内生产总值为119元。经过长期努力，1978年我国国内生产总值增加到3 679亿元，占世界经济的比重为1.8%，居全球第11位。改革开放以来，我国经济快速发展，1986年经济总量突破1万亿元，2000年突破10万亿元大关，超过意大利成为世界第六大经济体，2010年达到412 119亿元，超过日本并连年稳居世界第二。党的十八大以来，我国综合国力持续提升。近三年，我国经济总量连续跨越70万亿元、80万亿元和90万亿元大关，2018年达到900 309亿元，占世界经济的比重接近16%。按不变价计算，2018年国内生产总值比1952年增长174倍，年均增长8.1%；其中，1979—2018年年均增长9.4%，远高于同期世界经济2.9%左右的年均增速，对世界经济增长的年均贡献率为18%左右，仅次于美国居世界第二。2018年我国人均国民总收入达到9 732美元，高于中等收入国家平均水平。

资料来源：国家统计局网站

2. 案例提示

    通过数据的展示，见证了我国经济发展的成就，见证了改革开放的伟大成绩，坚定了改革开放思想，与党中央保持一致，激发了爱国主义情怀。坚信实现中华民族的伟大复兴是必然的，为实现"两个一百年"奋斗目标而努力。作为一名中国人，我们无比骄傲自豪，有理由更加热爱祖国。作为当代大学生，我们有责任努力学习，为祖国的繁荣昌盛做出自己的贡献。

习　　题

【单项选择题】

1. 时间数列中每个指标数值不可以相加的是（　　）。

    A. 相对数时间数列   B. 时期数列

    C. 平均数时间数列   D. 时点数列

2. 静态平均数和动态平均数的共同点是（　　）。

    A. 两者都是反映现象的一般水平

    B. 都可消除现象在时间上波动的影响

    C. 都是反映同一总体的一般水平

    D. 共同反映同质总体在不同时间上的一般水平

3. 商品库存额时间数列是（　　）。

    A. 时期指标时间数列   B. 时点指标时间数列

    C. 相对数时间数列   D. 平均数时间数列

4. 已知环比增长速度求总增长速度的方法是（　　）。

    A. 各环比增长速度相乘

B. 各环比增长速度相加

C. 各环比增长速度相除

D. 各环比增长速度还原为环比发展速度连乘后减去 1

5. 某公司今年 12 月份销售额与去年 12 月份的销售额对比的指标是（　　）。

    A. 定基发展速度   B. 环比发展速度

    C. 平均发展速度   D. 年距发展速度

6. 用移动平均法修匀时间数列,进行 5 项移动平均,所形成新数列与原来数列相比少（　　）项指标数值。

    A. 6   B. 5   C. 4   D. 3

7. 累计增长量等于相应的各逐期增长量（　　）。

    A. 之和   B. 之商   C. 之积   D. 之差

8. 增长 1% 的绝对值应采用下列计算公式中的（　　）。

    A. 本期发展水平 $\div 100$ B. 前期发展水平 $\div 100$

    C.（本期水平－前期水平）$\div 1$ D. 本期水平 $\times 1\%$

9. 已知某企业前 3 年的平均增长速度为 8%,后 7 年的平均增长速度为 10%,计算这 10 年的平均增长速度应采用的方法是（　　）。

    A. $\sqrt[10]{0.08 \times 0.10}$ B. $\sqrt[10]{1.08 \times 1.10} - 1$

    C. $\sqrt[10]{(0.08)^3 \times (1.10)^7}$ D. $\sqrt[10]{(1.08)^3 \times (1.10)^7} - 1$

10. 应用几何平均法计算平均发展速度主要是因为（　　）。

    A. 几何平均法计算精确

    B. 各期环比发展速度之积等于总速度

    C. 各期环比发展速度之和等于总速度

    D. 几何平均法计算简单

【多项选择题】

1. 作为时间数列中的统计指标可以有（　　）。

    A. 总量指标   B. 相对指标   C. 平均指标

    D. 前三者都可以   E. 只有前两者可以

2. 时间数列按统计指标的表现形式可分为（　　）。

    A. 时期数列   B. 时点数列   C. 绝对数时间数列

    D. 平均数时间数列   E. 相对数时间数列

3. 下列等式中,正确的有（　　）。

    A. 发展速度＝增长速度－1

    B. 定基发展速度＝定基增长速＋1

    C. 平均增长速度＝平均发展速度－1

    D. 平均发展速度＝平均增长速度－1

    E. 环比发展速度＝环比增长速度－1

4. 编制时间数列的基本原则包括（　　）。

    A. 时间长短应该统一   B. 总体范围应该统一   C. 指标数值应统一

    D. 经济内容应该统一   E. 计算方法应该统一

5. 时点数列的特点有（　　）。

A. 数列中各项指标值不能相加

B. 数列中各项指标值可以相加

C. 数列中各项指标值的大小与所属时期的长短有关

D. 数列中各项指标值的大小与所属时间长短无关

E. 数列中各项指标值通常是采用连续登记取得的

6. 以下各数列中,属于时期数列的有(　　)。

A. 某企业的各年年末职工人数　　　　B. 某商业企业的各年年末商品库存额

C. 某商业企业各月销售额　　　　　　D. 某地各月储蓄存款余额

E. 某企业各月产值

7. 时间数列中的速度指标主要有(　　)。

A. 定基发展速度和环比发展速度　　　B. 定基增长速度和环比增长速度

C. 各环比发展速度的序时平均数　　　D. 各环比增长速度的序时平均数

E. 平均增长量

8. 时间数列的发展水平具体包括(　　)。

A. 期初水平和期末水平　　　　　　　B. 报告期水平和基期水平

C. 中间水平　　　　　　　　　　　　D. 平均发展水平

E. 增长量

9. 下列社会经济现象中,属于时期数列的有(　　)。

A. 某商店各月商品库存额　　　　　　B. 某商店各月商品销售额

C. 某高校历年招生人数　　　　　　　D. 某高校历年毕业生人数

E. 某高校历年年末在校生人数

10. 序时平均数是指(　　)。

A. 指标在时间上的平均数　　　　　　B. 标志在单位上的平均数

C. 静态平均数　　　　　　　　　　　D. 动态平均数

E. 平均发展水平

【判断题】

1. 累计增长量等于逐期增长量之和。　　　　　　　　　　　　　　　　(　　)

2. 构成时间数列的因素按它们的性质和作用,可以分为长期趋势、季节变动、循环变动和不规则变动。　　　　　　　　　　　　　　　　　　　　　　　　　　　(　　)

3. 移动平均项数 N 的确定,如果 N 取得大,则修匀作用较弱,如果 N 取得小,则修匀作用较强。　　　　　　　　　　　　　　　　　　　　　　　　　　　　(　　)

4. 编制时间数列时,各指标的经济内容可以不一致。　　　　　　　　　(　　)

5. 相邻两项的累积增长量之差等于相应的逐期增长量。　　　　　　　　(　　)

6. 间隔相等的间断时点数列序时平均数的计算采用"首末折半简单算术平均法"。(　　)

7. 相对数时间数列求序时平均数时,根据所给数列简单平均即可。　　　(　　)

8. 定基发展速度等于相应时期内各个环比发展速度的连乘积。　　　　　(　　)

9. 两个相邻的定基发展速度相除可得最初水平。　　　　　　　　　　　(　　)

10. 在平均发展速度的两种基本算法中,几何平均法侧重考察现象的整个发展过程,而高次方程法侧重考察现象最末期的发展水平。　　　　　　　　　　　　　　(　　)

【简答题】

1. 什么是时期数列和时点数列? 它们各自有什么特点?

2. 简述影响时间数列的四个因素。

3. 什么是发展速度、增长速度和年距发展速度？它们有什么联系和区别？

4. 如何测定长期趋势和季节变动？

5. 编制时间数列应遵循什么原则？

【计算分析题】

1. 某地城乡人民币年末储蓄存款余额资料如表 5.20 所示。

表 5.20　某地城乡人民币年末储蓄存款余额表　　　　　单位：亿元

年份	储蓄存款余额	年份	储蓄存款余额
2016	217 885.4	2019	343 635.9
2017	260 771.7	2020	399 551.0
2018	303 302.5		

要求：计算我国 2017—2020 年人民币储蓄存款平均余额。

2. 某商场某年商品库存额资料如表 5.21 所示。

表 5.21　某商场某年商品库存额统计表　　　　　单位：万元

时间	商品库存额	时间	商品库存额
1 月 1 日	1 038.6	10 月 15 日	1 038.0
3 月 15 日	1 042.4	12 月 31 日	1 044.8
6 月 30 日	1 036.2		

要求：计算该商场该年的平均商品库存额。

3. 某企业总产值和职工人数资料如表 5.22 所示。

表 5.22　某企业总产值和职工人数统计表

月份	总产值（万元）	月末职工人数（千人）	月　份	总产值（万元）	月末职工人数（千人）
3	1 150	6.5	5	1 300	7
4	1 170	6.8	6	1 370	7.2

要求：计算该企业第二季度平均每月的全员劳动生产率。

4. 某企业各年职工人数中女职工所占比重资料如表 5.23 所示。

表 5.23　某企业各年职工人数、女职工所占比重统计表　　　　　单位：人

项目	女职工占比	女职工人数	全部职工人数	项目	女职工占比	女职工人数	全部职工人数
2017 年年末	20%	100	500	2019 年年末	20%	108	540
2018 年年末	16%	96	600	2020 年年末	25%	155	620

要求：计算该企业 2018—2020 年平均每年女职工比重。

5. 某地区某种产品 2015—2020 年的部分产量资料如表 5.24 所示。

表 5.24 某地区某种产品 2015—2020 年的部分产量统计表

年份	产量	环比动态指标			
		增长量(万吨)	发展速度	增长速度	增长1%的绝对值(万吨)
2015	353				
2016		24			
2017			106.1%		
2018				7.25%	
2019					
2020		32			4.59

要求:填上表 5.24 中所缺的数字。

6. 2020 年,甲地区国内生产总值为 6.75 亿元,乙地区国内生产总值为 10.25 亿元,第十四个五年计划期间,乙地区总发展速度为 213.68%。如果甲地区在 2025 年赶上乙地区。求甲地区平均每年的增长速度(不考虑价格变动因素)。

7. 某地区社会总产值资料如表 5.25 所示。

表 5.25 某地区社会总产值统计表

年份	社会总产值(亿元)
2016	400
2017	480
2018	570
2019	670
2020	790

要求:用最小平方方法拟合社会总产值的趋势直线方程;若 2022 年,交通运输业将占社会总产值的 4%,据此预测 2022 年的交通运输业产值。

8. 某地 2018—2020 年农贸市场某种商品各月交易量资料如表 5.26 所示。

表 5.26 某地 2018—2020 年农贸市场某种商品各月交易量统计表 单位:吨

年份	1月	2月	3月	4月	5月	6月	7月	8月	9月	10月	11月	12月
2018	54	52	50	48	44	42	36	32	37	46	50	58
2019	58	54	58	54	48	44	38	36	42	54	56	64
2020	68	70	64	62	56	48	44	40	46	58	60	76

要求:用按月平均法测定该商品的季节变动,即计算季节指数。

第六章 统计指数

统 计 指 数

知识目标与要求

(1) 了解统计指数的定义、作用和种类。

(2) 掌握综合指数的编制方法。

(3) 了解综合指数的定义、特点以及平均数指数的定义。

(4) 掌握固定权数加权平均数指数的编制方法。

(5) 了解指标指数体系和因素分析法的定义。

(6) 掌握总量指标指数复杂现象两因素分析方法。

(7) 了解几种常用的统计指数。

能力目标与要求

(1) 基本具备指数化的方式分析复杂的社会经济现象综合变动的能力。

(2) 基本具备因素分析法分析社会经济现象的能力。

(3) 具备构建基本的统计指数的能力。

思政目标与要求

掌握因素分析与综合分析的对立统一辩证思维方法,正确理解影响事物的主要矛盾。

 课前导读

> 根据 2020 年我国国民经济和社会发展统计公报统计,我国全年居民消费价格比上年上涨 2.5%。工业生产者出厂价格下降 1.8%。工业生产者购进价格下降 2.3%。农产品生产者价格上涨 15.0%。12 月份,70 个大中城市新建商品住宅销售价格同比上涨的城市个数为 60 个,下降的为 10 个。
>
> 你了解上述资料中的居民消费价格指标的含义吗?我们经常说的 CPI 指数是什么含义?这个指数是如何计算的。我们将在这一章来研究统计指数的分类与计算问题。

第一节 统计指数概述

一、统计指数的定义

统计指数是研究社会经济现象数量关系,分析社会经济现象在不同时间、空间条件下的数量变动情况,测定有关因素影响的方向、程度而发生发展起来的。它最早产生在 18 世纪中叶的欧洲,当时将反映不同时期商品价格涨跌情况的相对数称为价格指数。后来,为了适应统计研究分析和实际运用的需要,扩展了指数计算的对象、内容和范围。从商品价格到经济领域的各种要素,从某一简单现象到复杂现象,从不同时间到不同空间、不同条件的经济现象数量对比计算的相对数,都沿用了价格相对数所用的指数概念。统计指数的概念有广义和狭义之分。

广义指数是指一切说明社会经济现象变动的相对数,它既包括不同时间的同类现象数量对比的相对数,也包括不同空间的同类现象数量对比的相对数,但以不同时间的同类现象的数量研究为主。这样计划完成相对数、比较相对数、比例相对数、强度相对数、发展速度等都可以称为统计指数。

狭义指数是一种特殊的相对数,它是说明不能直接相加和对比的多种社会经济现象综合变动的相对数。社会经济现象的总体是由许多个别现象组成的,而这些个别现象的数量不能直接相加和对比。例如,本月某网店销售各种小家电商品,5 月份销售额 5 万元,4 月份销售额 4.8 万元,5 月份销售额是 4 月份的 104.2%,上升 4.2%。狭义指数是广义指数中的特殊部分,是本章重点。本章主要阐述狭义指数的编制方法及其在统计分析中的应用。

二、统计指数的分类

统计指数主要按照不同的分组标志形成不同的分组形式,主要有以下几种。

(一)按指数包括的范围不同分类,分为个体指数和总指数

1. 个体指数

个体指数是指反映个别现象或单一现象变动的相对数,也就是前面讲过的发展速度指标。如反映某一种商品价格变动的情况。其计算公式为:

$$个体指数 = \frac{报告期水平}{基期水平}$$

$$k_p = \frac{p_1}{p_0} \tag{6.1}$$

$$k_q = \frac{q_1}{q_0} \tag{6.2}$$

$$k_z = \frac{z_1}{z_0} \tag{6.3}$$

式中,k 表示个体指数;q 表示产品的生产量或销售量;p 表示价格;z 表示单位产品成本;下标 0 表示基期;下标 1 表示报告期。

2. 总指数

总指数综合反映某种事物包括若干个别事物总的变动情况,如反映若干商品总的物价变动情况。例如,2020 年中国居民消费价格指数为 102.5%。

有时为了研究需要,在介于个体指数与总指数之间,还编制类指数。类指数的编制方法与总指数相同。

▶▶ 举一反三
你还可以举出哪些个体指数和总指数的例子?

（二）按指数的资料来源和编制方法不同分类，分为综合指数和平均数指数

1. 综合指数

综合指数是总指数的基本形式。综合指数是用两个时期的总量指标进行对比计算的总指数。

2. 平均数指数

平均数指数是综合指数的变形，是把总体各单位的个体指数加以平均计算的总指数。

（三）按指数所反映的统计指标内容不同分类，分为数量指标指数和质量指标指数

1. 数量指标指数

数量指标指数是指反映现象总规模或总水平变动程度的指数。如工业产品产量指数、商品销售量指数、职工人数指数等。

2. 质量指标指数

质量指标指数是指反映经济工作质量变动程度的指数。如劳动生产率指数、价格指数、单位产品成本指数等。

（四）按指数所采用基期不同分类，分为环比指数和定基指数

（1）环比指数是指在编制系列指数时，各期指数以它前一期作为基期称为环比指数。环比指数的基期是随着报告期的变化而变化的。

（2）定基指数是指在编制系列指数时，各期指数以某一固定时期作为基期，称为定基指数。定基指数的基期是固定不变的。

三、统计指数的性质

正确应用统计指数，还必须要深刻了解统计指数的性质。概括地讲，统计指数有以下性质。

（一）相对性

统计指数是总体各变量在不同场合下对比形成的相对数，它可以度量一个变量在不同时间或不同空间的相对变化，具有一定的相对性。

（二）综合性

综合性说明指数是一种特殊的相对数，它是由一组变量或项目综合对比形成的，反映的是多种事物整体的变化情况。如 3 种商品的价格总体变化情况，5 种商品销售数量的总体变化情况。没有综合性，指数就不能发展成为一种独立的理论和方法。

（三）平均性

统计指数是总体水平的一个代表性指数。平均的含义有两个方面：一是指数进行比较的综合数量是作为个别量的一个代表，这本身就具有平均性；二是两个综合量对比形成的指数反映了个别量的平均变动水平。

四、统计指数的作用

统计指数在社会经济领域内广泛应用，这是由于统计指数具有独特的功能，能够发挥重要的作用。统计指数的作用具体表现在以下几个方面。

（一）综合反映事物变动的方向和程度

反映复杂社会经济总体在时间和空间方面的变动方向和变动程度。这是统计指数最重要的作用。在社会经济现象中，大量存在着不能直接加总或不能直接对比的复杂总体，为了反映和研究它们的变动方向和变动程度，只能通过统计指数法，编制统计指数才能得到解决。例如，2020年中国居民消费价格指数 102.5％，变动方向是上升的，即增长 2.5％。

（二）分析和测定事物总体变动受各因素变动的影响程度

社会经济现象总体中包含着数量因素和质量因素，通过编制数量因素指数和质量因素指数，可以分析和测定各因素变动对总体变动的影响。例如，商品销售额的变动是由商品价格和销售量两因素共同变动的结果；产品总成本的变动是由单位产品成本和产品产量两因素共同作用的结果。通过编制各种因素指数，可以分析各因素影响的方向和影响的程度。如分别编制销售量和销售价格指数，分析它们对销售额的影响方向和影响程度；分别编制单位成本指数和产量指数，分析它们对总成本的影响方向和影响程度。在平均指标指数中，总平均数的变动，不仅受各组标志值的影响，还受结构变动的影响。运用指数法，就可以分析各因素的变动对现象总平均变动的影响方向和影响程度。

（三）研究事物在长时间内的发展变化趋势

利用连续编制的动态指数形成的指数数列，可以分析事物发展变化的趋势。这种方法适用于对比分析有联系，但性质不同的指数数列之间的变动关系。例如，中国 2010—2019 年居民消费价格指数统计如表 6.1 所示。

表 6.1　中国 2010—2019 年居民消费价格指数统计表

年　份	居民消费价格指数	年　份	居民消费价格指数	年　份	居民消费价格指数
2010	103.3%	2014	102.0%	2018	102.1%
2011	105.4%	2015	101.4%	2019	102.9%
2012	102.6%	2016	102.0%		
2013	102.6%	2017	101.6%		

资料来源：《中国统计年鉴 2020》。

从这 10 年的居民消费价格指数数列的变动情况来看，居民消费价格指数变动幅度不大，最高是 2011 年，该指数上升 2.1%，然后，变为下降 2.8%，后面又是逐渐下降趋势，至 2019 年又开始上升。

第二节　统计指数的计算

一、综合指数

综合指数是总指数的基本形式，它是由两个总量指标对比计算而得到的总指数。具体来讲，当一个总量指标可以分解为两个（或以上）因素指标时，将其中一个（或以上）因素指标固定下来，可以研究另一个因素指标的变动程度。这样的总指数称为综合指数。

综合指数的编制方法是先综合后对比。在编制综合指数时首先要明确两个重要的概念：① 指数化因素，即在编制指数时所研究的因素，如，研究价格的变化情况，那么价格就是指数化因素；研究商品销售数量的变化情况，商品销售数量就是指数化因素。② 同度量因素。在编制指数时根据现象内在联系，在分析中起媒介、转化、介绍作用的因素就是同度量因素。因为，在研究复杂经济现象总的变动中，由于产品或商品的使用价值和计量单位不同，它们的数量表现不能直接相加。为了把不能直接相加总的各种产品或商品的数量表现，过渡到可以相加总，需要把它们的使用价值形态还原为价值形态。因此,我们需要找到一个因素,加入这个因素后,就可以使各种产品或商品不同的使用价值量过渡到价值量。这就使得原来不能直接相加的各种产品或商品的数量表现过渡到能够相加。我们把加入的这个因素称为同度量因素。

在编制综合指数时还要解决两个问题:一是正确选择同度量因素。因为,在每个分析计算过程,同度量因素都可能不是一个内容,这要根据所要研究的内容即指数化因素的不同,选择不同的内容作为同度量因素。例如,同度量因素可以是价格,也可以是销售数量。通过同度量因素的媒介作用,把不能直接相加现象的数量表现,过渡到能够相加;二是确定同度量因素的时期。同度量因素可以选择的时期有报告期、基期和特定时期。不同时期的同度量因素,其数值是不同的,根据不同时期的同度量因素计算的总指数结果也是不同的。至于同度量因素固定在报告期、基期、特定期哪个时期为好? 对于这个问题统计学界是有不同主张的,后面再详细分析。但在计算总指数时要求同度量因素在分子、分母上的时期必须固定在相同时期,即把分子、分母的同度量因素固定在同一时期,使计算结果不受同度量因素变动的影响。

▶ **考考你**

什么是指数化因素和同度量因素? 请举例说明。

(一)数量指标综合指数

数量指标综合指数的编制是要先求出两个总量指标,然后用两个总量指标进行对比,求出比率即综合指数。由于要计算的是复杂总体的总指数,所以不论是多种商品的销售数量,还是多种商品的价格都不能直接相加,这时就要用同度量因素,使其变为价值指标后,才能进行对比。例如,产品产量指数、商品销售量指数、职工人数指数等都是数量指标指数。对数量指标指数都应以质量指标为同度量因素。以销售量指数为例,根据现象之间的内在联系,销售数量要乘以价格变成销售额,只有变成销售额之后才可以进行对比。对同度量因素价格,可以有不同时期的选择,可以选择基期价格、报告期价格和不变价格。一般来说,选择基期的价格作为销售数量指标综合指数的同度量因素的时期。

▶ **知识链接**

不变价格是固定不变的价格,因此也叫固定价格。它是用某一时期同类产品的平均价格作为固定价格来计算各个时期的产品价值,目的是消除各时期价格变动的影响,保证前后时期之间、地区之间、计划与实际之间指标的可比性。我国自开始核算国内生产总值以来,共有1952 年、1957 年、1970 年、1980 年、1990 年、2000 年、2005 年、2010 年、2015 年 9 个不变价基期。

因为,只有选择基期才可以使指数体系完整成立,即销售额指数等于销售量指数乘以价格指数。这样计算的综合指数才有实际的经济意义,即只研究销售数量的变动,而不反映价格本身的变化。计算公式为:

$$\bar{k}_q = \frac{\sum q_1 p_0}{\sum q_0 p_0} \tag{6.4}$$

式中,$\bar{k}_q$ 表示商品销售量综合指数;$\sum q_0 p_0$ 表示多种商品基期销售额总和;$\sum q_1 p_0$ 表示多种商品假定销售额总和。

此计算公式是德国统计学家拉斯贝尔于 1864 年提出的,简称为拉氏数量指数公式。这个公式的分子与分母之比,说明价格固定在基期销售量的综合变动程度;分子与分母的差额说明由于销售量的变动对销售额绝对值的影响。可以总结出编制数量指标综合指数的一般原则:在编制数量指标指数时,应以基期的质量指标作为同度量因素。

例 6.1 某商场销售三种商品,销售资料如表 6.2 所示。计算三种商品销售数量总指数。

表 6.2 某商场销售三种商品销售数量、价格统计表

商品名称	计量单位	商品销售量		价格(元)		销售额(元)		
		基期 q_0	报告期 q_1	基期 p_0	报告期 p_1	基期 p_0q_0	假定 q_1p_0	报告期 p_1q_1
甲	千克	200	300	50	40	10 000	15 000	12 000
乙	台	100	80	100	150	10 000	8 000	12 000
丙	个	300	420	80	70	24 000	33 600	29 400
合计	—	—	—	—	—	44 000	56 600	53 400

$$\bar{k}_q = \frac{\sum p_0q_1}{\sum p_0q_0} \times 100\% = \frac{56\ 600}{44\ 000} \times 100\% = 128.6\%$$

计算结果表明,三种商品的销售量平均上升 28.6%。

(二)质量指标综合指数

质量指标综合指数的编制也是要先求出两个总量指标,然后用两个总量指标进行对比,求出比率即综合指数。由于要计算的是复杂总体的总指数,所以不论是多种商品的单位成本,还是多种商品的价格都不能直接相加,这时就要用同度量因素,使其变为价值指标后,才能进行对比。例如,产品单位产品成本指数、商品价格指数、平均工资指数、劳动生产率指数等都是质量指标指数。对质量指标指数都应以数量指标为同度量因素。以价格指数为例,根据现象之间的内在联系,价格要乘以销售数量变成销售额,只有变成销售额之后才可以进行对比。对同度量因素销售数量,可以有不同时期的选择,可以选择基期销售数量、报告期销售数量。一般来说,选择报告期的销售数量作为价格质量指标综合指数的同度量因素的时期。因为,只有选择报告期才可以使指数体系完整成立,这样计算的综合指数才有实际的经济意义,即只有报告期的销售数量的变动对于价格的变动才有实质性的影响,而不是基期的销售数量。计算公式为:

$$\bar{k}_p = \frac{\sum p_1q_1}{\sum p_0q_1} \tag{6.5}$$

式中,$\bar{k}_p$ 表示商品价格综合指数;$\sum p_1q_1$ 表示多种商品报告期销售额总和;$\sum p_0q_1$ 表示多种商品假定销售额总和。

此计算公式是德国统计学家派许(Paasche)提出的,简称为派氏质量指数公式。这个公式的分子与分母之比,说明销售数量固定在报告期价格的综合变动程度;分子与分母相减的差额说明由于商品价格变动对销售额绝对值的影响。可以总结出编制质量指标指数的一般原则:在编制质量指标综合指数时,应以报告期的数量指标作为同度量因素。

例 6.2 还是利用例 6.1 和表 6.2 的资料。某商场销售三种商品,计算三种商品销售价格总指数。

$$\bar{k}_p = \frac{\sum p_1 q_1}{\sum p_0 q_1} \times 100\% = \frac{53\,400}{56\,600} \times 100\% = 94.3\%$$

计算结果表明,三种商品的销售价格平均下降 5.7%。

(三) 其他综合指数

1. 拉氏指数

拉氏指数是 1864 年由德国学者拉斯贝尔(Laspeyres)提出的。他主张,不论是数量指标指数,还是质量指标指数,都以基期作为综合指数的同度量因素的时期。拉氏指数公式为:

$$\bar{k}_q = \frac{\sum q_1 p_0}{\sum q_0 p_0}$$

$$\bar{k}_p = \frac{\sum p_1 q_0}{\sum p_0 q_0} \tag{6.6}$$

2. 派氏指数

派氏指数是 1874 年由德国统计学家派许首创的。他主张不论是数量指标指数,还是质量指标指数,都采用报告期作为同度量因素的时期。派氏指数公式为:

$$\bar{k}_q = \frac{\sum q_1 p_1}{\sum q_0 p_1}$$

$$\bar{k}_p = \frac{\sum p_1 q_1}{\sum p_0 q_1} \tag{6.7}$$

3. 马歇尔-艾奇沃斯指数

马歇尔-艾沃斯指数简称马艾指数,是由学者马歇尔(Marshall)和艾奇沃斯(Edgeworth)共同提出的。他们主张以基期权数和报告期权数的简单算术平均数,作为同度量因素。马艾指数公式为:

$$\frac{\sum p_1 \left(\frac{q_0 + q_1}{2} \right)}{\sum p_0 \left(\frac{q_0 + q_1}{2} \right)} = \frac{P_1 (q_0 + q_1)}{p_0 (q_0 + q_1)} \tag{6.8}$$

$$\frac{\sum q_1 \left(\frac{p_0 + p_1}{2} \right)}{\sum q_0 \left(\frac{p_0 + p_1}{2} \right)} = \frac{q_1 (p_0 + p_1)}{q_0 (p_0 + p_1)} \tag{6.9}$$

4. 杨格指数

杨格指数是由学者杨格(Young)提出的。他主张以正常年份或典型年份作为同度量因素的代表时期,在计算一段较长时期(例如 5 年、10 年)的各期(各年)的综合指数中,将同度量因素固定在选定的正常年份的水平上,称为固定权数。杨格指数公式为:

$$\frac{\sum p_1 q_n}{\sum p_0 q_n} \tag{6.10}$$

$$\frac{\sum q_1 p_n}{\sum q_0 p_n} \qquad\qquad (6.11)$$

5. 费宣指数(理想公式)

费宣指数是由学者费宣(Fisher)指出的。他主张以拉氏和派氏公式加以几何平均,可以使偏误相互抵消。费宣指数公式为:

$$\sqrt{\frac{\sum p_1 q_0}{\sum p_0 q_0} \times \frac{\sum p_1 q_1}{\sum p_0 q_1}} \qquad\qquad (6.12)$$

$$\sqrt{\frac{\sum q_1 p_0}{\sum q_0 p_0} \times \frac{\sum q_1 p_1}{\sum q_0 p_1}} \qquad\qquad (6.13)$$

二、平均数指数

平均数指数是总指数的另一种形式,它的编制方法是从个体指数出发,先计算总体各单位的个体指数,然后再对个体指数加以平均,以测定现象的总变动程度。

平均数指数和综合指数都是总指数的表现形式,它们之间既有联系又有区别。其联系是在一定权数下,平均数指数是综合指数的变形,两种指数的计算公式可以互变。两者的区别是出发点不同,综合指数是从经济现象的总量出发,找出同度量因素后,用相对数反映现象变动的程度,用分子与分母之差额反映现象变动的经济效果,从而正确地说明不同度量现象的总变动。平均数指数是从个体指数出发,将它们加权后再平均,从而正确说明个体指数的平均变动程度。

平均数指数包括加权算术平均数指数和加权调和平均数指数两种。下面分别加以说明。

(一)加权算术平均数指数

加权算术平均数指数是根据算术平均数的计算方式编制的指数,公式体现的结构与加权算术平均数公式的结构是一样的,只是表示的符号不同而已。当已知数量指标的个体指数 k_q 和基期的总量指标(产值或销售额等)$p_0 q_0$ 时,可编制加权算术平均数指数。变形如下,设 $k_q = \dfrac{q_1}{q_0}$ 为销售数量个体指数,则 $q_1 = k_q q_0$,将其代入 $\bar{k}_q = \dfrac{\sum q_1 p_0}{\sum q_0 p_0}$,可得到下面的加权算术平均数指数公式:

$$\bar{k}_q = \frac{\sum k_q p_0 q_0}{\sum p_0 q_0} \qquad\qquad (6.14)$$

式中,$\bar{k}_q$ 表示数量总指数;k_q 表示数量个体指数;$p_0 q_0$ 表示基期销售额。

用拉氏数量指数公式计算销售量总指数时,必须掌握基期和报告期各种商品的销售量和价格资料。但在实践中,按基期价与报告期销售数量所计算的销售额($p_0 q_1$)资料不易获得,而基期的销售额($p_0 q_0$)与个体指数常常容易获得,所以加权算术平均数指数公式在计算数量指标综合指数时常用。

例 6.3 某商场三种商品销售额及销售量变动情况如表 6.3 所示。

表 6.3　某商场三种商品销售额及销售量变动情况统计表　　　　　　单位:万元

商品名称	基期销售额	销售数量报告期比基期增减百分比
甲	700	+13%
乙	980	−7%
丙	650	+10%

要求:计算三种商品销售量总指数。

由于本例没有 p_0q_1 假定销售额,也不知道 p_0 和 q_1,无法直接采用数量指标综合指数的计算公式计算,但是可以采用加权算术平均数指数公式计算。三种商品销售量总指数为:

$$\bar{k}_q = \frac{\sum k_q p_0 q_0}{\sum p_0 q_0} \times 100\% = \frac{1.13 \times 700 + 0.93 \times 980 + 1.1 \times 650}{700 + 980 + 650} \times 100\% = \frac{2\,417.4}{2\,330} \times 100\% = 103.75\%$$

计算结果表明:三种商品的销售量总指数为 103.75%,平均上升 3.75%。在计算时要把销售数量增减速度变成发展速度之后再计算。这个计算结果与采用式(6.4)数量指标综合指数的计算公式一样。所以,在只掌握个体指数和基期资料时,运用加权算术平均数指数公式计算总指数比较方便。同时也可以看出加权算术平均数指数公式是综合指数公式的变形。

（二）加权调和平均数指数

加权调和平均数指数是根据调和平均数的计算方式编制的指数,它的公式结构与加权调和平均数的公式结构是一样的,只是表示的符号不同而已。加权调和平均数指数适用于质量指标指数的编制。加权调和平均数指数主要用来编制质量指标指数,在只有个体价格指数 k_P 和各种产品或商品的报告期价值量指标 p_1q_1 时,可采用加权调和平均数指数计算总指数。变形如下,设 $k_p = \dfrac{p_1}{p_0}$ 为价格个体指数,则 $p_0 = \dfrac{p_1}{k_p}$,将其代入 $\bar{k}_p = \dfrac{\sum p_1 q_1}{\sum p_0 q_1}$,可得到下面的加权调和平均数指数公式:

$$\bar{k}_p = \frac{\sum p_1 q_1}{\sum \dfrac{1}{k_p} p_1 q_1} \tag{6.15}$$

式中,$\bar{k}_p$ 表示价格总指数;k_p 表示价格个体指数;p_1q_1 表示报告期销售额。

例 6.4　某年某粮库收购主要粮食资料如表 6.4 所示。

表 6.4　某年某粮库收购主要粮食统计表　　　　　　单位:万元

粮食品名	今年收购额	收购价格今年比去年增减百分比
玉米	2 000	+2%
水稻	1 800	+1%
大豆	1 500	−2%
小麦	1 000	+3%

要求:计算这四种粮食今年收购价格与去年比较平均上升还是下降了,百分比是多少?

$$\bar{k}_p = \frac{\sum p_1 q_1}{\sum \dfrac{1}{k_p} p_1 q_1} \times 100\% = \frac{2\,000 + 1\,800 + 1\,500 + 1\,000}{\dfrac{2\,000}{1.02} + \dfrac{1\,800}{1.01} + \dfrac{1\,500}{0.98} + \dfrac{1\,000}{1.03}} \times 100\% = \frac{6\,300}{6\,244.45} \times 100\% = 100.89\%$$

计算结果表明:四种粮食今年收购价格平均是去年的100.89%,收购价格平均提高0.89%。

这个计算结果同利用式(6.5)质量指标综合指数公式计算的结果是完全一致的。由此可见,当编制总指数时,在所掌握的是个体指数和报告期资料的情况下,应用调和平均数指数公式比较方便。

编制综合指数和编制平均数指数都是常用的编制总指数的方法。但是这两种方法在所需资料和分析计算过程中还是有一定区别的。综合指数主要适用于根据全面资料编制,而平均数指数既可以根据全面资料编制,也可以选择少数有代表性的个体指数加权平均计算;综合指数既可以作相对数分析,也可以作绝对数分析。平均数指数,尤其是由非全面资料计算的平均数指数,一般作相对数分析,不作绝对数分析;同时在权数的应用上,平均数指数的权数可以是绝对数,也可以是相对数。综合指数的权数一般只用绝对数形式,所以平均数指数的权数比综合指数的权数灵活,它还可以使用固定权数编制。

(三)固定权数加权算术平均数指数

平均数指数的权数可以是综合指数变形权数,也可以是固定权数。既可以是绝对数权数也可以是相对数权数。固定权数是指用某一时期,经过调整后的权数资料,以比重的形式固定下来作为权数,通常用 w 表示。固定权数加权算术平均数指数计算公式为:

$$\bar{k}_p = \frac{\sum k_p w}{\sum w} \tag{6.16}$$

式中,$\bar{k}_p$ 表示价格总指数;k_p 表示价格个体指数;w 表示比重权数。

用固定权数计算平均数指数,比较简便迅速,有很大的灵活性。

目前,我国居民消费价格指数是最重要的指数之一,由于缺乏全面统计资料,无法用综合指数的方法进行计算,所以一般都是用固定权数来统计计算零售物价指数。有的消费品价格指数、工业品出厂价格指数、工业原材料购进价格指数等也都是采用这种方法。这种方法要分别计算个体指数、类指数和总指数,即要分层计算,从里往外计算。就是从个体指数开始计算,先计算小类指数,然后计算中类指数,再计算大类指数,最后计算总指数。因此,也要分层确定比重权数,各层权数之和都应该等于100%。权数一经固定下来,一般5年左右更换一次,在使用期限内可作个别调整。

例 6.5 我国城市居民消费价格指数的商品分类是全国统一规定的,一般有八大类。如果某省某年食品类比重为34%,指数为103%;烟酒及用品类比重为4%,指数为102%;衣着类比重为9%,指数为101%;家庭设备及维修服务类比重为6%,指数为101%;医疗保健及个人用品类比重为10%,指数为108%;交通和通信类比重为10%,指数为102%;娱乐教育文化用品及服务类比重为14%,指数为104%;居住消费类比重为13%,指数为99%。计算该省这一年城市居民消费价格总指数。

$$\bar{k}_p = \frac{\sum k_p w}{\sum w}$$

$$= \frac{103\% \times 34\% + 102\% \times 4\% + 101\% \times 9\% + 101 \times 6\% + 108\% \times 10\% + 102\% \times 10\% + 104\% \times 14\% + 99\% \times 13\%}{34\% + 4\% + 9\% + 6\% + 10\% + 10\% + 14\% + 13\%}$$

$$= 102.68\%$$

计算结果表明:该省这一年城市居民消费价格总指数为102.68%,平均比上一年上升2.68%。

▶ **知识链接**

主要指标解释

1. 居民消费价格指数 是反映一定时期内城乡居民所购买的生活消费品和服务项目价格变动趋势和程度的相对数。

2. 商品零售价格指数 是反映一定时期内城乡商品零售价格变动趋势和程度的相对数。

3. 农业生产资料价格指数 是反映一定时期内农业生产资料价格变动趋势和程度的相对数。

4. 农产品生产者价格指数 是反映一定时期内,农产品生产者出售农产品价格水平变动趋势及幅度的相对数。该指数可以客观反映全国农产品生产价格水平和结构变动情况,满足农业与国民经济核算需要。其中某代表品生产价格指数是通过对全部有出售该产品行为的调查单位的个体指数进行几何平均求得的,类价格指数是通过对其所属的类(或代表品)的价格指数进行加权平均求得的。季度累计价格指数的计算方法与分季指数的计算方法相同。

5. 工业生产者出厂价格指数 是反映一定时期内全部工业产品第一次出售时的出厂价格总水平的变动趋势和变动幅度的相对数。

6. 工业生产者购进价格指数 是反映作为中间投入的原材料、燃料、动力购进价格总水平的变动趋势和变动幅度的相对数。

7. 固定资产投资价格指数 是反映一定时期内固定资产投资品及取费项目的价格变动趋势和变动幅度的相对数。

资料来源:《中国统计年鉴 2020》。

第三节 指数体系和因素分析

一、指数体系的定义

指数体系,即反映各种经济现象之间相互联系或经济关系的若干个指数所组成的整体。

社会经济现象是复杂的,它的发展变化往往受很多因素的影响和制约。比如,销售额的多少受商品销售价格和销售量的影响;工业产品总成本的变动受产品产量和单位产品成本的影响;产值的多少受产量和价格的影响,还受职工人数、人均产量和价格三个因素的共同影响。这些社会经济现象之间的相互依存关系可用下列公式表示:

$$销售额 = 商品单价 × 销售量$$

$$总成本 = 产量 × 单位成本$$

$$产值 = 产量 × 价格$$

$$产值 = 职工人数 × 人均产量 × 价格$$

上述社会经济现象之间客观上存在着一定的经济联系,在进行动态分析时也必然存在指数关系,即

销售额指数 ＝ 价格指数 × 销售量指数

总成本指数 ＝ 产量指数 × 单位成本指数

产值指数 ＝ 产量指数 × 价格指数

产值指数 ＝ 职工人数指数 × 人均产量指数 × 价格指数

▶ **举一反三**

你还可以说出其他的指数体系吗?

二、指数体系的作用

为了研究复杂社会经济现象发展变化的具体原因,了解各个构成因素的影响程度和经济效果,就需要编制指数体系。指数体系在经济活动分析中的重要作用主要有以下两点。

(1)分析总现象受各因素影响的程度和方向。通过指数体系可以对复杂的社会经济现象的变动进行全面的分析,揭示各个构成因素的变动方向和影响程度。例如,要分析销售额变动受销售量和价格因素影响是多少,就可以根据销售额指数体系分别分析,由于销售数量变动对销售额的影响,还可以分析由于价格的变动对销售额的影响。

(2)分析和计算指数体系中所缺的某个指数。根据指数体系中各个因素之间的联系推算某个未知指数的数值。例如,已知销售额指数和销售量指数,就可以求出价格指数。

▶ **考考你**

某地区居民用同样多的人民币,报告期比基期多购买商品 2%。则该地区物价指数是多少?

三、因素分析的定义

利用统计指数体系对社会经济现象的总变动及各个构成因素的变动方向和变动程度进行的分析,在统计学中叫作因素分析。因素分析与指数体系之间存在着密切的关系,因素分析的前提是指数体系,只有依据指数体系才可以进行因素分析。没有科学的指数体系就很难进行因素分析。

四、因素分析的内容

因素分析根据经济现象的内在关系,一般的主要内容有:简单现象的两因素分析、复杂现象的两因素分析、简单现象的多因素分析和复杂现象的多因素分析。一般分析的步骤:首先,分析现象之间的内在联系,找到科学合理的指数关系式,然后建立指数体系;其次,计算指数体系中的每一个指数;再次,计算每个指数的变动对总量指标的绝对数影响,即计算每个指数的分子减去分母的绝对数;最后,利用指数体系从相对数和绝对数方面进行分析。

五、总量指标变动的因素分析

因素分析一般有简单现象的两因素分析、简单现象的多因素分析、复杂现象的两因素分析、复杂现象的多因素分析。下面主要介绍复杂现象的两因素分析。

复杂现象的两因素分析是分析总量指标,它受两因素影响情况。因素分析的目的是测定两个因素的变动对现象总变动的影响方向和程度。以销售额为例分析步骤如下。

1. 计算销售额总指数及绝对量

$$\bar{k}_{pq} = \frac{\sum p_1 q_1}{\sum p_0 q_0}; \quad \sum p_1 q_1 - \sum p_0 q_0 \qquad (6.17)$$

2. 计算两个影响因素指数及绝对量

$$\bar{k}_q = \frac{\sum p_0 q_1}{\sum p_0 q_0}; \quad \sum p_0 q_1 - \sum p_0 q_0$$

$$\bar{k}_p = \frac{\sum p_1 q_1}{\sum p_0 q_1}; \quad \sum p_1 q_1 - \sum p_0 q_1$$

3. 建立销售额、销售量和销售价格三个指数的指数体系

$$\frac{\sum p_1 q_1}{\sum p_0 q_0} = \frac{\sum p_0 q_1}{\sum p_0 q_0} \times \frac{\sum p_1 q_1}{\sum p_0 q_1} \qquad (6.18)$$

$$\sum p_1 q_1 - \sum p_0 q_0 = \left(\sum p_0 q_1 - \sum p_0 q_0 \right) + \left(\sum P_1 q_1 - P_0 q_1 \right) \qquad (6.19)$$

例 6.6 还以例 6.1 和表 6.2 数据为例,对销售额进行复杂现象两因素分析,即对三种商品销售额进行因素分析。

(1)计算销售额总指数及绝对量。

$$\bar{k}_{pq} = \frac{\sum p_1 q_1}{\sum p_0 q_0} \times 100\% = \frac{53\ 400}{44\ 000} \times 100\% = 121.36\%$$

$$\sum p_1 q_1 - \sum p_0 q_0 = 53\ 400 - 44\ 000 = 9\ 400(元)$$

计算结果表明,三种商品销售额报告期比基期增加 21.36%,增加了 9 400 元。

(2)计算两个影响因素指数及绝对量。

$$\bar{k}_q = \frac{\sum p_0 q_1}{\sum p_0 q_0} \times 100\% = \frac{56\ 600}{44\ 000} \times 100\% = 128.64\%$$

$$\sum p_0 q_1 - \sum p_0 q_0 = 56\ 600 - 44\ 000 = 12\ 600(元)$$

计算结果表明,三种商品销售量报告期比基期增加 28.64%,由于销售数量增加,使销售额增加了 12 600 元。

$$\bar{k}_p = \frac{\sum p_1 q_1}{\sum p_0 q_1} \times 100\% = \frac{53\ 400}{56\ 600} \times 100\% = 94.35\%$$

$$\sum p_1 q_1 - \sum p_0 q_1 = 53\ 400 - 56\ 600 = -3\ 200(元)$$

计算结果表明,三种商品价格平均报告期比基期减少 5.65%,由于价格降低,使销售额减少了 3 200 元。

(3)建立销售额、销售量和销售价格三个指数的指数体系。

$$\frac{\sum p_1 q_1}{\sum p_0 q_0} = \frac{\sum p_0 q_1}{\sum p_0 q_0} \times \frac{\sum p_1 q_1}{\sum p_0 q_1}$$

$$121.36\% = 128.64\% \times 94.35\%$$

$$\sum p_1 q_1 - \sum p_0 q_0 = \left(\sum p_0 q_1 - \sum p_0 q_0 \right) + \left(\sum P_1 q_1 - P_0 q_1 \right)$$

$$9\ 400(元) = 12\ 600 + (-3\ 200)$$

计算结果表明，三种商品的销售额增加 21.36％，是由于销售数量增加 28.64％和价格降低 5.65％共同作用的结果；销售额增加 9 400 元，是由于销售数量增加使销售额增加 12 600 元和价格降低使销售额减少 3 200 元综合影响的结果。

▶ **举一反三**

请举例说明其他复杂现象的两因素分析案例。

第四节　几种经济指数的编制

我国目前编制的主要价格指数有商品零售价格指数、居民消费价格指数、城市居民消费价格指数、农村居民消费价格指数、农产品生产价格指数、农业生产资料价格指数、工业生产者出厂价格指数、工业生产者购进价格指数等。本节主要介绍我国居民消费价格指数和股票指数的计算方法。

一、居民消费价格指数的编制

（一）居民消费价格指数的定义

居民消费价格指数（consumer price index）简称 CPI，是度量消费商品及服务项目价格水平随着时间变动的相对数，反映居民购买的商品及服务项目价格水平的变动情况。居民消费价格指数统计调查的是社会产品和服务项目的最终价格，一方面与人民群众的生活密切相关，另一方面在整个国民经济价格体系中也具有重要的地位。

（二）居民消费价格指数的作用

1. 反映通货膨胀状况

通货膨胀的严重程度是用通货膨胀率来反映的，它说明了一定时期内商品价格持续上升的幅度。通货膨胀率一般是以消费者物价指数来表示的。

通货膨胀率 ＝（报告期消费者物价指数 － 基期消费者物价指数）÷ 基期消费者物价指数×100％

2. 反映货币购买力变动情况

货币购买力是指单位货币能够购买到的消费品和服务的数量。消费者物价指数上涨，货币购买力下降；反之，则上升。消费者物价指数的倒数就是货币购买力指数。

货币购买力指数 ＝（1÷消费者物价指数）×100％

3. 反映对职工实际工资的影响

消费者物价指数的提高意味着实际工资的减少，消费者物价指数的下降意味着实际工资的提高。因此，可利用消费者物价指数将名义工资转化为实际工资，其计算公式为：

实际工资 ＝ 名义工资÷消费者物价指数

该指数是进行经济分析和决策、价格总水平监测和调控及国民经济核算的重要指标，其变动率在一定程度上反映了通货膨胀或紧缩的程度。一般来讲，该物价指数全面地、持续地上涨就被认为发生了通货膨胀。

（三）居民消费价格指数的分类

全国居民消费价格指数涵盖全国城乡居民生活消费的食品、烟酒及用品、衣着、家庭设备用品及维修服务、医疗保健和个人用品、交通和通信、娱乐教育文化用品及服务、居住 8 大类、262 个基本分类的商品与服务价格。具体大类如下。

（1）食品类：可供人类食用或饮用的物质，包括加工食品、半成品和未加工食品，不包括烟草或只做药品用的物质。

（2）烟酒类：包括烟草、酒。

（3）衣着类：指各种穿戴用品，包括棉、麻、丝、毛和各种人造纤维、合成纤维纺织的各种布匹、呢绒和绸缎加工而成的服装，各种鞋、袜、帽等，此外还包括衣着加工服务。

（4）家庭设备及维修服务类：包括耐用消费品、室内装饰品、床上用品、家庭日用杂品及家庭服务及加工维修服务。

（5）医疗保健和个人用品类：医疗保健包括医疗器具及用品、中药材及中成药、西药、保健器具及用品和医疗保健服务。个人用品及服务包括化妆美容用品、清洁类化妆品、护肤品、个人饰品及个人服务。

（6）交通和通信类：交通包括交通工具、车用燃料及零配件、车辆使用及维修费、市区公共交通费和城市间交通费。通信包括通信工具和通信服务。

（7）娱乐教育文化用品及服务类：包括文娱用耐用消费品及服务、教育、文化娱乐类及旅游。

（8）居住类：包括建房及装修材料、租房、自有住房及水电燃料。

> ▶ **考考你**
>
> 我国现在居民消费价格指数中的 8 大类商品及服务的各类权数是多少？

（四）居民消费价格指数的调查方法

居民消费价格指数采用抽样调查方法抽选确定调查网点，按照"定人、定点、定时"的原则，直接派人到调查网点采集原始价格。数据来源于全国 31 个省（区、市）500 个市县、6.3 余万家价格调查点，包括食杂店、百货店、超市、便利店、专业市场、专卖店、购物中心以及农贸市场与服务消费单位等。

例 6.7 某市有关居民消费价格指数资料如表 6.5 所示，请编制居民消费品价格指数。

表 6.5　某市居民消费价格指数计算表

商品类别和品名	代表规格品的规格等级牌号	计量单位	平均价格（元）		权数（w）（%）	以上年为基数	
			上年（$\bar{p}_0$）	本年（$\bar{p}_1$）		指数 $\left(k_p=\dfrac{\bar{p}_1}{\bar{p}_0}\right)$（%）	指数乘权数（$k_p w$）
（甲）	（乙）	（丙）	（1）	（2）	（3）	（4）$=\dfrac{(2)}{(1)}$	（5）=（4）×（3）
总指数					100	101.61	10 161.0
一、食品					[32]	101.76	3 256.3
粮食					（30）	104.10	104.1
油脂					（5）	95.00	475.0

（续表）

商品类别和品名	代表规格品的规格等级牌号	计量单位	平均价格(元)		权数(w)(%)	以上年为基数	
			上年($\bar{p}_0$)	本年($\bar{p}_1$)		指数$\left(k_p=\dfrac{\bar{p}_1}{\bar{p}_0}\right)$(%)	指数乘权数($k_p w$)
肉禽及其制品					(20)	99.04	9 904.2
其中:猪肉		千克	16.9	16.5	60	97.63	5 857.8
牛肉		千克	42.0	44.0	20	104.76	2 095.2
羊肉		千克	41.0	40.0	20	97.56	1 951.2
蛋					(5)	110.10	550.5
水产品					(5)	101.20	506.0
鲜 菜					(20)	99.20	1 984.0
鲜 果					(10)	106.10	1 061.0
液体乳及乳制品					(5)	99.10	495.5
二、烟酒及用品					[3]	99.00	297.0
三、衣着					[17]	104.00	1 768.0
四、家庭设备及维修服务					[10]	101.00	1 010.0
五、医疗保健及个人用品					[10]	102.00	1 020.0
六、交通和通信消费					[8]	98.00	784.0
七、娱乐教育文化用品及服务					[6]	102.00	612.0
八、居住消费					[14]	101.00	1 414.0

各类物价指数的计算步骤如下。

(1) 计算各代表规格品的个体零售价格指数。如猪肉、牛肉、羊肉的个体指数为：

$$猪肉个体价格指数:k_p = \frac{\bar{p}_1}{\bar{p}_0} \times 100\% = \frac{16.5}{16.9} \times 100\% = 97.63\%$$

$$牛肉个体价格指数:k_p = \frac{\bar{p}_1}{\bar{p}_0} \times 100\% = \frac{44}{42} \times 100\% = 104.76\%$$

$$羊肉个体价格指数:k_p = \frac{\bar{p}_1}{\bar{p}_0} \times 100\% = \frac{40}{41} \times 100\% = 97.56\%$$

(2) 计算小类指数。即把个体指数乘上相应的权数,然后各代表规格品的数值相加再除以权数之和,求算术平均数,即得小类指数。例如,肉禽及其制品小类指数为：

$$\overline{k_p} = \frac{\sum k_p w}{\sum w} = \frac{97.63\% \times 60\% + 104.76\% \times 20\% + 97.56\% \times 20\%}{100} = 99.04\%$$

（3）计算大类指数。即把小类指数乘上相应的权数，然后各小类的数值相加再除以权数之和，求算术平均数，即得大类指数。例如，食品大类指数为：

$$\overline{k_p} = \frac{\sum k_p w}{\sum w} = (104.1\% \times 30\% + 95\% \times 5\% + 99.04\% \times 20\% + 110.1\% \times 5\% + 101.2\% \times 5\% +$$

$$99.2\% \times 20\% + 106.1\% \times 10\% + 99.1\% \times 5\%)/100$$

$$= 101.76\%$$

（4）计算总指数。即把大类指数乘上相应的权数，然后各大类数值相加再除以权数之和，求算术平均数，即得总指数。总指数为：

$$\overline{k_p} = \frac{\sum k_p w}{\sum w} = (101.76\% \times 32\% + 99\% \times 3\% + 104\% \times 17\% + 101\% \times 10\% + 102\% \times 10\% +$$

$$98\% \times 8\% + 102\% \times 6\% + 101\% \times 14\%)/100$$

$$= 101.61\%$$

计算结果表明，该市居民价格总指数今年是去年的 101.61%，平均上涨 1.61%。

> ▶ **知识链接**
>
> **价格指数基期轮换**
>
> 开展基期轮换是价格统计调查重要的基础性工作。我国 CPI、PPI 和住宅销售价格指数每五年进行一次基期轮换，2021 年开始编制和发布以 2020 年为基期的价格指数。
>
> CPI 是综合反映一定时期内居民消费的商品和服务价格水平变动情况的相对数。通常选取一组消费量较大、最能代表多数人日常消费行为的商品和服务，用它们的价格变化情况，结合居民日常消费结构，来综合代表全部商品和服务的价格变化情况。我国 CPI 将逢 "5" 和 "0" 的年份作为基期，在基期年选取的商品和服务，五年保持不变，以兼顾指数的连续可比与消费结构变动的及时反映。2021—2025 年，国家统计局将编制和发布以 2020 年为基期的 CPI。
>
> **基期轮换涉及调整内容**
>
> 价格指数的基期轮换既包括调查分类目录、代表规格品和调查点的调整，也包括分类权数的调整。本次 CPI 基期轮换，在调查分类方面，参考联合国制定的《按目的划分的个人消费分类（COICOP）》与我国的《居民消费支出分类》，结合实际情况调整了调查分类目录。调整后的调查分类目录大类保持不变，仍为 8 个大类，基本分类从 262 个增加至 268 个，在对部分消费项目删减、合并的基础上，增加了外卖、母婴护理服务、新能源小汽车、可穿戴智能设备、网约车费用等新兴商品和服务。在调查点方面，根据最新的调查分类目录，结合市场销售实际情况，重新抽选了调查网点。在分类权数方面，从住户收支与生活状况调查中获取到最新的居民消费支出数据，结合 2020 年开展的权数专项调查结果和相关行政记录，并参照当前国际做法，剔除了非洲猪瘟、新冠疫情等对居民消费支出的异常影响，对各分类权数进行了重新测算，以更加合理准确地反映居民消费结构。与上轮基期（2016—2020 年）相比，新基期的权数总体变动不大。其中，食品烟酒、衣着、教育文化娱乐、其他用品及服务权数约比上轮分别下降了 1.2、1.7、0.5 和 0.4 个百分点，居住、交通通信、医疗保健权数约比上轮分别上升了 2.1、0.9 和 0.9 个百分点，生活用品及服务权数变动不大。

二、股票指数

（一）上证股票指数

上证股票指数是由上海证券交易所编制的股票指数，1990年12月19日正式开始发布。以此为基期，基点为100，该股票指数的样本为所有在上海证券交易所挂牌上市的股票，其中新上市的股票在挂牌的第二天纳入股票指数的计算范围。

该股票指数的权数为上市公司的总股本。由于我国上市公司的股票有流通股和非流通股之分，其流通量与总股本并不一致，所以总股本较大的股票对股票指数的影响就较大，上证指数常常就成为机构大户造市的工具，使股票指数的走势与大部分股票的涨跌相背离。

上海证券交易所股票指数的发布几乎是和股票行情的变化保持同步的，它是我国股民和证券从业人员研判股票价格变化趋势必不可少的参考依据。

（二）深圳综合股票指数

深圳综合股票指数是由深圳证券交易所编制的股票指数，从1991年4月3日为基期。基点为100。该股票指数的计算方法基本与上证指数相同，其样本为所有在深圳证券交易所挂牌上市的股票，权数为股票的总股本。由于以所有挂牌的上市公司为样本，其代表性非常广泛，且它与深圳股市的行情同步发布，它是股民和证券从业人员研判深圳股市股票价格变化趋势必不可少的参考依据。在前些年，深圳证券交易所的股票交投不如上海证券交易所那么活跃，深圳证券交易所现已改变了股票指数的编制方法，采用成分股指数，其中只有40只股票入选并于1995年5月开始发布。

现在深圳证券交易所并存着两个股票指数：一个是深圳综合指数，一个是成分股指数。但从几年来的运行势态来看，两个指数间的区别并不是特别明显。

（三）上证180指数

上海证券交易所2002年7月1日正式对外发布的上证180指数，是用以取代原来的上证30指数。新编制的上证180指数的样本数量扩大到180家，入选的个股均是一些规模大、流动性好、行业代表性强的股票。该指数不仅在编制方法的科学性、成分选择的代表性和成分的公开性上有所突破，同时也恢复和提升了成分指数的市场代表性，从而能更全面地反映股价的走势。统计表明，上证180指数的流通市值占到沪市流通市值的50%，成交金额占比也达到47%。它的推出，有利于推出指数化投资，引导投资者理性投资，并促进市场对"蓝筹股"的关注。

（四）沪深300指数

沪深300指数是由上海和深圳证券交易所2005年4月8日联合发布的，反映A股市场整体走势的指数。沪深300指数是由上海和深圳证券市场中选取300只A股作为样本编制而成的成分股指数。

沪深300指数样本覆盖了沪深市场六成左右的市值，具有良好的市场代表性。沪深300指数是沪深证券交易所第一次联合发布的反映A股市场整体走势的指数。它的推出，丰富了市场现有的指数体系，增加了一项用于观察市场走势的指标，有利于投资者全面把握市场运行状况，也进一步为指数投资产品的创新和发展提供了基础条件。

▶ **考考你**

你还了解哪些股票价格指数？

主要知识点

统计指数
- 统计指数分类
  - 按指数包括范围不同分
    - 个体指数
    - 总指数
  - 按指数资料来源和编制方法不同分
    - 综合指数
    - 平均数指数
  - 按指数反映统计指标内容不同分
    - 数量指标指数
    - 质量指标指数
  - 按指数采用基期不同分
    - 环比指数
    - 定基指数
- 统计指数性质
  - 相对性
  - 综合性
  - 平均性
- 统计指数作用
  - 综合反映事物变动的方向和程度
  - 分析和测定事物总体变动受各因素变动的影响程度
  - 研究事物在长时间内的发展变化趋势
- 统计总指数计算方法
  - 综合指数
    - 数量指标综合指数
    - 质量指标综合指数
  - 平均数指数
    - 加权算术平均数指数
    - 加权调和平均数指数
    - 固定权数加权算术平均数指数
- 指数体系的因素分析方法——复杂现象两因素分析

案例分析

《中国统计年鉴 2020》——价格部分的简要说明

一、本篇资料的主要内容

本篇价格指数资料,反映生产、流通、消费与投资等环节的价格变动趋势和变动幅度。主要包括居民消费价格指数、商品零售价格指数、农业生产资料价格指数、农产品生产者价格指数、工业生产者出厂价格指数、工业生产者购进价格指数、固定资产投资价格指数、进出口商品价格指数等。

二、本篇的资料来源

除进出口商品价格指数以外的价格指数编制由国家统计局城市社会经济调查司和农村社会经济调查司组织实施。由各省、自治区、直辖市及抽选出的市、县调查队依据国家统计局统一制定的价格统计调查制度从基层采集原始数据汇总后上报。进出口商品价格指数统计资料由海关总署提供。

三、居民消费、商品零售价格指数

编制居民消费、商品零售价格指数的资料采用抽样调查的方法取得,即在全国选择不同经济区域和分布合理的地区,以及有代表性的商品(服务)作为样本,对其市场价格进行定期调查,以样本推断总体。目前,参加国家级数据汇总的调查市、县 500 个。编制过程按下列几个步骤进行:

（1）选择调查地区和调查点。调查地区按照经济区域和地区分布合理等原则，选出具有代表性的大、中、小城市和县作为国家的调查地区，在此基础上选定经营规模大、商品种类多的商场（店）、超市、农贸市场、服务网点和互联网电商等作为调查点。

（2）选择代表规格品。代表规格品是选择那些消费量大、价格变动有代表性的商品（服务）；代表规格品的确定是根据城乡居民的消费支出记账资料和商品零售资料，按照有关规定筛选的。筛选原则：①与社会生产和人民生活关系密切；②消费（销售）数量（金额）大；③市场供应稳定；④价格变动趋势有代表性；⑤所选的代表规格品之间性质差异大，价格变动特征的相关性低。

目前，居民消费价格调查按用途划分为 8 个大类，262 个基本分类；商品零售价格按用途划分为 16 个大类，197 个基本分类。

（3）价格调查方式。通过手持数据采集器，采用定人、定点、定时的方法直接调查，或者由选中的调查对象协助填报。在保证价格准确的前提下，经国家统计局审定，各地可通过相关政府部门发布的通知、公告等文件，以及部分企业、单位公开发布的收费信息资料和被调查单位的电子数据进行辅助采价，也可从互联网采集特定商品和服务价格。

（4）权数的确定。居民消费价格指数的权数主要根据城乡居民家庭消费支出构成确定；商品零售价格指数的权数主要根据社会商品零售额资料确定。

四、工业生产者出厂价格指数

工业生产者出厂价格是工业品第一次出售时的出厂价格。该项调查采用重点调查与典型调查相结合的调查方法。重点调查对象为年主营业务收入 2 000 万元及以上的工业法人企业；典型调查对象为年主营业务收入 2 000 万元以下的工业法人企业。

（1）选择代表企业的原则：①按工业行业选择调查企业；②大型企业应尽量都选上（或占相当大比重）；③选择生产正常、稳定的企业作为调查对象。

（2）选择代表产品的原则：①按工业行业选择代表产品；②选择对国计民生影响大的产品；③选择生产较为稳定的产品；④选择有发展前景的产品；⑤选择具有地方特色的产品。

目前《工业生产者出厂价格调查目录》包括 20 000 多种产品，并将其划分为 1 638 个基本分类。

（3）价格调查方式。采用企业报表形式，每月 5 万多家工业企业上报数据资料。

（4）权数的确定。工业生产者出厂价格统计中，工业小类及小类以上的权数资料来源于工业统计中分行业工业销售产值数据资料；基本分类的权数资料来源于独立的工业企业产品权数调查。

五、固定资产投资价格指数

固定资产投资价格调查采用重点调查、典型调查以及非传统数据替代相结合的方法。固定资产投资价格调查的是全社会固定资产投资中涉及的各类投资品和取费项目的价格。调查的内容包括建筑安装工程、设备工器具购置和其他费用投资价格。

固定资产投资价格调查样本的选择遵循以下原则：

（1）选择调查企业的原则：调查企业必须具有投资经济活动的较强代表性，一是以金额表示的投资经济活动量大，即选择那些投资大、代表品购进金额较多或代表品消耗较多的企业。二是投资经济活动面广、类别较多。

（2）价格调查方式。采用企业报表方式。

（3）权数的确定。固定资产投资价格指数的计算权数来源于固定资产投资统计中建筑安装工程、设备工器具购置和其他费用占投资总额的比重。

六、农产品生产者价格指数

农产品生产者价格是农产品生产者直接出售其产品时实际获得的单位产品价格。农产品生产价格调查采用抽样调查和重点调查相结合的方法。内容包括被调查单位生产并出售的主要农产品。农产品代表产品的选择涵盖农、林、牧、渔四大类、各中类以及90%以上的小类,一般是生产量和销售量大的对国计民生影响大、稳定性强的产品,具有发展前景的新产品和具有地方特色的产品。代表品一般稳定五年。调查周期为季度。

七、进出口商品价格指数

进出口商品价格指数是反映一定时期内进出口商品价格变动趋势及幅度的统计指标。采用"单位价值法"编制,计算指数的资料全部来自中国海关的进出口货物贸易统计。计量单位按人民币计价,进口价格指数的计算按到岸价格(CIF)计算,出口价格指数的计算按离岸价格(FOB)计算。

资料来源:《中国统计年鉴2020》。

研讨问题

1. 你认为我国现行的居民消费价格指数的计算方法是否科学合理,居民消费价格指数和你的感受情况相同吗,为什么?

2. 如何确定统计指数的权数?

3. 如何进行统计指数的采价?

思政德育课堂

1. 案例描述

住房价格是在房地产开发、建设过程中所形成的价值与土地所有权价格的货币表现。在有效市场中,即住房的购买者和供应者都是经济理性的,不存在不正当竞争因素,住房价格是住房本身价值的真实体现。房地产作为一种特殊商品,它具有良好的保值增值功能,往往在经济运行不稳定时,房地产市场会成为人们躲避风险的重要手段,进而会加剧市场经济的波动。我国的房地产市场具有政府调控性较强,区域价格差异较大等特征,并且伴随供求关系不断变化,影响我国房地产市场供给和需求变化的因素众多,比如建筑成本、利率水平、汇率水平、土地价格、人口增长率、城镇居民可支配收入、消费者信贷、消费者对未来的预期和国家的相关政策等。通过定量与定性分析,掌握了我国房地产市场价格影响的主要因素。

资料来源:国家统计局网站。

2. 案例提示

在复杂事物自身包含的多种矛盾中,每种矛盾所处的地位、对事物发展所起的作用是不同的,总有主次、重要非重要之分,其中必有一种矛盾与其他诸种矛盾相比较而言,处于支配地位,对事物发展起决定作用,这种矛盾就叫作主要矛盾。学习了统计分析方法后,要通过定量与定性分析方法,掌握复杂事物影响的主要因素。学会应用因素分析与综合分析的对立统一辩证思维方法,正确理解影响事物的主要矛盾。

习　　题

【单项选择题】

1. 按照统计指数研究对象的范围不同,统计指数分为(　　　)。

　A. 简单指数和加权指数　　　　　　B. 动态指数和静态指数

　C. 综合指数和平均数指数　　　　　D. 个体指数和总指数

2. 统计指数有广义和狭义之分,狭义是指(　　　)。

A. 说明同类现象不同空间对比的相对指标

B. 说明同类现象不同时间对比

C. 研究复杂经济现象综合变动的特殊相对数

D. 静态指数

3. 综合指数包括( )。

A. 个体指数和总指数　　　　　　　B. 质量指标指数和数量指标指数

C. 平均数指数和平均指标变动指数　D. 定基指数和环比指数

4. 某零售商店今年与去年比零售价格综合平均上升了18%,零售量综合下降了18%,则商品零售额( )。

A. 不变　　　　　　　　　　　　　B. 上升

C. 下降　　　　　　　　　　　　　D. 可能上升也可能下降

5. 如果平均工资提高18%,工资总额提高15%,则职工人数( )。

A. 提高18%　　　　　　　　　　　B. 提高5%

C. 降低2.5%　　　　　　　　　　　D. 降低97.5%

6. 若物价上涨,销售额持平,则销售量指数( )。

A. 为零　　　　B. 不变　　　　C. 增长　　　　D. 降低

7. 若物价下跌,销售量减少,则销售额指数( )。

A. 为零　　　　B. 降低　　　　C. 增长　　　　D. 不变

8. 若将数量指标综合指数变形为加权算术平均数指数,其特定的权数是( )。

A. p_0q_0　　　　B. p_0q_1　　　　C. p_1q_0　　　　D. p_1q_1

9. 公式 $\sum p_1q_1 - \sum p_0q_1$ 的经济意义是( )。

A. 反映销售量变动的绝对额

B. 反映销售额变动的绝对额

C. 反映价格变化而使消费者多(或少)付的货币额

D. 反映销售量变化而引起的销售额变动的绝对额

10. 销售量综合指数 $\dfrac{\sum q_1p_0}{\sum q_0p_0}$ 表示( )。

A. 在价格不变条件下,销售量综合变动程度

B. 在报告期价格条件下,销售量综合变动程度

C. 综合反映多种商品物价变动程度

D. 综合反映商品销售额变动程度

【多项选择题】

1. 下列指数中,属于质量指标指数的有( )。

A. 物价指数　　　　　　B. 产量指数　　　　　　C. 单位成本指数

D. 收购量指数　　　　　E. 单位产品原材料消耗量指数

2. 某厂5种产品的产量报告期为基期的118%,这个指数包括( )。

A. 个体指数　　　　　　B. 质量指标指数　　　　C. 总指数

D. 数量指标指数　　　　E. 动态指数

3. $\dfrac{\sum q_1p_0}{\sum q_0p_0}$ 是指( )。

A. 物价指数   B. 物量指数   C. 综合指数

D. 总指数   E. 相对数

4. 编制综合指数的一般原则是(　　)。

A. 数量指标指数以基期质量指标为同度量因素

B. 质量指标指数以报告期数量指标为同度量因素

C. 数量指标指数以报告期质量指标为同度量因素

D. 质量指标指数以基期数量指标为同度量因素

E. C 和 D

5. 综合指数的特点包括(　　)。

A. 要使用同度量因素   B. 要把同度量因素的时期固定起来

C. 可以对个体指数进行加权平均计算   D. 要使用全面资料计算

E. 可以使用非全面资料计算

6. 计算商品价格总指数可使用的公式有(　　)。

A. $\dfrac{\sum p_1 q_1}{\sum p_0 q_1}$ B. $\dfrac{\sum p_1 q_1}{\sum \dfrac{1}{k_p} p_1 q_1}$ C. $\dfrac{\sum k_p q_0 p_0}{\sum q_0 p_0}$

D. $\dfrac{\sum p_1 q_1}{\sum p_0 q_0}$ E. $\dfrac{\sum p_0 q_1}{\sum p_0 q_0}$

7. 某商业企业本年全部商品销售量为上年的 126%，则这个相对数是(　　)

A. 总指数   B. 个体指数   C. 销售量指数

D. 质量指标指数   E. 数量指标指数

8. 下列属于质量指标指数的有(　　)。

A. 价格总指数   B. 销售量总指数   C. 平均工资指数

D. 单位成本总指数   E. 个体价格指数

9. 拉氏综合指数公式指(　　)。

A. $\dfrac{\sum p_1 q_1}{\sum p_0 q_1}$ B. $\dfrac{\sum p_0 q_1}{\sum p_1 q_1}$ C. $\dfrac{\sum q_1 p_0}{\sum q_0 p_0}$

D. $\dfrac{\sum p_1 q_1}{\sum p_1 q_0}$ E. $\dfrac{\sum p_1 q_0}{\sum p_0 q_0}$

10. 下列属于指数范畴的指标有(　　)。

A. 动态相对数   B. 离散系数   C. 计划完成相对数

D. 季节指数   E. 结构相对指标

【判断题】

1. 从指数化指标的性质来看，单位成本指数是数量指标指数。 (　　)

2. 计算综合指数时，为了解决总体各要素的量不能直接相加而使用的媒介因素，叫同度量因素。 (　　)

3. 已掌握各种商品的销售量个体指数以及各种商品的基期销售额资料，计算销售量总指数应采用加权算术本平均数指数公式。 (　　)

4. 某商场商品销售额报告期比基期增加了 40%,销售量增加了 35%,则商品价格增加了 5%。

                           （ ）

5. 为了使成本指数的计算符合现实经济意义,则编制单位成本总指数的同度量因素是基期的产品产量。   （ ）

6. 某商店电视机、电冰箱和摩托车三种商品的销售量指数分别为 110%,98% 和 118%,这三种商品的总销售量指数是(110%+98%+118%)÷3=108.7%。   （ ）

7. 价格降低后,同样多的人民币可多购商品量 18%,说明物价下降了 18%。 （ ）

8. 综合指数只能根据全面资料计算,平均数指数一般根据非全面资料计算。 （ ）

9. 因素分析就是利用指数来分析社会经济现象变动中各种因素变动发生作用的影响程度。（ ）

10. 总指数的计算形式有综合指数和算数平均数指数。   （ ）

【简答题】

1. 什么是同度量因素? 什么是指数化因素?

2. 编制数量指标指数和质量指标指数是如何确定同度量因素及其时期的?

3. 综合指数法与平均数指数法有何区别与联系?

4. 什么是指数体系? 指数体系有什么作用?

5. 什么是因素分析法? 因素分析有哪几种类型?

【计算分析题】

1. 某工厂生产三种产品,报告期与基期的产量和价格资料如表 6.6 所示。

表 6.6 某企业产品产量和价格资料统计表

产品名称	计量单位	产量		价格(元)	
		基期	报告期	基期	报告期
甲	件	30	50	15	10
乙	吨	80	90	1 000	1 200
丙	台	60	70	90	80

要求:(1) 计算总产值指数及总产值增减的绝对额。

   (2) 计算产量总指数及由于产量的变动增减的总产值。

   (3) 计算价格总指数及由于价格的变动增减的总产值。

   (4) 利用指数体系表明上述三个指数之间的关系。（相对数和绝对数）

2. 某企业 2020 年和 2021 年产品生产费用及产品成本降低率资料如表 6.7 所示。

表 6.7 某企业产品生产费用和产品成本统计表   单位:万元

产品名称	生产费用		单位产品成本 2021 年比 2020 年降低
	2020 年	2021 年	
甲	800	820	5%
乙	500	510	3%
合计	1 300	1 330	—

根据以上资料:计算该企业单位产品成本总指数及由于单位产品成本降低节约的生产费用。

3. 某企业三种产品实际产值与产量增长资料如表 6.8 所示。

表 6.8　某企业实际产值与产量增长情况统计表　　　　　　　　单位:万元

产品名称	实际产值		2021 年比 2020 年产量增长
	2020 年	2021 年	
甲	20	24	25%
乙	45	48	10%
丙	35	48	40%
合计	100	120	—

要求:计算产量总指数以及由于产量变动使企业增减的产值。

4. 已知某企业三种商品的销售额及个体价格指数资料如表 6.9 所示。

表 6.9　某企业产品销售额和价格指数统计表

商品名称	计量单位	实际销售额(万元)		个体价格指数
		基期	报告期	
甲	千克	96	106	115%
乙	件	68	124	120%
丙	双	87	116	110%
合计	—	251	346	—

要求计算:(1) 三种商品的销售额总指数。

　　　　　(2) 三种商品的价格总指数。

　　　　　(3) 三种商品的销售量总指数。

5. 某商店销售额增长 23%,价格下降 1%,问销售量指数为多少?

6. 某市居民在报告期以相同数量的货币购买的商品数量比基期减少 4%,说明该市零售物价的变动程度。

7. 某市 2016 年社会商品零售额 2 300 亿元,2020 年增加至 2 600 亿元,这 5 年零售物价指数提高了 10%,问零售量指数是多少?

8. 已知食品类指数为 112%,所占比重为 45%;衣着类指数为 99%,所占比重为 10%;烟酒及用品类指数为 104%,所占比重为 10%;娱乐教育文化用品及服务类指数为 95%,所占比重为 5%;家庭设备用品及维修服务类指数为 102%,所占比重为 5%;医疗保健和个人用品指数为 112%,所占比重为 10%;交通和通信类指数为 102%,所占比重为 5%;居住类指数为 112%,所占比重为 10%。求零售物价总指数。

第七章 抽样推断

知识目标与要求

(1) 了解抽样推断的定义、特点、作用和内容。

(2) 理解全及总体、样本总体、总体参数、样本统计量、重复抽样、不重复抽样、抽样框、样本容量和样本个数。

(3) 理解抽样调查的组织形式。

(4) 掌握抽样平均误差、抽样极限误差的计算方法。

(5) 掌握区间估计方法、优良估计的标准、必要抽样数目的确定方法和影响必要抽样数目的因素。

能力目标与要求

(1) 掌握总体参数、样本统计量的计算方法。

(2) 掌握抽样平均误差、抽样极限误差的计算方法。

(3) 学会应用抽样推断理论与方法,用样本指标推断总体指标。

思政目标与要求

认识偶然性与必然性的对立统一规律,部分与整体的独立统一规律。

 课前导读

2020 年,某市拥有汽车总量 537.1 万辆,到 2018 年年末,全市汽车保有量 495.7 万辆,仅 2019 年就增加将近 40 万辆。其中私人汽车 407.5 万辆,私人汽车中轿车 298.2 万辆,分别增加 17.8 万辆和 12 万辆。2013 年年末,某市常住人口 2 114.8 万人,平均每 3.9 人拥有 1 辆汽车。位居全国之首,据业内人士分析,其中,国产中档汽车的比例较大,为了估计目前某市场个人购车的平均价格,调查人员于某日在该市最大的车市,随机抽取 36 位私人消费购车者,得到他们所购汽车的价格如下(单位:万元):

9.88	14.22	22.98	16.6	13.6	17.8	9.88	14.78
23.98	27.4	15.3	17.8	9.88	16.68	16.6	33.3
17.6	17.8	11.28	17.98	17.7	12.6	17.6	21.4
12.6	18.68	18.8	12.6	15.9	8.38	13.18	18.68
23.5	13.6	17.8	10.38				

　　根据这些调查数据如何估计该市私家车的平均消费价格？如果要进一步推断所购买车辆在 18 万元以上的消费者占有多大比例，应当如何分析呢？这就是本章所要研究的样本指标、抽样误差、抽样极限误差、区间估计等抽样推断基本理论问题。

第一节　抽样推断概述

一、抽样推断的定义

　　统计研究的目的在于分析说明某一现象总体的数量特征，为此，应该收集现象总体的全部数据资料才能够直接对数据资料进行计算分析。然而实际工作中，由于受主客观条件的限制，往往不可能也没必要都采用全面调查，只可能从总体中抽取部分单位组成一个样本作为总体的代表，对样本数据进行收集、汇总、计算和分析，利用样本数据指标，推断总体的数量特征或推算总体的总量指标，这一过程也称为抽样推断。

　　抽样推断是指在随机原则下从所研究现象总体中抽取部分样本作为总体代表，并在实际数据的基础上运用数理统计方法，以样本的数据特征推断出总体的总量特征的统计分析方法。例如，某机械公司生产 10 000 个零部件，按照 5% 的比例抽取 500 个零部件作为一个样本进行检查，结果发现 15 个零部件是废品，那么样本废品率为 $3\%\left(\dfrac{15}{500}\times100\%\right)$。然后，根据 3% 的样本废品率推断 10 000 个零部件总体的废品率，这就是抽样推断。

二、抽样推断的特点

　　抽样推断作为认识现象总体的一种重要方法，在统计研究活动中得到广泛应用，具有如下特征。

（一）按随机原则抽取样本单位

　　抽样调查是按随机原则抽取样本单位，随机原则也称机会均等原则，是指在抽样时排除主观上有意识随机地抽取调查单位，每一单位被抽取和不被抽取的机会是均等的。

　　随机原则和抽样调查的目的是密切联系在一起的。抽样调查的目的在于推断总体，在抽样时保证每个单位有同等的机会被选取，这样就有较大可能性使所选的样本保持和总体有相似的结构即相似的分布，从而代表性就比较大。比如，农产量抽样调查中，如果有意识选择丰产田，用这部分田块的单产推断全部田块的总产量，必然偏高；如果有意识选择灾情严重的田块，则推断结果又必然偏低，都不符合实际，它们对总体指标的代表性无疑是有偏差的。

　　可见，只有遵守随机原则，才可能根据样本分布规律，计算抽样误差，在抽样误差允许范围内去推断总体指标。所以，随机原则是抽样推断的前提，抽取的样本是在随机原则下进行抽样。

（二）用样本数据来推断研究现象总体的数量特征

　　抽样推断就是在随机原则下，从总体中抽出部分样本，来推断总体的数量特征。因此，抽样调查既能收到非全面调查的好处，又能够用样本指标来推断总体数量特征。利用样本指标估计总体指标的理论基础是大数定律。大数定律证明，如果随机变量总体存在着有限的平均值和方差，则对于充分大的抽样单位数，可以期望抽样平均数与总体平均数的绝对离差为任意小，即随着抽样单位数目的增加,抽样平均数有接近总体平均数的趋势。

（三）抽样误差可以事先计算并控制

抽样推断是用样本数量特征推断总体数量特征,推断的结果必然会存在一定程度的误差,抽样误差是不可以避免的,但这种误差是可以事先在一定的假设统计下估计的,并可以通过采取一定的调查设计控制误差范围,以保证推断结论的准确性和可靠性。

三、抽样推断的作用

抽样推断作为统计学的基本方法,在统计工作和经济工作中得到广泛应用,有着重要作用,抽样推断的作用表现在以下几个方面。

（一）节省人力、物力、费用和时间

抽样调查比全面调查工作量较小,因此,比全面调查节省人力、物力、费用和时间。同时,抽样调查能够在较短的时间内产生统计结果,增强了统计数据的时效性。

（二）对无法进行全面调查的总体进行推断

对破坏性实验,在实际中不能进行全面调查,而又要了解其全面数量特征的社会现象,只能抽取其中的部分对象来推断它的总体特征。例如,灯管的寿命检查,食品罐头的质量检查。

（三）对不必要进行全面调查的总体进行推断

对某些现象可以通过全面调查获取总体特征,但实际上很难做到或没有必要进行全面普查,也要采用抽样推断方法。例如,调查大学生的消费水平,全国人民的收入水平,家庭护理的品牌现状。由于对调查结果的要求不是非常精准,因而对所有调查单位进行调查是不必要的。因为那样调查的范围太大,调查单位太多,要耗费大量的人力、财力和时间。而用抽样调查的方法,既能节省大量人力、时间和费用,提高调查结果的时效性,又能达到同样的目的。

（四）对全面调查结果进行补充、检查和修正

由于全面调查涉及面广,工作量大,参与人员多,汇总层次繁杂,调查登记和整理资料过程易发生登记性和计算性误差。为加强全面调查数据的准确性,可以通过抽取部分单位作为抽样调查来验证,修正全面调查数据的准确性。例如,我国人口普查等都要采用抽样推断的方法对普查资料进行补充和修正,可用来检验全面调查结果的正确性,纠正偏差。

（五）对某些总体的假设进行检验

利用抽样推断的原理可对某些总体的假设进行检验,以判断假设的真伪性,作出正确决策。例如,某地区农民家庭去年平均年收入 6 500 元,本年抽样调查表明,该地区农民家庭平均年收入 7 000 元,这能否意味着该地区农民生活水平提高了呢? 我们不能就此作出结论,最好是通过假设检验的方法,检验这两年农民家庭收入是否存在显著性统计差异,由此判断该地区农民家庭今年平均年收入是否高于去年平均水平。

四、抽样推断的内容

抽样推断是在抽样调查的基础上进行的统计分析方法,参数估计和假设检验是推断统计中两个相互联系的组成部分,两者也构成了抽样推断的主要内容。

（一）参数估计

由于不知道总体的数量特征,我们可以考虑依据所获得的样本数据,对研究总体的水平、规模等数量特征进行估计。因此,根据样本数据对总体的数量特征进行估计的方法称为总体参数估计。

总体参数估计是推断统计的中心内容,其基本思想是对不同的估计问题构造不同的函数,来反映部分单位与总体之间的主要关系信息,并舍弃无关的次要部分,利用其主要关系来对总体作出推算和分析。

(二)假设检验

由于对总体状况的不了解,我们可以先对总体状况作某种假设,然后再根据抽样推断的原理,根据样本观察资料对所作假设进行检验,来判断假设的真伪,决定所作假设的取舍。因此,假设检验是指根据经验,在对总体的有关分布函数或分布参数等作出某种假设的前提下,为了确定该假设的正确性,而从总体中随机抽取部分,利用部分与总体的关系判断假设是否正确,是接受假设还是拒绝假设的过程。

五、抽样推断的相关概念

(一)全及总体和样本总体

全及总体简称总体,又称母体,是指被研究对象的全体,由调查对象所有单位组成,全及总体单位数用 N 表示。它是指所要研究的事物或现象的全体。根据总体单位标志的性质,总体又可分为变量总体和属性总体。反映数量标志的总体称为变量总体,如反映年龄、体重的学生总体,反映工资、产量高低的工人总体。反映属性标志的总体称为属性总体。如反映性别差异的总体,反映产品合格不合格的产品总体。总体不同,表现总体的特征和认识总体的方法也就不同。

样本总体简称样本,又称子体,是指全及总体在随机原则下抽取的部分单位所组成的总体,样本总体的单位数称为样本容量,用 n 表示。样本单位数总是大于 1 而小于总体单位数 N,即 $1 < n < N$。样本单位数 n 相对于全及总体的单位数 N 要小得多。统计中把 n/N 称为抽样比例。一般来说,样本单位数达到或超过 30 个($n \geqslant 30$)称为大样本,而在 30 个以下($n < 30$)称为小样本。社会经济现象的抽样调查多取大样本,而自然实验观察则多取小样本。以很小的样本来推断很大的总体,这是抽样推断法的重要特点。对一个研究对象而言,全及总体是唯一确定的,而样本总体则不是唯一的,一个全及总体可能抽取很多个样本总体,全部样本的可能数目和每一样本的容量不同有关,也和抽样的方法有关。不同的样本容量和不同的抽样方法,样本的可能数目是不同的。例如,要调查某公司生产的水壶质量是否达标,从生产的所有该种产品 5 万件中随机抽取 100 件进行检验,则 5 万件产品构成全及总体,$N = 5$(万件),100 件产品为样本总体,$n = 100$(件)。

(二)总体参数和样本统计量

在抽样推断中,无论总体还是样本,都是用平均数、标准差、方差、成数等指标来描述它们的特征。

全及指标是指根据全及总体各单位标志值计算出来的,反映总体某种属性或特征的综合指标,亦称为总体指标或总体参数。由于全及总体是唯一确定的,因此,根据全及总体计算的全及指标也是唯一确定的。常用的全及指标有总体平均数、总体成数、总体标准差和总体方差。

抽样指标是根据抽样总体各单位的标志值或标志属性计算的综合指标,又称样本指标、样本统计量。常用的样本指标有抽样平均数、抽样成数、抽样总体标准差和抽样总体方差。

根据全部总体单位数计算的指标称为总体参数,根据样本单位数计算的指标称为样本统计量。下面将常用的总体参数和样本统计量的计算公式总结如表 7.1 所示。

表 7.1 总体参数和样本统计量的计算公式统计表

指 标		总体参数 N	样本统计量 n
平均指标	平均数	$\bar{x} = \dfrac{\sum X}{N}$ $\bar{x} = \dfrac{\sum XF}{\sum F}$	$\bar{x} = \dfrac{\sum x}{n}$ $\bar{x} = \dfrac{\sum xf}{\sum f}$
	标准差	$\sigma = \sqrt{\dfrac{\sum (X-\bar{X})^2}{N}}$ $\sigma = \sqrt{\dfrac{\sum (X-\bar{X})^2 F}{\sum F}}$	$S_{n-1} = \sqrt{\dfrac{\sum (x-\bar{x})^2}{n-1}}$ $S_{n-1} = \sqrt{\dfrac{\sum (x-\bar{x})^2 f}{\sum f - 1}}$
	方差	$\sigma^2 = \dfrac{\sum (X-\bar{X})^2}{N}$ $\sigma^2 = \dfrac{\sum (X-\bar{X})^2 F}{\sum F}$	$S_{n-1}^2 = \dfrac{\sum (x-\bar{x})^2}{n-1}$ $S_{n-1}^2 = \dfrac{\sum (x-\bar{x})^2 f}{\sum f - 1}$
成数指标	成数	$P = \dfrac{N_1}{N}$ $Q = \dfrac{N_0}{N} = 1-P$	$p = \dfrac{n_1}{n}$ $q = \dfrac{n_0}{n} = 1-p$
	成数标准差	$\sigma_p = \sqrt{P(1-P)}$	$\sigma_p = \sqrt{p(1-p)}$
	成数方差	$\sigma_p^2 = P(1-P)$	$\sigma_p^2 = p(1-p)$

（三）重复抽样和不重复抽样

抽样方法按照抽取样本方式的不同有两种,即重复抽样和不重复抽样。

重复抽样又称回置抽样,它是在抽样时每抽一个单位观察后,再将这个单位放回去,继续参加下一次抽取,使全及总体单位数在每次抽取过程中始终保持不变,每个单位被抽中和不被抽中的机会是相同的。此时,总体容量永远为 N,每个单位在每次抽样中被抽中的概率均为 $1/N$。

不重复抽样又称无回置抽样,它是在抽样时每抽一个单位进行观察后,不再放回去,即不参加下一次抽取,然后再从剩下的总体单位中抽取下一个单位,直至抽足所需样本,每个单位被抽取的机会不等。

此时,在容量为 N 的总体中,第 i 个单位被抽中的概率在各次抽样中是不同的,第一个样本单位被抽中的概率为 $1/N$,第二个样本被抽中的概率为 $1/(N-1)$,并以此类推,第三个样本至第 N 个样本。

一个全及总体所有可能的样本个数,同时受抽样方法和样本容量大小的影响。在相同样本容量下,在重复抽样条件下,从总体 N 中抽取 n 个样本,所以,可能的样本个数为 N^n 个;在不重复抽样条件下,所有可能的样本个数为 A_N^n 个。从计算的误差上看,前者误差大于后者。

（四）抽样框

在抽样推断中,所要研究的现象总体是理论上的抽样范围。但实际进行抽样的范围与要研究的总体有时是不一致的。此外,样本单位可以是各个总体单位,也可以是若干总体单位的集合。如福州市统计局进行福州市居民的家庭消费习惯调查,要研究的总体是全市所有居民的家庭,而抽样单位可以是该市每个居民家庭,也可以是该市每个小区。所以,确定研究的总体后,还需要明确实际进行抽样的总体范围和抽样单位,这就需要编写一个抽样框。抽样框是包括全部抽样单位的名单框架。抽样框的主要形式有以下三种。

（1）名单抽样框。即列出全部总体单位的名录一览表,如企业名单、职工社保名单等。

（2）区域抽样框。即按地理位置将总体范围划分为若干小区域,以小区域为抽样单位。例如,农作物产量抽样调查中将一片土地划分为若干小地块并编号;对某市居民住房情况进行调查,将全市划分为若干街道或片区。

（3）时间表抽样框。即将总体全部单位按时间顺序排列,把总体的时间过程分为若干个小的时间单位,以此时间单位为抽样单位。如对流水线上 24 小时内生产的产品进行质量抽查时,以 20 分钟为一个抽样单位,可将全部产品分为 72 个抽样单位并按时间顺序排列。

（五）样本容量和样本个数

样本是指从全及总体中随机抽取出来的部分总体单位所组成的集合,这个集合的大小就称为样本量,又称样本容量,用 n 表示。样本的容量大的话,样本的误差就小;反之,则大。通常,样本单位数大于 30 的样本可称为大样本,小于 30 的样本则称为小样本。在实际应用中,应该根据调查的目的认真考虑样本量的大小。

全部可能的样本数是指从总体中可能抽取的样本数量。当总体单位数 N 和样本单位数 n 一经确定后,虽然每个抽样总体是随机的,但是全部可能的随机样本数目是可以计算的,用 M 表示样本数。

1. 重复抽样考虑顺序抽样

这种抽样方法是重复的,即每次抽取样本时,总体单位数都是相同的,抽中的样本中第一次抽中如果是 AB,第二次抽中的是 BA,由于是考虑顺序,所以按照两个样本计算。例如,总体有 4 个单位为 A, B, C, D,以重复抽样考虑顺序方法每次抽取 2 个单位构成样本,则有 AA, AB, AC, AD, BA, BB, BC, BD, CA, CB, CC, CD, DA, DB, DC, DD。所以,这种重复抽样考虑顺序抽法,可能的样本个数为 N^n 个,即 $4^2 = 16$ 个样本。

2. 重复抽样不考虑顺序抽样

这种抽样方法是重复的,即从 N 个单位中每次抽取 n 个允许重复的组合,由于是不考虑顺序,所以 AB 样本与 BA 样本按一个样本计算,记作 D_N^n。例如,还以总体 A, B, C, D 四个单位为例,以重复抽样不考虑顺序方法,每次抽取 2 个单位构成样本,则有:AA, AB, AC, AD, BB, BC, BD, CC, CD, DD。

$$D_N^n = C_{N+n+1}^n = \frac{(N+n-1)(N+n-2)\cdots N}{n!} = \frac{(4+2-1) \times 4}{2 \times 1} = 10$$

所以,这种重复抽样不考虑顺序抽法有 10 个样本。

3. 不重复抽样考虑顺序抽样

这种抽样方法是不重复的,即每次抽取样本时,总体单位数都是不相同的,但是,是考虑顺序的。抽中的样本中第一次抽中如果是 AB,第二次抽中的是 BA,将按照两个样本计算。但是,不可能出现 AA 等情况。例如,还以总体 A, B, C, D 四个单位为例,以不重复抽样考虑顺序方法,每次抽取 2 个单位构成样本,则有 AB,AC,AD,BA,BC,BD,CA,CB,CD,DA,DB,DC 12 个样本,即

$$\frac{N!}{(N-n)!} = N(N-1)(N-2)(N-3)\cdots(N-N+1) = \frac{4\times3\times2\times1}{(4-2)} = 4\times(4-1) = 12$$

所以,这种不重复抽样考虑顺序抽法有 12 个样本。

4. 不重复抽样不考虑顺序抽样

这种抽样方法是不重复的,即每次抽取样本时,总体单位数都是不相同的,但是不考虑顺序的,抽中的样本中第一次抽中如果是 AB,第二次抽中的是 BA,将按照一个样本计算。例如,还以总体 A,B,C,D 4 个单位为例,以不重复抽样不考虑顺序方法,每次抽取 2 个单位构成样本,则有 AB,AC,AD,BC,BD,CD 6 个样本,即

$$\frac{N!}{n!\,(N-n)!} = \frac{4\times3\times2\times1}{2\times1\times(4-2)} = 6$$

所以,这种不重复抽样不考虑顺序抽法有 6 个样本。

▶ **知识链接**

大数定律

大数定律与中心极限定理共同构成抽样推断的数学理论基础。

大数定律是一种描述当试验次数很大时所呈现的概率性质的定律。在随机事件的大量重复出现中,往往呈现几乎必然的规律,这个规律就是大数定律。通俗地说,这个定律就是:在试验不变的条件下,重复试验多次,随机事件的频率近似于它的概率。比如,我们向上抛一枚硬币,硬币落下后哪一面朝上本来是偶然的,但当我们上抛硬币的次数足够多后,达到上万次甚至几十万次、几百万次以后,我们就会发现,硬币每一面向上的次数约占总次数的 1/2。偶然中包含着某种必然。

大数定律通常是经数学家证明并以数学家名字命名的,如切比雪夫大数定理、伯努利大数定律。

切比雪夫大数定律

设 x_1,x_2,$\cdots$,x_n 是一列相互独立的随机变量,它们分别存在期望 $E(x_k)$ 和方差 $D(x_k)$。若存在常数 C,使得

$$D(x_k) \leqslant C(k = 1, 2, \cdots, n)$$

则对任意小的正数 ε,满足

$$\lim_{n\to\infty} P\left(\left|\frac{1}{n}\sum_{k=1}^{n} x_k - \frac{1}{n}\sum_{k=1}^{n} E(x_k)\right| < \varepsilon\right) = 1$$

将该公式应用于抽样调查,就会有如下结论:随着样本容量 n 的增加,样本平均数将接近于总体平均数,从而为统计推断中依据样本平均数估计总体平均数提供了理论依据。

特别需要注意的是,切比雪夫大数定律并未要求 x_1,x_2,$\cdots$,x_n。

伯努利大数定律

设 μ 是 n 次独立试验中事件 A 发生的次数,且事件 A 在每次试验中发生的概率为 P,则对任意正数 ε,有

$$\lim_{n \to \infty} P\left(\left|\frac{\mu_n}{n} - p\right| < \varepsilon\right) = 1$$

该定律是切比雪夫大数定律的特例,其含义是,当 n 足够大时,事件 A 出现的频率将几乎接近于其发生的概率,即频率的稳性。

第二节 抽样误差

一、抽样误差的定义

抽样误差是指统计调查中得到的样本统计数据与总体实际的数量特征之间的差异,是样本指标与总体指标之间的差别,即样本平均数 $\bar{x}$ 和总体平均数 $\bar{X}$ 的差数,样本成数 p 与总体成数 P 的差数。

抽样推断的目的是用样本指标推断总体指标。由于样本指标是一个随机变量,而总体指标是一个确定的值,因此,两者之间必然存在误差。在抽样估计中,误差的来源是多方面的,主要包括登记性误差和代表性误差。

登记性误差也称责任性误差,是指在调查和汇总的过程中,由于观察、测量、登记、计算等方面的差错或被调查者提供虚假资料等原因造成的误差。登记性误差不是抽样调查特有的误差,而是任何一种统计调查都可能产生的误差。一般来说,调查范围越大,调查单位越多,产生登记性误差的可能性就越大。

代表性误差是指用样本指标推断总体指标时,由于样本结构与总体结构不一致、样本不能完全代表总体而产生的误差。代表性误差又分为系统误差和随机误差。系统误差是指在抽样过程中,由于没有遵循随机原则,掺杂了人为因素,从而引起样本代表性不足而产生的误差。如在对产品质量进行检验时,不按照随机抽样的原则,故意抽取合格产品作为样本,这样导致抽样检验结果的产品合格率偏高。因此,样本结构不足以代表总体,产生的误差就称为系统误差。由于系统误差会导致样本指标值的系统性偏高或偏低,因此系统误差也称为偏差。随机误差是指在按照随机原则抽样时,由于偶然性因素引起的样本指标与总体指标值之间的代表性误差,随机误差也称为偶然性误差。抽样推断中所谓的抽样误差就是指随机误差。

抽样误差是指不包括登记性误差和系统误差在内的随机误差,它衡量了抽样估计的精确度。

$$\text{统计误差}\begin{cases}\text{登记性误差(责任性误差)} \\ \text{代表性误差}\begin{cases}\text{系统误差(偏差)} \\ \text{随机误差(偶然性误差)} \quad \text{抽样误差}\end{cases}\end{cases}$$

图 7.1 统计误差的类型

在抽样调查中,登记性误差和系统误差都是由主观原因造成的,可以通过努力来尽量避免。而随机误差即抽样误差是不可避免的,但这种误差是可以计算并控制的。一般误差越小,抽样推断的精确度就越高;反之,就越低。

二、影响抽样误差的主要因素

抽样误差是抽样调查中不可避免的,但我们可以将它减少、控制在允许的范围内,影响抽样误差大小的主要因素有以下几项。

(1) 样本容量的大小。在其他条件不变的情况下，样本单位数越多，抽样误差越小；反之，抽样误差越大。当样本单位数多到等于总体单位数时，则抽样调查就变成了全面调查，抽样误差也就不存在了。

(2) 总体各单位标志值的变异程度。在其他条件不变的情况下，抽样误差的大小与总体各单位标志变异程度的大小呈正比。总体各单位标志变异程度越大，抽样误差越大；反之，则越小。

(3) 抽样组织方式和抽样方法。抽样调查的组织方式主要有简单随机抽样、类型抽样、等距抽样、整群抽样等。抽样方法有重复抽样和不重复抽样。一般而言，类型抽样和等距抽样比其他方式误差小，不重复抽样比重复抽样的误差小一些。

三、抽样误差的三种含义

(一) 抽样实际误差

抽样实际误差是指用样本统计值与被推断的总体参数之间出现的偏差。抽样实际误差主要包括：样本平均数与总体平均数之差，样本成数与总体成数之差。

统计误差的来源：一类：登记性误差；二类：代表性误差（包括系统性误差和偶然性误差），抽样实际误差特指偶然性误差。

(二) 抽样平均误差

1. 抽样平均误差的定义

平均误差是抽样误差的平均数，即一系列抽样指标的抽样平均数或抽样成数的标准差。它反映了样本统计量与相应总体参数的平均误差程度，也表示用样本统计量推断总体的精准程度。

抽样平均误差分为：平均指标的抽样平均误差和成数指标的抽样平均误差。在抽样推断中，总是以抽样平均误差作为计算抽样误差的衡量尺度。抽样平均误差的公式为：

$$\mu_{\bar{x}} = \sqrt{\frac{\sum(\text{样本指标平均数} - \text{总体指标平均数})^2}{\text{样本可能数目}}}$$

$$= \sqrt{\frac{\sum(\bar{x} - \bar{X})^2}{M}} \tag{7.1}$$

式中，$\mu_{\bar{x}}$ 表示平均指标的抽样平均误差；M 表示样本可能数目；$\bar{x}$ 表示样本平均数；$\bar{X}$ 表示总体平均数。

2. 抽样平均误差的计算

根据抽样平均误差的定义公式，我们在实际工作中是无法计算抽样平均误差的，因为实际工作中所有涉及总体的各种指标，如总体平均数、总体标准差、总体方差、总体成数、总体成数标准差、总体成数方差等都是不可知的，也是计算不出来的。因此，要计算抽样平均误差就不可能应用上面的定义公式计算，而是要通过抽样平均误差的计算公式进行计算。

(1) 平均指标重复抽样条件下的抽样平均误差计算公式为：

$$\mu_{\bar{x}} = \sqrt{\frac{\sigma^2}{n}} \tag{7.2}$$

式中，σ 表示总体平均数的标准差；n 表示样本容量；σ^2 表示总体平均数的方差。

在实际工作中,还是没有总体标准差即 σ 这个指标的资料,所以,在实际工作中经常用以下三种办法来解决这个问题:第一,可以采用历史资料来代替总体标准差,即以前做过此项工作,有过以前这项工作的总体标准差,就用过去的总体标准差代替现在的总体标准差;第二,用小型试验的资料来代替;第三,用样本的标准差资料来代替总体标准差,这个方法在实际工作中是比较常见的,即用 s 代替 σ。

例 7.1 某灯泡电线厂从生产的 10 000 根灯管中,随机抽取 100 根进行检查,若该灯管的平均寿命的标准差为 100 小时,试计算在重复抽样条件下该生产企业灯管平均使用寿命的平均误差。

已知:$N = 10\ 000$,$n = 100$,$\sigma = 100$。

在重复抽样条件下:
$$\mu_{\bar{x}} = \sqrt{\frac{\sigma^2}{n}} = \sqrt{\frac{100^2}{100}} = 10（小时）$$

计算结果表明,重复抽样条件下该生产企业灯管平均使用寿命的平均误差是 10 个小时。

(2) 平均指标不重复抽样条件下的抽样平均误差计算公式为:

$$\mu_{\bar{x}} = \sqrt{\frac{\sigma^2}{n}\left(\frac{N-n}{N-1}\right)} \tag{7.3}$$

当总体单位数 N 很大时,此公式可以近似表示为:

$$\mu_{\bar{x}} \approx \sqrt{\frac{\sigma^2}{n}\left(1-\frac{n}{N}\right)} \tag{7.4}$$

例 7.2 在例 7.1 条件下,按照不重复抽样条件,计算该企业灯管平均使用寿命的平均误差。

已知:$N = 10\ 000$,$n = 100$,$\sigma = 100$。

在不重复抽样条件下:$\mu_{\bar{x}} \approx \sqrt{\frac{\sigma^2}{n}\left(1-\frac{n}{N}\right)} = \sqrt{\frac{100^2}{100} \times \left(1 - \frac{100}{10\ 000}\right)} = 9.95（小时）$

从平均指标的抽样平均误差计算结果可以看出,在重复条件下抽样平均误差为 10 小时,而不重复条件下抽样平均误差为 9.95 小时,不重复抽样平均误差略小于重复抽样的抽样平均误差。一般情况下,在计算不重复抽样平均误差时,需要掌握 N 的资料,或者掌握抽样比率,即 n/N 的资料,否则,虽然采用的是不重复抽样方法,也无法依照不重复抽样的抽样平均误差公式计算。

(3) 成数指标重复抽样条件下的抽样平均误差计算公式为:

$$\mu_p = \sqrt{\frac{p(1-p)}{n}} \tag{7.5}$$

式中,μ_p 表示成数指标抽样平均误差;p 表示样本成数。

例 7.3 要调查某高校大学生拥有笔记本电脑的比例情况,该校拥有 15 000 名在校生,对 82 名学生进行不重复抽样调查,调查结果为有笔记本电脑的学生为 68 名,请计算抽样平均误差。

已知:$N = 15\ 000$,$n = 82$,$n_1 = 68$。

$$p = \frac{n_1}{n} = \frac{68}{82} = 82.93\%$$

$$\mu_p = \sqrt{\frac{p(1-p)}{n}} = \sqrt{\frac{82.93\% \times (1-82.93\%)}{82}} = 4.15\%$$

计算结果显示,抽样平均误差为 4.15%。

(4) 成数指标不重复抽样条件下的抽样平均误差计算公式为:

$$\mu_p = \sqrt{\frac{p(1-p)}{n}\left(\frac{N-n}{N-1}\right)} \tag{7.6}$$

在 N 很大的情况下,可以用下面近似公式表示:

$$\mu_p \approx \sqrt{\frac{p(1-p)}{n}\left(1-\frac{n}{N}\right)} \tag{7.7}$$

例 7.4 还是运用例 7.3 的资料,应用不重复抽样的方法计算抽样平均误差。

由于 $N=15\ 000$,数据较大可以采用成数不重复抽样平均误差的近似公式计算。

$$\mu_p \approx \sqrt{\frac{p(1-p)}{n}\left(1-\frac{n}{N}\right)} = \sqrt{\frac{82.93\% \times (1-82.93\%)}{82} \times \left(1-\frac{82}{15\ 000}\right)} = 4.14\%$$

计算结果显示,抽样平均误差为 4.14%。

(三) 抽样极限误差

1. 抽样极限误差的定义

由于对总体实际误差的水平无法准确地判断,所以,只能采用估计的方法将实际误差水平控制在一定的范围内。这就涉及抽样极限误差。

抽样极限误差的应用在我们生活中随处可见。比如,方便面的外包装上印有:净含量每包 100 ± 5 g,5 g 表示方便面净含量的可允许误差范围,即每包方便面净含量在 95~105 g 范围之内,超过这个范围,方便面在净含量的指标方面就是不合格的。

抽样极限误差也称为允许误差,是指绝对值形式表示的样本指标与总体指标之间离差的可能范围,用希腊字母 Δ 表示。

用 $\Delta_{\bar{x}}$ 表示抽样平均数的极限误差,用 Δ_p 表示抽样成数的极限误差,则有抽样极限误差定义公式:

$$\Delta_{\bar{x}} = |\bar{x} - \bar{X}| \tag{7.8}$$

$$\Delta_p = |p - P| \tag{7.9}$$

式中,$\bar{x}$ 表示样本平均数;$\bar{X}$ 表示总体平均数;p 表示样本成数;P 表示总体成数。

基于概率估计的要求,抽样极限误差通常需要以抽样平均误差 μ_x 或 μ_p 为标准单位来衡量,把抽样极限误差 $\Delta_{\bar{x}}$ 或 Δ_p 除以相应的 $\mu_{\bar{x}}$ 或 μ_p,得出相对数 t。t 又称概率度,表示误差范围为抽样平均误差的若干倍。

$$t = \frac{\Delta_{\bar{x}}}{\mu_{\bar{x}}}$$

或

$$t = \frac{\Delta_p}{\mu_p}$$

由此可以得到抽样极限误差的计算公式为:

$$\Delta = t \cdot \mu \tag{7.10}$$

抽样平均数极限误差的计算公式为：

$$\Delta_{\bar{x}} = t \cdot \mu_{\bar{x}} \tag{7.11}$$

抽样成数极限误差的计算公式为：

$$\Delta_p = t \cdot \mu_p \tag{7.12}$$

2. 抽样极限误差的计算

从表 7.2 可以看出，抽样极限误差 Δ、概率度 t 与抽样平均误差 μ 之间存在如下关系：

表 7.2　抽样极限误差的计算表

项　目	抽样平均数的极限误差	抽样成数的极限误差
重复抽样	$\Delta_{\bar{x}} = t \cdot \mu_{\bar{x}} = t\dfrac{\sigma}{\sqrt{n}}$	$\Delta_p = t \cdot \mu_p = t\sqrt{\dfrac{p(1-p)}{n}}$
不重复抽样	$\Delta_{\bar{x}} = t \cdot \mu_{\bar{x}} = t\sqrt{\dfrac{\sigma^2}{n}\left(1-\dfrac{n}{N}\right)}$	$\Delta_p = t \cdot \mu_p = t\sqrt{\dfrac{p(1-p)}{n}\left(1-\dfrac{n}{N}\right)}$

（1）在 μ 保持不变的情况下，增大 t 值，把握程度相应就增加，误差范围 Δ 也随之扩大，这时估计的精确度将降低；反之，要提高估计的精确度，就得缩小 t 值，此时把握程度也会相应降低。

（2）在 t 保持不变的情况下，若抽样平均误差 μ 缩小，则误差范围 Δ 就小，估计的精确度就高；反之，抽样平均误差 μ 增大，误差范围 Δ 就大，估计的精确度就低。

（3）当 $t=1$ 时，抽样极限误差等于抽样平均误差。

抽样极限误差的估计总是要和一定的概率保证程度联系在一起的。因为既然抽样误差是一个随机变量，就不能期望抽样平均数（或成数）落在一定区间内是一个必然事件，而只是给予一定的概率保证而已。所以，在进行抽样估计时，不但要考虑抽样误差的可能范围有多大，而且还必须考虑落到这一范围的概率有多大。数理统计证明，在抽样单位数达到足够多的条件下（一般要求 $n \geqslant 30$），抽样误差范围的变化和抽样的可靠程度之间具有密切联系，抽样误差范围愈扩大，抽样的可靠程度也愈高；反之，当抽样误差范围愈小时，抽样的可靠程度也愈低。数理统计还证明，在大样本条件下，抽样平均数服从正态分布。因此抽样误差范围同概率的关系是这样的：当误差范围为 1 倍平均误差 μ 时，其概率为 0.682 7，即 68.27%；当误差范围扩大为 2μ 时，其概率为 0.954 5，即 95.45%；当误差范围扩大为 3μ 时，其概率为 0.997 3，即概率 99.73%，如图 7.1 所示。

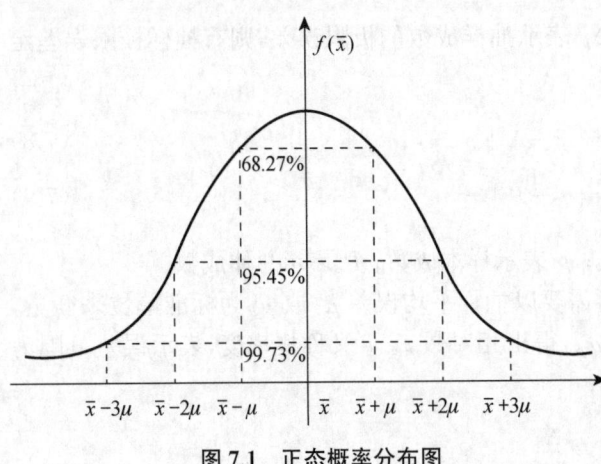

图 7.1　正态概率分布图

上面列举的抽样误差扩大的倍数，称为概率度，它是用符号 t 表示的。扩大或缩小后的误差就是极限误差（或允许误差），概率度 t 与概率（把握程度或可靠性）之间保持着一定的函数关系，即概率是概率度的函数，用 $F(t)$ 表示，概率用来说明抽样误差的可靠程度。在实际工作中，为了计算方便，t 值的大小可以通过标准正态分布概率度表直接进行查询（附表 2）。

常用的 t 值及相对应的概率保证程度,如表 7.3 所示。

表 7.3　常用概率度与概率对应表

概率度(t)	概率 $F(t)$
1.00	0.682 7
1.64	0.900 0
1.96	0.950 0
2.00	0.954 5
3.00	0.997 3

例 7.5　某公司随机抽取 500 个产品进行质量检验,检验结果有 30 个产品不合格,在 99.73% 概率保证下,计算合格品率的抽样极限误差。

已知:$n=500$,$F(t)=99.73\%$,$n_0=30$,查附表 2 得 $t=3$,求 Δ_p。

$$p = \frac{n_1}{n} = \frac{500-30}{500} = 94\%$$

$$\Delta_p = t\mu_p = t\sqrt{\frac{p(1-p)}{n}} = 3 \times \sqrt{\frac{94\% \times (1-94\%)}{500}} = 3.19\%$$

计算结果表示:产品合格率抽样极限误差为 3.19%。

例 7.6　如果例 7.5 采用不重复抽样调查方法,这批产品总数为 50 000 个,计算合格品率的抽样极限误差。

已知:$n=500$,$F(t)=99.73\%$,$n_0=30$,查附表 2 得 $t=3$,$N=50\ 000$,求 Δ_p:

$$p = \frac{n_1}{n} = \frac{500-30}{500} = 94\%$$

$$\Delta_p = t\mu_p = t\sqrt{\frac{p(1-p)}{n}\left(1-\frac{n}{N}\right)} = 3 \times \sqrt{\frac{94\% \times (1-94\%)}{500} \times \left(1-\frac{500}{50\ 000}\right)} = 3.17\%$$

计算结果表明:产品合格率抽样极限误差为 3.17%。可以看出,不重复抽样极限误差小于重复抽样的极限误差。

▶ **知识链接**

非概率抽样

非概率抽样是调查者根据自己的方便或主观判断抽取样本的方法。它不是严格按随机抽样原则来抽取样本,所以失去了大数定律的存在基础,也就无法确定抽样误差,无法正确地说明样本的统计值在多大程度上适合于总体。虽然根据样本调查的结果也可在一定程度上说明总体的性质、特征,但不能从数量上推断总体。

非概率抽样依抽样特点可分为方便抽样、定额抽样、立意抽样、滚雪球抽样和空间抽样。

1. 方便抽样

样本限于总体中易于抽到的一部分。最常见的方便抽样是偶遇抽样,即研究者将在某一时间和环境中所遇到的每一总体单位均作为样本成员。例如“街头拦人法”就是一种偶遇抽样。

2. 定额抽样

定额抽样也称配额抽样,是将总体依某种标准分层(群),然后按照各层样本数与该层总体数呈比例的原则主观抽取样本。定额抽样与分层概率抽样很接近,最大的不同是分层概率抽样的各层样本是随机抽取的,而定额抽样的各层样本是非随机抽取的。

3. 立意抽样

立意抽样又称判断抽样,研究人员从总体中选择那些被判断为最能代表总体的单位作样本的抽样方法。当研究者对自己的研究领域十分熟悉,对研究总体比较了解时采用这种抽样方法,可获代表性较高的样本。

4. 滚雪球抽样

以若干个具有所需特征的人为最初的调查对象,然后再以他们提供的合格的人为调查对象……依次类推,样本如同滚雪球般由小变大。

5. 空间抽样

对非静止的、暂时性的空间相邻的群体的抽样方法。例如,游行与集会没有确定的总体,参加者从一地到另一地,一些人离去又有一些人进来,但这些事件是在一定范围内进行的。对这样的总体在同一时间内抽样十分重要,以便样本组成不会经历时间上的太大变化。具体做法是:若干调查员间隔均匀的距离,从某一方向开始,访问离他最近的人,然后每隔一定步数抽取一个人为调查对象。

第三节 抽样估计的方法

抽样估计是根据样本提供的信息对总体的某些特征进行估计或推断。用来估计总体特征的样本指标称为估计量或统计量,待估计的总体指标也称为总体参数。所以,对总体数字特征的抽样估计也称为参数估计。参数估计可分为点估计和区间估计两类。

一、优良估计的标准

要估计总体某一指标,并非只能用一个样本指标,而可能有多个样本指标可供选择,即对同一总体参数可以有不同的估计量,究竟其中哪个估计量是总体参数的最优估计量呢? 评价估计量的优良好坏常用如下三个标准。

1. 无偏性

无偏性不是要求估计量与总体参数不得有偏差,因为抽样误差是必然的。无偏性是指样本估计量的平均值等于总体参数的真值,即要求抽样指标值的平均数等于被估计的总体指标值。因为每一次的抽样指标值和总体指标值之间都有可能存在误差,但是在多次抽样中,各个指标值的平均数应该等于估计的总体指标数值,即 $E(\hat{\theta}) = \theta$。

2. 有效性

估计量与总体之间必然存在着一定的误差,衡量这个误差大小的一个指标就是方差,方差越小,估计量对总体的估计也就越准确,这个估计量也就越有效。设 θ_1,θ_2 都是参数 θ 的无偏估计量,若 $V(\theta_1) \leqslant V(\theta_2)$ 则称 θ_1 是较 θ_2 有效的估计量。即抽样估计的方差应该比其他估计量的方差小。

3. 一致性

一致性指的是当样本量逐渐增加时,样本的估计量(统计量)能够逐渐逼近总体参数。设 $\hat{\theta}$

是参数 θ 的估计量,对于任意的 $\varepsilon > 0$,当 $n \to \infty$ 时,有 $\lim p\{|\hat{\theta} - \theta| < \varepsilon\} = 1$,则称 $\hat{\theta}$ 是 θ 的一致估计量。即随着样本容量 n 的无限增加,样本指标和未知的总体指标之差的绝对值小于任意的正数的可能性也趋于必然。所以,抽样估计一般都满足一致性要求。

二、点估计

点估计也称定值估计,就是直接以一个样本估计量 $\hat{\theta}$ 来估计总体参数 θ。点估计就是直接用样本指标推断全及总体指标的方法。即用样本平均数的值($\bar{x}$)推断全及总体平均数的值($\bar{X}$),或用样本成数的值(p)推断全及总体成数的值(P)。其推断形式为:

$$\bar{x} = \bar{X} \tag{7.13}$$

$$p = P \tag{7.14}$$

例 7.7 对某工业企业工人日产量进行抽样调查,样本人均日产量为 40 件,样本合格率为 93%。按点估计法,就可推断该企业全部工人平均日产量为 40 件,总体合格率为 93%。

例 7.8 想要了解上海市某公司职工平均工资情况,现随机抽取该公司 5 名职工,某月工资分别是 9 000 元、10 000 元、11 000 元、8 000 元和 12 000 元。试用点估计法估计该企业全体职工工资水平 $\bar{X}$ 及平均工资的标准差 σ。

根据点估计原理,可以用样本平均数 $\bar{x}$ 估计总体平均数 $\bar{X}$,以样本标准差 S 估计总体标准差 σ。

样本平均数为:

$$\bar{x} = \frac{\sum x}{n} = \frac{9\,000 + 10\,000 + 11\,000 + 8\,000 + 12\,000}{5} = 10\,000(元)$$

样本标准差为:

$$S = \sqrt{\frac{\sum (x - \bar{x})^2}{n - 1}}$$

$$= \sqrt{\frac{(9\,000 - 10\,000)^2 + (10\,000 - 10\,000)^2 + (11\,000 - 10\,000)^2 + (8\,000 - 10\,000)^2 + (12\,000 - 10\,000)^2}{5 - 1}}$$

$$= 1\,581.14(元)$$

所以,由样本指标推断该公司全体职工的平均工资 $\bar{X}$ 为 10 000 元,平均工资总体标准差为 1 581.14 元。

点估计简单明了,但是没有考虑抽样误差的影响,不能说明估计的准确性和可靠性。只有在要求推断总体的一般的数量特征,对估计结果的精确性和把握性要求不高时使用。如果比较重视估计结果的精确性和把握程度,则要进行区间估计。

三、区间估计

(一)区间估计的定义

区间估计是指在一定的概率保证下,用样本指标和抽样误差去推断总体指标的可能范围的估计方法。区间估计不仅能根据样本统计量和抽样平均误差估计总体参数的可能范围,还能说明这种估计的可靠程度,也称置信度。置信度也称为可靠度,或置信水平、置信系数,即在抽样对总体参数作出估计时,由于样本的随机性,采用区间估计法,即估计值与总体参数在一定允许的误差范围以内,其相应的概率有多大,这个相应的概率称作置信度,一般以 $1-\alpha$ 表示。α 表示显著性水平,即某一小概率事件发生的临界水平。

总体参数的区间估计特点是估计的可能范围以估计值为中心,用一个最高值和一个最低值组成的区间来表示,同时以一定的概率作为保证总体指标的估计值在这两个数值之间。这个区间称为置信区间,最高值称为置信上线,最低值称为置信下线。利用样本指标推断总体指标有一定的概率作为保证,同时又控制误差的大小,所以它是利用样本指标推断总体指标的主要方法。

总体参数估计必须同时具备三个要素:样本指标数值、抽样误差范围即允许误差和概率保证程度。其中,抽样误差范围的大小决定了抽样估计的准确性,概率保证程度的大小决定了抽样估计的可靠性。

(1) 平均指标的区间估计:

$$\bar{x} - \Delta_{\bar{x}} \leqslant \bar{X} \leqslant \bar{x} + \Delta_{\bar{x}} \tag{7.15}$$

(2) 成数指标的区间估计:

$$p - \Delta_p \leqslant P \leqslant p + \Delta_p \tag{7.16}$$

(二) 区间估计的方法与步骤

以样本平均数(或样本成数)估计总体平均数(或总体成数)时,总是希望估计的准确度尽量高一些,同时也希望估计的可靠性尽量大一些。但这两种要求是相互矛盾的,因为由极限误差公式 $\Delta = t \cdot \mu$ 可知,当样本确定之后,μ 是根据样本值计算得到的,所以,μ 也是确定的,如果要缩小抽样极限误差 Δ,只能缩小 t 值,但概率保证程度 $F(t) = P(|\bar{x} - \bar{X}| < t \cdot \mu)$ 又是 t 的递增函数,如果 t 值缩小,必然会降低概率保证程度 $F(t)$,即估计的可靠性降低。相反,如果要提高估计的可靠性,即增加 $F(t)$ 的值,则必须增加 t 值,而这样做的结果又会使极限误差 Δ 增大,即估计的准确度降低了。因此,在估计时,只能照顾一边,或给定可信度的要求,去估计误差的可能范围,或给定允许极限误差的要求,进一步推算概率保证程度。所以,对总体平均数(或总体成数)的估计就相应地有以下两种情况。

第一种情况是根据已经给定的抽样极限误差 Δ,求概率保证程度 $F(t)$,具体步骤是:

(1) 抽取样本,计算样本平均数(或样本成数),作为总体平均数(或总体成数)的估计值,并计算样本标准差 S,以此推算抽样平均误差 μ。

(2) 根据给定的抽样极限误差 Δ,估计总体平均数(或总体成数)的下限和上限。

(3) 将抽样极限误差 Δ 除以抽样平均误差 μ,求出概率度 t 值,再根据 t 值查概率表,求出相应的可信度 $F(t)$,即概率保证程度。

例 7.9 某大学在 2 000 名大四学生中,采用简单随机不重复抽样方法抽取 200 名学生,调查发现有 190 名学生已经通过英语四级考试。请计算英语四级通过率及其抽样平均误差;以概率保证程度 90%,对英语四级通过率和通过人数进行区间估计;如果极限误差为 4.38%,则其概率保证程度是多少?

已知 $N = 2\,000$,$n = 200$,$n_1 = 190$,$F(t) = 90\%$,查附表 2 得知 $t = 1.64$,$\Delta_p = 4.38\%$,则

$$p = \frac{n_1}{n} = \frac{190}{200} = 95\%$$

$$\mu_p = \sqrt{\frac{p(1-p)}{n}\left(1 - \frac{n}{N}\right)} = \sqrt{\frac{0.95 \times 0.05}{200} \times \left(1 - \frac{200}{2\,000}\right)} = 1.46\%$$

$$p - \Delta_p \leqslant P \leqslant p + \Delta_p$$

$$95\% - 1.64 \times 1.46\% \leqslant P \leqslant 95\% + 1.64 \times 1.46\%$$

$$95\% - 2.39\% \leqslant P \leqslant 95\% + 2.39\%$$

$$92.61\% \leqslant P \leqslant 97.39\%$$

$$2\,000 \times 92.61\% \leqslant PN \leqslant 2\,000 \times 97.39\%$$

$$1\,852.2 \leqslant PN \leqslant 1\,947.8$$

该校大四学生通过英语四级考试的人数为 1 852~1 947 人。

$$t = \frac{\Delta_p}{\mu_p} = \frac{4.38\%}{1.46\%} = 3$$

通过查附表 2 可知，$F(t) = 99.73\%$。

计算结果表明：该校大学生英语四级通过率为 95%，抽样平均误差为 1.46%，以概率保证程度 90% 对大学生英语四级通过率估计的区间为 92.61%~97.39%；该校大四学生通过英语四级考试的人数为 1 852~1 947 人，如果以极限误差为 4.38%，则其概率保证程度是 99.73%。

例 7.10 某市对职工平均年收入进行调查，采取不重复抽样调查，随机抽取 1 000 名职工进行调查，调查结果为职工平均年收入为 75 600 元，标准差 5 000 元。要求极限误差不超过 474 元，请对该市职工平均年收入进行区间估计。

已知：$n = 1\,000$，$\bar{x} = 75\,600$，$s = 5\,000$，$\Delta_{\bar{x}} = 474$。

$$\mu_{\bar{x}} = \sqrt{\frac{s^2}{n}} = \sqrt{\frac{5\,000^2}{1\,000}} = 158.11(元)$$

$$\bar{x} - \Delta_{\bar{x}} \leqslant \bar{X} \leqslant \bar{x} + \Delta_{\bar{x}}$$

$$75\,600 - 474 \leqslant \bar{X} \leqslant 75\,600 + 474$$

$$75\,126 \leqslant \bar{X} \leqslant 76\,074$$

$$t = \frac{\Delta_{\bar{x}}}{\mu_{\bar{x}}} = \frac{474}{158.11} = 3$$

通过查附表 2 可知，$F(t) = 99.73\%$。

计算结果表明：以 99.73% 概率保证，估计该市职工平均年收入在 75 126~76 074 元。

第二种情况是根据给定可信度 $F(t)$ 的要求来估计极限抽样误差的可能范围 Δ，具体步骤如下：

(1) 抽取样本，计算样本平均数（或样本成数），作为总体平均数（或总体成数）的估计值，并计算样本标准差 S，以此推算抽样平均误差 μ。

(2) 根据给定的可信度 $F(t)$，查附表 2 求出概率度 t 值。

(3) 根据概率度和抽样平均误差，计算抽样极限误差的可能范围，并据以计算被估计的总体平均数（或总体成数）的上限和下限。

例 7.11 某企业生产某种产品的工人 1 000 人，某日采用不重复抽样从中随机抽取100 人，调查他们的日产量。要求在 95% 概率保证程度下，估计该厂全部工人日平均产量和总产量。资料如表 7.4 所示。

表 7.4　标准差计算表

按日产量分组（件）	组中值 x	工人数 f	xf	$(x-\bar{x})^2 f$
110～114	112	3	336	588
114～118	116	7	812	700
118～122	120	18	2 160	648
122～126	124	23	2 852	92
126～130	128	21	2 688	84
130～134	132	18	2 376	648
134～138	136	6	816	600
138～142	140	4	560	784
合　计	—	100	12 600	4 144

已知 $N=1\,000$，$n=100$，$F(t)=95\%$，查附表 2 可知 $t=1.96$。

$$\bar{x} = \frac{\sum xf}{\sum f} = \frac{12\,600}{100} = 126（件）$$

$$s = \sqrt{\frac{\sum (x-\bar{x})^2 f}{\sum f - 1}} = \sqrt{\frac{4\,144}{100-1}} = 6.47（件）$$

$$\mu_{\bar{x}} = \sqrt{\frac{s^2}{n}\left(1-\frac{n}{N}\right)} = \sqrt{\frac{6.47^2}{100} \times \left(1-\frac{100}{1\,000}\right)} = 0.614（件）$$

由于 $F(t)=95\%$，$t=1.96$，

$$\Delta_{\bar{x}} = t\mu_{\bar{x}} = 1.96 \times 0.614 = 1.203（件）$$

$$\bar{x} - \Delta_{\bar{x}} \leqslant \bar{X} \leqslant \bar{x} + \Delta_{\bar{x}}$$

$$126 - 1.203 \leqslant \bar{X} \leqslant 126 + 1.203$$

$$124.8 \leqslant \bar{X} \leqslant 127.2$$

$$1\,000 \times 124.8 \leqslant N\bar{X} \leqslant 1\,000 \times 127.2$$

$$124\,800 \leqslant N\bar{X} \leqslant 127\,200$$

　　计算结果表明：该企业全部工人平均日产量为 124.8～127.2 件，总产量为 124 800～127 200 件，以 95% 的概率保证。

　　例 7.12　若例 7.11 中工人日产量完成 118 件以上者为完成生产定额任务，要求在 95% 的概率保证程度下，估计该厂全部工人中完成生产定额的工人比重及完成定额的工人数。

　　已知 $N=1\,000$，$n=100$，$n_1=90$，$n_0=10$，查附表 2 可知 $t=1.96$。

$$p = \frac{n_1}{n} = \frac{90}{100} = 90\%$$

$$\mu_p = \sqrt{\frac{p(1-p)}{n}\left(1-\frac{n}{N}\right)} = \sqrt{\frac{0.9 \times 0.1}{100} \times \left(1 - \frac{100}{1\,000}\right)} = 0.028$$

$$\Delta_p = t\mu_p = 1.96 \times 0.028 = 0.054\,9 = 5.49\%$$

该企业全部工人中完成生产定额的工人比重为：

$$90\% - 5.49\% \leqslant P \leqslant 90\% + 5.49\%$$

$$84.51\% \leqslant P \leqslant 95.49\%$$

计算结果表明：该企业全部工人中完成生产定额的工人比重在84.51%~95.49%，估计的可靠程度为95%。

（三）总量指标的推算

抽样调查除了要求根据抽样平均数或成数推断全及总体平均数或成数外，还需要用抽样指标推算全及总体的总量指标，因为抽样调查不能直接得到所需的总体总量指标，根据抽样调查的目的不同，推算总体总量指标的方法也不同。

1. 直接推算法

直接推算法就是用抽样指标（平均数或成数）和一个有关的总量指标，直接推算出总体的总量指标。直接推算法有点估计和区间估计两种方法。

例 7.13 例7.12中，某企业生产某种产品的工人1 000人，通过计算得知该企业全部工人中完成生产定额的工人比重在84.51%~95.49%。请计算该企业完成生产定额的工人数的区间。

根据已知数据计算为：

$$1\,000 \times 84.51\% \leqslant NP \leqslant 1\,000 \times 95.49\%$$

$$845.1 \leqslant NP \leqslant 954.9$$

计算结果表明：该企业完成生产定额的工人数在845~954人，估计的可靠程度为95%。

2. 修正系数法

修正系数法就是根据抽样调查数据与全面调查数据相比，确定差错率（修正系数），用来修正全面调查结果的方法。

一般公式：

$$差错率 = \frac{抽样复查数据 - 全面调查数据}{全面调查数据} \times 100\%$$

$$修正全面调查指标 = 原全面调查指标 \times (1 + 差错率)$$

第四节　必要抽样数目的确定

一、必要抽样数目的定义

必要抽样数目是指样本满足一定条件的必须抽取的单位数目。样本单位数是影响抽样误差大小的主要因素之一。一般来说,抽样单位数过多,虽可以提高推断的准确度,但也会增加人力、物力和财力,并会影响资料的时效性。如果抽样单位数过少,虽能节省人力、物力和财力,但会增大抽样误差,降低抽样推断的准确性。因此,需要确定满足一定条件的必要抽样数目。

二、影响必要抽样数目的因素

一般在确定样本容量时,需要考虑以下因素对其的影响。

(一)总体标志值的变异程度

在其他条件相同的情况下,总体标志值的变异程度越大,所要抽取的样本容量就越大;反之,所要抽取的样本容量就越小。样本容量与总体标志值的变异程度成正比。

(二)概率保证程度的大小

如果要求抽样的概率保证程度较高,那么 t 值也就较大,在其他条件相同的情况下,所要抽取的样本容量就大一些;反之,若要求的概率保证程度较低,那么 t 值也就较低,在其他条件相同的情况下,所要抽取的样本容量就小一些。

(三)极限误差的大小

若极限误差较小,那么估计的精度就会较高,在其他条件相同的情况下,样本容量就应该大一些;反之,则样本容量就可以小一些。以重复抽样来说,当极限误差缩小一半,则单位数是原来的 4 倍,当极限误差扩大 1 倍,则样本单位数只需原来的 1/4。(指在其他条件不变的情况下)

(四)抽样方法与组织形式

一般来说,在相同的条件下,采用重复抽样时,样本容量应该大一些;采用不重复抽样时,样本容量会小一些。此外,样本容量的大小还取决于不同的抽样组织方式。一般类型抽样和等距抽样比简单随机抽样和整群抽样需要抽取的样本容量要小,整群抽样和简单随机抽样所需抽取的样本容量要大。

三、平均指标样本数目的确定

(一)重复抽样

重复抽样平均指标样本数目的确定,是根据重复抽样的平均指标极限误差公式进行推导的,得出符合一定条件的应抽样本数目。

由于:

$$\Delta_{\bar{x}} = t \cdot \mu_{\bar{x}} = t \sqrt{\frac{\sigma^2}{n}} = t \frac{\sigma}{\sqrt{n}}$$

可以推导出:

$$n = \frac{t^2 \sigma^2}{\Delta_{\bar{x}}^2} \tag{7.17}$$

(二)不重复抽样

不重复抽样平均指标样本数目的确定,是根据不重复抽样的平均指标极限误差公式进行推导的,得出符合一定条件的应抽样本数目。

由于:

$$\Delta_{\bar{x}} = t \cdot \mu_{\bar{x}} = t \sqrt{\frac{\sigma^2}{n}\left(1 - \frac{n}{N}\right)}$$

可以推导出:

$$n = \frac{N t^2 \sigma^2}{N \Delta_{\bar{x}}^2 + t^2 \sigma^2} \tag{7.18}$$

例 7.14 某市大约有居民家庭 50 000 户,要进行居民家庭生活情况的不重复抽样调查,已知居民家庭平均每人每月消费支出的标准差为 15 元,要求允许误差为 2 元,概率保证程度是

95.45%,则需要抽多少户家庭进行调查?(按重复抽样和不重复抽样方法进行计算)

已知:$\sigma = 15$,$\Delta_{\bar{x}} = 2$,$F(t) = 95.45\%$,查附表 2 可知:$t = 2$,$N = 50\ 000$,则

$$n = \frac{t^2\sigma^2}{\Delta_{\bar{x}}^2} = \frac{2^2 \times 15^2}{2^2} = 225(户)$$

计算结果表明:按照重复抽样方法需要抽 225 户职工家庭进行调查。

$$n = \frac{Nt^2\sigma^2}{N\Delta_{\bar{x}}^2 + t^2\sigma^2} = \frac{50\ 000 \times 2^2 \times 15^2}{50\ 000 \times 2^2 + 2^2 \times 15^2} = \frac{45\ 000\ 000}{200\ 900} = 223.99(户)$$

计算结果表明:按照不重复抽样方法需要抽 224 户职工家庭进行调查。从计算结果可以看出:同样条件下,不重复抽样要比重复抽样少抽一些必要抽样数目。另外,需要说明的是计算结果只要有小数,不论是否满足四舍五入的条件,都要进位。只有这样才可以达到必要的条件,如果舍去小数就不能满足条件。

四、成数指标样本数目的确定

(一) 重复抽样

重复抽样成数指标样本数目的确定,是根据重复抽样的成数指标极限误差公式进行推导的,得出符合一定条件的应抽样本数目。

由于:

$$\Delta_p = t \cdot \mu_p = t\sqrt{\frac{p(1-p)}{n}}$$

可以推导出:

$$n = \frac{t^2 P(1-P)}{\Delta_p^2} \tag{7.19}$$

(二) 不重复抽样

不重复抽样成数指标样本数目的确定,是根据不重复抽样的成数指标极限误差公式进行推导的,得出符合一定条件的应抽样本数目。

由于:

$$\Delta_p = t \cdot \mu_p = t\sqrt{\frac{p(1-p)}{n}\left(1 - \frac{n}{N}\right)}$$

可以推导出

$$n = \frac{Nt^2 P(1-P)}{N\Delta_p^2 + t^2 P(1-P)} \tag{7.20}$$

例 7.15 某商场对冷藏库中一批牛肉 10 000 箱的变质率进行抽样调查,根据以往的资料,牛肉贮藏期变质率分别为 53%,49% 和 48%。现在允许误差不超过 5%,概率保证程度为 95%。请问至少需要抽取多少箱牛肉进行检查。

已知:$F(t) = 95\%$,查附表 2 可知:$t = 1.96$,$\Delta_p = 5\%$,有三个成数,分别计算方差:

$$P_1(1-P_1) = 0.53 \times 0.47 = 0.249\ 1$$

$$P_2(1-P_2) = 0.49 \times 0.51 = 0.249\ 9$$

$$P_3(1-P_3) = 0.48 \times 0.52 = 0.249\ 6$$

其中,方差最大的是第二个 0.249 9,即成数 $P = 49\%$,要选择 $P(1-P)$ 结果最大的值,即方差最大值。或者选择 p 和 $1-p$ 都比较接近 50% 的数值,就可以满足其他的所有方差情况。

所以,

$$n = \frac{t^2 P(1-P)}{\Delta_p^2} = \frac{1.96^2 \times 0.249\ 9}{0.05^2} = 384.006(箱)$$

计算结果表明:该商场按照重复抽样方法至少要抽取 385 箱牛肉进行检查。

$$n = \frac{Nt^2 P(1-P)}{N\Delta_p^2 + t^2 P(1-P)} = \frac{10\,000 \times 1.96^2 \times 0.249\,9}{10\,000 \times 0.05^2 + 1.96^2 \times 0.249\,9} = \frac{9\,600.16}{25.96} = 369.8(箱)$$

计算结果表明：该商场按照不重复抽样方法至少要抽取 370 箱牛肉进行检查。

第五节　抽样组织形式

在进行随机抽样时，受研究对象的特点和工作条件的影响，可以采用不同的抽样组织形式。常用的抽样组织形式有简单随机抽样、类型抽样、等距抽样、整群抽样和多阶段抽样等几种形式。本节将详细介绍这几种抽样方法及其适用情况。

一、简单随机抽样

简单随机抽样又称为纯随机抽样，它是对全及总体的所有单位不进行任何分类或排队，完全按随机原则从总体所有单位中抽出样本单位加以观察，用样本推断总体的方法。简单随机抽样法保证总体的每个单位都有同等的机会被抽中。从理论上讲，简单随机抽样是最符合抽样调查的随机原则的，是抽样调查最基本的形式。其他各种抽样形式都是以简单随机抽样为基础产生的，它适用于样本分布均匀的总体，即具有某种特征的单位均匀分布于总体和各部分。常见简单随机抽样方法有电子计算机取数法、抽签法和随机数字表法等。

（1）电子计算机取数法。电子计算机取数法是用电子计算机编造随机数程序，把随机数作为总体中抽出个体进入样本的号码。

（2）抽签法。抽签法是先将总体的各个单位进行编号，逐个写在纸片上，从中随机抽选所需的样本单位数目。

（3）随机数字表法。随机数字表（附表1）也称乱数表，是从 0～9 这 10 个数码随机排列组成的多位数字表。使用此表取样时，先将总体中各个单位进行编号，根据编号的位数确定使用随机数表的栏数，然后从任意一栏、任意一行的数字开始，可以向任何方向（上、下、左、右）抽取编号范围内的数字，即为样本单位。如果是不重复抽样，碰到重复的数字时就剔除，直到抽到预定的样本单位数为止。这种方法的优点是使用起来简便易行，适用于总体单位数不太多的均匀总体。所谓均匀总体，指具有某种特征的单位均匀地分布于总体的各个部分，使总体的各部分都是同分布的。如果总体范围很大，或很不均匀，就得改用其他更为适宜的组织形式。

二、类型抽样

类型抽样又称为分类抽样、分层抽样，它是将总体单位按其某一属性特征分成若干类型或层，然后按随机原则在类型或层中随机抽取样本单位的抽样组织方式。类型抽样具有如下特点。

第一，类型抽样适用于总体单位情况复杂，各单位之间差异较大，单位较多的情况。如一个单位职工有 600 人，其中不到 35 岁有 155 人，35 岁至 50 岁的有 340 人，50 岁以上的有 105 人。为了解这个单位职工与身体状况有关的某项指标，从中抽取一个容量为 120 的样本，由于职工年龄与这项指标有关，决定采用类型抽样方法进行抽取。因为样本容量与总体的个数的比为 1∶5，所以在各年龄段抽取的个数依次为 155÷5，340÷5，105÷5，即 31，68，21。

第二，类型抽样的样本结构更接近于总体结构。由于进行分类，可使抽出的高、中、低标志值为互相搭配,这样使样本分布更接近于总体分布,提高了样本的代表性,减少了抽样误差。

关于要抽选的样本单位数在总体中各类的分配情况可分为以下两种:

(1) 等比例分类抽样,即样本单位在各类之间的分配与总体单位在各类之间的分配比例相同 $\left(\dfrac{n_1}{N_1}=\dfrac{n_2}{N_2}=\cdots=\dfrac{n_k}{N_k}=\dfrac{n}{N}\right)$。

(2) 不等比例分类抽样。当各类总体单位数在总体单位占比相差悬殊时,若按等比抽取样本则会影响样本的代表性。它是按各组标志变动度的大小来确定抽样数目,标志变动度大的组多抽一些,变动度小的组少抽一些,没有统一规定的比例。

类型抽样实际上是把抽样原理和分组法结合起来,通过分组把总体中标志值比较接近的单位归为一组,使各组内的标志变异的程度缩小,然后再按随机原则从各组中按各组单位数的比例抽取样本,这样就保证了样本总体在全及总体中均匀分布,使样本具有较好的代表性。类型抽样适用于全及总体单位数较多,各单位差异较大的情况。

三、等距抽样

等距抽样又称为机械抽样或系统抽样,它是事先将总体单位按某一标志顺序排序,然后依相同间隔和固定顺序来抽取样本单位的抽样组织方式。

根据排序的标志不同,等距抽样可分为无关标志排序抽样和有关标志排序抽样。

无关标志排序抽样是指采用与调查项目没有关系的标志,将总体各单位排序。如调查学习成绩按学号排队,调查农产量按地名、姓氏笔画等排序。无关标志排序抽取的样本所计算的误差十分接近简单随机抽样的误差,因此它相当于简单随机抽样。

有关标志排序抽样是指按照与调查项目有关系的标志,将总体各单位排序。如调查居民家庭消费情况,根据居民家庭月平均收入水平依次排序。有关标志排序法的等距抽样实质是一种特殊的类型抽样,它比类型抽样分类更细、组数更多,这样有利于提高样本的代表性。

按等距抽样组织方式抽取样本单位,能够使抽出的样本单位更均匀地分布在总体中,抽样误差一般较简单随机抽样小,特别是当被研究的现象标志变动度较大时,更能显示出等距抽样的优越性。但等距抽样在排序时,当第一个样本单位的位置确定后,其余单位位置也随之确定,因此要避免抽样间隔和现象本身的周期性节奏相重合而引起的系统性影响。

四、整群抽样

整群抽样又称分群抽样,它是将总体各单位划分成若干群,然后按随机原则抽取部分群,对所选中的群中的所有单位,进行全面调查的抽样组织方式。

在抽取各群时,可采用简单随机抽样方式,但更常用的则是等距抽样方式。例如,某产品要抽取 10% 做质量检查,可在生产过程中,从每 10 小时的产品中抽出 1 小时的产品作为一群,把若干群的产品组成抽样总体,然后进行调查。整群抽样与类型抽样相同点在于这两种抽样同样都需要先对总体加以分组,然后按随机原则抽取样本单位;不同点在于类型抽样对总体中每个组按随机原则抽取样本单位,而整群抽样是对总体中所选群的全部单位进行调查。整群抽样是以一个群作为一个样本单位,而不是以每个群中各单位为样本单位。在大规模的抽样调查中,如果总体分布区域广而且单位多,编制抽样框难度较高,即可采用整群抽样方式。如调查某市居民生活水平,采用整群抽样就可以按行政区域划分社区,然后随机抽取一些社区进行全面调查。整群抽样方式比较容易组织,但样本总体的代表性较差,因为抽取的单位比较集中,显著地影响了各单位在全及总体中的均匀分布。为了提高整群抽样结果的准确程度,一般比其他抽样方式要多抽取一些单位。

五、多阶段抽样

多阶段抽样是指将抽样过程分阶段进行,每个阶段使用的抽样方法往往不同,即将各种抽样方法结合使用,先从总体中抽取范围较大的单元,称为一级抽样单元,再从每个抽得的一级单元中抽取范围更小的二级单元,以此类推,最后抽取其中范围更小的单元作为调查单位。

例如,我国有一亿八千万农户,为做农村住户调查,如果按上述几种方式进行抽样,工作量是非常大的。如果采用多阶段抽样,就可避免上述抽样技术中的麻烦。它可按现有的行政区域或地理区域划分为各阶抽样单元,从而简化抽样框的编制便于样本单元的抽取,使整个抽样调查的组织工作容易进行。多阶段抽样既保持了单级整群抽样的优点,又克服了它的缺点。

多阶段抽样具体操作过程是:

第一阶段,将总体分为若干个一级抽样单位,从中抽选若干个一级抽样单位入样;

第二阶段,将入样的每个一级单位分成若干个二级抽样单位,从入样的每个一级单位中各抽选若干个二级抽样单位入样,……,以此类推,直到获得最终样本。

如果面对的一阶单元内总体基本单元数比较多,作全面的调查就会比较困难,或者一阶单元内各二阶单元可以给出相近的结果,作全面的调查又无必要。为了节约费用和提高效率,可以从总体中随机抽取一部分一阶单元,然后再从被抽中的一阶单元内,随机抽取部分二阶单元并对他们作全面调查,这种抽样技术称为两阶抽样。

如果在被抽中的二阶单元中,再抽取部分三阶单元组成样本,并对抽中的三阶单元进行全面的调查,这就是三阶抽样。类似地,可以定义四阶抽样或更高阶的抽样,通常将两阶以上的抽样称为多阶段抽样。

多阶段抽样与整群抽样是有区别的。整群抽样是对总体中抽取的每个样本群体所包含的基本单元进行全面调查,而两阶抽样则把总体中所有的群体视为一阶单元,对每一个被抽中的一阶单元所包含的二级单元(即基本单位),不是进行全面的调查,而是再进行一次抽样调查(也称抽子样本),即两阶抽样,产生两级样本,最后综合估算出总的一级样本指标。

主 要 知 识 点

抽样推断特点 ┤ 按随机原则抽取样本单位
用样本数据来推断研究现象总体的数量特征
抽样误差可以事先计算并控制

抽样推断作用 ┤ 节省人力、物力、费用和时间
对无法进行全面调查的总体进行推断
对不必要全面调查的总体进行推断
对全面调查结果进行补充、检查和修正
对某些总体的假设进行检验

抽样误差 ┤ 登记性误差(全面、非全面调查都存在)
代表性误差(只非全面调查存在) ┤ 系统误差
随机误差

```
                            ┌ 样本容量的大小
            影响抽样误差的主要因素┤ 总体各单位标志值的变异程度
                            └ 抽样组织方式和抽样方法

                        ┌ 无偏性
            优良估计标准 ┤ 有效性
抽                       └ 一致性
样
推          抽样估计方法 ┌ 点估计
断                       └ 区间估计

                            ┌ 总体标志值的变异程度
            影响必要抽样数目的因素┤ 概率保证程度的大小
                            │ 极限误差的大小
                            └ 抽样方法与组织形式

                        ┌ 简单随机抽样
                        │ 类型抽样
            抽样组织形式 ┤ 等距抽样
                        │ 整群抽样
                        └ 多阶段抽样
```

案例分析

第七次全国人口普查事后质量抽查方案

（简明版本）

为做好第七次全国人口普查事后质量抽查工作,根据《第七次全国人口普查方案》,制定本方案。

一、抽查目的

事后质量抽查作为普查工作的组成部分,是普查登记之后进行的一次独立调查,其目的是评价全国人口普查登记的质量。

二、抽查时点和抽查对象

抽查时点:2020 年 12 月 14 日零时。

抽查对象:2020 年 12 月 13 日晚居住在抽中普查小区的人口。调查以户为单位进行登记,包括家庭户和集体户。

因临时出差、探亲、旅游或值夜班等原因,2020 年 12 月 13 日晚未居住在本普查小区的人口,也要进行登记。

因临时出差、探亲、旅游或值夜班等原因,2020 年 12 月 13 日晚暂住在本普查小区的人口,不登记。

港澳台居民和外籍人员以及现役军人、2020 年 12 月 14 日零时后出生的人口,不登记。

三、抽查项目

按户填报的项目有:H1.住户状态、H2.2020 年 12 月 13 日晚居住在本户的人数。

按人填报的项目有:R1.姓名、R2.公民身份证号码、R3.性别、R4.出生年月、R5.民族、R6 普查时点居住地、R7.受教育程度。

抽查表样式及填写说明见附件 1 和附件 2。

四、抽样方法

按照全国总人口漏报率相对误差控制在 5‰ 以内的设计目标,全国共抽取 141 个县的 406 个普查小区,约 3.2 万户、10 万人。样本抽取工作由国务院人口普查办公室统一完成。各省(区、市)抽查县数和抽查小区个数见附件 3。

五、抽查工作的组织

事后质量抽查由国务院人口普查办公室统一组织,派出抽查组开展抽查工作。省级及以下普查机构按工作要求,配合国家抽查组完成抽查各项工作。

事后质量抽查的业务流程主要包括:准备工作,组建抽查组,业务培训,现场抽查,撰写抽查报告,数据处理和质量评估等 7 个环节。

六、抽查人员组成和培训

(一)抽查人员的组成。国务院人口普查办公室成立 31 个抽查组。每个抽查组设 1 名组长,若干名副组长,1 名联络员,1 名社会监督员,每个抽查县设一个抽查小组,小组长由抽查组副组长兼任,每个抽查小区设 2 名抽查员。

(二)抽查人员的培训。抽查组人员的培训由国务院人口普查办公室负责组织。

七、抽查现场工作步骤

(一)各抽查组抵达被抽查省(区、市)后,开启抽查县的名单,并由省级人口普查办公室通知抽查县,做好配合抽查的相关工作。

(二)抽查组到达抽查县后,开启抽查小区名单,通过电子采集设备获取抽查小区住户列表,抽查县准备纸质普查小区图,复印后交抽查组。

(三)抽查组在当地人员带领下,了解抽查小区的范围,查看《普查小区图》上反映的建筑物是否与抽查小区内的建筑物一致,若有不一致的,如小区内临时搭建、拆除和遗漏的建筑物,在普查小区图复印件上进行补充和完善。

(四)抽查组参考住户列表,开展入户访问、现场填报。采取抽查员使用电子采集设备登记信息,并联网实时上报的方式进行。

八、抽查时间安排

(一)12 月 13 日前,国务院人口普查办公室准备事后质量抽查基础数据。

(二)12 月 14 日前,国务院人口普查办公室组建国家抽查组并进行培训。

(三)12 月 14—20 日,各抽查组到达抽查地区,开展现场抽查工作。

(四)12 月 31 日前,各抽查组将事后质量抽查报告报送到国务院人口普查办公室。

附件:1. 第七次全国人口普查事后质量抽查表。

2. 第七次全国人口普查事后质量抽查各省抽查县、抽查小区个数。

附件 1

第七次全国人口普查事后质量抽查表

经国务院批准进行第七次全国人口普查	表 号:R605 表
人口普查的标准时点为 2020 年 11 月 1 日零时	
事后质量抽查的标准时点为 2020 年 12 月 14 日零时	制定机关:国家统计局
事后质量抽查的原始资料不向任何单位和个人提供,	国务院人口普查办公室
仅供评价普查登记质量使用	批准文号:国发〔2019〕24 号
公民应履行如实申报抽查项目的义务	有效期至:2021 年 3 月

地址:_____ 省(区、市)_____ 市(地、州、盟)_____ 县(市、区、旗)_____ 乡(镇、街

道)_____普查区_____普查小区_____户编号

三、住户项目

H1. 住户状态

1. 正常入户

2. 新增户

3. 未入户

4. 普查多登户

5. 无人居住户

H2. 2020 年 12 月 13 日晚居住本户的人数_____人

四、个人项目

每个人都填报的项目

R1. 姓名

_____

R2. 公民身份证号码

□□□□□□□□□□□□□□□□□□

R3. 性别

1. 男

2. 女

R4. 出生年月

出生于:_____年_____月

R5. 民族

_____族

普查时点前(2020 年 10 月 31 日以前)出生的人填报的项目

R6. 普查时点(2020 年 11 月 1 日零时)居住地

1. 本普查小区

2. 其他地方,请在下面填写地址

_____省(区、市)

_____市(地、州、盟)

_____县(市、区、旗)

_____乡(镇、街道)

_____村(居)委会

详细地址(具体到门牌号):_____

普查时点 3 周岁及以上(2017 年 10 月 31 日以前出生)的人填报的项目

R7. 受教育程度

1. 未上过学

2. 学前教育

3. 小学

4. 初中

5. 高中

6. 大学专科

7. 大学本科

8. 硕士研究生

9. 博士研究生

附件 2

第七次全国人口普查事后质量抽查
各省抽查县、抽查小区个数

地 区	抽查县数	抽查小区数	地 区	抽查县数	抽查小区数
全 国	141	406	河 南	7	21
北 京	3	9	湖 北	5	15
天 津	3	9	湖 南	7	21
河 北	7	21	广 东	7	21
山 西	3	9	广 西	5	15
内 蒙 古	4	8	海 南	2	6
辽 宁	5	15	重 庆	3	9
吉 林	3	9	四 川	7	21
黑 龙 江	5	15	贵 州	3	9
上 海	3	9	云 南	5	15
江 苏	7	21	西 藏	2	4
浙 江	5	15	陕 西	5	15
安 徽	5	15	甘 肃	4	8
福 建	5	15	青 海	3	6
江 西	5	15	宁 夏	2	6
山 东	7	21	新 疆	4	8

资料来源：国家统计局网站。

研讨问题：

1. 为什么第七次全国人口普查要进行事后质量抽查？

2. 这次抽样调查采用的是什么抽样方法？它与纯随机抽样方法有什么区别？

思政德育课堂 ↘

1. 案例描述

在全国 700 多万普查人员的共同努力下，在广大普查对象的积极配合下，各级人口普查机构按照国务院第七次全国人口普查领导小组的统一部署，克服新冠肺炎疫情影响，高效有序完成短表和长表登记，认真开展比对复查，对 4 亿多户家庭、14 亿多人口进行了全面普查，采集了丰富翔实的普查基础数据，普查工作取得重要阶段性成果。

普查事后质量抽查是通过科学公正、客观严谨的抽查，将普查与独立开展的同口径抽样调查结果进行多层次、多维度对比和评估,推断普查结果的准确性。事后质量抽查是检验人口普查数据质量的有效手段,是维护人口普查公信力的重要举措,是锻炼统计干部队伍的具体实践。要充分认识事后质量抽查工作的重要性,扎实开展事后质量抽查,确保抽查数据真实准确。

2. 案例提示

普查是全面调查,抽样调查是非全面调查,用抽样调查评估人口普查结果的准确性,用抽样调查检验人口普查数据的质量,可以看出抽样调查是检验人口普查的有效手段,是维护人口普查公信力的重要举措。这里就要正确认识对立统一规律是唯物辩证法的根本规律,对立统一规律揭示了事物发展的源泉、动力和基本内容。对立统一规律提供了人们认识世界和改造世界的根本方法——矛盾分析方法。认识偶然性与必然性的对立统一规律,部分与整体的独立统一规律。

习　题

【单项选择题】

1. 在简单随机重复抽样条件下,当抽样平均误差缩小为原来的 1/2 时,则样本单位数为原来的( )倍。
   A. 2　　　　　　　　　B. 3　　　　　　　　　C. 4　　　　　　　　　D. 1/4

2. 全及总体是唯一确定的,样本总体( )。
   A. 也唯一　　　　　　　　　　　　　　　B. 有无数个
   C. 不唯一　　　　　　　　　　　　　　　D. 有 C_N^n 个

3. 按随机原则直接从总体 N 个单位中抽取 n 单位作为样本,使每个单位被抽到的机会是均等的,这种抽样组织形式是( )。
   A. 简单随机抽样　　　　　　　　　　　　B. 类型抽样
   C. 等距抽样　　　　　　　　　　　　　　D. 整群抽样

4. 反映抽样误差可能范围的指标是( )。
   A. 抽样平均误差　　　　　　　　　　　　B. 抽样误差系数
   C. 抽样极限误差　　　　　　　　　　　　D. 概率度

5. 如果扩大抽样允许误差,则抽样推断的可靠性会( )。
   A. 提高　　　　　　　　　　　　　　　　B. 降低
   C. 不变　　　　　　　　　　　　　　　　D. 无法判断

6. 先把总体单位按某一标志排队,并以 N/n 为距离抽取单位进行调查的组织方式为( )。
   A. 等距抽样　　　　　　　　　　　　　　B. 类型抽样
   C. 整群抽样　　　　　　　　　　　　　　D. 纯随机抽样

7. 在一定的抽样平均误差条件下,( )。
   A. 扩大极限误差范围,可以提高推断的可靠程度
   B. 扩大极限误差范围,会降低推断的可靠程度
   C. 缩小极限误差范围,可以提高推断的可靠程度
   D. 缩小极限误差范围,不改变推断的可靠程度

8. 根据抽样调查资料,某企业工人定额平均完成 107%,抽样平均误差为 1%,概率为 95.45% 时,可以确定生产定额平均完成百分比( )。
   A. 大于 109%　　　　　　　　　　　　B. 不大于 105% 和不小于 109%
   C. 在 105% 与 109% 之间　　　　　　D. 小于 105%

9. 区间估计的置信度是指( )。

    A. 概率   B. 允许误差的大小

    C. 概率保证程度   D. 抽样平均误差的大小

10. 从全部学生中抽样测定 100 名学生,戴眼镜者占 56%,抽样平均误差为 1%,用( )概率可确信全部学生中戴眼镜者在 54%～58%。

    A. 68.27%   B. 95%   C. 95.45%   D. 99.73%

【多项选择题】

1. 抽样平均误差的大小取决于( )。

    A. 样本单位数的多少   B. 全及总体被研究标志的变异程度大小

    C. 概率保证程度的大小   D. 抽样调查的组织方式

    E. 抽样方法的不同

2. 对于总体、样本及其指标的认识中,正确的有( )。

    A. 总体是唯一确定的,样本是随机的   B. 全及指标是随机的

    C. 样本指标是随机的   D. 全及指标是一个确定的值

    E. 抽样指标是唯一确定的值

3. 在抽样平均误差一定的条件下,( )。

    A. 扩大极限误差,可以提高推断的可靠程度   B. 缩小极限误差,可以提高推断的可靠程度

    C. 扩大极限误差,只能降低推断的可靠程度   D. 缩小极限误差,只能降低推断的可靠程度

    E. 扩大或缩小极限误差与推断的可靠程度无关

4. 要增大抽样估计的概率保证程度,可采用的方法有( )。

    A. 增加样本容量   B. 缩小抽样误差范围

    C. 扩大抽样误差范围   D. 提高估计精度

    E. 降低估计精度

5. 适用于抽样推断的有( )。

    A. 连续大量生产的某种小件产品的质量检验

    B. 某城市居民生活费支出情况

    C. 具有破坏性与消耗性的产品质量检查

    D. 对全面调查资料进行评价与修正

    E. 食品质量的调查

6. 常用的样本指标有( )。

    A. 样本平均数   B. 样本标准差   C. 样本容量   D. 样本成数

    E. 抽样平均误差

7. 重复随机抽样的特点包括( )。

    A. 总体中每个单位在各次抽样中被抽取的机会相等

    B. 总体中每个单位在各次抽样中被抽取的机会不等

    C. n 次抽样就是 n 次相互独立的试验

    D. 每次抽选时,总体单位数始终不变

    E. 每次抽选时,总体单位数逐渐减少

8. 下面属于按无关标志对总体各单位进行等距抽样的有( )。

    A. 城市居民家计调查按街道的门牌号码抽取调查户

    B. 进行工厂职工家计调查,按上年度各工厂职工月平均工资排队,抽取调查单位

C. 农产量抽样调查利用各县或乡近 3 年平均亩产或当年估计亩产排队,抽取调查单位

D. 工业产品质量抽查按生产的时间顺序取样

E. 在农产量抽样中,总体单位按自然位置或行政区域的顺序排队抽取样本

9. 抽样估计中的抽样误差(　　　)。

A. 是不可避免要产生的 　　　　　　　　B. 是可以通过改进调查方式来消除的

C. 是可以事先计算出来的 　　　　　　　D. 只能在调查结束后才能计算的

E. 其大小是可能控制的

10. 影响抽样数目的因素有(　　　)。

A. 被调查标志值的变异程度 　　　　　　B. 允许误差

C. 概率度 　　　　　　　　　　　　　　D. 抽样方法

E. 抽样的组织方式

【判断题】

1. 抽样推断中的抽样误差是可以避免的。 （　　　）

2. 抽样误差的产生是由于破坏了抽样的随机原则而造成的。 （　　　）

3. 重复简单随机抽样的抽样平均误差小于不重复简单随机抽样的抽样平均误差。 （　　　）

4. 点估计是用样本的统计量直接估计和代表总体参数。 （　　　）

5. 区间估计的精确度和可靠程度是一对矛盾。 （　　　）

6. 抽样极限误差可以小于、大于或等于抽样平均误差。 （　　　）

7. 因为不知道总体方差或标准差,所以无法计算抽样误差。 （　　　）

8. 所有可能样本的平均数等于总体平均数。 （　　　）

9. 样本所包含的单位数越多,抽样误差也就越大。 （　　　）

10. 样本容量的大小与抽样推断的可信程度成正比,与抽样极限误差成反比。 （　　　）

【简答题】

1. 什么是抽样推断? 抽样推断有哪些特点?

2. 抽样推断的组织方式有哪些?

3. 什么是随机原则? 在抽样调查中为什么要坚持随机原则?

4. 影响抽样误差的因素有哪些?

5. 什么是区间估计? 参数估计的优良标准有哪些?

【计算分析题】

1. 从 1 000 名职工中纯随机抽出 50 名进行调查,得知平均工资 4 200 元,标准差 20 元,试根据重复与不重复方法计算抽样平均误差。

2. 某电子公司,生产某型号集成电路,按正常生产试验,产品中属于一级品的占 95%,现在从 2 000 件集成电路中,抽取 100 件进行抽查检验,根据重复与不重复方法计算一级品率的抽样平均误差。

3. 从某校全部学生中,随机抽取 200 名学生,测得学生平均体重为 50 公斤(1 公斤=1 千克),抽样平均误差为 2 公斤。用 95.45% 的置信度来对全部学生平均体重作出区间估计。

4. 采用随机不重复抽样的方法,在 2 000 件产品中抽查 200 件,其中合格品 195 件,请以 95% 的概率保证程度对合格品率和合格品数量进行区间估计。

5. 出口一种袋装鱼片,规定每袋重量不能低于 100 克。现在用不重复抽样的方法抽取其中 1% 进行检验。结果如表 7.5 所示。

表 7.5　不重复抽样检验结果　　　　　　　　　　　　　　　单位:袋

按重量分	数量
98～99 克/袋	10
99～100 克/袋	20
100～101 克/袋	50
101～102 克/袋	20

要求:以 95%($t=1.96$)的概率,估计这批袋装鱼片包装合格率的可能范围。

6. 某年某市组织职工家庭生活情况抽样调查,根据历史资料得知,职工家庭平均每户每月收入的标准差为 30 元,要求把握程度为 95.45%,允许误差为 4 元,问需抽选多少户进行调查?

7. 某地区成年女子身高呈正态分布,又知身高平均值为 160 cm,标准差为 8.4 cm。

(1) 若抽查 30 人,有多大可能这 30 人的平均身高在 157 cm～163 cm?

(2) 如果进行一次成年女子身高的抽样调查,要求以 95.45%的把握程度保证允许误差不超过 2 cm,则应抽查多少人?

(3) 如果要求极限误差为原来的 1/2,概率不变,应抽查多少人?

(4) 如果概率保证程度为 99.73%,应抽查多少人?

第八章
相 关 与 回 归

知识目标与要求

(1) 了解相关关系、函数关系、相关关系的分类以及相关表和相关图的概念。

(2) 理解相关关系与函数关系的区别。

(3) 掌握相关系数计算方法和判断标准。

(4) 掌握回归分析的定义、基本内容、种类、相关分析与回归分析的关系、一元线性回归和回归系数。

(5) 掌握估计标准误差定义、简化公式、估计标准误差指标作用和估计标准误差与相关系数的关系。

能力目标与要求

(1) 掌握相关系数的计算方法和判断标准。

(2) 掌握一元线性回归分析的理论与方法,可以根据社会经济现象实际情况建立数学模型,进行回归分析,掌握估计标准误差的计算方法,检验所建的数学模型的实用价值。

思政目标与要求

(1) 明确客观现象之间存在的互相依存的不确定性关系,学会分析社会经济现象之间的互相依存的不确定性关系。

(2) 强化社会责任感,学会运用专业统计知识去分析社会经济热点问题,揭示事物规律性。

课前导读

"回归"这一概念是由英国著名生物学家兼统计学家高尔顿(Francis Galton,1822—1911,生物学家达尔文的表弟)在研究人类遗传问题时提出来的。为了研究父代与子代身高的关系,高尔顿搜集了 1 078 对父亲及其儿子的身高数据。他发现这些数据的散点图大致呈直线状态,也就是说,总的趋势是父亲的身高增加时,儿子的身高也倾向于增加。但是,高尔顿对试验数据进行了深入的分析,发现了一个很有趣的现象即回归效应。因为当父亲高于平均身高时,他们的儿子身高比他更高的概率要小于比他更矮的概率;父亲矮于平均身高时,他们的儿子身高比他更矮的概率要小于比他更高的概率。它反映了一个规律,即这两种身高父亲的儿子的身高,有向他们父辈的平均身高回归的趋势。对这个一般结论的解释是:大自然具有一种约束力,使人类身高的分布相对稳定而不产生两极分化,这就是所谓的回归效应。

1855 年,高尔顿发表《遗传的身高向平均数方向的回归》一文,他和他的学生卡尔·皮尔逊通过观察 1 078 对夫妇的身高数据,以每对夫妇的平均身高作为自变量,取他们的一个成年儿子的身高作为因变量,分析儿子身高与父母身高之间的关系,发现父母的身高可以预测子女的身高,两者近乎一条直线。当父母越高或越矮时,子女的身高会比一般儿童高或矮,他将儿子与父母身高的这种现象拟合出一种线性关系,分析出儿子的身高 y 与父亲的身高 x 大致可归结为以下关系:

$$y = 33.73 + 0.516x \text{(单位为英寸)}$$

根据换算公式 1 英寸＝0.025 4 米,1 米＝39.37 英寸。单位换算成米后:

$$y = 0.856 7 + 0.516x \text{(单位为米)}$$

假如父母辈的平均身高为 1.75 米,则预测子女的身高为 1.759 7 米。

这种趋势及回归方程表明父母身高每增加一个单位时,其成年儿子的身高平均增加 0.516 个单位。这就是回归一词最初在遗传学上的含义。

有趣的是,通过观察高尔顿还注意到,尽管这是一种拟合较好的线性关系,但仍然存在例外现象:矮个父母所生的儿子比其父要高,身材较高的父母所生子女的身高却回降到多数人的平均身高。换句话说,当父母身高走向极端,子女的身高不会像父母身高那样极端化,其身高要比父母们的身高更接近平均身高,即有"回归"到平均数去的趋势,这就是统计学上最初出现"回归"时的含义,高尔顿把这一现象叫作"向平均数方向的回归"。虽然这是一种特殊情况,与线性关系拟合的一般规则无关,但"线性回归"的术语却因此沿用下来,作为根据一种变量(父母身高)预测另一种变量(子女身高)或多种变量关系的描述方法。

回归的现代意义要比其原始意义广泛得多。具体来说,回归分析的内容包括:确定响应变量与预报变量间的回归模型,即变量间相关关系的数学表达式(通常称为经验公式);根据样本估计并检验回归模型及未知参数;从众多的预报变量中,判断哪些变量对响应变量的影响是显著的,哪些是不显著的;根据预报变量的已知值或给定值来估计或预测响应变量的平均值,并给出预测精度或根据响应变量的给定值来估计预报变量的值,即所谓的预报与控制问题。

第一节 相关关系概述

一、相关关系的定义

在自然现象与社会经济现象中,各种现象变量之间普遍存在着相互联系、相互制约和相互依存的关系。例如,商品的价格与销售量之间的关系,产品数量与成本之间的关系,家庭收入与消费支出之间的关系和商品广告费用与商品销售额之间的关系。从理论上说,这些现象有着一定的数量关系,此消彼长或者彼消此长。但是,人们无法精确地确定现象之间的具体数量关系。例如,人们无法确定到底多少商品的销售价格有着多少销售量,多少产品产量对应着多少单位成本,多少家庭收入对应着多少家庭消费支出和投入,多少商品广告费用对应着多少商品销售额。但是,人们通过长期实践发现,变量之间的关系大体上可分为两大类,即确定性关系与非确定性关系。

确定性关系是指变量之间的函数关系,其基本特征是当其中一个变量的值确定之后,另一变量的值也随之确定。

非确定性关系又可分为两类:统计相关关系与模糊相关关系。统计相关关系是指变量之间既存在密切的关系,但又不能由一个(或几个)变量的数值精确地求出另一个变量的值。即对于某一变量的每一个数值,可以有另一个变量的若干数值与之相对应,这些数值表现出一定的波动性,但通过大量的统计观察又可发现,这些数值在具有波动性的同时又呈现出一定的规律性,即这些数值总是落在它们平均值的附近。这种通过大量的统计观察才能发现的变量之间的依存关系,称为统计相关关系,简称相关关系。例如,在农业生产中,每亩耕地的施肥量与作物亩产量之间有一定的关系,施肥量适当增加,产量也相应地增加。可以肯定,肥料是农作物增产的主要因素,但影响农作物生长的因素是多种多样的,比如自然条件的变化、种子的品质等都会影响作物的收获量,即使在施肥量相同的条件下,每亩产量并不完全相同。只有通过大量统计观察,才能揭示施肥量与产量之间的数量规律性。又如技术改造与产量的关系、工业企业原材料消耗量与生产费用总额的关系、商品流转额与流通费用水平的关系等,都属于统计相关关系。

函数关系和统计相关关系之间并不存在严格的界限。由于有测量误差等原因,函数关系在实际中往往通过相关关系表现出来;反之,当人们对现象之间的内在联系和规律性了解得愈深刻,则相关关系就愈可能转化为函数关系。

二、相关关系的种类

现象之间的相关关系相当复杂,按不同的分组标志大致可分为以下几种类型。

(一) 按相关的性质不同划分

按相关的性质不同划分,可分为正相关和负相关。两个相关现象中,当一个现象的数量由小变大,另一个有关现象的数量也相应地由小变大,称为正相关;反之,当一个现象的数量由小变大,而另一个现象的数量则由大变小,称为负相关。例如,一般情况下,每亩耕地的施肥量与作物亩产量、家庭收入与家庭消费支出和商品广告费用与商品销售额之间都是正相关关系,如图 8.1 所示。商品的销售价格与销售数量、产品产量与单位成本之间一般都是负相关,如图 8.2 所示。

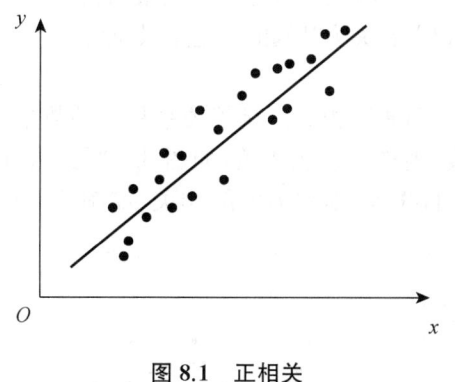

图 8.1　正相关

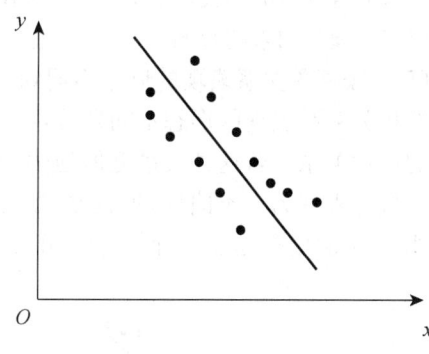

图 8.2　负相关

(二) 按相关的程度不同划分

按相关的程度不同划分,可分为完全相关、不完全相关和不相关。两个现象中,一个现象的数量变化完全由另一个现象的数量变化所确定,称为完全相关(即函数关系),如图 8.3 所示。若两个现象的数量变化各自独立互不影响,称为不相关,如图 8.4 所示。当两个现象之间的关系介于完全相关与不相关之间,称为不完全相关,如图 8.5 所示。不完全相关是比较普遍的现象,也是相关分析研究的主要对象。

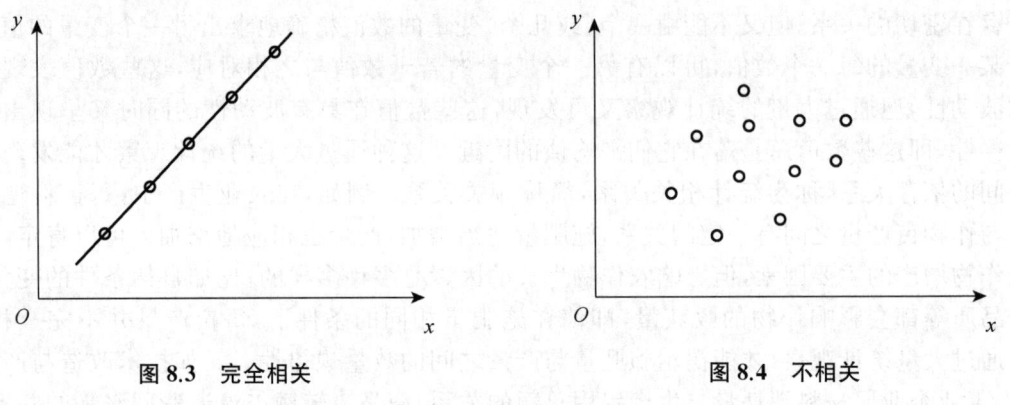

图 8.3　完全相关　　　　　　　　　　　　　　图 8.4　不相关

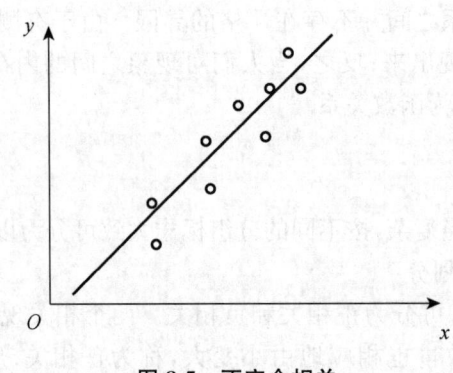

图 8.5　不完全相关

（三）按影响因素的多少划分

按影响因素的多少划分,可分为单相关和复相关。两个因素之间的相关称为单相关,它只涉及一个自变量和一个因变量。三个及其以上因素的相关,称为复相关。复相关是一个因变量对两个或两个以上自变量的相关,例如农作物的收获量除受水利条件影响外,还受到土壤、肥料、种子、密植及田间管理等因素的影响。从方法论上讲,复相关是以单相关为基础的。这里只介绍单相关。

（四）按相关关系表现的形态不同划分

按相关关系表现的形态不同划分,可分为直线相关和曲线相关。相关关系是一种数量上不严格的依存关系。若这种关系近似地表现为一条直线,则称为直线相关,如图 8.6 所示;若这种关系近似地表现为一条曲线,如抛物线、指数曲线、双曲线等,则称为曲线相关,如图 8.7 所示。直线相关用得较多,这里只介绍直线相关。

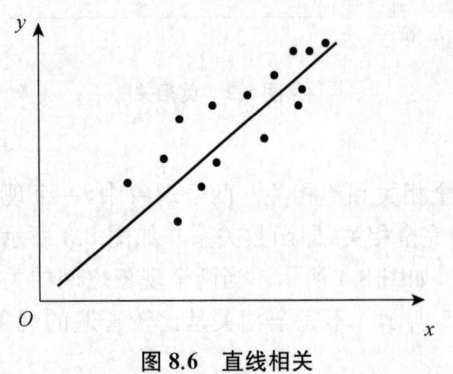

图 8.6　直线相关

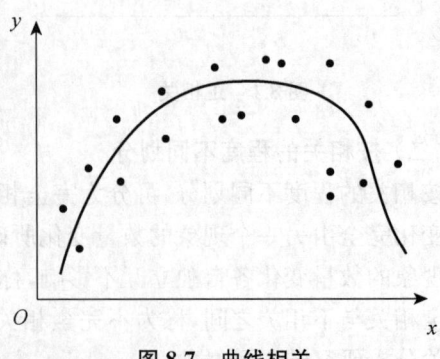

图 8.7　曲线相关

▶ **考考你**

　　1. 举例说明什么是正相关和负相关?

　　2. 举例说明什么是单正相关和复相关?

　　3. 举例说明什么是直线相关和曲线相关?

三、相关分析的主要内容

　　研究相关关系的理论和方法,称为相关分析。变量间的相关关系是一种非确定性关系,这种不确定性中又包含着某种规律性,这种规律性需要通过大量的观察才能发现。相关分析的任务,就在于排除偶然因素的影响,探求变量之间相互依存的形态以及密切的程度等。具体来讲,相关分析的研究内容主要有以下两项。

　　(1) 研究现象之间有无依存关系存在,以及依存关系的表现形式。这是相关分析的出发点。有相互依存关系才能用相关分析方法进行分析研究,没有相关关系而当作有相关关系会导致错误的结果。相关关系表现为什么样的形式,就需要使用什么样的分析方法。把曲线相关当作直线相关来进行分析,会使认识发生偏差。

　　(2) 研究相关关系的密切程度。相关关系是一种数量关系不严格的相互依存关系,相关分析的一个目的就是从这种不严格的关系中想办法来判断它们之间关系的密切程度。判断相关关系密切程度的主要方法是计算相关系数和绘制相关图表。

第二节　相关图表和相关系数

一、相关表与相关图

　　若现象间存在相关关系,可通过编制相关表、相关图和计算相关系数进行定量分析,以反映相关的方向和程度。

　　(一) 相关表

　　相关表是统计表的一种表现形式。根据资料是否分组,相关表可分为简单相关表和分组相关表。

　　1. 简单相关表

　　简单相关表是资料未经分组的相关表。这是把影响因素(称自变量)的标志值与被影响因素(称因变量)的标志值按照从小到大顺序一一对应,平行排列起来的统计表。

　　例 8.1　某地区 10 个城镇的居民收入和服装销售额资料,是以居民收入作为自变量 x,服装销售额作为因变量 y 所编制的相关表,如表 8.1 所示。

表 8.1　某地居民收入和服装销售额资料相关表

城镇序号	居民收入(亿元)	服装销售额(万元)
1	41.2	35.1
2	29.8	27.5
3	32.9	30.1
4	45.6	36.7

（续表）

城镇序号	居民收入(亿元)	服装销售额(万元)
5	51.0	48.4
6	47.6	39.2
7	49.1	40.9
8	39.8	31.2
9	43.2	40.1
10	49.0	45.1

从表 8.1 可以看出,随着居民收入的增加,该地区的服装销售额也有相应的上升趋势,这两个变量之间存在着明显的正相关关系。

2. 分组相关表

如果原始资料很多,编制简单相关表不方便,可以编制分组相关表。分组相关表是将原始资料进行分组而编制的相关表。按分组的情况不同,可以分为单变量分组表与双变量分组表两种。

（1）单变量分组表是在具有相关关系的两个变量中,只根据一个变量进行分组,计算出各组变量和各组平均数的相关表。

例 8.2　某公司近几年来产品广告费用与销售额资料如表 8.2 所示。

表 8.2　某公司产品广告费用与销售额统计表

年份	广告费用(万元)	销售额(亿元)
2006	2	8
2007	3	13
2008	2	9
2009	5	20
2010	5	19
2011	6	23
2012	10	30
2013	10	32
2014	14	45
2015	13	43
2016	12	45
2017	13	47
2018	12	41
2019	20	60
2020	23	75

根据表8.2的资料,可以编制单变量分组相关表,如表8.3所示。

表8.3 单变量分组相关表

按广告费用分组	年数	年平均销售额(亿元)
2万元	2	8.5
3万元	1	13
5万元	2	19.5
6万元	1	23
10万元	2	31
12万元	2	43
13万元	2	45
14万元	1	45
20万元	1	60
23万元	1	75

(2)双变量分组表是对自变量和因变量都进行分组编制的相关表。双变量分组表也称棋盘式相关表。

例8.3 根据表8.2的资料,可以编制双变量分组相关表,如表8.4所示。

表8.4 双变量分组相关表

按年销售额分组	按广告费用分组(万元)										合计
	2万元	3万元	5万元	6万元	10万元	12万元	13万元	14万元	20万元	23万元	
65亿元以上										1	1
50~65亿元									1		1
35~50亿元						2	2	1			5
20~35亿元				1	2						3
5~20亿元	2	1	2								5
合计	2	1	2	1	2	2	2	1	1	1	15

双变量分组相关表设计两个合计栏,分别表明各个变量分组的次数分布情况,表中交叉格中的资料表明两个变量相关点的次数。编制双变量分组相关表,要把自变量置于横行中,其变量值从小到大自左而右排列;因变量置于纵栏中,其变量值从大到小自上而下排列。这样排列可以使相关表与相关图方向一致,便于判断相关关系的性质。

(二)相关图

相关图是根据原始数据或分组表将对应数值在坐标图上点画出来,以表明相关点的分布状况的图形。一般来说,把自变量(x)置于横轴上,因变量(y)置于纵轴上。通过相关图,可以大致看出两个现象之间有没有关系、有什么样的关系、其关系密切程度如何。如根据表8.1的资料绘制相关图,如图8.8所示。

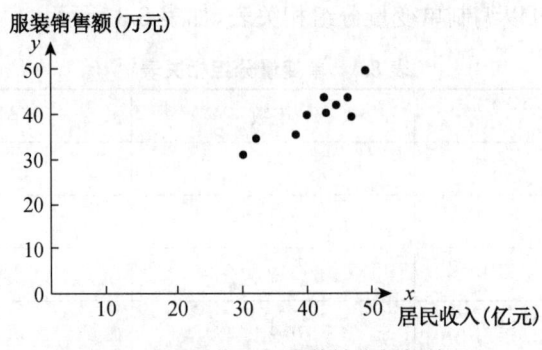

图 8.8　居民收入与服装销售额相关图

图 8.8 中所有相关点的分布可以近似地看作在一条上升的直线附近,由此可以判断出,这两个现象之间存在着正向线性相关关系。

二、相关系数

相关表和相关图只能反映相关关系的方向和形态,却不能说明相关关系的密切程度。为此,需要计算相关系数。相关系数是描述两个现象之间线性相关关系密切程度的统计指标。但是,相关系数主要是判断两个现象之间是否存在直线关系,相关系数不能用于曲线关系的判断,判断是否具有曲线相关关系要用到另外一个指标,即相关指数,这里只介绍相关系数。相关系数是由 x,y 两个变量的协方差、x 变量的标准差和 y 变量的标准差三个指标结合而生成的。其计算基本公式为:

$$r = \frac{\sigma_{xy}^2}{\sigma_x \cdot \sigma_y} \tag{8.1}$$

式中,r 表示相关系数;σ_{xy}^2 表示 xy 两个变量的协方差;σ_x 表示 x 变量的标准差;σ_y 表示 y 变量的标准差。

其中,

$$\sigma_{xy}^2 = \frac{\sum (x - \bar{x})(y - \bar{y})}{n} \tag{8.2}$$

计算相关系数的方法很多,以英国统计学家皮尔的积差法为基本,也称皮尔系数,其公式为:

$$r = \frac{n \sum xy - \sum x \sum y}{\sqrt{n \sum x^2 - (\sum x)^2} \sqrt{n \sum y^2 - (\sum y)^2}} \tag{8.3}$$

相关密切程度的判断如下。

(1) 当 $|r| = 1$ 时,x 与 y 完全线性相关,即 x 与 y 之间存在确定的函数关系。

(2) 当 $0 < |r| < 1$ 时,表示 x 与 y 之间存在着一定的线性相关关系。$|r|$ 的数值愈大,愈接近 1,表示 x 与 y 的直线相关程度愈高;反之,$|r|$ 的数值愈小,愈接近于 0,表示 x 与 y 的直线相关程度愈低。通常判断的标准是:① $|r| < 0.3$,为微弱相关;② $0.3 \leqslant |r| < 0.5$,为低度相关;③ $0.5 \leqslant |r| < 0.8$,为显著相关;④ $0.8 \leqslant |r| < 1$,为高度相关。

(3) 当 $r > 0$ 时,表示 x 与 y 为正相关;当 $r < 0$ 时,表示 x 与 y 为负相关。

(4) 当 $|r| = 0$ 时,表示 x 与 y 完全没有直线相关关系。

例 8.4　某地区所属 10 个城镇,该地居民收入和服装销售额资料如表 8.5 所示。

表 8.5　某地居民收入和服装销售额情况统计表

城镇序号	居民收入 x(亿元)	服装销售额 y(万元)	xy	x^2	y^2
1	41.2	35.1	1 446.12	1 697.44	1 232.01
2	29.8	27.5	819.50	888.04	756.25
3	32.9	30.1	990.29	1 082.41	906.01
4	45.6	36.7	1 673.52	2 079.36	1 346.89
5	51.0	48.4	2 468.40	2 601.00	2 342.56
6	47.6	39.2	1 865.92	2 265.76	1 536.64
7	49.1	40.9	2 008.19	2 410.81	1 672.81
8	39.8	31.2	1 241.76	1 584.04	973.44
9	43.2	40.1	1 732.32	1 866.24	1 608.01
10	49.0	45.1	2 209.90	2 401.00	2 034.01
合计	429.2	374.3	16 455.92	18 876.10	14 408.63

$$r = \frac{n\sum xy - \sum x \sum y}{\sqrt{n\sum x^2 - (\sum x)^2}\sqrt{n\sum y^2 - (\sum y)^2}}$$

$$r = \frac{10 \times 16\ 455.92 - 429.2 \times 374.3}{\sqrt{10 \times 18\ 876.10 - (429.2)^2}\ \sqrt{10 \times 14\ 408.63 - (374.3)^2}}$$

$$r = \frac{3\ 909.64}{\sqrt{4\ 548.36}\ \sqrt{3\ 985.81}} = \frac{3\ 909.64}{67.44 \times 63.13} = 0.92$$

计算结果表明：该地区 10 个城镇，居民收入与服装销售额之间是高度的线性正相关关系，即居民收入增加，服装销售额也增加。

第三节　回　归　分　析

一、回归分析的定义

对具有相关关系的变量，通过数学方程式把它们之间的关系加以描述，便于从一个已知量来推测另一个未知量，这种分析方法称为回归分析，所建立的数学方程式称为回归方程。回归分析研究的主要内容有以下两项。

（1）确定相关关系的数学表达式。为了测定变量之间数量变化上的一般关系，一般采用函数关系的数学公式作为相关关系的数学表达式。如果现象之间的关系表现为直线相关，则选取直线方程拟合；如果现象之间的关系表现为曲线相关，则选取曲线方程拟合。这样，我们就找到描述现象之间相互依存关系在数量上的规律性的一个数学模型。它是进行判断、推算和预测的依据。

（2）检验所建立数学模型的可靠性。测定因变量估计值与实际值的差异，用来反映模型的可靠性。给出自变量的若干数值,代入数学模型,求得因变量相应的若干个估计值。估计值与实际值是有出入的,出入小表示估计得准确,模型可靠;出入大则表明估计不够准确,模型不可靠。

二、回归分析的种类

(一)按照回归分析中自变量的多少进行分类

按照回归分析中自变量的多少进行分类,分为一元回归和多元回归。一元回归即回归分析中只有一个自变量的回归分析。一元回归分析在分析中自变量是变化的原因,是确定的,另一个因素是因变量,是变化的结果,是不确定的,是随机变量。一元回归分析研究的是一个因变量与一个自变量之间的回归。多元回归即回归分析中有两个或两个以上自变量的回归分析。多元回归分析研究的是一个因变量与多个自变量之间的回归。

(二)按照回归分析中回归表现的形式不同进行分类

按照回归分析中回归表现的形式不同进行分类,分为线性回归和非线性回归。线性回归是变量之间变化规律大致表现为直线形式。非线性回归是变量之间变化规律大致表现为曲线形式,则称为非线性回归。

三、回归分析的基本内容

(一)建立相关关系的数学表达式

根据现象之间的实际相关形式,如果是线性关系就拟合线性回归方程,如果是非线性关系就拟合非线性回归方程,从数量上近似地反映变量之间的变动情况。

(二)根据回归方程进行回归估计和预测

可以根据已经建立的回归方程进行回归估计和预测,因为回归方程反映了变量之间的一般性关系,因此可以根据自变量的数值,通过代入回归方程来估计和预测因变量的数值。但是要注意的是,通过回归方程预测的因变量不是唯一确定的数值,而是一个平均数,或者是一般意义上的数值。

(三)检测回归方程的准确性

拟合的回归方程计算的估计值是否准确,一般通过计算估计标准误差指标来分析回归估计值与实际值之间的误差,在回归分析中,估计标准误差越小,表明实际值越紧靠估计值,回归模型拟合优度越好;反之,估计标准误差越大,则说明实际值对估计值越分散,回归模型拟合越差。

四、回归分析与相关分析的关系

回归分析与相关分析有着密切的联系和本质的区别。

(一)回归分析与相关分析的联系

1. 相关分析是回归分析的基础和前提

只有通过定性分析确定现象之间有相关关系,并且通过相关分析确定现象之间存在较强的密切关系,才有必要进行进一步的回归分析。如果相关关系分析确定变量之间没有相关关系,或者相关关系程度较低,就没有必要进行进一步的回归分析。勉强进行回归分析,也是没有必要的。所以,相关分析是回归分析的基础和前提。

2. 回归分析是相关分析的深入和继续

相关分析只能研究现象之间有无依存关系存在,以及依存关系的表现形式,研究相关关系的密切程度,而不能以确切的函数表达式说明现象变量之间的变动关系。回归分析是通过一定的数学模型,对变量之间的关系进行拟合回归方程,准确地说明现象之间的数量变动关系,并根据回归方程对研究的变量进行分析和预测。因此,只有把相关分析和回归分析紧密结合起来,才可以更精准地研究事物和认识事物。所以,回归分析是相关分析的深入和继续。可以说,相关分析是回归分析的必要条件,回归分析是相关分析的结果。

(二)回归分析与相关分析的区别

回归与相关都是研究两个变量相互关系的统计分析方法。但就具体方法所解决的问题而言,回归分析和相关分析是有明显差别的。

1. 变量的对等性不同

即自变量与因变量的性质不同。在线性相关分析中所研究的两个变量是对等关系。在进行相关分析时不需要区分哪个是自变量,哪个是因变量,因为哪个变量为自变量,计算的相关系数都是相同的。回归分析中所研究的两个变量不是对等关系。在进行回归分析时,必须根据研究的目的不同,要区分哪个是自变量,哪个是因变量。

2. 变量的随机性不同

相关分析要求两个变量,即自变量和因变量都是随机变量。回归分析要求两个变量一个是给定的量,一个是随机变量,即自变量是给定的量,因变量是随机变量。

3. 说明问题的程度不同

相关分析是通过相关表、相关图和相关系数判断变量之间是否存在相关关系,以及相关方向和相关程度。但不能给出变量相互关系的具体形式,也无法从一个变量的变化来推测另一个变量的变化情况。回归分析是通过一定的数学模型,对变量之间的关系进行拟合回归方程,准确地说明现象之间的数量变动关系,并根据回归方程对研究的变量进行分析和预测。回归分析是对具有相关关系的两个或两个以上的变量之间数量变化的一般关系建立一个相应的数学表达式,并检验模型的可靠性。可以从一个已知量来推测另外的未知量,为估算预测提供一种重要的方法。

五、线性回归方程

前面介绍过回归分析有不同的种类。按自变量的个数分,有一元回归和多元回归。只有一个自变量的称为一元回归,有两个或两个以上自变量的称为多元回归。按回归线的形状分,有线性回归(直线回归)和非线性回归(曲线回归)。其中,线性回归是最基本的,下面将着重讨论两个变量之间的线性回归问题。

(一)一元线性回归

根据实测值绘制散点图时,如果图中反映两变量之间的关系呈直线趋势,则可以初步判定两者之间存在线性关系,其关系式为:

$$y = a + bx$$

式中,y 是对 x 的直线回归方程或线性回归模型,该直线称为回归直线;a,b 为待定参数。

a,b 的值确定后,直线也就确定了。在回归分析中 a,b 的值确定后,则估计直线的方程可以写作:

$$\hat{y} = a + bx \tag{8.4}$$

式中,x 表示自变量;$\hat{y}$ 表示因变量的估计值;a 表示截距;b 表示回归系数。

拟合回归直线的主要问题就在于估计待定参数 a 和 b 的值。常用的方法是最小二乘法,用这种方法求出的回归直线是实测资料的"最佳"拟合直线。这和最小二乘法求直线趋势方程一

样,只要将符号 t 改为自变量 x 即可。由方程组:

$$\begin{cases} \sum y = na + b\sum x \\ \sum xy = a\sum x + b\sum x^2 \end{cases} \tag{8.5}$$

推导出求解 b,a 的两个公式:

$$b = \frac{n\sum xy - \sum x\sum y}{n\sum x^2 - (\sum x)^2} \tag{8.6}$$

$$a = \frac{\sum y}{n} - b\frac{\sum x}{n} = \bar{y} - b\bar{x} \tag{8.7}$$

可以根据联立方程组,采用代入消元法和加减消元法来求解 a,b 两个系数,也可以采用求解 b,a 的公式来求解 b,a 值。

例 8.5　还是采用例 8.4 和表 8.5 的资料,求拟合直线回归方程。并预测在居民收入达到 80 亿元时,服装销售额平均达到的水平。

$$b = \frac{n\sum xy - \sum x\sum y}{n\sum x^2 - (\sum x)^2} = \frac{10\times16\ 455.92 - 429.2\times374.3}{10\times18\ 876.1 - (429.2)^2}$$

$$= \frac{3\ 909.64}{4\ 548.36} = 0.859\ 6$$

$$a = \bar{y} - b\bar{x} = \frac{\sum y}{n} - b\frac{\sum x}{n} = \frac{374.3}{10} - 0.859\ 6\times\frac{429.2}{10} = 0.536\ 0$$

将 a,b 值代入原方程,进行预测:

$$\hat{y} = a + bx$$
$$\hat{y} = 0.536\ 0 + 0.859\ 6\times80 = 69.30\ (万元)$$

计算结果表明:该地区居民收入为 80 亿元时,服装销售额平均为 69.30 万元。

(二)回归系数的性质

简单直线回归方程 $\hat{y} = a + bx$ 中的 b 称为回归系数,回归系数是一个重要的统计分析指标,回归系数有如下一些性质:

第一,在回归分析中,回归系数 b 有正负之分,"正"表示两个变量之间变动的方向是相同的、一致的,即为正相关;"负"表示两个两个变量之间变动的方向是不相同的,方向相反,即为负相关。

第二,回归系数的含义。回归系数的具体数值表示自变量 x 每变动一个单位,影响因变量 y 平均变动的数值,即变动的一般水平。例如,上例中,$b = 0.859\ 6$,其含义是居民收入每增加 1 亿元,服装销售额平均增加 $0.859\ 6$ 万元。

第三,回归系数与相关系数之间存在一定的数量关系,即 $r = b\dfrac{\sigma_x}{\sigma_y}$。这个关系式反映了回归系数与相关系数在数量上的联系,说明了回归系数与相关系数的符号必然一致,符号的意义也是相同的。

六、估计标准误差

(一)定义公式

一元线性回归方程的估计标准误差是因变量的实际值与估计值的平均离差,其计算方法与

标准差的计算方法基本一致,即

$$s_{yx} = \sqrt{\frac{\sum (y - \hat{y})^2}{n - 2}} \qquad (8.8)$$

式中,s_{yx} 表示 y 倚 x 的估计标准误差;n 表示回归分析中相关点的个数;$n-2$ 表示自由度,因为在简单直线回归分析中,a 与 b 是两个待定参数,在计算时受到两个方程的约束,已经失去两个自由度。

估计标准误差的值越小,则估计量与其真实值的近似误差越小,但不能认为估计量与真实值之间的绝对误差就是估计标准误差。

例 8.6　还按应用表 8.1 某地居民收入和服装销售额统计资料,计算估计标准误差,如表 8.6 所示。

表 8.6　估计标准误差计算表

城镇序号	居民收入 x(亿元)	服装销售额 y(万元)	$\hat{y}$	$y - \hat{y}$	$(y - \hat{y})^2$
1	41.2	35.1	36.0	−0.9	0.81
2	29.8	27.5	26.2	1.3	1.69
3	32.9	30.1	28.8	1.3	1.69
4	45.6	36.7	39.7	−3.0	9.00
5	51.0	48.4	44.4	4.0	16.00
6	47.6	39.2	41.5	−2.3	5.29
7	49.1	40.9	42.7	−1.8	3.24
8	39.8	31.2	34.7	−3.5	12.25
9	43.2	40.1	37.7	2.4	5.76
10	49.0	45.1	42.7	2.4	5.76
合计	429.2	374.3	374.4	—	61.49

把有关数据代入定义公式,则

$$s_{yx} = \sqrt{\frac{\sum (y - \hat{y})^2}{n - 2}} = \sqrt{\frac{61.49}{10 - 2}} = 2.77(万元)$$

它表明用拟合回归方程估计 y 时,各个观测点离回归直线的误差有正有负,但是平均为 2.77 万元。

(二) 简化公式

根据估计标准误差的定义公式意义比较明确,计算过程体现了用平均误差来表示估计标准误差,但是由于另外要计算 $\hat{y}$,$y - \hat{y}$,$(y - \hat{y})^2$ 三列数据,所以计算起来较为复杂,可以根据已经计算回归直线的参数 a 与 b 的值,还有已经有的数据来计算。根据估计标准误差的定义公式 (8.8),结合回归方程式 (8.5),将 $\hat{y} = a + bx$ 代入即可得到简化公式为:

$$S_{yx} = \sqrt{\frac{\sum y^2 - a \sum y - b \sum xy}{n - 2}} \qquad (8.9)$$

例 8.7　根据表 8.5 的数据已经求得 $\sum y = 374.3$,$\sum y^2 = 14\,408.63$,$\sum xy = 16\,455.92$,$a = 0.536$,$b = 0.859\,6$,将这些数据代入 s_{yx} 的简化公式为:

$$s_{yx} = \sqrt{\frac{\sum y^2 - a \sum y - b \sum xy}{n-2}}$$

$$= \sqrt{\frac{14\,408.63 - 0.536 \times 374.3 - 0.859\,6 \times 16\,455.92}{10-2}} = 2.79(万元)$$

这个计算结果与定义公式的计算结果略有不同,这是由于四舍五入的原因造成的。

在回归分析中,估计标准误差越小,表明实际值越紧靠估计值,回归模型拟合优度越好;反之,估计标准误差越大,则说明实际值对估计值越分散,回归模型拟合越差。估计标准误差指标有着以下重要作用。

第一,它可以说明回归方程的理论值代表相应实际值的代表性大小。

第二,它可以说明以回归直线为中心的所有相关点的离散程度。

第三,它可以反映两变量之间相关的密切程度。

第四,它可以表明回归方程实用价值的大小。

七、估计标准误差与相关系数的关系

相关系数是说明直线现象相关密切程度的统计分析指标,而估计标准误差是说明回归方程式代表性高低的统计分析指标。相关系数和估计标准误差是两个有密切联系的指标。估计标准误差越大,各观测点离回归直线越远,变量之间的相关程度就越低,相关系数的绝对值也越小;反之,估计标准误差越小,各观测点离回归直线越近,变量之间的相关程度就越高,相关系数的绝对值也越大。两者关系的公式为:

$$r = \sqrt{1 - \frac{s_{yx}^2}{\sigma_y^2}} \tag{8.10}$$

$$s_{yx} = \sigma_y \sqrt{1 - r^2} \tag{8.11}$$

其中,

$$\sigma_y = \sqrt{\frac{\sum (y - \bar{y})^2}{n}}$$

主 要 知 识 点

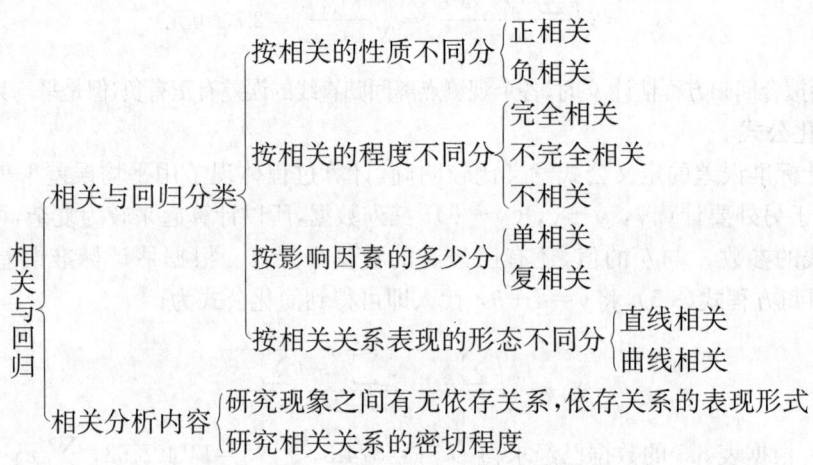

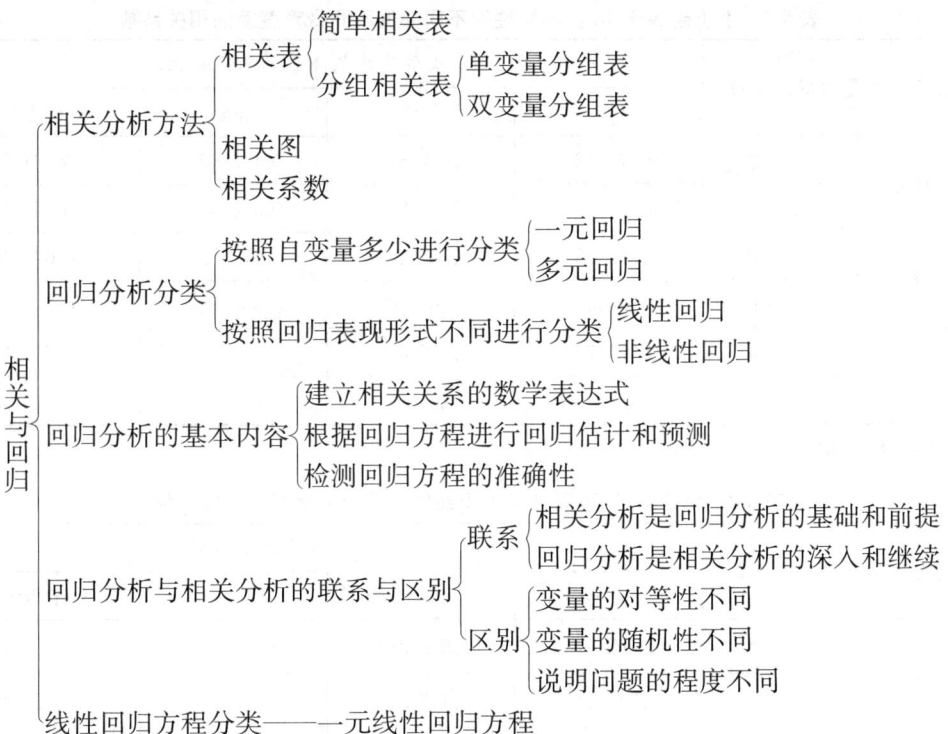

不同仪器测量的骨密度的相关与回归性研究

近年来,随着人民生活水平的提高,人们的预防保健意识越来越强,其中骨质疏松症也越来越受到重视。目前,在流行病学现场测量骨密度的仪器有两种具有世界先进水平:大型笨重的型号为 DEXA,小型为 TEXAT。两者各有优缺点,大型仪器具有测量较准确,且可做全身骨密度扫描,但价格昂贵,携带不便;小骨密度仪携带方便,操作简单,成本较低,适宜于大范围流行病学现场使用。小骨密度仪与大骨密度仪测量结果之间的相关性具有重要意义,可以为大规模骨密度流行病学监测提供仪器设备方面的依据。

1. 材料与方法

(1)资料来源。本次研究的流行病学资料是我们在安庆 8 县随样调查所得,对抽到的调查对象进行骨密度测量(分别用两种骨密度仪)。

(2)人体测量。用身高计与体重计测量身高与体重,分别精确到 0.1 cm 和 0.1 kg,年龄按实足年龄计算。

(3)测量部位。小骨密度仪测量的部位包括远端尺桡骨(DIST BMD)、近端尺桡骨(PROX BMD)、近端桡骨(PROXR)3 个部位,大骨密度仪测量的部位包括头部(B0)、躯干(B3)、脊柱(B6)、全身总骨密度(B9)等,所有操作均按规定严格执行。

(4)资料处理。所有资料收集汇总后经 SAS 软件统计处理。

2. 结果

随机对安庆市 341 人进行测量,其中男性 199 人,女性 142 人,大于 14 岁为 167 人,小于或等于 14 岁 174 人,最小为 7 岁,最大为 64 岁,平均年龄为 19.9 ± 12.5 岁。不同性别、部位、骨密度值的相关系数分析见表 8.7 至表 8.9。

表 8.7　小于或等于 14 岁不同性别不同部位不同骨密度值的相关系数

小骨密度仪测量的不同部位		大骨密度仪测量的不同部位			
		头部	躯干	脊柱	全身总骨密度
远端尺桡骨	1＝男	0.377 42*	0.530 52*	0.485 69*	0.481 22*
	2＝女	0.234 62*	0.526 34*	0.514 65*	0.464 72*
近端尺桡骨	1＝男	0.599 23*	0.939 24*	0.672 72*	0.677 66*
	2＝女	0.504 43*	0.864 56*	0.834 54*	0.771 20*
近端桡骨	1＝男	0.605 79*	0.817 68*	0.732 01*	0.716 18*
	2＝女	0.456 96*	0.804 84*	0.781 17*	0.716 18*

注：* 表示 $P < 0.05$。

表 8.8　大于 14 岁不同性别不同部位不同骨密度值的相关系数

小骨密度仪测量的不同部位		大骨密度仪测量的不同部位			
		头部	躯干	脊柱	全身总骨密度
远端尺桡骨	1＝男	0.465 81*	0.560 88*	0.560 28*	0.620 32*
	2＝女	0.541 14*	0.447 81*	0.498 37*	0.516 36*
近端尺桡骨	1＝男	0.453 01*	0.434 12*	0.474 95*	0.508 27*
	2＝女	0.513 20*	0.548 86*	0.557 49*	0.612 33*
近端桡骨	1＝男	0.634 87*	0.617 68*	0.636 59*	0.717 57*
	2＝女	0.549 20*	0.681 47*	0.648 98*	0.699 38*

注：* 表示 $P < 0.05$。

表 8.9　以 B9BMD 为因变量的逐步回归分析

标准偏回归系数	回归参数				
	常数项	偏回归系数	标准误	T	P
0.072 810 27	性别	0.703 448	0.056 650	12.418	0.000 1
0.195 181 69	身高	0.026 340	0.073 27	3.595	0.000 4
0.799 303 57	体重	−0.001 986	0.000 524	−3.788	0.000 2
0.382 999 91	DIST BMD	0.009 840	0.000 641	15.344	0.000 1
		0.108 180	0.008 754	12.385	0.000 1

表 8.7 和表 8.8 提示不同性别、不同年龄组不同骨密度仪测量和不同部位所得的骨密度值间均有显著的正相关。

表 8.9 提示在考虑年龄、身高、性别、体重等诸影响因素中，体重对骨密度影响最大。即在其他变量都不变的情况下，体重每改变一个单位，骨密度值相应改变 0.799 303 57 个单位，其次为身高、性别，可是年龄没有显著性（$P > 0.05$），可能是年龄与其他几个变量存在有交互作用。通过小骨密度值估计大骨密度值的回归方程为：

$$Y = 0.703\ 448 + 0.108\ 180 \times DIST\ BMD + 0.026\ 340 \times 性别 - 0.001\ 986 \times 身高 + 0.009\ 840 \times 体重$$

3. 讨论

本次研究表明不同骨密度仪测量不同部位的骨密度值间具有高度的相关性,且在不同年龄组、不同性别均呈显著的正相关,这在医学上是有一定依据的,因为人体各个部位骨骼的骨密度随着年龄、性别的不同是不同的,存在着一定的相关关系。因此,本次研究结果可以得出大小骨密度仪测量结果呈正相关关系,大小骨密度仪测量的原理是比较近似的。所以,在现场用小骨密度仪代替大骨密度仪是有一定理论依据的。人的骨骼水平是比较活跃的,处于不断更新之中,人在 20 岁以前主要为骨的生长阶段,其后的十余年逐渐增加,大约在 35 岁或 40 岁左右,单位体积达到高峰,以后逐渐减少。另外,不同性别之间的相关程度不一样,这是男女骨骼的生长发育规律不一样。所以,男女骨密度值的相关程度是不一样。

表 8.9 的逐步回归方程与 Wardaw G. M. 关于骨密度的影响因素的报道结果是基本一致的。本次研究没有显示年龄的影响,虽然年龄是影响骨密度的一个因素,可能是人体生长发育过程中达到某一个年龄,就有相应范围的身高和体重,由于引入了身高和体重,年龄的作用变小。

用回归分析建立大小骨密度仪测量值的回归方程,目前还没有与其他相关研究进行比较,但从分析结果来看,还是比较令人满意的,如果加大样本含量或者增加有关指标,方程的灵敏度将会进一步地提高。

资料来源:潘发明,安徽医科大学妇幼卫生学教研室。

研讨问题

1. 为什么认为大小骨密度仪测量骨密度的原理是比较近似的?
2. 相关分析与回归分析有什么区别?

思政德育课堂

1. 案例描述

我国教育普及程度大幅提高,总体水平跃居世界中上行列。主要是由于我国经济规模不断扩大,综合国力与日俱增的因素决定的。中华人民共和国成立初期,我国教育水平低下,人口文化素质差,学龄儿童入学率只有 20% 左右,全国 80% 以上人口是文盲。20 世纪 50—70 年代,我国重视发展基础教育。1978 年,基本普及小学教育,学龄儿童入学率达到 95.5%;1982 年,文盲率降至 22.8%。改革开放以来,我国教育进入全面发展时期,义务教育不断完善,高等教育逐步加强,国民受教育程度不断提高。2018 年,九年义务教育巩固率达 94.2%;普通本专科在校学生 2 831 万人,比 1978 年增长 32 倍;15 岁及以上人口平均受教育年限由 1982 年的 5.3 年提高到 9.6 年。党的十八大以来,我国教育事业取得新的历史性进展,总体发展水平跃居世界中上行列,现代职业教育体系初步建立。2018 年,我国高等教育毛入学率已达到 48.1%,高于中高收入国家平均水平;中等职业教育学校达到 10 340 所。教育事业发展有效提升了全民族的科技文化素质,为社会主义现代化建设培养了大量人才资源。

2. 案例提示

通过案例分析明确国民经济发展与教育普及现象之间存在的互相依存的关系,要学会分析社会经济现象之间的互相依存的不确定性关系,学会运用专业统计知识去分析社会经济热点问题,揭示事物规律性。

习　题

【单项选择题】

1. 在直线相关下,若变量之间相互依存关系的程度越低,则相关系数越接近于(　　)。
   A. 0　　　　　　　　B. 1　　　　　　　C. -1　　　　　　D. 0.5

2. 两个变量间的相关关系称为(　　)。
   A. 单相关　　　　　B. 完全相关　　　　C. 复相关　　　　D. 正相关

3. 相关分析是研究(　　)。
   A. 变量之间的数量关系　　　　　　　　B. 变量之间的变化关系
   C. 变量之间相互关系的密切程度　　　　D. 变量之间因果关系

4. 在回归直线方程 $\hat{y}=a+bx$ 中,b 表示(　　)。
   A. 当 x 每增加一个单位,$\hat{y}$ 变动的值　　B. 当 x 每增加一个单位,$\hat{y}$ 平均变动的值
   C. 当 $\hat{y}$ 每增加一个单位,x 变动的值　　D. 当 $\hat{y}$ 每增加一个单位,x 平均变动的值

5. 当变量 x 增加时变量 y 也随之增加,变量 x 减小时变量 y 也随之减小,那么变量 x 与 y 存在(　　)。
   A. 正相关　　　　　　　　　　　　　　B. 复相关
   C. 直线相关　　　　　　　　　　　　　D. 高度相关

6. 在价格不变的条件下,商品销售额和商品销售量之间存在着(　　)。
   A. 不完全的依存关系　　　　　　　　　B. 不完全的随机关系
   C. 完全的随机关系　　　　　　　　　　D. 完全的依存关系

7. 由变量 y 对变量 x 回归,同由变量 x 对变量 y 回归,是(　　)。
   A. 同一个问题　　　　　　　　　　　　B. 不同的问题
   C. 有时相同有时不同　　　　　　　　　D. 不同的问题但方程相同

8. 在相关分析中不能把两个变量区分为确定性的自变量和随机的因变量,在回归分析中(　　)。
   A. 也不能区分自变量和因变量　　　　　B. 必须区分自变量和因变量
   C. 能区分自变量和因变量,但不需要区分　D. 可区分自变量和因变量,也可不做区分

9. 当相关关系中有三个变量时,这种相关关系称为(　　)。
   A. 单相关　　　　　B. 直线相关　　　　C. 复相关　　　　D. 曲线相关

10. 当所有观察值 y 都落在回归直线 $y=a+bx$ 上,则 x 与 y 之间的相关系数(　　)。
   A. $r=0$　　　　　B. $-1<r<1$　　　　C. $r=1$　　　　D. $0<r<1$

【多项选择题】

1. 下列关系为相关关系的有(　　)。
   A. 家庭收入与消费支出关系　　　　　　B. 圆的面积与它的半径关系
   C. 广告支出与商品销售额关系　　　　　D. 单位产品成本与利润关系
   E. 在价格固定情况下,销售量与商品销售额关系

2. 相关系数表明两个变量之间的(　　)。
   A. 线性关系　　　　　　　　　　　　　B. 因果关系
   C. 变异程度　　　　　　　　　　　　　D. 相关方向
   E. 相关的密切程度

3. 相关关系种类从（　　）。
   A. 相关方向分为正相关和负相关
   B. 相关形式分为直线相关和曲线相关
   C. 相关程度分为完全相关、不完全相关和不相关
   D. 相关变量的多少分为单相关和复相关
   E. 数值形式分为相关系数和相关指数

4. 相关分析中的正相关是指（　　）。
   A. 自变量的值增加，因变量值随之相应增加　　B. 自变量的值减少，因变量值随之相应减少
   C. 自变量的值增加，因变量值相应地减少　　　D. 自变量的值减少，因变量值相应地增加
   E. 自变量的值变动，因变量值不随之变动

5. 直线相关分析的特点包括（　　）。
   A. 两个变量具有对等关系　　　　　　　　　B. 只能算出一个相关系数
   C. 相关系数有正负号　　　　　　　　　　　D. 相关的两个变量都是随机的
   E. 相关系数的大小反映两变量间相关的密切程度

6. 估计标准误差的作用是表明（　　）。
   A. 回归方程的代表性　　　　　　　　　　　B. 样本的变异程度
   C. 估计值与实际值的平均误差　　　　　　　D. 样本指标的代表性
   E. 总体的变异程度

7. 相关系数 r 的数值可（　　）。
   A. 为正值　　　　　　　B. 为负值　　　　　　　　C. 大于1
   D. 等于 -1　　　　　　E. 等于1

8. 确定直线回归方程必须满足的条件有（　　）。
   A. 现象间确实存在数量上的相互依存关系　　B. 相关系数 r 必须等于1
   C. y 与 x 必须同方向变化　　　　　　　　D. 现象间存在着较密切的直线相关关系
   E. 相关系数 r 必须大于零

9. 由直线回归方程 $y=a+bx$ 所推算出来的 y 值，（　　）。
   A. 是一组估计值　　　　　　　　　　　　　B. 是一组平均值
   C. 是一个等差级数　　　　　　　　　　　　D. 可能等于实际值
   E. 与实际值的离差平方和等于零

10. 单位成本（元）依产量（千件）变化的回归方程为 $\hat{y}=97-3x$，这表示（　　）。
    A. 产量为1 000件时，单位成本94元
    B. 产量为1 000件时，单位成本97元
    C. 产量每增加1 000件时，单位成本下降3元
    D. 产量每增加1 000件时，单位成本下降97元
    E. 当单位成本为100元时，产量为3 000件

【判断题】

1. 相关系数 r 取值范围在 $+1$ 和 -1 之间。　　　　　　　　　　　　　　（　　）
2. 不管自变量如何变化，因变量都不变，这种情况称为不相关。　　　　　　（　　）
3. 当变量 x 按一定数额变化时，变量 y 也随之近似地按固定的数额变化，那么这两个变量间为正相关。　　　　　　　　　　　　　　　　　　　　　　　　　　　（　　）
4. 进行相关分析必须以定性分析为前提。　　　　　　　　　　　　　　　　（　　）

5. 相关分析可以不分自变量与因变量,回归分析也如此。　　　　　　　　　（　　）

6. 产量增加,则单位产品成本降低,此种关系属相关关系。　　　　　　　　（　　）

7. 判断两现象相关关系密切程度的主要方法是编制相关表。　　　　　　　　（　　）

8. 估计标准误差是衡量回归方程代表性大小的指标。　　　　　　　　　　　（　　）

9. 相关系数等于零,说明两变量之间无直线相关。　　　　　　　　　　　　（　　）

10. 一个回归方程只能作一种推算,即给出自变量的数值,估计因变量的可能值。（　　）

【简答题】

1. 什么是相关关系? 相关关系有哪些特点?

2. 相关关系有哪些种类? 请举例说明。

3. 一元线性回归分析有哪些特点?

4. 计算估计标准误差的作用是什么?

5. 相关分析与回归分析的区别与联系有哪些?

【计算分析题】

1. 某产品的产量与单位成本资料如表 8.10 所示。

表 8.10　某产品的产量与单位成本资料

产量(千件)	单位成本(千元/件)	产量(千件)	单位成本(千元/件)
2	9	3	9
3	8	4	6
4	7	5	7

要求:(1) 计算相关系数,判断其相关方向和程度。

(2) 建立直线回归方程。

(3) 计算估计标准误差。

2. 根据某地 2011—2020 年财政收入资料,得到财政收入趋势线为 $y_c = 309 + 3.8t$ (2011 年 $t=1$)。 又知该地区基本建设投资支出与财政收入的回归直线 $\hat{y}=-0.12+0.03x$,其中 x 是财政收入。试估计 2020 年该地区基本建设投资的支出。(单位:百亿元)

3. 已知 $n=6$,$\sum x=21$,$\sum y=426$,$\sum x^2=79$,$\sum y^2=30\,268$,$\sum xy=1\,481$。

要求:(1) 计算相关系数。

(2) 建立回归直线方程。

(3) 计算估计标准误差。

第九章

假设检验

知识目标与要求

(1) 了解原假设、备择假设、两类错误、单侧检验和双侧检验等相关概念。

(2) 掌握在已知条件下建立原假设和备择假设的方法。

(3) 理解正态分布、标准正态分布、t 分布和卡方分布。

(4) 掌握正态总体均值的假设检验、总体比例的假设检验和总体方差的假设检验方法。

能力目标与要求

(1) 掌握不同原假设和备择假设建立方法。

(2) 掌握总体平均数、总体比例、总体方差的假设检验方法。

思政目标与要求

(1) 注重联系实际,使学生认识到理论来源于实践又可以服务于实践,有助于学生建立起辩证唯物主义观点。

(2) 通过对假设检验问题的深入思考,培养学生敢于追求真理、敢于挑战权威、敢于怀疑一切的独立人格和执著追求真理的精神。

 课前导读

假设检验是抽样推断的一个重要内容。所谓假设检验,就是事先对总体参数或总体分布形式作出一个假设,然后利用样本信息来判断原假设是否合理,即判断样本信息与原假设是否有显著差异,从而决定应接受还是拒绝原假设。比如,对某机器设备,生产工艺改变后,要检验新工艺对产品的某个主要指标是否有影响时,就需要抽样检验总体的某个参数(如均值、方差等)是否等于改变工艺前的参数值,这类问题就属于假设检验问题。

假设检验
案例分析

第一节　假设检验概述

一、假设检验的基本思想

在现实生活中,人们经常要对某个"假设"作出判断,确定它是真的,还是假的。在研究领域,研究者在检验一种新的理论时,首先是提出一种自己认为是正确的看法,即假设。用统计语言来说,"假设"就是对总体参数的一种事先猜想。一个假设的提出总是以一定的理由为基础,但这些理由通常又是不完全充分的,因而产生了"检验"的需求,也就是假设检验。

假设检验先对总体参数提出某种假设,然后利用样本信息判断假设是否成立的一种统计分析方法。

(一)原假设与备择假设

在假设检验中,首先需要提出两种假设,即原假设和备择假设。

通常将研究者想收集证据予以反对的假设称为原假设,或称零假设,用 H_0 表示。

通常将研究者想收集证据予以支持的假设称为备择假设,或称研究假设,用 H_1 或 H_a 表示。

例 9.1 某品牌洗衣液产品说明书中声称:平均净含量不少于 600 克。为检验该生产商的陈述,相关研究人员通过抽检其中一批产品来验证其说明是否属实。假设该生产商的陈述是正确的,设该品牌洗衣液平均净含量的真值为 μ。如果抽检的结果发现 $\mu < 600$,则表明该产品说明书声称平均净含量不少于 600 克的内容不真实。一般来说,研究者检验的意图是倾向于证实这种洗衣液的平均净含量不符合说明书中的陈述,因为如果研究者对产品说明丝毫没有质疑,也就没有检验的必要了。所以,$\mu < 600$ 是研究者想要收集证据支持的观点,建立的原假设与备择假设应为:

$$H_0 : \mu \geqslant 600 \quad (\text{净含量符合说明书})$$

$$H_1 : \mu < 600 \quad (\text{净含量不符合说明书})$$

例 9.2 某市统计局估计:该市中家庭拥有汽车的比例超过 40%,为检验这一估计是否正确,该研究机构随机抽取一个样本进行检验。设该城市中家庭拥有汽车的比例真值为 μ,研究者想收集证据予以支持的假设是"该市中家庭拥有汽车的比例超过 40%",所以 $\mu > 40\%$ 是研究者想要收集证据支持的观点,建立的原假设与备择假设应为:

$$H_0 : \mu \leqslant 40\% \quad (\text{家庭拥有汽车的比例不超过 40\%})$$

$$H_1 : \mu > 40\% \quad (\text{家庭拥有汽车的比例超过 40\%})$$

设 μ_0 表示在原假设和备择假设中考虑的总体参数的某一特定数值,μ 表示总体参数的实际值,对总体参数 μ 的假设检验采取以下三种形式之一:

$$(1) \ H_0 : \mu \geqslant \mu_0 \quad H_1 : \mu < \mu_0$$

$$(2) \ H_0 : \mu \leqslant \mu_0 \quad H_1 : \mu > \mu_0$$

$$(3) \ H_0 : \mu = \mu_0 \quad H_1 : \mu \neq \mu_0$$

通过以上论述可以得到建立假设的几个要点:

第一,原假设和备择假设是一个完备的事件组,而且相互对立。即在一项假设检验中,原假设和备择假设必有一个成立,而且只有一个成立。

第二,在建立假设时,通常是先确定备择假设,然后再确定原假设。因为备择假设是我们所关心的,是想予以支持或证实的,因而比较容易确定。因为原假设和备择假设是对立的,所以确定了备择假设,原假设也就确定了。

第三,在假设检验中,等号"="总是放在原假设上,这是因为我们想涵盖备择假设 H_1 不出现的所有情况。

第四,尽管我们已经给出了原假设与备择假设的定义,依据这样的定义通常就能确定两个假设的内容,但它们本质上是带有一定的主观色彩,因为所谓的"研究者想收集证据予以支持的假设"和"研究者想要收集证据予以反对的假设"始终都取决于研究者有不同的研究目的,即使对同一问题也可能提出截然相反的原假设和备择假设,这是十分正常的,也并不违背我们关于原假设与备择假设的最初定义。无论怎样确定假设的形式,只要它们符合研究者的最终目的,便是合理的。

(二)假设检验的两个特点

例 9.3　某厂质检部规定该厂生产的产品次品率不超过 5％才能出厂。现在从 1 000 件产品中抽取 10 件,经检验有 4 件次品。请问这批产品能不能出厂?

如果假设这批产品的次品率 $P \leqslant 0.4$,则可计算事件"抽 10 件产品有 4 件次品"的概率为:

$$P_{10}^4 = C_{10}^4 (0.04)^4 \times (1 - 0.04)^6 < 0.001$$

可见,如果次品率 $P \leqslant 0.04$,则"抽 10 件产品有 4 件次品"的概率是相当小的,1 000 次可能才出现 1 次。然而概率如此小的事件,在一次试验中居然发生了,这是不合理的。不合理的根源在于假设 $P \leqslant 0.04$ 是不可能成立的,故按质检部门的规定,这批产品不能出厂。

上述的案例分析,采用了小概率事件几乎不可能发生原则,即小概率事件在一次观察中基本不发生。当我们提出某种统计假设之后,若小概率事件发生了,根据这一原则,有理由拒绝该假设;反之,若小概率事件没有发生,则只有接受假设。基于这一原则,假设检验有如下两个特点。

第一,假设检验利用反证法进行。假设检验用了反证法,为了检验一个假设是否成立,人们首先假设它是真的,观察其会产生什么后果。如果导致了一个不合理的现象出现,则认为假设是不合理的,拒绝假设;反之,如果没有导致不合理的现象出现,则认为假设是合理的,接受假设。

第二,假设检验采用小概率事件几乎不可能原则。假设检验采用的反证法区别于一般的反证法。假设检验中所采用的反证法是带有概率性质的反证法。所谓假设的不合理,不是绝对的矛盾,而是基于人们在实践中广泛采用的小概率事件的几乎不可能原则。人们自然会问,概率小到什么程度才算是小概率事件,是否有一个统一的标准来界定,回答是否定的。这必须根据具体的问题来界定。小概率通常用 α 表示,又称为检验的显著性水平。

二、假设检验两类错误

由于假设检验采用了具有概率性质的反证法,所以当拒绝原假设时,是因为我们认为小概率事件发生了,这是不合理的。当接受原假设时,是因为我们还不能从概率的意义上找到拒绝的依据。无论是拒绝原假设还是接受原假设,都是按一定的概率标准作出判断。拒绝原假设,并不意味原假设是假的,接受原假设,也不意味原假设是真的,所以假设检验会犯错误。错误分以下两种类型。

(一)第一类错误

拒绝了一个本来是真实的原假设称为犯第一类错误,简称"弃真"或"拒真"错误。例如,在销售产品时,厂方承诺产品的次品率小于 2％,这是真的。在卖方的保证下,买方进行了检验,结果小概率事件发生了,买方拒绝了这批产品。这时买方作了错误的决策,犯了第一类错误。实际上样本导致原假设被拒绝的概率,就是假设检验的显著性水平,所以犯第一类错误的概率就是假设检验的显著性水平,即 P(拒绝 H_0/H_0 为真)$=\alpha$。

第一类错误又称弃真错误,概率通常记为 α,指当假设为真时拒绝原假设。

发生第一类错误的概率也常被用于检验结论的可靠性,并将这一概率称为显著性水平。

α 称为显著性水平,即小概率事件发生的临界水平。在假设检验中指原假设为真时却拒绝原假设的概率。

显著性水平是人们事先指定的犯第一类错误的概率 α 的最大允许值。显著性水平 α 越小,犯第一类错误的可能性越小,但犯第二类错误的可能性则越大。实际应用中常用的显著性水平有 $\alpha=0.01$,$\alpha=0.05$,$\alpha=0.1$ 等,当然也可以取其他值。一般人们通常选择显著性水平为 0.05 或比 0.05 更小的概率。

(二) 第二类错误

接受了一个本来不是真实的原假设称为犯第二类错误,简称"采伪"或"取伪"错误。如产品销售时,厂家承诺产品的次品率小于 2%,这是不真的。但买方在检验中,小概率事件没有发生,于是买方接受了这批本不该接受的产品,这就犯了第二类错误。若记犯第二类错误的概率为 β,则有 P(接受 H_0/H_0 不真)$=\beta$。

第二类错误又称取伪错误,概率通常记为 β,指当假设为假时却没有拒绝原假设。

确定了显著性水平 α 就等于控制了第一类错误的概率,但犯第二类错误的概率 β 却是不确定的。在拒绝原假设 H_0 时,犯错误的概率不超过给定的显著性水平 α,但当样本观测显示没有充分的理由拒绝原假设时,也无法确切知道第二类错误发生的概率。因此,在假设检验中采用"不拒绝 H_0",而不采用"接受 H_0"的表述方式,这种说法实质上并未作出明确结论,在多数场合下便避免了第二类错误发生的风险。因为"接受 H_0"所得结论的可靠性将由第二类错误的概率 β 来测量,而 β 的控制又相对复杂。

两类错误示意如表 9.1 所示。

表 9.1　两类错误示意表

错误类别	H_0 为真	H_0 为不真
拒绝 H_0	第一类错误(拒绝)(概率为 α)	正确决策
不拒绝 H_0	正确决策	第二类错误(采伪)(概率为 β)

三、双侧检验与单侧检验

在原假设和备择假设中,根据建立原假设和备择假设的原则,列出了假设检验的三种基本形式:

$$(1) \ H_0 : \mu \geqslant \mu_0 \quad H_1 : \mu < \mu_0$$

$$(2) \ H_0 : \mu \leqslant \mu_0 \quad H_1 : \mu > \mu_0$$

$$(3) \ H_0 : \mu = \mu_0 \quad H_1 : \mu \neq \mu_0$$

以上(1)(2)为单侧检验。其中,(1)是左单侧检验;(2)为右单侧检验;(3)为双侧检验。

单侧检验是指检验统计量的取值位于其抽样分布的某一侧范围内时拒绝原假设,也就是说,抽样分布的某一侧构成了拒绝域。左单侧检验和右单侧检验的示意图分别如图 9.1 和图 9.2 所示。

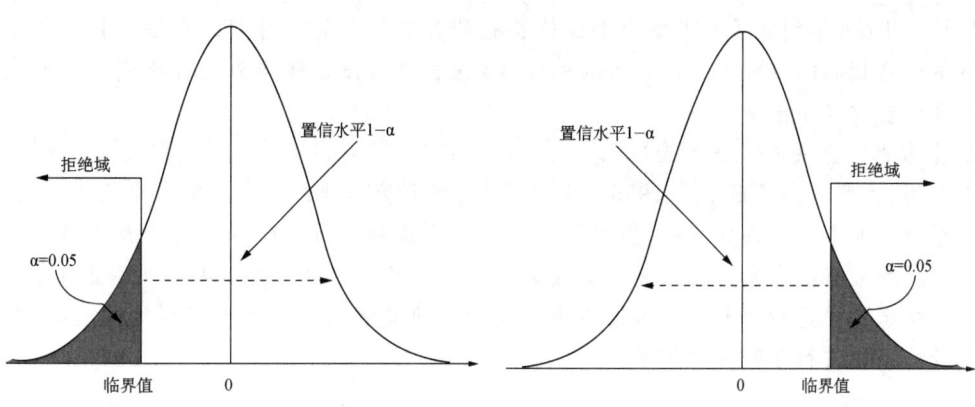

图 9.1　左单侧检验示意图　　　　　图 9.2　右单侧检验示意图

双侧检验是指检验统计量的取值位于其抽样分布的任何一侧范围内时拒绝原假设,也就是说,抽样分布的左右两侧共同构成了拒绝域。双侧检验示意图如图9.3所示。

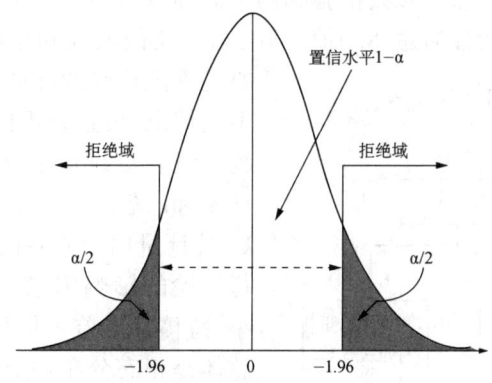

图 9.3　双侧检验示意图

拒绝域就是显著性水平 α 所围成的区域。在确定了显著性水平 α 之后,就可以根据 α 值的大小确定出拒绝域的具体边界值。拒绝域的边界值称为临界值。

四、假设检验的一般步骤

第一步:陈述原假设 H_0 和备择假设 H_1。

第二步:从所研究的总体中抽出一个随机样本。

第三步:确定一个适当的检验统计量,并利用样本数据算出其具体数值。

第四步:确定一个适当的显著性水平 α,并计算出其临界值,指定拒绝域。

第五步:将统计量的值与临界值进行比较,并作出决策:若统计量的值落在拒绝域内,拒绝原假设 H_0;否则,不拒绝原假设 H_0。

> ▶ **知识链接**
>
> 假设检验概念的发生——人工概念形成研究中的假设检验
>
> 1. 作为实验方法的假设检验概念
>
> 假设检验作为心理学领域的一个概念提出来,最早是在人工概念形成的实验研究当中。

赫尔最早于 1920 年创立了人工概念形成的实验研究方法。同一时期的布锡莱特也做了一系列与赫尔思路相同的研究人工概念形成的实验,并且将假设检验作为一种研究人工概念形成的实验模型首次提了出来。

2. 作为思维方法的假设检验概念

布鲁纳、古德诺和奥斯丁于 1956 年发表了《思维研究》,他们以人工概念为实验材料,进行了一项经典的人工概念形成实验,提出了人工概念形成的假设检验说。这是首次将假设检验作为一种思维策略提出来。人工概念实验为假设检验说提供了支持,但这种假设检验说只局限在人工概念形成这种现象的思维策略中。随后的研究者又设计了更多新的实验,从其他角度对假设检验说进行了验证和扩展。

第二节　常用的几种假设检验

假设检验一般分为一个总体参数检验和两个总体参数检验。本章主要介绍一个总体参数检验。一个总体参数检验又分为总体均值检验、总体比例检验和总体方差检验。假设检验主要是确定检验的统计量问题。根据假设检验的不同情况,要选择不同的检验统计量,一般检验统计量有 z 统计量、t 统计量、χ^2 统计量。z 统计量和 t 统计量一般用于均值和比例的检验,χ^2 统计量用于方差的检验,选择哪个统计量进行检验的影响因素主要有样本统计量 n 的大小,总体标准差 σ 是否已知。在大样本情况下,总体是正态分布,总体标准差 σ 已知,样本统计量渐近服从正态分布,可以使用 z 统计量。在小样本情况下($n < 30$),总体标准差 σ 已知,样本统计量服从正态分布,可以使用 z 统计量。如果总体标准差 σ 未知,只能使用样本标准差,样本统计量服从 t 分布,使用 t 统计量。统计量的确定情况如图 9.4 所示。

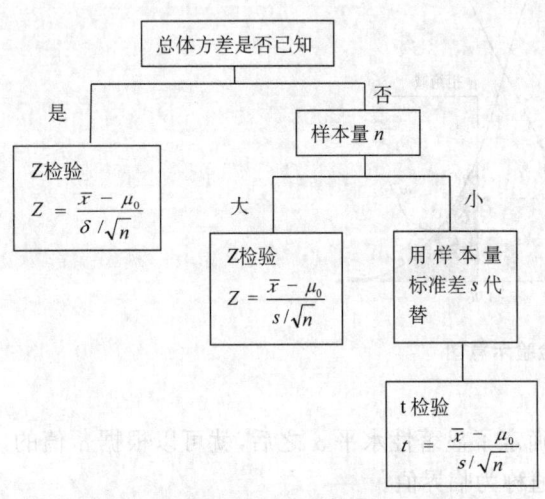

图 9.4　总体均值和比例检验的统计量确定

一、总体均值的假设检验

(一)总体正态分布——方差已知

在总体方差已知的情形下,如果总体 $X \sim N(\mu, \sigma^2)$,那么样本均值标准化变换后可得:

$$Z = \frac{\bar{X} - \mu}{\frac{\sigma}{\sqrt{n}}} \sim N(0, 1)$$

1. 单侧检验

若采用左侧假设,$H_0: \mu = \mu_0 (\mu \geqslant \mu_0)$,$H_1: \mu < \mu_0$,则临界值为 $-Z_\alpha$,当 $Z < -Z_\alpha$ 时,拒绝原假设;反之,则接受原假设。

若采用右侧假设，$H_0: \mu=\mu_0 (\mu\leqslant\mu_0)$，$H_1: \mu>\mu_0$，则临界值为 Z_α，当 $Z>-Z_\alpha$ 时，拒绝原假设；反之，则接受原假设。

例 9.4 检验某种电子产品的使用寿命情况，假设该电子产品使用寿命呈正态分布，且根据记录得知该分布参数为：平均使用寿命 μ 为 100 小时，标准差 σ 为 10 小时。现随机抽取 100 个该类电子产品作样本，测得平均寿命为 102 小时，给定显著性水平 $\alpha=0.05$，问该类电子产品使用寿命是否有明显提高？

根据题意判断出是单侧检验，且是右侧检验。

以 μ 表示电子产品的平均使用寿命（小时），建立假设：

$H_0: \mu\leqslant 100$，即平均使用寿命无提高。

$H_1: \mu>100$，即使用寿命有明显提高。

确定检验统计量及其分布：

$$Z=\frac{\bar{X}-\mu}{\frac{\sigma}{\sqrt{n}}}\sim N(0,1)$$

确定临界值：由于是右单侧检验，因此只需要右侧临界值，不存在左侧临界值。在给定显著性水平 $\alpha=0.05$，是单侧的要求，考虑到正态分布表是双侧的，如果单侧要求 $\alpha=0.05$，则双侧就应该是 $2\times0.05=0.10$，查附表 2 得到临界值 $Z_{1-2\alpha}=1.645$。

$$检验样本统计量 Z=\frac{\bar{X}-\mu}{\frac{\sigma}{\sqrt{n}}}=\frac{102-100}{\frac{10}{\sqrt{100}}}=2$$

由于样本统计量的值 $Z=2>Z_\alpha=1.645$，所以拒绝 H_0，而接受 H_1，即说明该类电子产品使用寿命有明显提高。

2. 双侧检验

若采用双侧检验，$H_0: \mu=\mu_0$，$H_1: \mu\neq\mu_0$，则临界值为 $-Z_{\frac{\alpha}{2}}$ 和 $Z_{\frac{\alpha}{2}}$，当 $|Z|>Z_{\frac{\alpha}{2}}$ 时，拒绝原假设；反之，则接受原假设。

例 9.5 某加工肉松的食品公司自动包装机包装肉松，包装标准为每袋 0.5 千克。假设包装机包装肉松重量的随机变量为 $X\sim N(\mu,0.015^2)$。现从肉松产品中随机抽取 9 袋肉松，测得样本均值 $\bar{x}=0.509$。在显著性水平 $\alpha=0.05$ 的情况下，该包装机生产是否正常？

根据题意判断要检验的假设为双侧检验，建立假设：

$$H_0: \mu=0.5, \text{对} H_1: \mu\neq0.5$$

由于 $X\sim N(\mu,0.015^2)$ 中，$\sigma^2=0.015^2$ 已知，$\alpha=0.05$，$1-\alpha=0.95$，查附表 2，得临界值 $Z_{\frac{\alpha}{2}}=Z_{0.025}=1.96$。

$$检验样本统计量 z=\frac{\bar{x}-\mu_0}{\frac{\sigma}{\sqrt{n}}}=\frac{\sqrt{9}\times(0.509-0.5)}{0.015}=1.8<1.96$$

即 $z\notin A$，没有落入拒绝域，所以，接受原假设 H_0，包装机生产正常。

检验样本统计量 $P(|Z| \geqslant z) = 1 - P(|Z| < 1.8) = 1 - 0.928\ 1 = 0.071\ 9 > 0.05$

因此,接受原假设 H_0,包装机生产正常。

(二)总体正态分布——方差未知

对方差未知的情形,我们在区间估计时就知道要用样本方差代替总体方差,但这时检验统计量不服从标准正态分布而是服从 t 分布,这时检验统计量:

$$\mu = \frac{\bar{X} - \mu_0}{\dfrac{S}{\sqrt{n}}} \sim t(n-1)$$

其中,S 是样本标准差,即检验统计量服从自由度为 $n-1$ 的 t 分布,称为 t 检验统计量。有了检验统计量及其抽样分布,其余程序与 z 检验是一样的。此外,当样本量 $n > 30$ 时,t 统计量与标准正态分布的统计量很接近,这时可用 z 检验来代替 t 检验。

(1)双侧检验时,若 $|t| > t_{\frac{\alpha}{2}}$,则拒绝 H_0;反之,接受 H_0。

(2)左侧检验时,若 $t < -t_\alpha$,则拒绝 H_0;反之,接受 H_0。

(3)右侧检验时,若 $t > t_\alpha$,则拒绝 H_0;反之,接受 H_0。

例 9.6 某生产线自动包装的产品重量服从正态分布,每袋的标准重量为 1 000 克。随机抽取 9 袋,测得样本平均重量 986 克,样本标准差 24 克。试问在显著性水平 $\alpha = 0.05$ 的情况下,该包装机生产是否正常?

根据题意判断要检验的假设为双侧检验,建立假设:

$$H_0: \mu = 1\ 000,\ \text{对}\ H_1: \mu \neq 1\ 000$$

由于总体标准差未知,用样本标准差代替,相应的检验统计量是 t 统计量。

由显著性水平 $\alpha = 0.05$,查附表 3(自由度 $n-1 = 8$),得临界值:

$$t_{\frac{\alpha}{2}}(n-1) = t_{0.025}(8) = 2.306$$

因此,拒绝域 $A\{t;\ |t| \geqslant 2.306\}$。计算 t 检验统计量的值:

$$\hat{t} = \frac{\bar{x} - \mu}{\dfrac{S}{\sqrt{n}}} = \frac{986 - 1\ 000}{\dfrac{24}{\sqrt{9}}} = -1.75$$

由于 $|\hat{t}| < 2.306$,即 $\hat{t} \notin A$,所以,没有充分理由拒绝 H_0,也就是生产线工作正常。

例 9.7 某奶产品制造商生产的标准是每包牛奶糖净重 500 克,现从一批产品中随机抽取 10 包牛奶糖,测得每包牛奶糖净重(克)如下:

512　503　498　507　496　499　489　501　496　506

在显著性水平 $\alpha = 0.01$ 的情况下,该批产品是否显著地高于标准?

根据题意判断要检验的假设为左侧检验,建立假设:

$$H_0: \mu \geqslant 500,\ \text{对}\ H_1: \mu < 500$$

由于单侧检验,所以只有一个临界值。$n = 10$,$\alpha = 0.01$,查附表 3 得该临界值为 $t_\alpha(n-1) = t_{0.01}(9) = -2.821$。

$$样本均值\ \bar{x} = \frac{\sum x}{n} = \frac{5\,007}{10} = 500.7(克)$$

$$样本标准差\ S = \sqrt{\frac{\sum (x-\mu)^2}{n-1}} = \sqrt{\frac{392.1}{10-1}} = 6.601(克)$$

$$检验统计量的样本值\ t = \frac{\bar{x}-\mu}{\dfrac{S}{\sqrt{n}}} = \frac{500.7-500}{\dfrac{6.601}{\sqrt{10}}} = 0.335$$

由于检验统计量样本值 $t = 0.335 > t_{0.01}(9) = -2.821$，所以没有充分理由拒绝原假设，说明该批产品显著地高于标准，生产线出现不正常。

（三）总体非正态分布

在通常情况下，观测数据遵从正态分布，可用观测值的平均值和标准差分别描述它的集中趋势和离散特性。但在有些情况下，观测值不遵从正态分布，比如偏态分布。我们将不遵从正态分布的其他类型的分布统称为非正态分布。对于非正态分布，我们一般会把它调整为正态分布再进行分析。

二、总体比例的假设检验

总体比例又称总体成数，指总体中具有某种相同特征的单位数所占的比例。

总体比例的检验通常是在大样本条件下进行的，即 $n \geq 30$，根据正态分布来近似确定临界值，即采用 Z 检验法。

总体比例假设检验的三种形式如下：

$$双侧检验时，H_0 : P = P_0, H_1 : P \neq P_0$$

$$左侧检验时，H_0 : P \geq P_0, H_1 : P < P_0$$

$$右侧检验时，H_0 : P \leq P_0, H_1 : P > P_0$$

$$检验统计量\ Z = \frac{p - P_0}{\sqrt{\dfrac{p(1-p)}{n}}} \sim N(0,\ 1)$$

例 9.8　某统计局调查本市居民家庭苹果手机拥有率为 30%。现随机抽取 200 个家庭作为样本，测得 68 个家庭拥有苹果手机。在显著性水平 $\alpha = 0.1$ 的情况下，试问该调查的估计是否可信？

根据题意判断要检验的假设为双侧检验，建立假设：

$$H_0 : P = 0.3,\ 对\ H_1 : P \neq 0.3$$

$$样本比例\ p = \frac{n_1}{n} = \frac{68}{200} = 0.34$$

由于样本 $n > 30$ 为大样本，所以，可近似采用 Z 检验法。

$$Z = \frac{p - P_0}{\sqrt{\dfrac{p(1-p)}{n}}} = \frac{0.34 - 0.3}{\sqrt{\dfrac{0.34 \times 0.66}{200}}} = \frac{0.04}{0.033\,5} = 1.194$$

在显著性水平 $\alpha=0.1$，查附表 2 得该临界值为 $Z_{\frac{\alpha}{2}}=Z_{0.05}=1.645$。

由于 $|Z|<Z_{\frac{\alpha}{2}}$，应接受原假设，即认为调查估计是可信的。

三、总体方差的假设检验

方差或标准差都是衡量变量的离散程度、产品质量的稳定性等常用的指标，也是正态总体的重要参数之一。所以，对总体方差的检验也是常见的一类假设检验问题。这里所讨论的总体方差的检验只限于正态分布的总体方差的检验，称为 χ^2 检验。

总体方差假设检验的三种形式如下：

(1) 双侧检验时，$H_0: \sigma^2=\sigma_0^2$，$H_1: \sigma^2\neq\sigma_0^2$，临界值为 $\chi_{1-\frac{\alpha}{2}}^2(n-1)$ 和 $\chi_{\frac{\alpha}{2}}^2(n-1)$，拒绝域为 $[\chi_{\frac{\alpha}{2}}^2(n-1)，\infty]$ 和 $[-\infty，\chi_{1-\frac{\alpha}{2}}^2(n-1)]$。

(2) 左侧检验时，$H_0: \sigma^2\geqslant\sigma_0^2$，$H_1: \sigma^2<\sigma_0^2$，临界值为 $\chi_{1-\alpha}^2(n-1)$，拒绝域为 $[-\infty，\chi_{1-\alpha}^2(n-1)]$。

(3) 右侧检验时，$H_0: \sigma^2\leqslant\sigma_0^2$，$H_1: \sigma^2>\sigma_0^2$，临界值为 $\chi_\alpha^2(n-1)$，拒绝域为 $[\chi_\alpha^2(n-1)，\infty]$。

由于样本方差 $S^2=\dfrac{\sum(X-\bar{X})^2}{n-1}$ 是总体方差 σ^2 的无偏估计量，所以，

$$检验统计量 \chi^2=\frac{(n-1)S^2}{\sigma^2}\sim\chi^2(n-1)$$

例 9.9 生产某型号的螺丝钉，其长度服从正态分布 $N(4,0.04)$。若在近日生产的螺丝钉随机抽取 6 个，测得长度（厘米）如下：

$$4.1 \quad 3.8 \quad 3.6 \quad 4.2 \quad 4.1 \quad 3.9$$

在显著性水平 $\alpha=0.05$ 的情况下，试问该日生产的螺丝钉总体方差是否正常？

根据题意判断要检验的假设为右侧检验，建立假设：

$$H_0: \sigma^2\leqslant 0.04，对 H_1: \sigma^2>0.04$$

由于样本标准差 $S=0.226$

$$检验统计量 \chi^2=\frac{(n-1)S^2}{\sigma^2}=\frac{(6-1)\times 0.226^2}{0.04}=6.384\,5$$

在显著性水平 $\alpha=0.05$ 下，查附表 4 得该临界值为 $\chi_\alpha^2(n-1)=\chi_{0.05}^2(6-1)=11.07$。

由于 $\chi^2=6.384\,5<\chi_{0.05}^2=11.07$，应接受原假设，即认为该日生产的螺丝钉总体方差是正常的。

▶ **知识链接**

一、正态分布

正态分布（Normal distribution），也称"常态分布"，又名高斯分布（Gaussian distribution），最早由棣莫弗（Abraham de Moivre）在求二项分布的渐近公式中得到。高斯在研究测量误差时从另一个角度导出了它。拉普拉斯和高斯研究了它的性质。在统计学的许多方面有着重大的影响力。

正态曲线呈钟形，两头低，中间高，左右对称因其曲线呈钟形，因此人们又经常称之为钟形曲线。

若随机变量 X 服从一个数学期望为 μ、方差为 σ^2 的正态分布，记为 $N(\mu,\sigma^2)$。其概率密度函数为正态分布的期望值 μ 决定了其位置，其标准差 σ 决定了分布的幅度。当 $\mu=0,\sigma=1$

时的正态分布是标准正态分布。

若随机变量 X 服从一个位置参数为 μ，尺度参数为 σ 的概率分布，且其概率密度函数为：

$$f(x) = \frac{1}{\sigma\sqrt{2\pi}} e^{-\frac{1}{2\sigma^2}(x-\mu)^2}$$

则这个随机变量就称为正态随机变量，正态随机变量服从的分布就称为正态分布，记作 $X \sim N(\mu, \sigma^2)$，读作 $N(\mu, \sigma^2)$，或 X 服从正态分布。

当 $\mu = 0$，$\sigma = 1$ 时，正态分布就成为标准正态分布。

二、t 分布

t 分布（t-distribution）也称学生氏分布，是戈赛特（W. S. COsset）在 1908 年在一篇以"Student（学生）"为笔名论文中首次提出的，用于根据小样本来估计呈正态分布且方差未知的总体的均值。如果总体方差已知（例如在样本数量足够多时），则应该用正态分布来估计总体均值。

t 分布曲线形态与 n（确切地说与自由度 df）大小有关。与标准正态分布曲线相比，自由度 df 越小，t 分布曲线愈平坦，曲线中间愈低，曲线双侧尾部翘得愈高；自由度 df 愈大，t 分布曲线愈接近标准正态分布曲线，当自由度 $df = \infty$ 时，t 分布曲线为标准正态分布曲线。当母群体的标准差是未知的但却又需要估计时，可以运用 t 分布。

1. 定义

假设 X 服从标准正态分布 $N(0,1)$，Y 服从 $\chi^2(n)$，且 X 与 Y 独立，则：

$$t = \frac{X}{\sqrt{Y/n}}$$

其分布称为 t 分布，记为 $t(n)$，n 为自由度（图 9.5）。

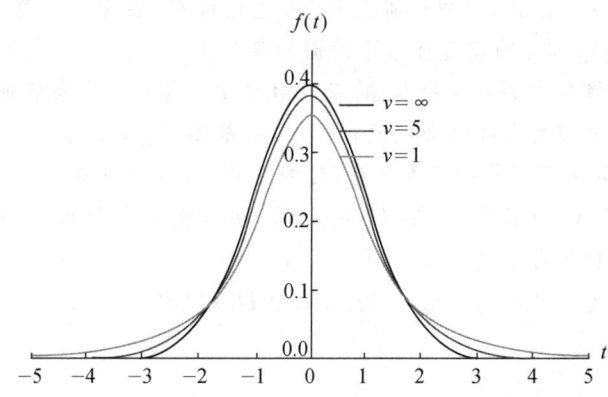

图 9.5 $t(n)$ 分布与标准正态分布 $N(0,1)$ 的密度函数示意图

2. 特征

（1）以零为中心，左右对称的单峰分布；

（2）t 分布是一簇曲线，其形态变化与 n（确切地说与自由度 df）大小有关。自由度 df 越小，t 分布曲线越低平；自由度 df 越大，t 分布曲线越接近标准正态分布曲线。

（3）随着自由度逐渐增大，t 分布逐渐接近标准正态分布。

三、χ^2 分布

χ^2（卡方）分布（Chi-square distribution）是由赫尔默特（Hhermert）和现代统计学的奠基人之一的皮尔逊（C. K. Pearson）分别于 1875 年和 1900 年推导出来，是统计学中的一个非常有用的著名分布。

1. 定义

若 n 个相互独立的随机变量 X_1，X_2，X_3，$\cdots$，X_n，均服从标准正态分布(也称独立同分布于标准正态分布)，则这 n 个服从标准正态分布的随机变量的平方和 $\sum x^2$ 构成一新的随机变量，其分布规律称为卡方分布(图 9.6)。

χ^2 分布的数学期望为：

$$E(\chi^2)=n$$

χ^2 分布的方差为：

$$D(\chi^2)=2n$$

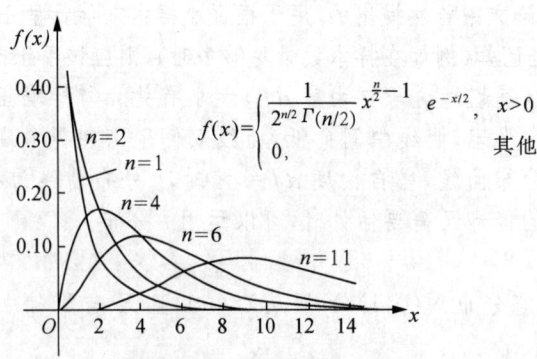

$$f(x)=\begin{cases} \dfrac{1}{2^{n/2}\,\Gamma(n/2)}x^{\frac{n}{2}-1}\,e^{-x/2}, & x>0 \\ 0, & \text{其他} \end{cases}$$

图 9.6　χ^2 分布示意图

2. 性质

(1) χ^2 分布在第一象限内，卡方值都是正值，呈正偏态(右偏态)，随着参数 n 的增大，χ^2 分布趋近于正态分布；卡方分布密度曲线下的面积都是 1。

(2) χ^2 分布的均值与方差可以看出，随着自由度 n 的增大，χ^2 分布向正无穷方向延伸(因为均值 n 越来越大)，分布曲线也越来越低阔(因为方差 $2n$ 越来越大)。

(3) 不同的自由度决定不同的卡方分布，自由度越小，分布越偏斜。

(4) 若 $\chi^2(n_1)$，$\chi^2(n_2)$ 相独立，则：$\chi^2(n_1)+\chi^2(n_2)$ 服从 χ^2 分布，自由度为 n_1+n_2。

(5) χ^2 分布的均数为自由度 n，记为 $E[\chi^2(n)]=n$。

(6) χ^2 分布的方差为 2 倍的自由度($2n$)，记为 $D[\chi^2(n^2)]=2n$。

主要知识点

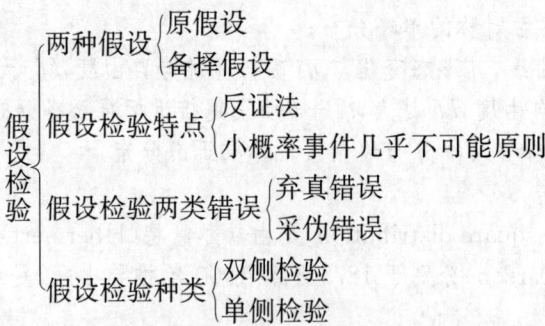

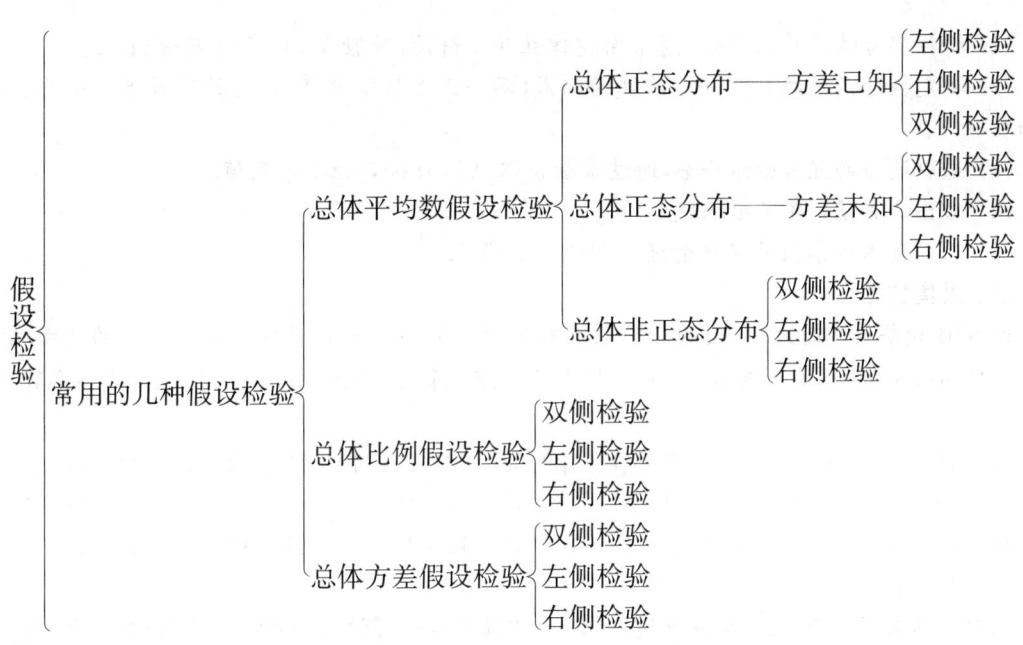

案例分析

假设检验方法在产品开发中的应用

基于事实的决策方法是八项质量管理原则之一,有效决策是建立在数据和信息分析的基础上。也就是说,面对实际生产过程中采集的大量数据,只有选用适当的统计方法来进行数据的分析处理,才能正确了解过程业绩,从而促进改进,防止出现问题。青岛钢铁控股集团有限公司在开发生产预应力钢丝及钢绞线用热轧盘条过程中,充分运用数理统计工具来进行数据分析处理,为工艺参数的确定和内控标准的制定提供了有效的依据。本文要介绍的是我们应用假设检验的一个实例。

一、问题提出

青岛钢铁控股集团有限公司开发生产预应力钢丝及钢绞线用 SWRS82B 热轧盘条。SWRS82B(简称 82B)是日本高碳钢牌号,是高级硬线钢的代表钢种,用其生产的预应力钢丝及钢绞线大部分应用于高架公路、大跨度桥梁、高层建筑、机场、隧道、水坝、电站等重要建设工程,产品技术含量高。82B 盘条的断面收缩率 ϕ 指标具有明显的时效现象,随着时间的延长,盘条的断面收缩率逐渐提高,最后趋于稳定;随着时效温度的提高,ϕ 值趋于稳定的时间缩短。根据大量的试验数据得知,产品生产出来在自然状态下需存放 20 天以上才可交货,这样就造成资金积压和库房占用时间过长。为保证产品质量,满足顾客需求,减少资金积压和库房占用时间,公司决定建立时效库,库内温度要求高于 50 ℃,82B 产品在时效库中 7 天可以检验判定出厂。我们想知道时效条件改变前后 82B 产品的断面收缩中 $\phi(\%)$ 值是否有显著差异。

二、假设检验的基本思想和步骤

假设检验是统计推断问题,是根据样本的信息来判断总体分布是否具有指定的特征。假设检验的基本思想:为了对总体的分布类型或分布中的未知参数作出推断,首先对它们提出一个假设 H_0,称为原假设,同时给出其对立假设 H_1。为判断 H_0 正确还是 H_1 正确,需要对总体进行抽样,然后在 H_0 为真的条件下,通过选取恰当的统计量来构造一个小概率事件,若在一次试验中,小概率事件居然发生了,就完全有理由拒绝 H_0 的正确性,否则没有充分理由拒绝 H_0 的正确性,从而接受 H_0。处理假设检验问题的步骤如下:

（1）根据实际情况建立假设，通常需要建立两个假设：原假设 H_0 和备择假设 H_1。

（2）确定检验用的统计量和拒绝域的形式（两个正态总体均值、方差的显著性水平为 α 的检验如表 9.2）。

（3）选取适当的显著性水平 α，通过常数 α 取 0.1，0.05，0.01 等数值。

（4）给出临界值，确定拒绝域。

（5）根据样本观察值确定接受还是拒绝原假设 H_0。

三、采集数据

设 82B 盘条自然时效 20 天的断面收缩率值 $x \sim N(\mu_1, \sigma_1^2)$，时效库时效 7 天的断面收缩率值 $y \sim N(\mu_2, \sigma_2^2)$。从自然时效 20 天 82B 盘条中随机取 $n=61$（批），测得的断面收缩率数据（单位%）为：

```
38  44  32  46  37  39  38  41  42  39  42  39  40  36  42  37  32  37  30
33  39  37  43  45  44  42  44  46  45  41  42  41  42  44  41  42  40
43  39  45  40  43  39  43  40  40  42  42  43  39  41  40  39  45  42  40
42  40  40  37
```

从时效库时效 7 天 82B 盘条中随机取 $m=25$（批），测得的断面收缩率数据（单位%）为：

```
39  42  45  42  47  42  38  38  39  35  44  36
43  38  41  39  36  37  42  42  38  40  35  37
```

根据上面的数据算出断面收缩率的样本均值和样本方差分别为：

$$\bar{x} = 40.5, \quad s_x^2 = 11.22$$

$$\bar{y} = 39.7, \quad s_y^2 = 10.05$$

首先检验时效方式改变前后断面收缩率的方差是否相等，若可以认为相等的话，再进一步检验时效方式改变前后断面收缩率的均值是否相等。

表 9.2　两个正态总体均值、方差的显著性水平为 α 的检验表

检验法	条件	H_0	H_1	检验统计量	拒绝域
μ 检验	σ_1, σ_2 已知	$\mu_1 \leqslant \mu_2$ $\mu_1 \geqslant \mu_2$ $\mu_1 = \mu_2$	$\mu_1 > \mu_2$ $\mu_1 < \mu_2$ $\mu_1 \neq \mu_2$	$\mu = \dfrac{\bar{x} - \bar{y}}{\sqrt{\dfrac{\sigma_1^2}{n} + \dfrac{\sigma_2^2}{m}}}$	$\{\mu \geqslant \mu_{1-\alpha}\}$ $\{\mu \leqslant \mu_\alpha\}$ $\{|\mu| \geqslant \mu_{1-\frac{\alpha}{2}}\}$
t 检验	$\sigma_1 = \sigma_2$ 未知	$\mu_1 \leqslant \mu_2$ $\mu_1 \geqslant \mu_2$ $\mu_1 = \mu_2$	$\mu_1 > \mu_2$ $\mu_1 < \mu_2$ $\mu_1 \neq \mu_2$	$t = \dfrac{\bar{x} - \bar{y}}{s_w\sqrt{\dfrac{1}{n} + \dfrac{1}{m}}}$	$\{t > t_{1-\alpha}(n+m-2)\}$ $\{t \leqslant t_\alpha(n+m-2)\}$ $\{|t| \geqslant t_{1-\frac{\alpha}{2}}(n+m-2)\}$
近似 μ 检验	σ_1, σ_2 未知，样本量充分大	$\mu_1 \leqslant \mu_2$ $\mu_1 \geqslant \mu_2$ $\mu_1 = \mu_2$	$\mu_1 > \mu_2$ $\mu_1 < \mu_2$ $\mu_1 \neq \mu_2$	$\mu = \dfrac{\bar{x} - \bar{y}}{\sqrt{\dfrac{s_x^2}{n} + \dfrac{s_y^2}{m}}}$	$\{\mu \geqslant \mu_{1-\alpha}\}$ $\{\mu \leqslant \mu_\alpha\}$ $\{|\mu| \geqslant \mu_{1-\frac{\alpha}{2}}\}$
F 检验	μ_1, μ_2 未知	$\sigma_1^2 \leqslant \sigma_2^2$ $\sigma_1^2 \geqslant \sigma_2^2$ $\sigma_1^2 = \sigma_2^2$	$\sigma_1^2 > \sigma_2^2$ $\sigma_1^2 < \sigma_2^2$ $\sigma_1^2 \neq \sigma_2^2$	$F = \dfrac{S_x^2}{S_y^2}$	$\{F \geqslant F_{1-\alpha}(n-1, m-1)\}$ $\{F \leqslant F_\alpha(n-1, m-1)\}$ $\left\{\begin{array}{l} F \leqslant F_{\frac{\alpha}{2}}(n-1, m-1) \text{ 或} \\ F \geqslant F_{1-\frac{\alpha}{2}}(n-1, m-1) \end{array}\right\}$

$$s_w = \sqrt{\frac{(n-1)s_x^2 + (m-1)s_y^2}{n+m-2}}$$

表 9.2 中，μ 代表总体均值；σ^2 代表总体方差；σ 代表总体标准差；$\bar{x}$，$\bar{y}$ 代表样本均值；m，n 代表样本量；s_x^2，s_y^2 代表样本方差。

四、检验方差是否一致

（1）建立假设。

$$H_0 : \sigma_1^2 = \sigma_2^2$$

$$H_1 : \sigma_1^2 \neq \sigma_2^2$$

（2）因为是方差的检验且 μ_1，μ_2 未知，所以选用 F 检验。

（3）由备择假设知此检验的拒绝域为：

$$\{F \geqslant F_{1-\alpha}(n-1, m-1)\}$$

$$\{F \leqslant F_{\alpha}(n-1, m-1)\}$$

$$\{F \leqslant F_{\frac{\alpha}{2}}(n-1, m-1) \text{ 或 } F \geqslant F_{1-\frac{\alpha}{2}}(n-1, m-1)\}$$

（4）选取显著性水平 $\alpha = 0.05$，查 F 分布表可得：

$$F_{1-\frac{\alpha}{2}}(n-1, m-1) = F_{0.975}(60, 24) = 2.08$$

$$F_{\frac{\alpha}{2}}(n-1, m-1) = F_{0.025}(60, 24) = \frac{1}{1.88} = 0.532$$

则拒绝域为 $\qquad\qquad \{F \leqslant 0.532 \text{ 或 } F \geqslant 2.08\}$

（5）由样本观测值求得检验统计量：

$$F = \frac{S_x^2}{S_y^2} = \frac{11.22}{10.05} = 1.12$$

由于 F 统计量未落在拒绝域中，所以接受原假设 H_0，即在显著性水平 0.05 下认为两总体方差相等。

五、检验均值是否一致

（1）建立假设 $H_0 : \mu_1 = \mu_2$；$H_1 : \mu_1 \neq \mu_2$。

（2）由于 σ_1, σ_2 未知，但样本量 n, m 充分大，所以选用近似 μ 检验。

（3）由备择假设知此检验的拒绝域为：

$$\{|\mu| \geqslant \mu_{1-\frac{\alpha}{2}}\}$$

（4）选取显著性水平 $\alpha = 0.05$，查标准正态分布表可得：

$$\mu_{1-\frac{\alpha}{2}} = \mu_{0.975} = 1.96$$

则拒绝域为 $\{\mu \geqslant 1.96 \text{ 或 } \mu \leqslant -1.96\}$

（5）由样本观测值求得检验统计量：

$$\mu = \frac{\bar{x} - \bar{y}}{\sqrt{\frac{s_x^2}{n} + \frac{s_y^2}{m}}} = \frac{40.5 - 39.7}{\sqrt{\frac{11.22}{61} + \frac{10.05}{25}}} = 1.37$$

由于 μ 统计量未落在拒绝域中，所以接受原假设 H_0，即在显著性水平 0.05 下认为两总体均值相等。

六、结语

上述我们所做的假设检验是在设定总体分布为正态分布时的检验。正态分布 $N(\mu, \sigma^2)$ 的形态由总体均值 μ 和总体方差 σ^2 这两个参数决定,因此所做假设检验是对这两个参数的检验。为判断所做假设的正确性,首先对两个总体抽取样本 $n=61$ 和 $m=25$,在检验方差是否一致时,因为两个总体的均值 μ_1, μ_2 未知,所以选取统计 $F = \dfrac{S_x^2}{S_y^2}$,若 $H_0: \sigma_1^2 = \sigma_2^2$ 成立,由样本分布定理可知:F 服从自由度为 $(n-1, m-1)$ 的 F 分布,即 $F \sim F(n-1, m-1)$,则此时的拒绝域为:

$$\{F \leqslant F_{\alpha/2}(n-1, m-1) \ \text{或} \ F \geqslant F_{1-\alpha/2}(n-1, m-1)\}$$

在检验均值是否一致时,因为两个总体的方差已得知相等,所以可以选用 t 检验法。但自由度超过 30 后,t 分布与标准正态分布的分布形状已区别很小,这时可用标准正态分布代替 t 分布,在实例中 t 分布的自由度 $(n+m-2)$ 为 84,远远大于 30,所以在检验均值时,我们采用近似 μ 检验法进行检验。

在假设检验里,因为是根据样本来推测总体,虽然在假设 H_0 为真时发生作出拒绝 H_0 这一错误判断的概率很小,但这一错误还是可以发生的。在统计学上,当 H_0 本来是正确的,但检验后作出了拒绝 H_0 的判断,这种错误称为第一类错误,也称拒真错误。所以显著性水平是用来控制犯第一类错误的;同样,当 H_0 本来是不正确的,但检验后作出了接受 H_0 的判断,这种错误称为第二类错误,也称受伪错误。

在本文中,根据所抽取样本,由假设检验得知 82B 产品断面收缩率中 $\phi(\%)$ 值在时效条件改变前后没有显著差异。这一结论已由此后生产该产品的大量数据所证实,所以说时效库的建立达到了预期目的。

资料来源:周建南,徐凤珍,青岛钢铁控股集团有限公司。

研讨问题

1. 如何区分 μ 检验、t 检验、近似 μ 检验和 F 检验?
2. 假设检验方法是如何在产品开发中应用的?

思政德育课堂

1. 案例描述

一个以减肥为主要目标的健美训练中心声称,参加其训练班至少可以使减肥者平均体重减重 9 kg 以上。为了验证该宣称是否可信,调查人员随机抽取了 10 名参加者,得到他们的体重记录如下:

训练前	98.4	100.0	110.0	105.6	89.6	114.2	98.6	101.5	116.9	130.8
训练后	86.0	88.0	102.1	93.2	79.8	100.1	87.0	92.6	103.0	120.2

在 $a=0.05$ 的显著性水平下,调查结果是否支持该健美训练中心参加其训练班至少可以使减肥者平均体重减重 9 kg 以上的说法。

2. 案例提示

要注重培养学生理论联系实际的观点,使学生认识到理论来源于实践,又可以服务于实践,有助于学生建立起辩证唯物主义观点。通过本案例对假设检验问题的深入思考,我们要培养学生的批判精神、敢于追求真理、敢于挑战权威、敢于怀疑一切的独立人格和执著追求真理的精神。

习 题

【单项选择题】

1. 在假设检验中,显著性水平 α_0 表示( )。

    A. $P\{$接受 H_0/H_0 为假$\}$ B. $P\{$接受 H_0/H_0 为真$\}$

    C. 置信度为 α D. 无具体意义

2. 在假设检验中,原假设为 H_0,备择假设为 H_1,则称( )犯第二类错误。

    A. H_0 为真,接受 H_1 B. H_0 不真,接受 H_0

    C. H_0 为真,拒绝 H_1 D. H_0 不真,拒绝 H_0

3. 机床厂某日从两台机器所加工的同一种零件中,分别抽取 $n_1=20$,$n_2=25$ 的两个样本,检验两台机床的加工精度是否相同,则提出假设( )。

    A. $H_0:\mu_1=\mu_2$,$H_1:\mu_1\neq\mu_2$ B. $H_0:\sigma_1^2=\sigma_2^2$,$H_1:\sigma_1^2\neq\sigma_2^2$

    C. $H_0:\mu_1\leqslant\mu_2$,$H_1:\mu_1>\mu_2$ D. $H_0:\sigma_1^2\leqslant\sigma_2^2$,$H_1:\sigma_1^2>\sigma_2^2$

4. 对正态总体的数学期望 μ 进行假设检验,如果在显著水平 0.05 下接受 $H_0:\mu=\mu_0$,那么在显著水平 0.01 下,下列结论中,正确的是( )。

    A. 必接受 H_0 B. 可能接受 H_0,也可能拒绝

    C. 必拒绝 H_0 D. 不接受,也不拒绝

5. 自动包装机装出的盐每袋重量服从正态分布,规定每袋重量的方差不超过 σ_0^2,为了检查自动包装机的工作是否正常,对它生产的产品进行抽样检验,检验假设为 $H_0:\sigma^2=\sigma_0^2$,$\alpha=0.05$,则下列命题中,正确的是( )。

    A. 如果生产正常,则检验结果也认为生产不正常的概率不小于 0.95

    B. 如果生产不正常,则检验结果也认为生产不正常的概率不小于 0.95

    C. 如果检验的结果认为生产正常,则生产确实正常的概率不小于 0.95

    D. 如果检验的结果认为生产不正常,则生产确实不正常的概率不小于 0.95

6. 设某种药品中有效成分的含量服从正态分布 $N(\mu,\sigma^2)$,原工艺生产的产品中有效成分的平均含量为 μ_0,现在有新工艺是否真的提高了有效成分的含量,要求当新工艺没有提高有效含量时,误认为新工艺提高了有效成分的含量的概率不超过 5%,那么应取原假设 H_0 及检验水平 α 是( )。

    A. $H_0:\mu_0$,$\alpha=0.01$ B. $H_0:\mu_0\geqslant\mu_0$,$\alpha=0.05$

    C. $H_0:\mu\leqslant\mu_0$,$\alpha=0.05$ D. $H_0:\mu\geqslant\mu_0$,$\alpha=0.01$

7. 在假设检验的下列结论中,正确的是( )。

    A. 只犯第一类错误

    B. 只犯第二类错误

    C. 既可能犯第一类错误也可能犯第二类错误

    D. 不犯第一类错误也不犯第二类错误

8. 设 $\bar{x}$ 和 s^2 是来自正态总体 $N(\mu,\sigma^2)$ 的样本均值和样本方差,样本容量为 n,则当 $(\bar{x}-\mu_0)>t_a(n-1)\cdot\dfrac{s}{\sqrt{n}}$ 时,( )。

    A. 拒绝 $H_0:\mu\leqslant\mu_0$ B. 接受 $H_0:\mu\leqslant\mu_0$

C. 拒绝 $H_0: \mu \geqslant \mu_0$
D. 拒绝 $H_0: \mu = \mu_0$

9. 对正态总体 $N(\mu, \sigma^2)$ 的假设检验问题(σ^2 未知),$H_0: \mu \geqslant \mu_0 = 1$,若显著性水平 $\alpha = 0.05$,则当(　　)成立时,拒绝 H_0。

A. $|\bar{x} - 1| > \mu_{0.05}$
B. $\bar{x} < 1 + t_{0.05}(n-1) \dfrac{s}{\sqrt{n}}$

C. $|\bar{x} - 1| > t_{0.025}$
D. $\bar{x} < 1 - t_{0.05}(n-1) \dfrac{s}{\sqrt{n}}$

10. 在假设检验中,若抽样单位数不变,显著水平从 0.01 提高到 0.1,则犯第二类错误的概率(　　)。

A. 也将提高
B. 不变

C. 将会下降
D. 可能提高,也可能不变

【多项选择题】

1. 应用方差分析的前提条件有(　　)。

A. 各个总体服从正态分布
B. 各个总体均值相等

C. 各个总体具有相同的方差
D. 各个总体均值不等

E. 各个总体不服从正态分布

2. 若检验统计量 F 近似等于 1,下列不能被说明的有(　　)。

A. 组间方差中不包含系统因素的影响
B. 组内方差中不包含系统因素的影响

C. 组间方差中包含系统因素的影响
D. 组内方差中包含系统因素的影响

E. 方差分析中应拒绝原假设

3. 单因素方差分析中,若要研究的因素共有 r 个水平,样本总量为 n,对于组内误差,下列说法中,不正确的有(　　)。

A. 其自由度为 $r-1$
B. 反映的是随机因素的影响

C. 反映的是随机因素和系统因素的影响
D. 组内误差一定小于组间误差

E. 以上只有 ABD 是错的

4. 在假设检验中,原假设为 H_0,备择假设为 H_1,下列关于两类错误的说法中,正确的有(　　)。

A. 第一类错误指的是在 H_1 为真的情况下,不拒绝 H_0

B. 第一类错误指的是在 H_1 为假的情况下,拒绝 H_0

C. 第二类错误指的是在 H_1 为真的情况下,拒绝 H_0

D. 第二类错误指的是在 H_1 为假的情况下,不拒绝 H_0

E. 第二类错误指的是在 H_1 为真的情况下,不拒绝 H_0

5. 假设检验的理论基础包括(　　)。

A. 小概率原理
B. 大数定律

C. 中心极限定理
D. 概率意义下的反证法

E. 极限误差原理

【判断题】

1. 在任何情况下,假设检验中的两类错误都不可能同时降低。　　(　　)

2. 对于两样本的均值检验问题,若方差均未知,则方差分析和 t 检验均可使用,且两者检验结果一致。　　(　　)

3. 在方差分析中,组间离差平方和总是大于组内离差平方和。 （   ）

4. 在假设检验中,如果在显著性水平 0.05 下拒绝了 $H_0: \mu \leqslant \mu_0$,则在同一水平下一定可以拒绝假设 $H_0: \mu \leqslant \mu_0$。 （   ）

5. 为检验 k 个总体均值是否显著不同,也可以用 t 检验,且与方差分析相比,犯第一类错误的概率不变。 （   ）

6. 在方差分析中,若拒绝了零假设,则认为各个总体均值均有显著性差异。 （   ）

【简答题】

1. 假设检验与统计估计有何区别与联系？

2. 双侧检验与单侧检验有什么区别？

3. 假设检验一般有哪几个步骤？

【计算分析题】

1. 某工厂用一台包装机包装产品,额定标准为每袋净重 0.5 千克。设包装机称得的重量服从正态分布,根据长期的经验知其方差为 0.015 2 千克。某天开工后,为检验包装机的工作是否正常,随机抽取包装的 9 袋产品,称得的净重(单位:千克)为:

0.497 0.496 0.518 0.524 0.488 0.511 0.520 0.515 0.512

当显著性水平 $\alpha = 0.05$ 时,检验这台包装机的工作是否正常。

2. 某化工厂为了提高一种化工产品的含量,采用了甲、乙两种方案,各进行 10 次试验,测得数据如表 9.3 所示。

表 9.3 某种化工产品质量分数检测表

甲方案	乙方案	甲方案	乙方案	甲方案	乙方案	甲方案	乙方案	甲方案	乙方案
68.1%	69.1%	64.3%	69.1%	68.4%	69.1%	65.5%	67.3%	67.3%	72.1%
62.4%	71.0%	64.7%	70.0%	66.0%	69.1%	66.7%	70.2%	66.2%	67.3%

假设产品含量服从正态分布,在 $\alpha = 0.05$ 的情况下,检验乙方案含量是否高于甲方案。

3. 对某种金属的熔点作了 4 次测定,数据资料如表 9.4 所示。

表 9.4 某金属熔点测试表

次序	熔点(℃)	次序	熔点(℃)
1	1 269	3	1 263
2	1 271	4	1 265

假定数据服从正态分布,在显著性水平 $\alpha = 0.05$ 情况下,检验假设熔点的标准差不大于 2 ℃是否成立。

第十章

SPSS 实训项目 1:数据录入

实验目的与要求

(1) 掌握 SPSS 软件数据录入界面的操作说明。

(2) 掌握开放题、单选题、多选题的录入方法。

(3) 掌握如何将电子表格数据、文本数据、数据库格式数据导入 SPSS 中。

(4) 掌握数据保存方法。

一、实验内容

(一)问卷编码

请对以下问卷进行编码,并录入所选择的答案(下划线选项为所选的答案)。

农户基本经营状况调查

1. 家庭人口状况

总人口	其中				
	男性	女性	劳动力	就学人口	65 岁以上或病残丧失劳动力人口
5	3	2	3	1	1

家庭户性质:①本地户   ②外来户(迁入年份:_____)

2. 就业类型:①纯农户   ②非农户   ③农兼非   ④非兼农   ⑤未就业

      └→离开农业已有 _____ 年

3. 纯农就业者情况

经营范围	经营项目安排的依是	生产中遇到难题时通常是	产品去向	产品出售渠道
1. 种植业 2. 养殖业 3. 林业 4. 其他	1. 自家需要 2. 凭习惯 3. 随大流 4. 合同订单 5. 去年市场行情 6. 分析当年市场行情 7. 政府命令 8. 其他	1. 找当地农技人员 2. 自己找资料学习摸索 3. 请教有经验的农民 4. 听天由命 5. 电视、杂志等媒体 6. 其他	1. 自己消费 2. 小部分出售(%) 3. 大部分出售(%) 4. 全部出售 (要针对该农户主要产品问答,调查员作记录)	1. 按合同交货 2. 卖给加工企业 3. 卖给商贩 4. 委托出售 5. 自己零售 6. 批发市场 7. 其他

4. 兼业者从事非农产业情况

家里有 __1__ 人参加非农劳动，是否壮劳力？①是　②否

业务范围　①工业　②建筑业　③运输　④仓储　⑤餐饮业　⑥社会服务业　⑦其他

工作年数 __5__ 年，(按整数算，超过半年算一年)

投入时间大约占全年工作时间的 __70%__

收入大约占全年总收入的 __90%__

5. 是否拥有下列生产工具及设施(如有，在该栏中划√)

	拖拉机	汽车	其他
	√		
自家还是合伙购买或租用？	1		

说明：自家购买为 1，合伙 2，租用 3

6. 是否拥有下列消费品及生活设施(如有，在该栏中划√)多选题

彩电	洗衣机	电话	轿车	摩托车
√		√		√

（二）定义变量

请录入表 10.1 学生信息数据，并按要求进行变量定义。

表 10.1　学生信息

学号	姓名	性别	生日	身高(cm)	体重(kg)	英语(总分100分)	数学(总分100分)	生活费($代表人民币)
10020	吴越	男	1997.01.12	172.42	56.54	75	79	2 000.0
80353	杨朗	男	1997.06.05	175.73	66.83	78	76	1 700.0
80354	黄盛	男	1997.05.17	174.60	68.66	65	88	1 800.0
80355	陈畅	男	1998.08.31	181.50	66.68	79	82	1 900.5
80356	李贤	男	1997.09.17	171.30	56.36	82	77	1 500.0
80357	吴琳	女	1997.12.21	158.00	47.35	81	74	1 200.0
80358	韩玉红	女	1997.10.18	165.50	51.44	77	69	1 233.0
80359	王红	女	1998.07.06	162.76	47.87	67	73	1 767.8
80360	邓然	男	1997.06.01	174.30	63.85	64	77	1 853.9
80361	刘炜	男	1998.09.12	174.00	63.84	70	80	1 943.0
80362	张远帆	男	1997.10.13	177.90	65.23	84	85	1 953.8
80363	余锦	男	1997.12.6	176.10	64.54	85	80	1 843.0
80364	黄洪景	男	1997.11.21	178.55	50.67	79	79	1 657.4
80365	林灵	女	1997.09.28	154.50	46.56	75	80	1 863.9
80366	邱丹	女	1997.12.08	158.00	51.87	76	69	1 462.2
80367	何炜	女	1998.10.07	164.70	54.14	80	83	1 476.8
80368	佟纳	女	1997.09.09	160.50	53.34	79	82	1 200.0

（续表）

学号	姓名	性别	生日	身高 （cm）	体重 （kg）	英语 （总分 100 分）	数学 （总分 100 分）	生活费 （＄代表人民币）
80369	潘婷	女	1998.09.14	165.00	50.46	75	97	1 452.8
80370	黄鸿	男	1981.10.15	173.20	60.17	90	75	1 744.7
80371	陈泽	男	1998.12.02	177.90	65.45	71	80	1 853.0

要求：

（1）变量名同表格名，以"（ ）"内的内容作为变量标签。对性别（Sex）设值标签"男＝0；女＝1"。

（2）正确设定变量类型。其中学号设为数值型；日期型统一用"mm/dd/yyyy"；生活费用货币型。

二、实验步骤

（一）问卷编码并录入答案

（1）在变量视图中名称分别录入 Zrk，Male，Female，Labor，Stu，Old，Family，Year；Year 类型选【日期 yyyy/mm/dd】，其余类型都选【度量】；小数位数都选择 0；标签分别录入为总人口、男性、女性、劳动力、就学人口、65 岁以上或丧失劳动力人口、家庭户性质、迁入年份；Family 的值【值 0 标签外来户】—【添加】—【值 1 标签本地户】；Family 度量选【名义】，其余都选【度量】。

（2）在变量视图中名称录入 Jobtyple；标签为就业类型；设置其值标签为"1＝纯农户，2＝非农户，3＝农兼非，4＝非兼农，5＝未就业"；度量标准选【名义】。

（3）在变量视图中名称录入 Business；标签为经营范围；设置其标签为"1＝种植业，2＝养殖业，3＝林业，4＝其他"；度量标准选【名义】。

在变量视图中名称录入 BusinessBasis；标签为经营项目；并设置其标签为"1＝自家需要，2＝凭习惯，3＝随大流，4＝合同订单，5＝去年市场行情，6＝分析当年市场行情，7＝政府命令，8＝其他"；度量标准选【名义】。

在变量视图中名称录入 Difficulty；标签为生产中遇到难题时的解决方法；设置其标签为"1＝找当地农技人员，2＝自己找资料学习摸索，3＝请教有经验的农民，4＝听天由命，5＝电视、农技杂志等媒，6＝其他"；度量标准选【名义】。

在变量视图中名称录入 Sale；标签为产品去向；设置其标签为"1＝自己消费，2＝小部分出售（％），3＝大部分出售（％），4＝全部出售"；度量标准选【名义】。

在变量视图中名称录入 Market；标签为销售渠道；设置其标签为"1＝按合同交货，2＝卖给加工企业，3＝卖给商贩，4＝委托出售，5＝自己零售，6＝批发市场，7＝其他"；度量标准选【名义】。

（4）在变量视图中名称录入 Unlabor；标签为非农劳动人口数；度量标准选【度量】。在变量视图中名称分布录入 BusinessArea；标签为业务范围；并设置其标签为"1＝工业，2＝建筑业，3＝运输，4＝仓储，5＝餐饮业，6＝社会服务业，7＝其他"；度量标准选【名义】。

在变量视图中名称分别录入 WorkYears，DevoteTime，Income；DevoteTime，Income 类型选数值型；标签分别为工作年数、投入时间占全年工作时间百分比、收入占全年总收入的百分比；度量标准选【度量】。

（5）在变量视图中名称分布录入 Tractor；标签为是否拥有下列生产工具拖拉机；设置其标签为"1＝自家购买，2＝合伙，3＝租用"；度量标准选【名义】。

在变量视图中名称分布录入 Car；标签为是否拥有下列生产工具汽车；设置其标签为"1＝自家购买，2＝合伙，3＝租用"；度量标准选【名义】。

在变量视图中名称分布录入 Else；标签为其他；设置其标签为"1＝自家购买，2＝合伙，3＝租用"；度量标准选【名义】。

（6）在变量视图中名称分别录入 TV，Washer，Phone，Vehicle；标签分别录入为电视、洗衣机、电话、轿车；所有都设置其标签为"0＝没有，1＝有"；度量标准选【名义】。

所有变量设定录入如图 10.1 所示。

	名称	类型	宽度	小数	标签	值	缺失	列	对齐	度量标准	角色
1	Zrk	数值(N)	8	0	总人口	无	无	8	靠右	度量(S)	输入
2	Male	数值(N)	8	0	男性人数	无	无	8	靠右	度量(S)	输入
3	Female	数值(N)	8	0	女性人数	无	无	8	靠右	度量(S)	输入
4	Labor	数值(N)	8	0	劳动力	无	无	8	靠右	度量(S)	输入
5	Stu	数值(N)	8	0	就学人口	无	无	8	靠右	度量(S)	输入
6	Old	数值(N)	8	0	65岁以上或丧…	无	无	8	靠右	度量(S)	输入
7	Family	数值(N)	8	0	家庭户性质	{0,外来户}…	无	8	靠右	名义(N)	输入
8	Year	日期	8	0	迁入年份	无	无	8	靠右	名义(N)	输入
9	Jobtyple	数值(N)	8	0	就业类型	{1,纯农户}…	无	8	靠右	名义(N)	输入
10	Business	数值(N)	8	0	经营范围	{1,种植业}…	无	8	靠右	名义(N)	输入
11	BusinessBa	数值(N)	8	0	经营项目	{1,自家需要…	无	8	靠右	名义(N)	输入
12	Difficulty	数值(N)	8	0	生产中遇到难题	{1,找当地农…	无	8	靠右	名义(N)	输入
13	Sale	数值(N)	8	0	产品去向	{1,自己消费…	无	8	靠右	名义(N)	输入
14	Market	数值(N)	8	0	销售渠道	{1,按合同交…	无	8	靠右	名义(N)	输入
15	Unlabor	数值(N)	8	0	非劳动力人口数	无	无	8	靠右	度量(S)	输入
16	BusinessArea	数值(N)	8	0	业务范围	{1,工业}…	无	8	靠右	名义(N)	输入
17	WorkYears	数值(N)	8	0	工作年数	无	无	8	靠右	度量(S)	输入
18	DevoteTime	数值(N)	8	0	投入时间占全年…	无	无	8	靠右	度量(S)	输入
19	Income	数值(N)	8	0	收入占全年总收…	无	无	8	靠右	度量(S)	输入
20	Tractor	数值(N)	8	0	是否拥有下列生…	{1,是拥有…	无	8	靠右	度量(S)	输入
21	Car	数值(N)	8	0	是否拥有下列…	{1,是拥有…	无	8	靠右	名义(N)	输入
22	Else	数值(N)	8	0	其他	{1,是拥有…	无	8	靠右	名义(N)	输入
23	TV	数值(N)	8	0	电视	{0,没有}…	无	8	靠右	名义(N)	输入
24	Washer	数值(N)	8	0	洗衣机	{0,没有}…	无	8	靠右	名义(N)	输入
25	Phone	数值(N)	8	0	电话	{0,没有}…	无	8	靠右	名义(N)	输入
26	Vehicle	数值(N)	8	0	轿车	{0,没有}…	无	8	靠右	名义(N)	输入

图 10.1　变量录入

（7）同时，因为其为多选题，对以上 5 个新建变量进行多重响应。步骤为：

【分析】—【多重响应】—【定义变量集】—【集合定义】中选择【TV，Washer，Phone，Vehicle，Motorbike】—【集合中的变量】—【将变量编码为】—【二分法】—【计数值输入 1】—【名称 C0】—【标签录入是否拥有下列消费品及生活设施】—【添加】，分别如图 10.2 与图 10.3 所示。

图 10.2　多重响应

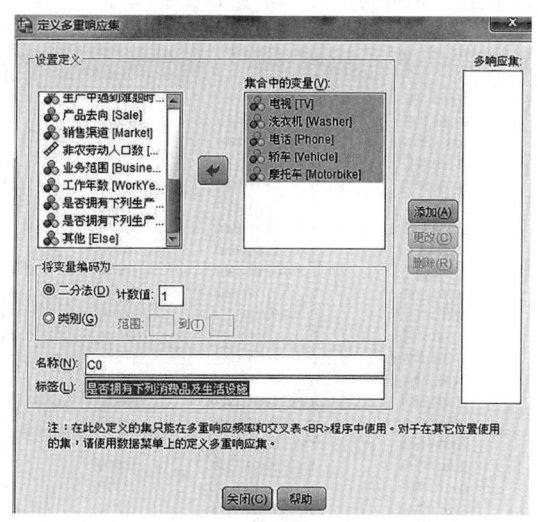

图 10.3　选择变量

(8) 将问卷中答案录入,结果如图 10.4 所示。

Zrk	Male	Female	Labor	Stu	Old	Family	Year	Worktyple
5	3	2	3	1	1	0	.	3

Unlabor	Business Area	WorkYears	DevoteTime	Income	Tractor	Car	Else	TV	Washer	Phone	Vehicle	Motorbike
1	6	5	70%	90%	1	.	1	.	1	1	1	1

图 10.4　数据录入

(二) 学生信息录入

(1) 在菜单栏中依次选择【文件】—【导入数据】—【EXCEL】—【学生信息表格】—【确定】,导入过程分别如图 10.5 与 10.6 所示。

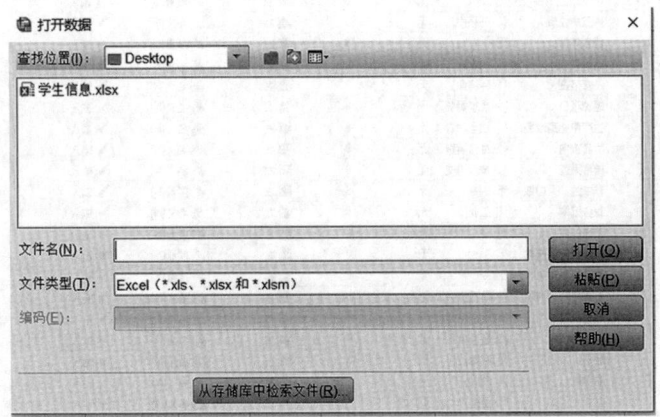

图 10.5　导入文件选择

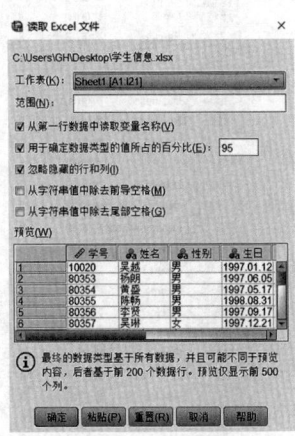

图 10.6　导入文件

(2) 在变量视图中定义其变量类型,其中性别、身高、体重、英语成绩、数学成绩为数值型,度量标准为标度;学号为数值型,度量标准为有序;姓名为字符串,度量标准为名义;性别为数值型,设置标签“男=0;女=1”,度量标准为名义;生日为日期型的“mm/dd/yyyy”型号,度量标准为名义;生活费为美元的“＄＃＃＃.＃＃”类型。度量标准为标度;所有变量宽度都为 10。数据视图与变量视图结果分别如图 10.7 与图 10.8 所示。

学号	姓名	性别	生日	身高	体重	英语	数学	生活费
10020	吴越	0	01/12/1997	172.42	56.54	75	79	$2,000.00
80353	杨朗	0	06/05/1997	175.73	66.83	78	76	$1,700.00
80354	黄盛	0	05/17/1997	174.60	68.66	65	88	$1,800.00
80355	陈畅	0	08/31/1998	181.50	66.68	79	82	$1,900.50
80356	李贤	0	09/17/1997	171.30	56.36	82	77	$1,500.00
80357	吴琳	1	12/21/1997	158.00	47.35	81	74	$1,200.00
80358	韩玉红	1	10/18/1997	165.50	51.44	77	69	$1,233.00
80359	王红	1	07/06/1998	162.76	47.87	67	73	$1,767.80
80360	邓然	1	06/01/1997	174.30	63.85	64	77	$1,853.90
80361	刘炜	0	09/12/1998	174.00	63.84	70	80	$1,943.00
80362	张远帆	0	10/13/1997	177.90	65.23	84	85	$1,953.80
80363	余锦	0	12/06/1997	176.10	64.54	85	80	$1,843.00
80364	黄洪景	0	11/21/1997	178.55	50.67	79	79	$1,657.40
80365	林灵	0	09/28/1997	154.50	46.56	75	80	$1,863.90
80366	邱丹	1	12/08/1997	158.00	51.87	76	69	$1,462.20
80367	何炜	1	10/07/1998	164.70	54.14	80	83	$1,476.80
80368	佟纨	1	09/09/1997	160.50	53.34	79	82	$1,200.00
80369	潘婷	1	09/14/1998	165.00	50.46	75	97	$1,452.80
80370	黄鸥	1	10/15/1981	173.20	60.17	90	75	$1,744.70
80371	陈泽	0	12/02/1998	177.90	65.45	71	80	$1,853.00

图 10.7　数据视图

名称	类型	宽度	小数位数	标签	值	缺失	列	对齐	测量	角色
学号	数字	10	0		无	无	12	▆右	▂▁有序	↘输入
姓名	字符串	10	0		无	无	9	▆左	♣名义	↘输入
性别	数字	10	0		{0, 男}...	无	3	▆右	♣名义	↘输入
生日	日期	10	0		无	无	10	▆右	♣名义	↘输入
身高	数字	10	2		无	无	12	▆右	✎标度	↘输入
体重	数字	10	2		无	无	12	▆右	✎标度	↘输入
英语	数字	10	0		无	无	12	▆右	✎标度	↘输入
数学	数字	10	0		无	无	12	▆右	✎标度	↘输入
生活费	美元	10	2		无	无	12	▆右	✎标度	↘输入

图 10.8　变量视图

第十一章

SPSS 实训项目 2：数据整理与表达

实验目的与要求

（1）掌握定义变量、数据录入方法、SPSS 数据文件基本操作。

（2）掌握变量的搜索、数据的插入与删除、个案的插入与删除、根据已存在的变量建立新变量、变量秩排序。

一、实验内容

（一）实验一

从某中学随机抽取高三某班 42 名学生，其基本情况与智力测验结果如表 11.1 所示，试建立 SPSS 数据文件 student.sav（见表 11.2）。

表 11.1　42 名高中生的基本情况及智力测验结果统计表

学号	姓名	性别	化学	生物	物理	智商	智力评价
1110345	邹萌	女	92	64	60	90	中等
1110346	马飞飞	男	67	81	70	98	中等
1110347	范凡双	男	67	92	60	113	中上
1110348	金纪	男	88	76	89	119	中上
1110349	欧向珊	女	68	80	69	106	中等
1110350	苏晓绿	女	79	66	90	97	中等
1110351	贾寻春	女	92	84	62	132	优秀
1110352	刘幻波	男	80	94	64	91	中等
1110353	曹可可	女	76	60	94	134	优秀
1110354	万海桃	女	61	81	89	126	优秀
1110355	史璐	女	86	88	77	134	优秀
1110356	傅含烟	女	66	67	65	90	中等
1110357	万凝海	女	62	69	78	126	优秀
1110358	钟半梦	女	91	90	78	114	中上
1110359	崔鹏宇	男	73	80	74	105	中等
1110360	谢语蓉	女	78	82	81	123	优秀
1110361	姚雨柏	男	83	80	83	134	优秀

（续表）

学　号	姓　名	性别	化学	生物	物理	智商	智力评价
1110362	苏充	男	75	67	74	126	优秀
1110363	唐飞宇	男	75	82	60	92	中等
1110364	乔永建	男	83	76	81	129	优秀
1110365	陶雨阳	男	83	67	78	124	优秀
1110366	全天历	男	92	60	70	100	中等
1110367	罗幻梅	女	75	71	61	97	中等
1110368	姜芮	男	91	61	68	129	优秀
1110369	宋宇	男	80	82	76	104	中等
1110370	尹幼萱	女	75	79	80	115	中上
1110371	于山晴	女	64	89	67	78	临界
1110372	韩语芹	女	88	85	67	96	中等
1110373	乔炎	男	60	84	80	113	中上
1110374	甘元绿	女	84	81	64	115	中上
1110375	慕容半莲	女	93	76	90	102	中等
1110376	羊向松	男	74	68	91	125	优秀
1110377	任青雪	女	63	72	60	126	优秀
1110378	纪诗霜	女	71	74	73	100	中等
1110379	龙依琴	女	78	79	91	120	优秀
1110380	邓跳跳	女	61	93	61	98	中等
1110381	任永光	男	76	75	90	121	优秀
1110382	鲁安容	女	79	70	81	86	中下
1110383	杜枫	男	68	94	89	113	中上
1110384	李碧蓉	女	80	82	85	133	优秀
1110385	任以旋	男	79	88	68	129	优秀
1110386	寇曼文	女	75	78	71	111	中上

表 11.2　变量设置表

变量名	变量类型	变量标签	变量	变量	值标签
no	字符型（String）	学号	sex	1	男
name	字符型（String）	姓名		2	女
sex	数值型（Numeric）	性别			
chemistry	数值型（Numeric）	化学成绩	intell	1	优秀
biology	数值型（Numeric）	生物成绩		2	中上
physics	数值型（Numeric）	物理成绩		3	中等
iq	数值型（Numeric）	智商		4	中下
intell	数值型（Numeric）	智力评价		5	临界

(二) 实验二

某证券公司 38 名职员性别和工资情况的调查数据如表 11.3 所示,试在 SPSS 中进行如下操作。

(1) 将数据输入到 SPSS 的数据编辑窗口中,将 gender 定义为字符型变量,将 salary 定义为数值型变量,并保存数据文件,命名为"data1_1.sav"。

(2) 插入一个变量 income,定义为数值型变量。

(3) 将数据文件按性别分组。

(4) 查找工资大于或等于 60 000 元的职员。

(5) 当工资大于或等于 60 000 元时,职员的绩效奖金是工资的 10%;当工资小于 60 000 元时,职员的奖金是工资的 5%,假设实际收入=工资+绩效奖金,计算所有职员的实际收入,并添加到 income 变量中。

表 11.3 某证券公司 38 名职员情况的调查数据表

Id	Gender	Salary	Id	Gender	Salary
1	M	￥51 590	20	M	￥100 990
2	M	￥71 140	21	F	￥43 920
3	M	￥77 520	22	F	￥117 530
4	F	￥138 350	23	F	￥40 050
5	M	￥39 530	24	F	￥56 850
6	F	￥55 460	25	M	￥56 710
7	F	￥33 700	26	M	￥107 300
8	F	￥108 660	27	M	￥90 140
9	F	￥107 940	28	F	￥104 060
10	M	￥43 240	29	M	￥60 960
11	M	￥120 980	30	M	￥126 430
12	M	￥56 230	31	F	￥110 530
13	M	￥31 930	32	F	￥110 260
14	F	￥109 170	33	F	￥71 460
15	M	￥93 280	34	M	￥56 490
16	F	￥93 720	35	M	￥76 390
17	M	￥96 740	36	F	￥41 750
18	M	￥75 240	37	M	￥65 670
19	F	￥56 600	38	M	￥60 800

(三) 实验三

10 名 13 岁初中生身高体重数据和 SPSS 数据工作表分别如表 11.4 和表 11.5 所示。

表 11.4   10 名 13 岁初中生身高体重数据统计表

编号	1	2	3	4	5	6	7	8	9	10
性别	女	男	男	女	女	男	女	男	男	女
身高(cm)	153.5	162.0	152.2	160.1	161.0	160.4	161.3	155.0	154.6	166.0
体重(kg)	40.3	50.5	42.5	43.0	45.0	46.2	43.1	46.2	47.8	42.2

表 11.5   SPSS 数据工作表

性别	身高(cm)	体重(kg)
2	153.5	40.3
1	162	50.5
…	…	…
1	154.6	47.8
2	166	42.2

(注：体重指数(BMI)＝体重(kg) / (身高(m)/100)^2，即体重(kg)除以身高(m)/100 的平方。)

请根据以上资料回答下列问题：

(1) 男生体重指数的均数为_____ (kg/m^2)；标准差为：_____ (kg/m^2)。

(2) 女生体重指数的均数为_____ (kg/m^2)；标准差为：_____ (kg/m^2)。

(参考：用 Compute 过程 bmi＝kg /(cm / 100) ＊＊ 2；Mean，性别为分组变量。)

二、实验步骤

(一) 实验一步骤(略)

(二) 实验二步骤

1. 变量定义

数据输入完成后点击左下角【变量视图】，在【Gender】，【Salary】变量后的类型栏中点击"…"进入【变量类型】对话框，如图 11.1 所示将【Gender】定义为字符型变量，如图 11.2 所示将【Salary】定义为数值型变量，然后在菜单栏依次点击【文件】—【另存为】进入【数据另存为】对话框，将文件命名为"data1_1.sav"并点击保存，如图 11.3 所示。

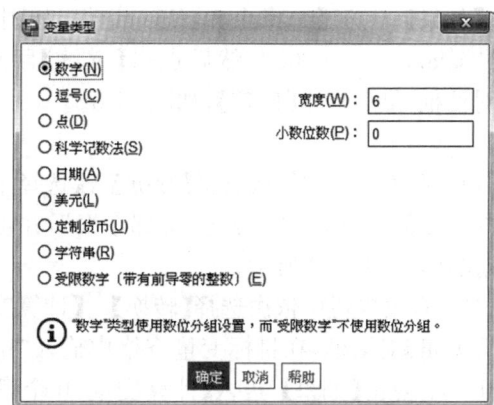

图 11.1   Gender 定义为字符型变量   图 11.2   Salary 定义为数值型变量

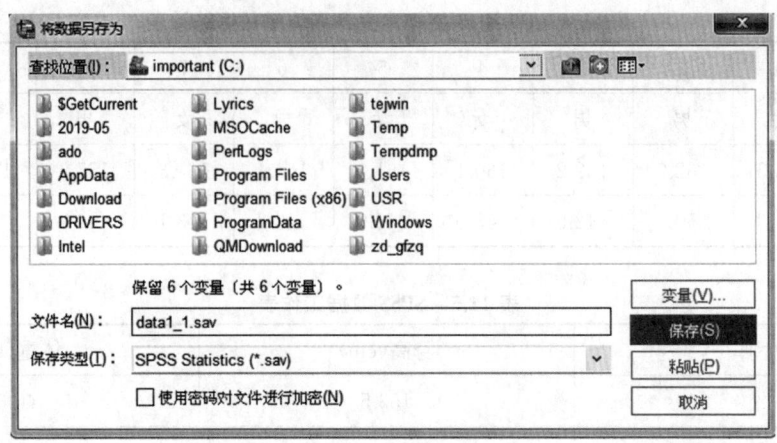

图 11.3　文件命名并保存

2. 按性别分组

在菜单栏中依次选择【数据】—【个案排序】，打开【个案排序】对话框，如图 11.4。选择变量，将【Gender】变量选入【排序依据】列表中再点击【确定】完成性别分组，如图 11.5。

图 11.4　【个案排序】对话框

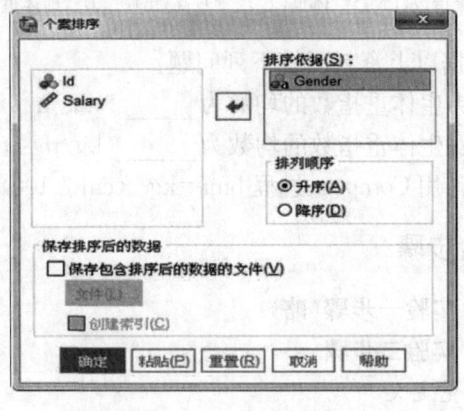

图 11.5　选择变量

3. 筛选工资数据

在菜单栏中依次选择【数据】—【选择个案】，如图11.6 打开【选择个案】对话框，点选"如果条件满足"，如图 11.7 点击【如果】，打开【选择个案：If】对话框，如图 11.7 设置条件"salary＞＝60000"，然后点击【继续】回到【选择个案】对话框，最后点击【确定】，如图 11.8。

4. 工资计算

（1）在菜单栏中依次选择【数据】—【选择个案】，打开【选择个案】对话框数据，点选"全部个案"，并点击【确定】完成操作，如图 11.9 所示。

（2）在菜单栏中依次选择【转换】—【计算变量】，打开【计算变量】对话框，在目标变量空格中输入"Income"，如图 11.10。点击【如果】，进入【计算变量：If 个案】对话框，

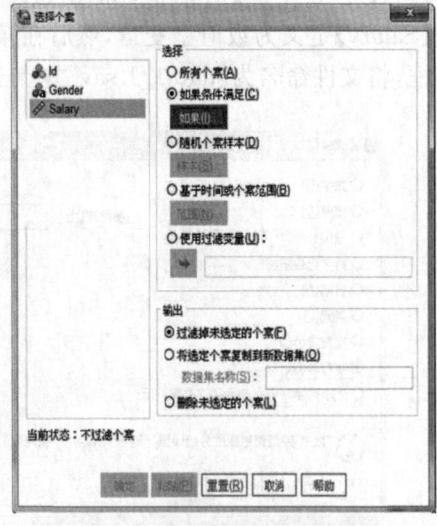

图 11.6　打开【选择个案】对话框

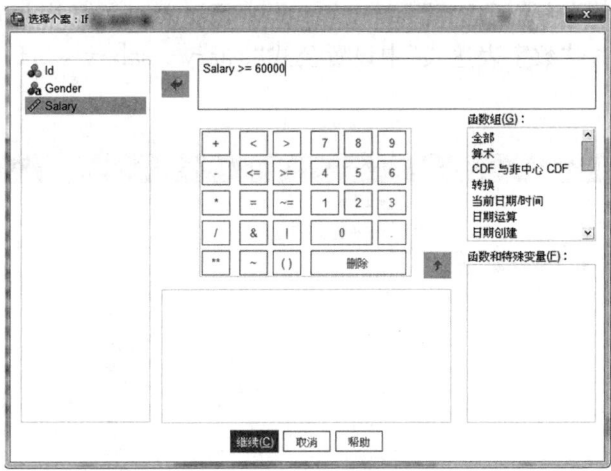

图 11.7 设置条件 salary≥＝60000

图 11.8 完成条件设置

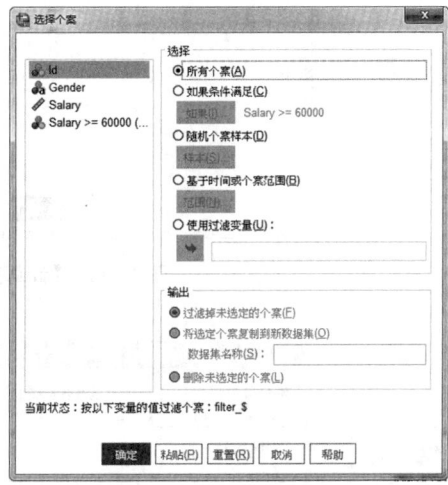

图 11.9 选择全部个案

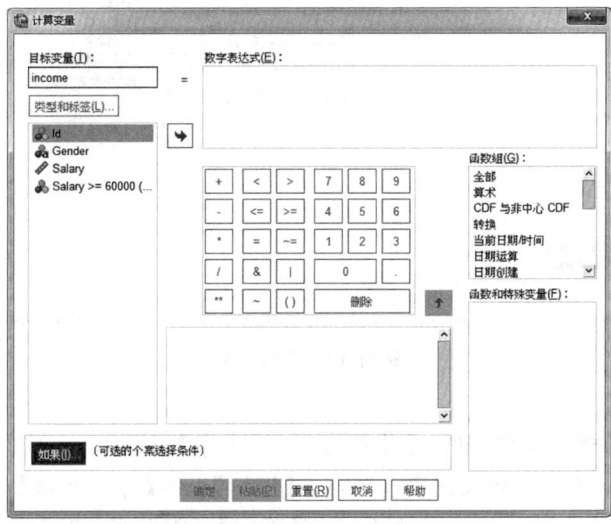

图 11.10 【计算变量】对话框

点选"在个案满足条件时包括"后选择【salary＞＝60000】加入列表框并点击【继续】返回【计算变量】对话框,如图 11.11。"数字表达式"中设置公式"salary＋salary＊0.1"最后点击【确定】完成操作,如图 11.12 所示。

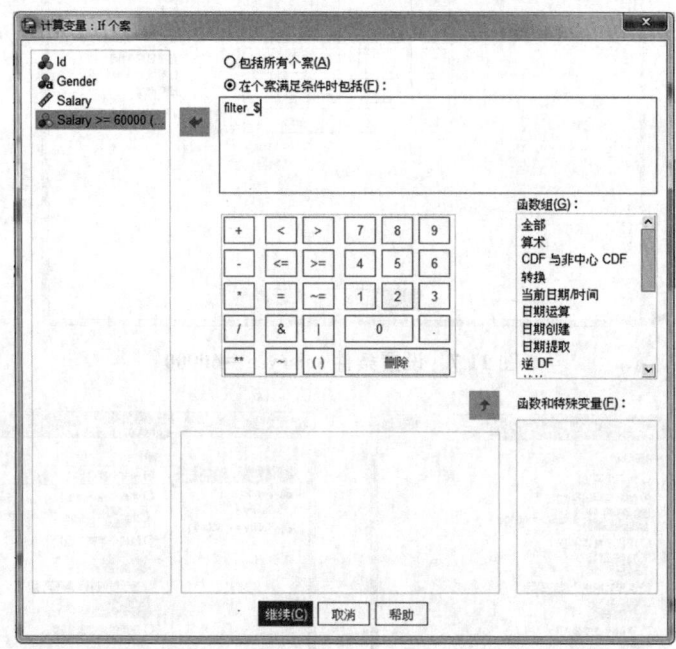

图 11.11 【计算变量:If 个案】对话框

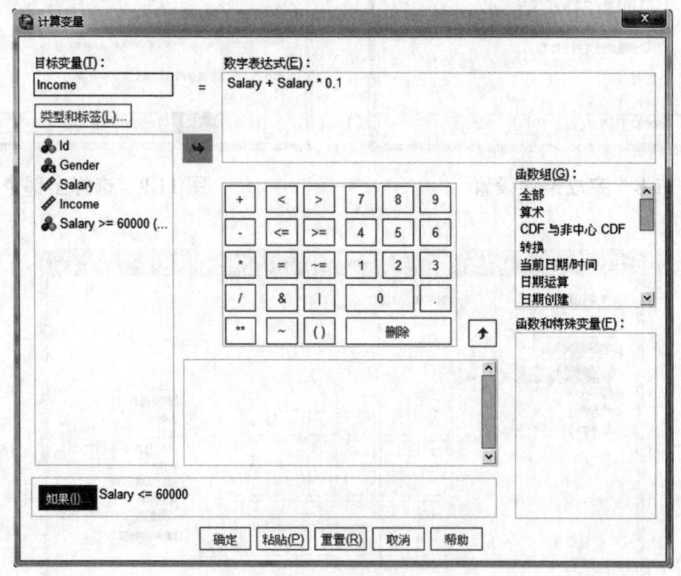

图 11.12 设置公式

(3) 重复上一步的操作顺序,进入【计算变量:If 个案】对话框,点选"在个案满足条件时包括"后设置条件 salary＜60000 加入列表框并点击【继续】返回【计算变量】对话框,在"数字表达式"中设置公式"salary＋salary＊0.05",最后点击【确定】完成操作,如图 11.13 所示。

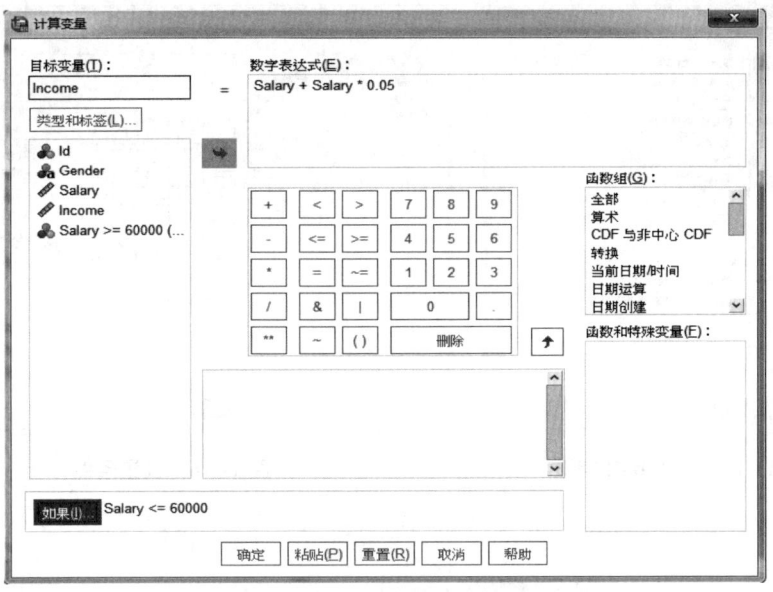

图 11.13　设置另外一个公式

（三）实验三步骤

1. 计算 BMI 指数

在菜单栏中依次选择【转换】—【计算变量】，打开【计算变量】对话框，在目标变量空格中输入"bmi"，并在"数字表达式"中设置公式"weight/（height/100）＊＊2"，最后点击【确定】完成操作，如图 11.14 所示。

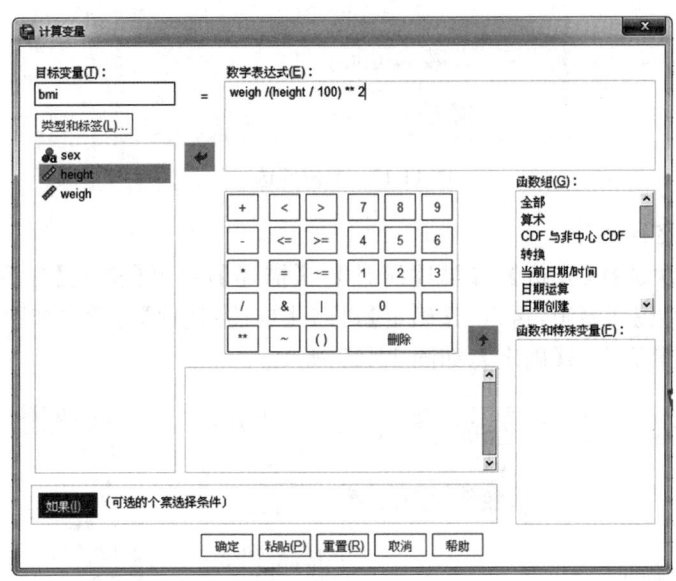

图 11.14　计算 BMI 指数

2. 筛选男生数据

在菜单栏中依次选择【数据】—【选择个案】，打开【选择个案】对话框，点选"如果条件满足"，如图 11.15 所示。点击【如果】，打开【选择个案：If】对话框，如图 11.16 所示。设置条件 sex＝1，然后点击【继续】回到【选择个案】对话框，最后点击【确定】，如图 11.17 所示。

图 11.15　计算 BMI 指数

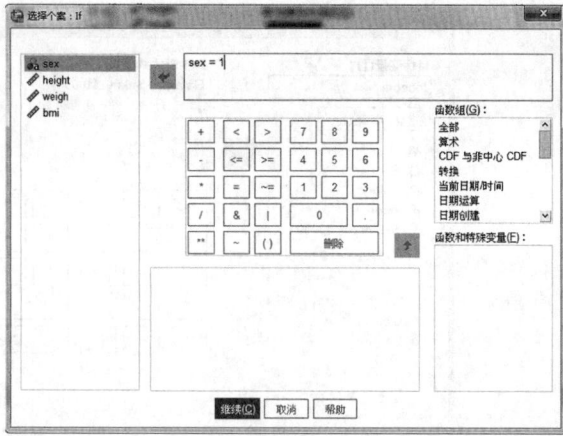

图 11.16　设置条件

图 11.17　完成筛选

3. 男生数据描述性统计

在菜单栏中依次选择【分析】—【描述统计】—【描述】，打开【描述】对话框，选择变量，将【bmi】变量选入【变量】列表中，再点击【确定】，打开【描述：选项】对话框如图 11.18 所示。勾选【均值】和【标准差】最后点击【确定】，如图 11.19 所示。

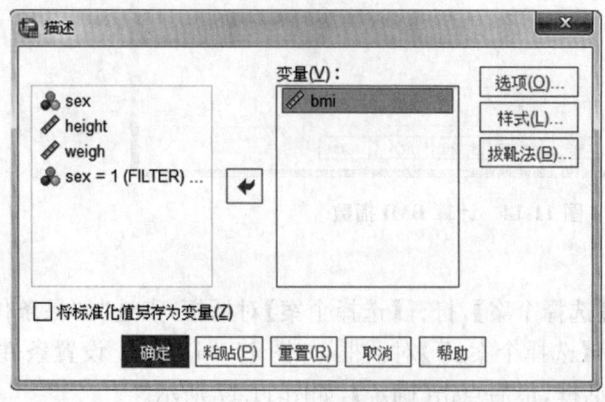

图 11.18　选择变量

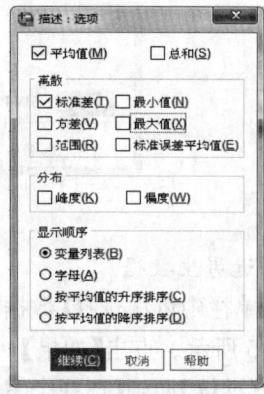

图 11.19　勾选项目

表 11.6 为男生 BMI 指数的描述性统计输出结果及说明，包括均值，标准差和观测样本数。

表 11.6　男生数据描述性统计量

	N	平均值	标准差
bmi	5	18.955 0	0.808 43

4.筛选女生数据

重复第二个步骤，打开【选择个案：If】对话框，设置条件 sex＝2，然后点击【继续】回到【选择个案】对话框，最后点击【确定】，如图 11.20 所示。

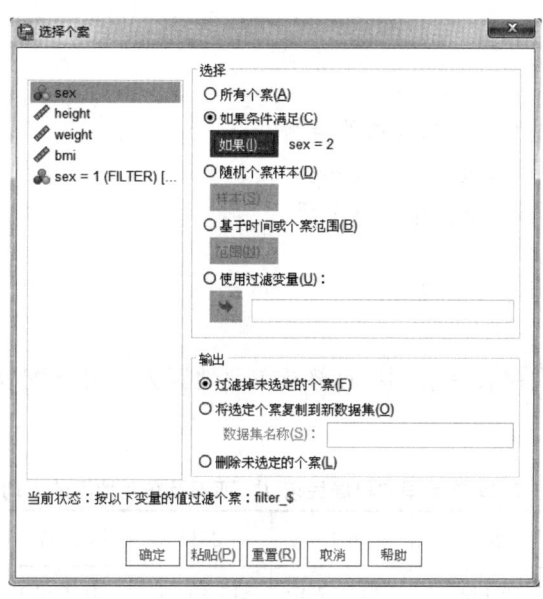

图 11.20　完成数据筛选

5.女生数据描述性统计

重复第 2 个步骤，表 11.7 为女生 BMI 指数的描述性统计输出结果及说明，包括均值、标准差和观测样本数。

表 11.7　女生数据描述性统计量

	N	平均值	标准差
bmi	5	16.624 0	0.792 82

第十二章

SPSS 实训项目 3：统计绘图制表

实验目的与要求

(1) 掌握直条图、直方图、饼图、线图的绘制。

(2) 熟悉面积图、P-P 图、散点图的绘制。

(3) 熟悉统计图的编辑和绘图中注意事项。

一、实验内容

(一) 直条图

2013—2019 年我国农村居民东、中、西部及东北地区人均可支配收入的分析资料如表12.1所示，试绘制直条图。

表 12.1　2013—2019 年我国农村居民东、中、西部及东北地区的人均可支配收入表　单位：元

组别	2013	2014	2015	2016	2017	2018	2019
东部地区	11 856.8	13 144.6	14 297.4	15 498.3	16 822.1	18 285.7	19 988.6
中部地区	8 983.2	10 011.1	10 919.0	11 794.3	12 805.8	13 954.1	15 290.5
西部地区	7 436.6	8 295.0	9 093.4	9 918.4	10 828.6	11 831.4	13 035.3
东北地区	9 761.5	10 802.1	11 490.1	12 274.6	13 115.8	14 080.4	15 356.7

数据来源：《中国统计年鉴 2020》。

(二) 直方图

某地某年流行性病毒感冒患者的年龄分布资料如表 12.2 所示，试绘制直方图。

表 12.2　某地某年流行性病毒感冒患者的年龄分布表

年龄（岁）	患者人数（人）	每岁患者人数（人）
0～1	10	10
1～2	30	30
2～3	55	55
3～4	78	78
4～5	77	77

（续表）

年龄（岁）	患者人数（人）	每岁患者人数（人）
5～6	49	49
6～7	71	71
7～8	59	59
8～9	56	56
9～10	67	67
10～14	143	28.6
15～19	177	35.4
20～24	116	23.2
25～29	90	18
30～34	12	2.4
35～44	7	0.7
45～54	3	0.3
55～64	1	0.1

（三）线图

某城市调查不同年龄阶层的居民奢侈品消费占总收入的现状，资料如表 12.3 所示，试绘制线图比较不同性别和年龄组的居民对奢侈品消费情况。

表 12.3　某城市不同年龄阶层的居民奢侈品消费占总收入的现状

年龄分组	奢侈品消费占总收入比率	
	男性	女性
20～25 岁	10.57%	30.73%
25～30 岁	23.57%	48.98%
30～35 岁	29.57%	68.50%
35～40 岁	31.71%	71.85%
40～45 岁	37.51%	50.91%
45～50 岁	38.02%	42.77%
50～55 岁	12.00%	29.04%
55～60 岁	11.03%	28.13%

（四）区域图

在某某市抽样研究 20～45 岁女性婚姻状况，频数分布资料如表 12.4 所示，试绘制区域图。

表 12.4　某城市抽样的 20~45 岁女性婚姻状况表　　　　　　　　　单位：人

按年龄分组	婚姻现状	
	已婚人数	未婚人数
20~25 岁	30	97
25~30 岁	170	990
30~35 岁	273	1 213
35~40 岁	765	683
40~45 岁	932	327

（五）饼图

某年全球不同国家/地区的个人奢侈品销售额占比见表 12.5，试绘制饼图。

表 12.5　某年全球不同国籍的个人奢侈品销售额占比统计表

国家/地区	全球个人奢侈品销售额（亿欧元）	占比
中国	835	32%
日本	237	9%
美国	574	22%
欧盟	470	18%
欧洲其他国家	287	11%
世界其他国家	182	8%
合计	2 585	100%

（六）直条构成线图

对我国北京、广州、上海、四川四个地区 1 500 名 20~30 岁的男性进行抽样，考察各地区 20~30 岁的男性月收入超过 1 万的情况，结果如表 12.6 所示，试绘制直条构成线图。

表 12.6　四地区 20~30 岁的男性月收入超过 1 万的情况统计表　　　　　　单位：人

地区	人数	占比
北京	432	38%
广州	262	23%
上海	391	34%
四川	67	5%
合计	1 152	100%

（七）散点图

某城市 2002—2019 年国内生产总值与当地财政收入之间的关系如表 12.7 所示，试绘制散点图。

表 12.7　某城市 2002—2019 年国内生产总值与当地财政收入数据表　　　单位:元

年份	国内生产总值	财政收入
2002	61 122	6 604
2003	65 487	6 634
2004	70 440	6 710
2005	87 817	6 823
2006	108 405	8 103
2007	121 643	8 578
2008	146 340	8 469
2009	203 784	11 118
2010	266 474	16 053
2011	341 601	20 221
2012	469 864	27 076
2013	506 114	31 888
2014	646 150	35 139
2015	748 415	42 436
2016	845 409	56 204
2017	1 149 478	93 828
2018	1 545 383	130 532
2019	2 056 273	179 063

(八) 正态概率分布图

某班级 30 名学生高数期末考试成绩资料如表 12.8 所示,试绘制正态概率分布图。

表 12.8　某班级 30 名学生高数期末考试成绩统计表　　　单位:分

学号	分数	学号	分数	学号	分数	学号	分数	学号	分数	学号	分数
1	75.6	7	78.8	13	72	19	74.3	25	72		
2	73.5	8	74.3	14	65	20	71.2	26	68		
3	74.3	9	75.9	15	75	21	70.4	27	75.8		
4	79.5	10	68.8	16	78.8	22	72	28	72		
5	74.3	11	71.2	17	69.7	23	71.2	29	80.5		
6	78.8	12	91.5	18	88	24	69.7	30	73.5		

二、实验步骤

(一) 直条图实验步骤

(1) 在菜单栏中选择【图形】—【图表构建程序】,打开"图表构建程序"对话框。

（2）选择对话框下方菜单栏【库】—【条形图】—【群集条形图】，并将图形拉至绘表区，将【变量】中的"年份（按住 Shift 键选择年份 2013—2019）"拖至 Y 轴区域作为计数标准 y 轴。

（3）选择"元素属性"对话框中【编辑属性】—【Y-Axis1】并更改【轴标签】为"人均可支配收入（元）"—【应用】，将【变量】中的"组别"拖至 X 轴区域作为 x 轴分类依据。

（4）选择"元素属性"对话框中【编辑属性】—【X-Axis1】并更改【轴标签】为"四大地区"，选择"图表构建程序"对话框下方菜单栏【标题/脚注】—勾选【标题 1】，然后在"元素属性"对话框中设置标题内容为"2013—2019 年我国农村居民东、中、西部及东北地区的人均可支配收入图"—【应用】。

（5）最后回到"图表构建程序"对话框中选择【确定】。结果如图 12.1 所示。

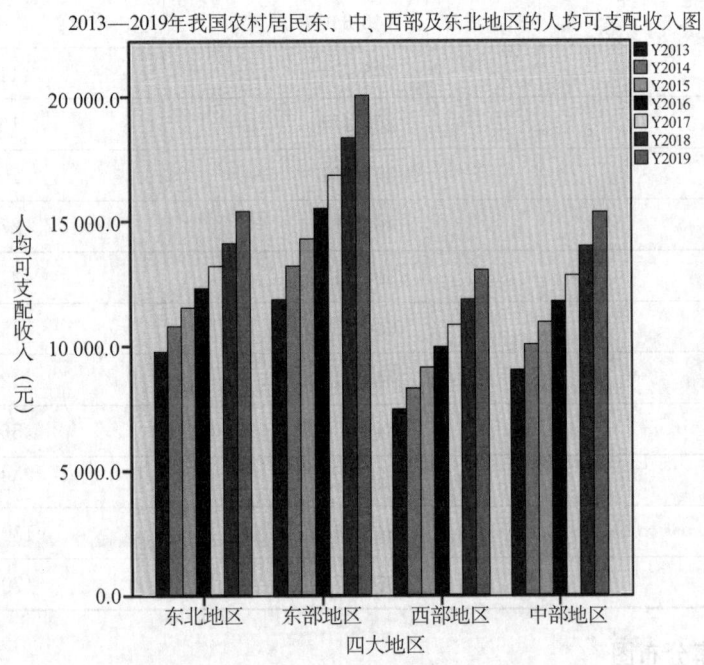

图 12.1　直条图输出结果

（二）直方图实验步骤

（1）在菜单栏中选择【图形】—【图表构建程序】，打开"图表构建程序"对话框。

（2）选择对话框下方菜单栏【库】—【直方图】—【简单直方图】，并将图形拉至绘表区，将【变量】中的"患者人数"拖至 Y 轴区域作为计数标准 y 轴。

（3）选择"元素属性"对话框中【编辑属性】—【Y-Axis1】并更改【轴标签】为"患者人数（人）"—【应用】。将【变量】中的"年龄分组"拖至 X 轴区域作为 x 轴分类依据。再选择"元素属性"对话框中【编辑属性】—【X-Axis1】并更改【轴标签】为"年龄分组（岁）"。

（4）选择"图表构建程序"对话框下方菜单栏【标题/脚注】—勾选【标题 1】，然后在"元素属性"对话框中设置标题内容为"某年流行性病毒感冒患者的年龄分布直方图"—【应用】。

（5）最后回到"图表构建程序"对话框中选择【确定】。在"输出框"中得到图形后，双击图形打开"图表编辑器"，选择菜单栏中【X】，在弹出的"属性"对话框中选择菜单栏中【类别】—【变量】—【年龄分组】—【排序依据】—【自定义】，然后手动调节成正确顺序后选择【应用】。结果如图 12.2 所示。

某年流行性病毒感冒患者的年龄分布直方图

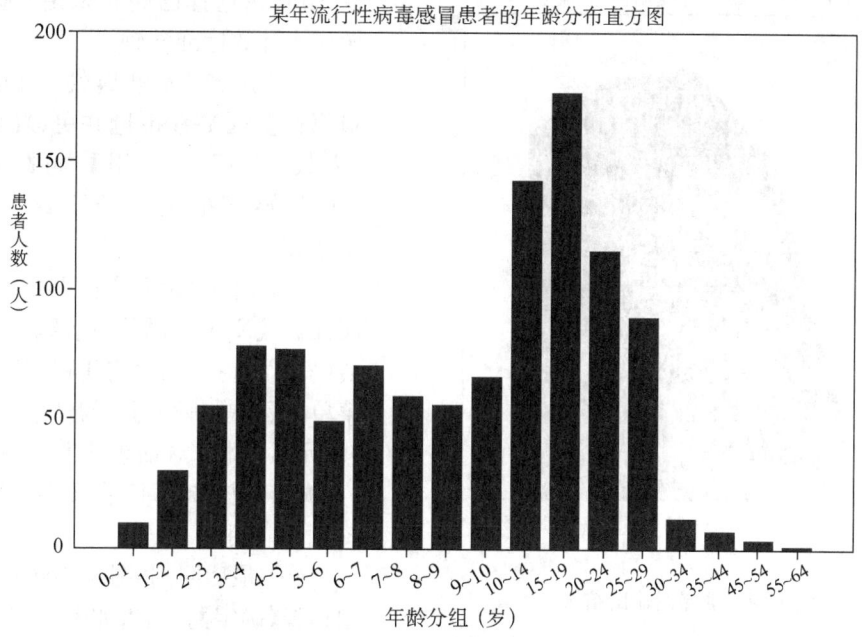

图 12.2 直方图输出结果

(三)线图实验步骤

(1)在菜单栏中选择【图形】—【图表构建程序】,打开"图表构建程序"对话框。

(2)选择对话框下方菜单栏【库】—【线图】—【多重线图】,并将图形拉至绘图区,将【变量】中的"男性""女性"(按住 Shift 键选择男性和女性)拖至 Y 轴区域作为计数标准 y 轴。

(3)选择"元素属性"对话框中【编辑属性】—【Y-Axis1】并更改【轴标签】为"奢侈品消费占总收入比率(%)"—【应用】,将【变量】中的"年龄"拖至 X 轴区域作为 x 轴分类依据。

(4)选择"元素属性"对话框中【编辑属性】—【X-Axis1】并更改【轴标签】为"年龄(岁)",选择"图表构建程序"对话框下方菜单栏【标题/脚注】—勾选【标题1】,然后在"元素属性"对话框中设置标题内容为"某城市不同年龄阶层的居民奢侈品消费占总收入的比率图"—【应用】。

(5)最后回到"图表构建程序"对话框中选择【确定】。结果如图 12.3 所示。

(四)区域图实验步骤

(1)在菜单栏中选择【图形】—【图表构建程序】,打开"图表构建程序"对话框。

(2)选择对话框下方菜单栏【库】—【区】—【堆积面积图】,并将图形拉至绘表区,将【变量】中的"已婚""未婚"(按

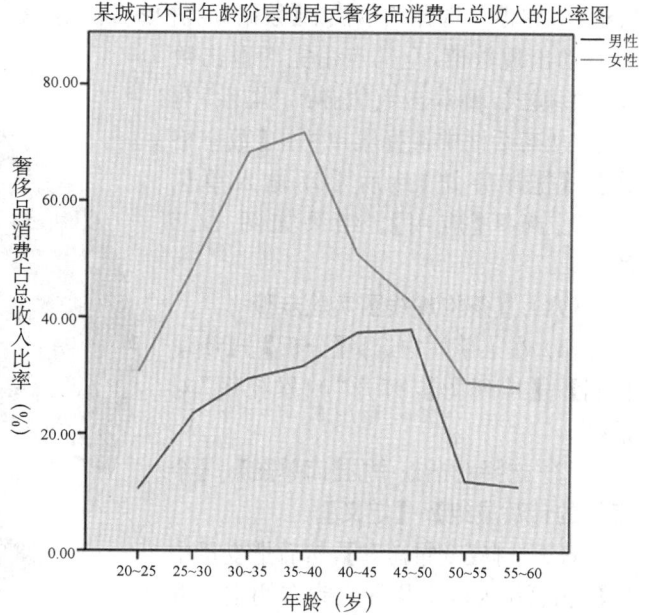

某城市不同年龄阶层的居民奢侈品消费占总收入的比率图

图 12.3 线图输出结果

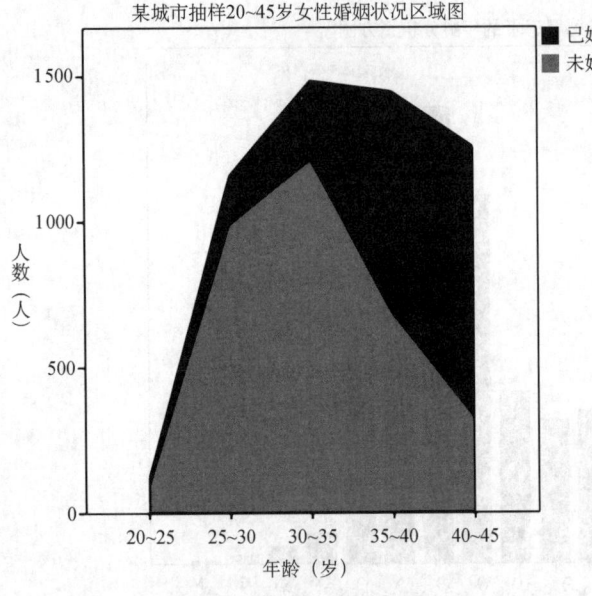

图 12.4　区域图输出结果

住 Shift 键选择已婚和未婚）拖至 y 轴区域作为计数标准 y 轴。

（3）选择"元素属性"对话框中【编辑属性】—【Y-Axis1】并更改【轴标签】为"人数（人）"—【应用】，将【变量】中的"年龄分组"拖至 x 轴区域作为 x 轴分类依据。

（4）选择"元素属性"对话框中【编辑属性】—【X-Axis1】并更改【轴标签】为"年龄（岁）"，选择"图表构建程序"对话框下方菜单栏【标题/脚注】—勾选【标题 1】，然后在"元素属性"对话框中设置标题内容为"某城市抽样 20～45 岁女性婚姻状况区域图"—【应用】。

（5）最后回到"图表构建程序"对话框中选择【确定】。结果如图 12.4 所示。

（五）饼图实验步骤

（1）在菜单栏中选择【图形】—【图表构建程序】，打开"图表构建程序"对话框。

（2）选择对话框下方菜单栏【库】—【饼图/极坐标图】—【饼图】，并将图形拉至绘表区，将【变量】中的"全球个人奢侈品销售额"拖至 y 轴区域作为计数标准 y 轴。将【变量】中的"国籍"拖至 x 轴区域作为 X 轴分类依据。

（3）选择"图表构建程序"对话框下方菜单栏【标题/脚注】—勾选【标题 1】，然后在"元素属性"对话框中设置标题内容为"某年全球不同国籍的个人奢侈品销售额占比图"—【应用】。

（4）回到"图表构建程序"对话框中选择【确定】。在"输出框"中得到图形后，双击图形打开"图表编辑器"，选择菜单栏中【数据标签模式】后点击【显示数据标签】，饼状图各区域上进行点击会自动出现数值，全部点击完毕退出数据标签模式，再双击数值弹出"属性"对话框，从对话框中选择菜单栏中【数字格式】—【拖尾字符】然后手动输入单位"％"后选择【应用】。结果如图 12.5 所示。

（六）直条构成线图实验步骤

（1）在菜单栏中选择【分析】—【质量控制】—【排列图】，打开"帕累托图"对话框。

（2）选择对话框中的【简单图】—【个案组的计数或组】—【定义】。

（3）选择【变量总和】，然后把变量中的【人数】作为因变量导入到右侧空白框中，将变量中的【地区】作为自变量导入到右侧【类别轴（X）】的空白框中。

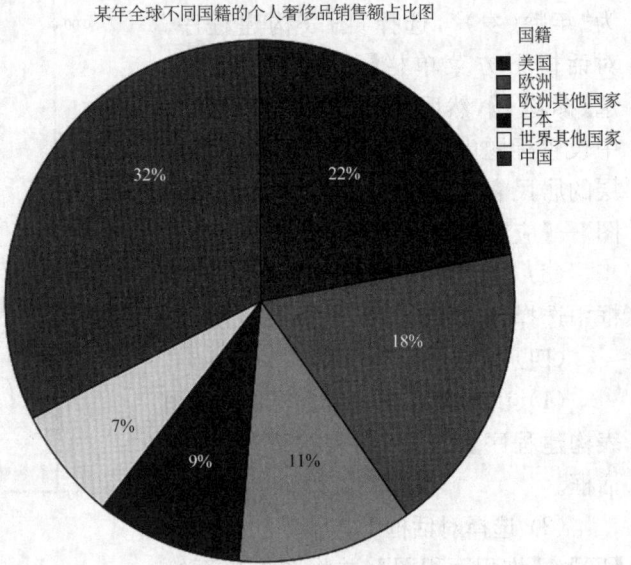

图 12.5　饼图输出结果

（4）选择对话框中右上方的【标题】选项，设置标题第1行内容为"四地区20～30岁的男性月收入超过1万的直条构成线图"—【继续】。

（5）最后回到原对话框中选择【确定】，在"输出框"中得到图形后，双击图形打开"图表编辑器"，在编辑器里手动为人数和百分比添加单位。结果如图12.6所示。

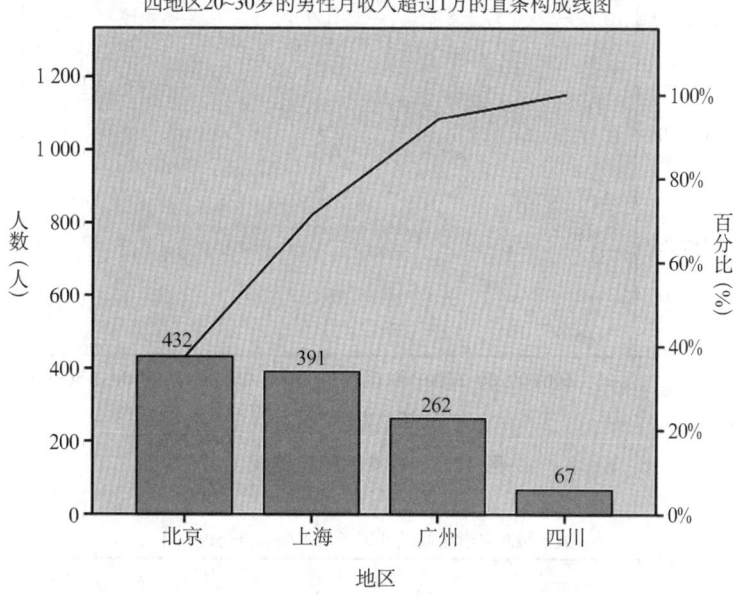

图 12.6　直条构成线图输出结果

（七）散点图实验步骤

（1）在菜单栏中选择【图形】—【图表构建程序】，打开"图表构建程序"对话框。

（2）选择对话框下方菜单栏【库】—【散点图/点图】—【简单散点图】并将图形拉至绘表区，将【变量】中的"财政收入"拖至 y 轴区域作为计数标准 y 轴。

（3）选择"元素属性"对话框中【编辑属性】—【Y-Axis1】，并更改【轴标签】为"财政收入（元）"—【应用】，将【变量】中的"国内生产总值"拖至 x 轴区域作为 x 轴分类依据。

（4）选择"元素属性"对话框中【编辑属性】—【X-Axis1】并更改【轴标签】为"国内生产总值（元）"—【应用】。

（5）选择"图表构建程序"对话框下方菜单栏【标题/脚注】—勾选【标题1】，然后在"元素属性"对话框中设置标题内容为"某城市2002—2019年国内生产总值与当地财政收入之间的散点图"—【应用】。

（6）最后回到"图表构建程序"对话框中选择【确定】。结果如图12.7所示。

（八）正态概率分布图实验步骤

（1）在菜单栏中选择【分析】—【描述统计】—【P-P图】，打开"P-P图"对话框。

（2）在对话框中将左侧列表中的【高数成绩】选入右侧【变量】列表框，其他采用默认设置后选择【确定】。

（3）在"输出框"中得到"高数成绩的正态P-P图"图形后，双击图形打开"图表编辑器"，在编辑器里双击标题，手动更改标题为"某班级30名学生高数期末考试成绩的正态概率分布图"。结果如图12.8所示。

某城市2002—2019年国内生产总值与当地财政收入之间的散点图

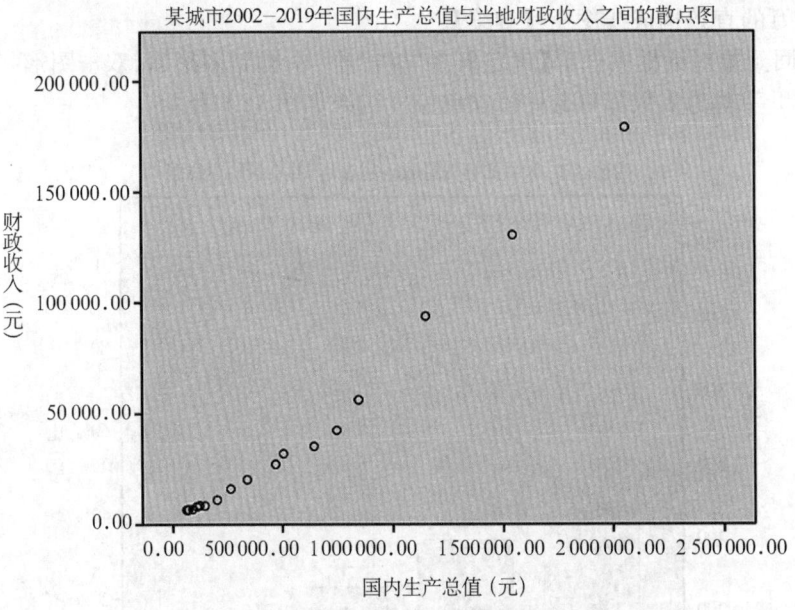

图 12.7　散点图输出结果

某班级30名学生高数期末考试成绩的正态P-P图

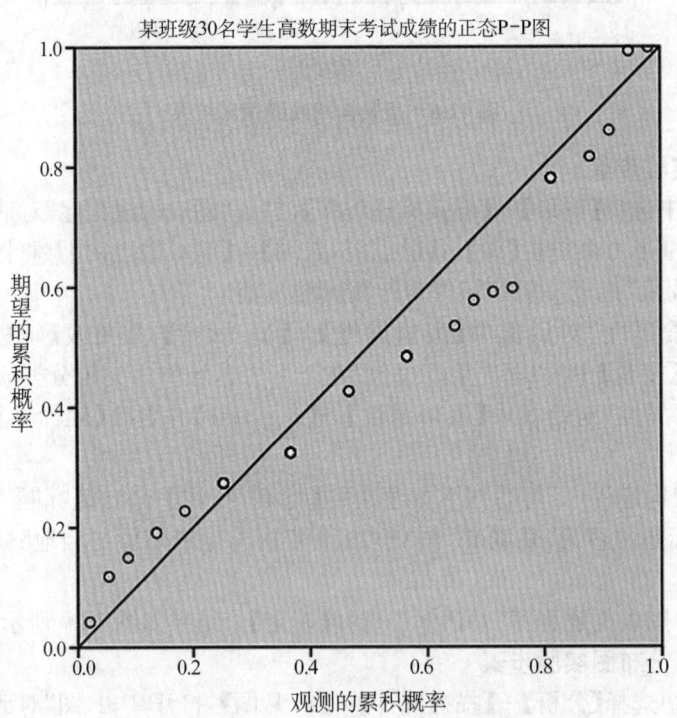

图 12.8　正态概率分布图输出结果

第十三章

SPSS 实训项目 4：描述性统计分析

实验目的与要求

研究变量的总体数量特征,具体内容包括基本描述性统计量的定义及计算、频数分析、基本描述统计分析、探索性分析等。

一、实验内容

对我国经济指标进行国民经济相关分析,收集的数据项目有 2019 年 31 个省/市/区的 GDP、人均 GDP、居民消费水平、总人口、城镇人口,以及各省/市/区所属地区,如表 13.1 所示。

表 13.1　2019 年全国 31 个省/市/区经济指标

省/市/区	国内生产总值(GDP)(亿元)	人均国内生产总值(人均 GDP)(亿元)	居民消费水平(元)	总人口(万人)	城镇人口(万人)	所属地区
北京	35 371	164 000	43 038	2 153.60	1 865.00	1
天津	14 104	90 600	31 854	1 561.83	1 303.82	1
河北	35 105	46 348	17 987	7 591.97	4 374.49	1
山西	17 027	45 724	15 863	3 729.22	2 220.75	2
内蒙	17 213	67 852	20 743	2 539.60	1 609.40	3
辽宁	24 910	57 191	22 203	4 351.70	2 963.90	4
吉林	11 727	42 200	18 075	2 690.73	1 567.93	4
黑龙江	16 362	36 183	18 111	3 751.3	2 284.50	4
上海	38 155	157 300	45 605	2 428.14	1 450.43	1
江苏	99 632	123 607	26 697	8 070.00	5 698.23	1
浙江	62 352	107 624	32 026	5 850.00	4 095.00	1
安徽	37 114	58 496	19 137	6 365.90	3 552.80	2
福建	42 395	107 139	25 314	3 973.00	2 642.00	1
江西	24 758	53 600	17 650	4 666.10	2 679.30	2

（续表）

省/市/区	国内生产总值(GDP)(亿元)	人均国内生产总值(人均GDP)(亿元)	居民消费水平(元)	总人口(万人)	城镇人口(万人)	所属地区
山东	71 068	70 653	20 427	10 070.21	6 194.19	1
河南	54 259	56 388	16 332	9 640.00	5 129.00	2
湖北	45 828	77 321	21 567	5 927.00	3 615.47	2
湖南	39 752	57 540	20 479	6 918.38	3 958.69	2
广东	107 671	94 172	28 995	11 521.00	8 225.99	1
广西	21 237	42 964	16 418	4 960.00	2 534.30	3
海南	5 309	56 507	19 555	944.72	559.56	1
重庆	23 606	75 828	20 774	3 124.32	2 086.99	3
四川	46 616	55 774	19 338	8 375.00	4 504.50	3
贵州	16 769	46 800	14 780	3 622.95	1 775.97	3
云南	23 224	47 944	15 780	4 858.30	2 376.19	3
西藏	1 698	48 902	13 029	350.56	110.57	3
陕西	25 793	66 649	17 465	3 729.22	2 220.75	3
甘肃	8 718	31 336	15 879	2 647.43	1 283.74	3
青海	2 966	49 600	17 545	607.82	337.48	3
宁夏	3 748	55 000	18 297	694.66	415.81	3
新疆	13 597	54 280	17 397	2 523.22	1 308.79	3

（注：1 表示东部地区，2 表示中部地区，3 表示西部地区，4 表示东北地区。）
资料来源：《中国统计年鉴 2020》。

请对以上数据进行如下分析。

（1）频数分析。对各省份的所属地区进行分类变量的评述分析，并对城镇人口进行数值型频数分析。

（2）基本描述统计分析。在本案例中，原始数据给出了各省的 GDP、人均 GDP、居民消费水平、总人口数和城镇人口数，现对以上经济指标的特征进行研究，以分析其取值的分布和特点。

（3）探索性分析。对比不同地区的 GDP 水平。

二、实验步骤

1. 频数分析

（1）分析各省份的地区分布状况即对分类变量进行分析。具体操作步骤如下：

单击【分析】—【描述统计】—【频率】，将【所属地区】变量拉入右侧【变量】框，点【确定】。结果分别如图 13.1 和表 13.2 所示。

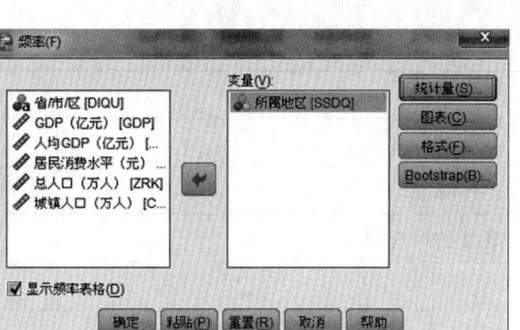

图 13.1　"频率"主对话框

表 13.2　所属地区频数分布

	地区	频率	百分比（%）	有效百分比（%）	累积百分比（%）
	东部地区 1	10	32.3	32.3	32.3
	中部地区 2	6	19.4	19.4	51.7
有效	西部地区 3	12	38.7	38.7	90.4
	东北地区 4	3	9.7	9.7	100.0
	合计	31	100.0	100.0	—

（2）对城镇人口进行数值型频数分析。具体操作步骤如下：单击【分析】—【描述统计】—【频率】，将【城镇人口（万人）】变量拉入右侧【变量】框。点击【统计量】，勾选【四分位数】、【均值】、【中位数】、【标准差】、【峰度】、【偏度】，单击【继续】，点【确定】。结果分别如图 13.2、图 13.3 和表 13.3 所示。

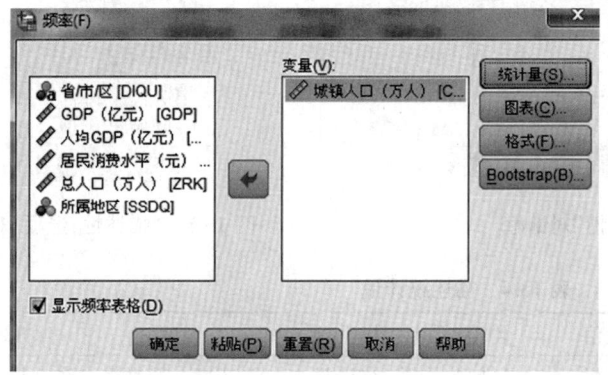

图 13.2　"频率"主对话框

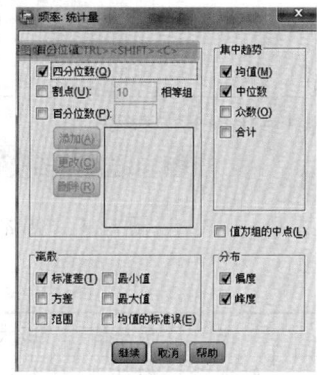

图 13.3　"频率：统计量"对话框

表 13.3　城镇人口频数统计量　　　　　　　　　　　　单位：万人

N	有效	31
	缺失	0
均值		2 740.178 6
中值		2 284.500 0
标准差		1 857.546 23

（续表）

偏度		1.055
偏度的标准误		0.421
峰度		1.240
峰度的标准误		0.821
百分位数	25	1 450.430 0
	50	2 284.500 0
	75	3 958.690 0

2. 基本描述统计分析

在本案例中,原始数据给出了各省的 GDP、人均 GDP、居民消费水平、总人口数和城镇人口数,现对以上经济指标的特征进行研究,以分析其取值的分布和特点。

具体操作步骤如下:依次单击【分析】—【描述统计】—【描述】,将【GDP】、【人均 GDP】、【居民消费水平】、【总人口】、【城镇人口】依次拉入【变量】栏。单击【选项】,勾选【均值】、【标准差】、【最大值】、【最小值】、【峰度】和【偏度】,单击【继续】—确定。结果分别如图 13.4、图 13.5 和表 13.4 所示。

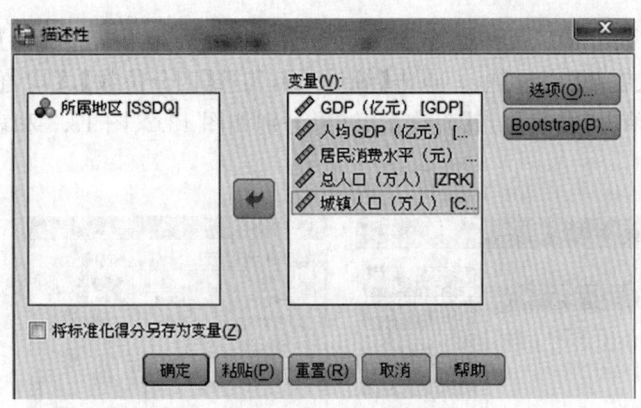

图 13.4 "描述性"对话框

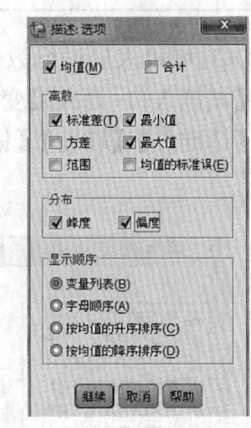

图 13.5 "描述性:选项"对话框

表 13.4 描述统计量

	N	极小值	极大值	均值	标准差	偏度		峰度	
	统计量	统计量	统计量	统计量	统计量	统计量	标准误	统计量	标准误
GDP（亿元）	31	1 698.00	107 671.00	31 873.677 4	25 889.786 3	1.463	0.421	2.223	0.821
人均 GDP（亿元）	31	31 336.00	164 000.00	69 210.387 1	32 740.649 3	1.647	0.421	2.361	0.821
居民消费水平（元）	31	13 029.00	45 605.00	21 560.000 0	7 644.886 3	1.947	0.421	3.685	0.821
总人口（万人）	31	350.56	11 521.00	4 523.802 6	2 913.681 2	0.700	0.421	−0.131	0.821
城镇人口（万人）	31	110.57	8 225.99	2 740.178 6	1 857.546 2	1.055	0.421	1.240	0.821

3. 探索性分析

(1) 单击【分析】—【描述统计】—【探索】,将【GDP】拉入【因变量列表】,指定为因变量,将【所属地区】拉入【因子列表】作为分类变量,将【DIQU】拉入【标注个案】,如图 13.6 所示。

(2) 单击【统计量】,选择【描述性】和【M-估计量】,单击【继续】,如图 13.7 所示。

(3) 单击【绘制】,在【箱图】下选择【按因子水平分组】,在【描述性】下勾选【茎叶图】和【直方图】,单击【继续】,点【确定】,如图 13.8 所示。

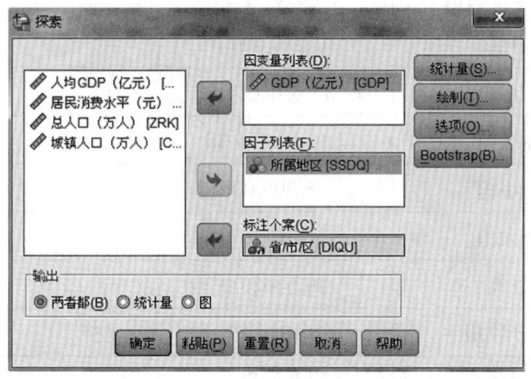

图 13.6 "探索"主对话框

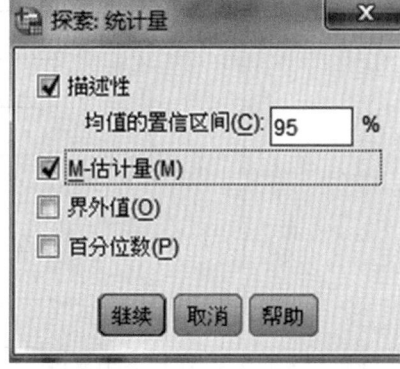

图 13.7 "探索:统计量"主对话框

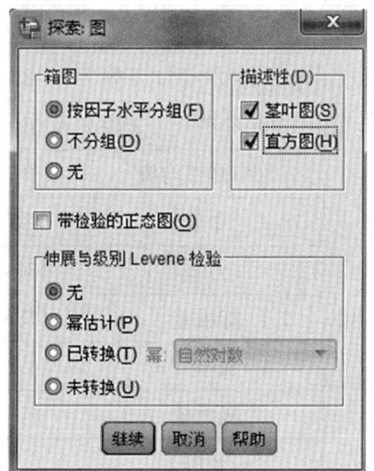

图 13.8 "探索:图"主对话框

(4) 输出结果及说明分别如表 13.5 和表 13.6 所示。

表 13.5 探索性分析案例处理摘要

	所属地区	案例					
		有效		缺失		合计	
		N	百分比(%)	N	百分比(%)	N	百分比(%)
GDP(亿元)	1	10	100.0	0	0.0	10	100.0
	2	6	100.0	0	0.0	6	100.0
	3	12	100.0	0	0.0	12	100.0
	4	3	100.0	0	0.0	3	100.0

表 13.6 探索性分析描述统计

所属地区			统计量	标准误
GDP（亿元）	1	均值	51 116.200 0	10 694.271 67
		均值的 95% 置信区间 下限	26 924.076 8	
		均值的 95% 置信区间 上限	75 308.323 2	
		5% 修整均值	50 519.111 1	
		中值	40 275.000 0	
		方差	1 143 674 464.622	
		标准差	33 818.256 38	
		极小值	5 309.00	
		极大值	107 671.00	
		范围	102 362.00	
		四分位距	48 354.25	
		偏度	0.527	0.687
		峰度	−0.604	1.334
	2	均值	36 456.333 3	5 568.982 60
		均值的 95% 置信区间 下限	22 140.807 8	
		均值的 95% 置信区间 上限	50 771.858 9	
		5% 修整均值	36 546.703 7	
		中值	38 433.000 0	
		方差	186 081 403.467	
		标准差	13 641.165 77	
		极小值	17 027.00	
		极大值	54 259.00	
		范围	37 232.00	
		四分位距	25 110.50	
		偏度	−0.288	0.845
		峰度	−0.802	1.741
	3	均值	17 098.750 0	3 632.374 83
		均值的 95% 置信区间 下限	9 103.946 9	
		均值的 95% 置信区间 上限	25 093.553 1	
		5% 修整均值	16 314.500 0	
		中值	16 991.000 0	
		方差	158 329 763.114	
		标准差	12 582.915 53	

（续表）

所属地区			统计量	标准误
GDP（亿元）	3	极小值	1 698.00	
		极大值	46 616.00	
		范围	44 918.00	
		四分位距	18 520.00	
		偏度	0.956	0.637
		峰度	1.632	1.232
		均值	17 666.333 3	3 861.080 86
	4	均值的95%置信区间 下限	1 053.443 2	
		均值的95%置信区间 上限	34 279.223 5	
		5%修整均值		
		中值	16 362.000 0	
		方差	44 723 836.333	
		标准差	6 687.588 23	
		极小值	11 727.00	
		极大值	24 910.00	
		范围	13 183.00	
		四分位距		
		偏度	0.844	1.225
		峰度		

第十四章

SPSS 实训项目 5：相关与回归

实验目的与要求

(1) 利用 SPSS 进行简单双变量相关分析。

(2) 一元线性回归分析。

一、实验内容

我国 2004—2019 年居民消费水平(Y) 和城镇居民家庭可支配收入(X) 两个指标的年度数据，如表 14.1 所示。试分析居民消费水平(Y) 和城镇居民家庭可支配收入(X) 的相关关系，并建立居民消费水平(Y) 和城镇居民家庭可支配收入(X) 之间的线性回归方程。

表 14.1 我国居民消费水平 Y 和城镇居民家庭可支配收入 X 统计表

年份	城镇居民家庭可支配收入 X(元)	居民消费水平 Y(元)	年份	城镇居民家庭可支配收入 X(元)	居民消费水平 Y(元)
2004	9 421.6	5 138	2012	24 565	14 699
2005	10 493.0	5 771	2013	26 955	15 632
2006	11 759.5	6 416	2014	28 844	17 806
2007	13 785.8	7 572	2015	31 195	19 308
2008	15 781.0	8 707	2016	33 616	21 228
2009	17 175.0	9 514	2017	36 396	22 902
2010	19 109.0	10 919	2018	39 251	25 002
2011	21 810.0	13 134	2019	24 565	14 699

资料来源：《中国统计年鉴 2020》。

二、实验步骤

(一) 双变量相关分析

(1) 在菜单栏中依次选择【分析】—【相关】—【双变量】，打开【双变量相关】对话框，如图 14.1 所示。选择变量，将【居民消费水平】和【城镇居民家庭可支配收入】变量选入【变量】列表中，如图 14.2 所示。

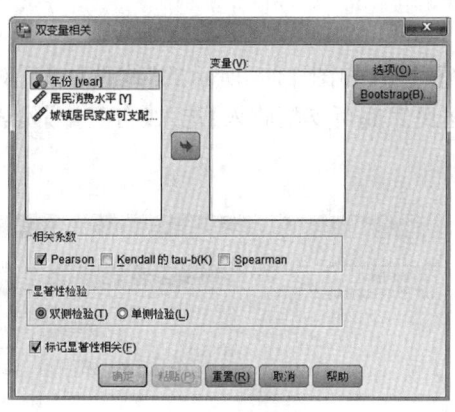

图 14.1 "双变量对话框"

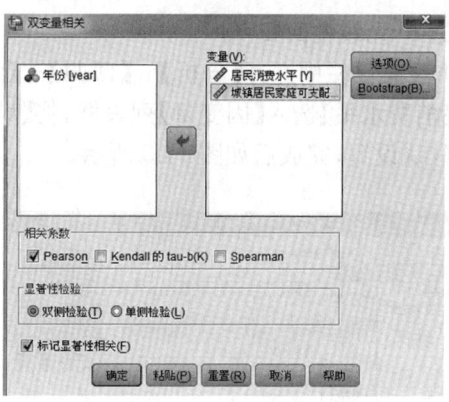

图 14.2 选择变量

（2）点击【选项】—【统计量】，勾选复选框【均值和标准差】和【叉积偏差和协方差】，点【确定】，如图 14.3 所示。

输出结果及说明分别如表 14.2 和表 14.3 所示。其中，表 14.2 为描述性统计量的输出表，包括均值、标准差和观测样本数。表 14.3 为相关分析输出结果。居民消费水平和城镇居民家庭可支配收入的 Perrson 相关系数为 0.999，表明两者存在很强的正相关线性关系；两者之间不相关的双侧显著性值为 0.00＜0.01，表明在 0.01 显著性水平下否定了两者不相关的原假设。所以，可以得出结论，居民消费水平和城镇居民家庭可支配收入之间存在显著的正相关线性关系。

图 14.3 双变量相关性：
选项对话框

表 14.2　描述性统计量

	均　值	标准差	N
居民消费水平	13 652.937 5	6 326.546 01	16
城镇居民家庭可支配收入	22 795.118 7	9 423.641 80	16

表 14.3　相关分析结果

		居民消费水平	城镇居民家庭可支配收入
居民消费水平	Pearson 相关性	1	0.999 **
	显著性（双侧）		0.000
	平方与叉积的和	600 377 766.938	893 111 731.819
	协方差	40 025 184.463	59 540 782.121
	N	16	16
城镇居民家庭可支配收入	Pearson 相关性	0.999 **	1
	显著性（双侧）	0.000	
	平方与叉积的和	893 111 731.819	1 332 075 372.224
	协方差	59 540 782.121	88 805 024.815
	N	16	16

注：＊＊表示在 0.01 水平（双侧）上显著相关。

(二) 一元线性回归

(1) 在菜单栏中选择【分析】—【回归】—【线性】,打开如图 14.4 所示的"线性回归"对话框。将【居民消费水平】选入【因变量】列表框,将【城镇居民家庭可支配收入】选入【自变量】列表框,其他采用默认设置,完成后如图 14.5 所示。

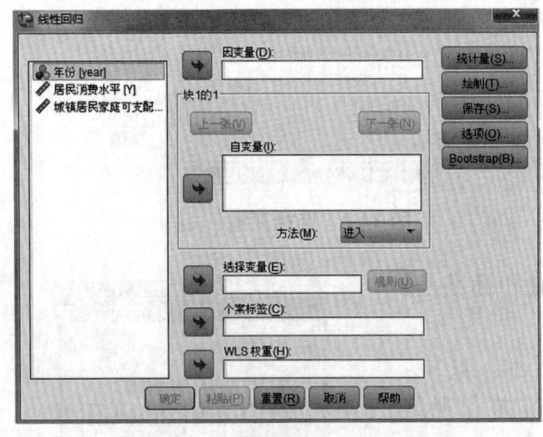
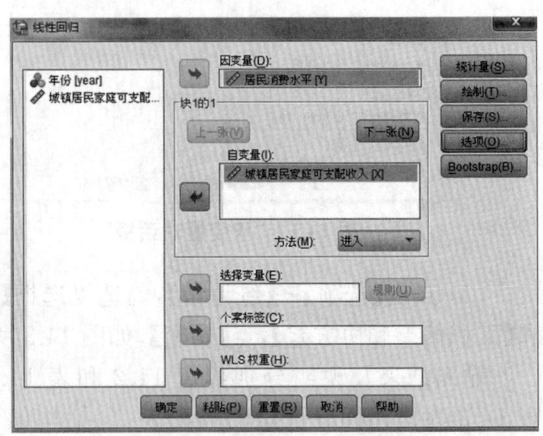

图 14.4 "线性回归对话框"　　　　　图 14.5 设置完成后对话框

(2) 设置完毕,单击【确定】按钮,输出结果。

本实验采用"输入"的方法选择变量,如表 14.4 所示,输入的变量是【城镇居民家庭可支配收入】。

表 14.4 输入/移去的变量

模型	输入的变量	移去的变量	方法
1	城镇居民家庭可支配收入	0	输入

评价模型的检验统计量如表 14.5 所示,包括 R、R^2、调整的 R^2、估计的标准误。本实验中调整的 R^2 为 0.997,说明回归的拟合优度很高。

表 14.5 模型汇总

模型	R	R^2	调整的 R^2	估计的标准误
1	0.999	0.997	0.997	335.558 30

方差分析的结果如表 14.6 所示。可以看出回归部分的 F 值为 5 317.982,相应的 P 值为 0.000,小于显著性水平 0.05,因此可以判断模型非常显著。

表 14.6 统计表 Anova

模型		平方和	df	均方	F	$Sig.$
1	回归	598 801 375.766	1	598 801 375.766	5 317.982	0.000
	残差	1 576 391.171	14	112 599.369		
	总计	600 377 766.938	15			

线性回归模型的回归系数及相关统计量如表 14.7 所示,由此可以看出该模型的常量为

—1 630.423，城镇居民家庭可支配收入的系数为 0.67，说明城镇居民家庭可支配收入与居民消费水平为正相关。城镇居民家庭可支配收入的 t 值为 72.924，相应的 P 值为 0.000，说明系数非常显著。

表 14.7　回归系数

模型		非标准化系数		标准系数	t	$Sig.$
		B	标准误	试用版		
1	（常量）	—1 630.423	225.744		—7.222	0.000
	城镇居民家庭可支配收入	0.670	0.009	0.999	72.924	0.000

第十五章

SPSS 实训项目 6：均值比较分析

实验目的与要求

(1) 掌握单个样本 t 检验。

(2) 掌握独立样本 t 检验。

(3) 掌握配对样本 t 检验。

一、实验内容

广州市某重点中学有四个班级，分别对应 1 班、2 班和 3 班。在学校举行的期中测验中，分别从 3 个班级中抽查部分同学，得到成绩如表 15.1 所示。

表 15.1 学生测验成绩 单位：分

班级	成绩	班级	成绩	班级	教学模式 1	成绩	班级	教学模式 2	成绩
1 班	75	2 班	62	3 班	1	37	3 班	2	67
1 班	82	2 班	49	3 班	1	40	3 班	2	60
1 班	92	2 班	72	3 班	1	29	3 班	2	67
1 班	79	2 班	63	3 班	1	54	3 班	2	56
1 班	69	2 班	50	3 班	1	51	3 班	2	60
1 班	61	2 班	51	3 班	1	38	3 班	2	71
1 班	93	2 班	46	3 班	1	39	3 班	2	66
1 班	90	2 班	52	3 班	1	44	3 班	2	80
1 班	88	2 班	55	3 班	1	67	3 班	2	59
1 班	93	2 班	53	3 班	1	36	3 班	2	58
1 班	77	2 班	60	3 班	1	39	3 班	2	64
1 班	82	2 班	47	3 班	1	42	3 班	2	55
1 班	86	2 班	48	3 班	1	25	3 班	2	61
1 班	75	2 班	65	3 班	1	48	3 班	2	73
1 班	73	2 班	49	3 班	1	33	3 班	2	48

1. 单样本 T 检验

根据该案例的数据，请分析 1 班的成绩是否与 75 分有无差异。

2. 独立样本 T 检验

检验两样本所代表的总体均数是否相等。对比 1 班和 2 班的平均成绩是否相同。

3. 配对样本 T 检验

对同一个受试对象进行处理前后的比较。对于案例中的不同班级，由于不同的教学模式对成绩会产生一定影响，为了研究 3 班在不同教学模式下的成效，分析两种教育模式下学生的成绩是否存在显著差异。

二、实验步骤

1. 单样本 T 检验实验步骤

该问题是单个总体，且总体可认为近似服从正态分布，因此可以利用单样本 T 检验，先建立如下假设：

$H_0: \mu = 75$，即 1 班的成绩均值与 75 分无显著差异。

$H_1: \mu \neq 75$，即 1 班的成绩均值与 75 分有显著差异。

（1）在菜单栏中依次选择【数据】—【选择个案】，选择—如果条件满足—如果—将"班级"拉入对话框，在对话框中输入"grade＝1"，如图 15.1 所示。

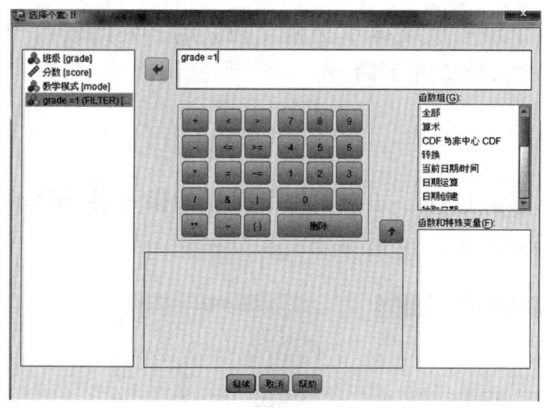

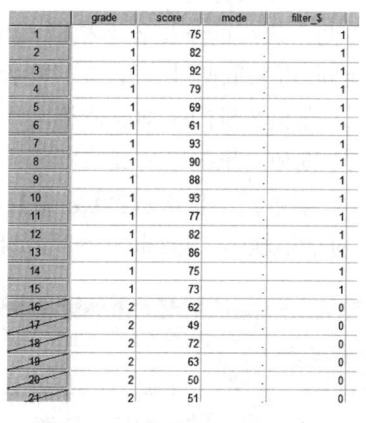

图 15.1　选择"1 班"　　　　图 15.2　筛选后"1 班"数据

（2）在菜单栏中依次选择【分析】—【比较均值】—【单样本 T 检验】，将带选择变量分数拉入【检验变量】列表，如图 15.2 所示，在底部检验值框输入 75 分作为总体均值，单击【选项】按钮，出现如图 15.3 所示对话框。设置置信区间百分比，这里默认为 95％，如图 15.4 所示。

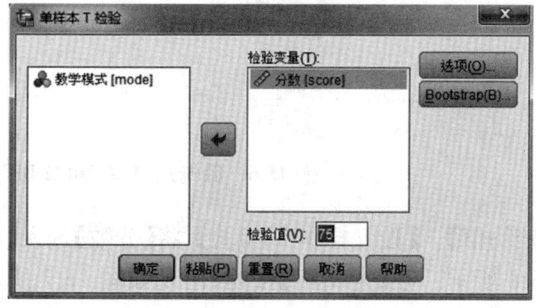

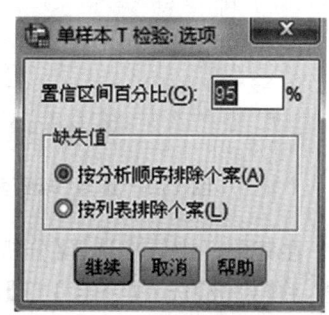

图 15.3　"单样本 T 检验"主对话框　　　　图 15.4　"单样本 T 检验：选项"对话框

（3）单击【继续】—【确定】，得到输出结果如表 15.2 所示。

表 15.2　单个样本统计量

	N	均值	标准差	均值的标准误
1 班分数	15	81.00	9.509	2.455

表 15.3　单个样本检验

	检验值 = 75					
	t	df	$Sig.$（双侧）	均值差值	下限	上限
1 班分数	2.444	14	0.028	6.000	0.73	11.27

（4）输出结果及说明。

表 15.2 给出了关于样本的几个特征：样本量（N）、均值、标准差等。

表 15.3 给出了 T 检验的结果。本次属于双边检验，在该案例中 $\alpha = 0.05$，而 $P = 0.028$，P 值 ＜ 显著性水平 α，因此拒绝原假设，认为 1 班的成绩均值与 75 分有显著性差异。

2. 独立样本 T 检验

由于两个班级的学生各不相同，因此两个班的成绩样本是相互独立的。要比较两个班的成绩是否相同，可采取两独立样本 T 检验的方法，建立如下假设：

H_0：1 班和 2 班的平均成绩相同。

H_1：1 班和 2 班的平均成绩不相同。

（1）在菜单栏中依次选择【数据】—【个案】，选择—如果条件满足—如果—将"班级"拉入对话框，在对话框输入，"grade～=3"，如图 15.5 所示。

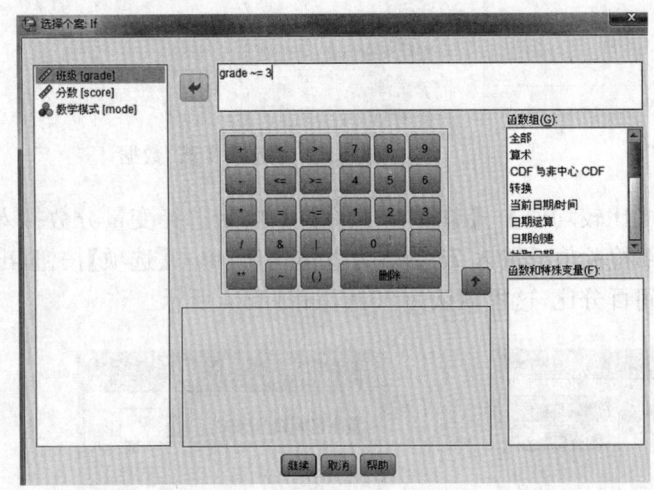

图 15.5　选择"1 班"和"2 班"　　　图 15.6　筛选后"1 班"和"2 班"数据

（2）在菜单栏中依次选择【分析】—【比较均值】—【独立样本 T 检验】，将【分数】选入【检验变量】列表，将【班级】选入【分组变量】，如图 15.6 所示。在【定义组】按钮，出现如图 15.7 所示对话框，在【组 1】中输入"1"标识 1 班，在【组 2】中输入"2"，标识 2 班，单击【继续】，如图 15.8 所示。

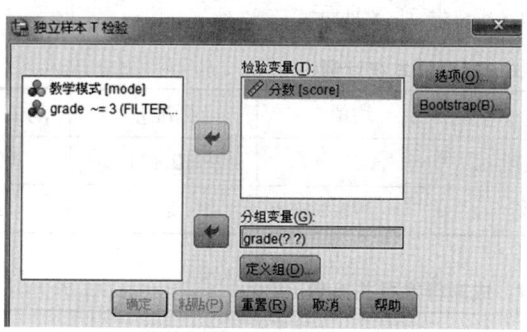

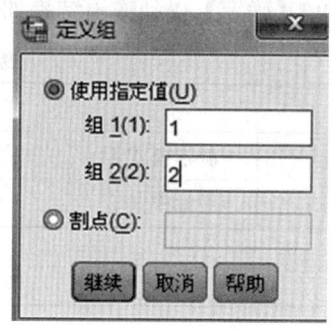

| 图 15.7 "独立样本 T 检验"主对话框 | 图 15.8 "定义组"对话框 |

（3）单击【确定】，得到输出结果如表 15.4 所示。

表 15.4 组统计量

班级	N	均值	标准差	均值的标准误
1 班分数	15	81.00	9.509	2.455
2 班分数	15	54.80	7.775	2.008

表 15.5 独立样本 T 检验

	方差方程的 Levene 检验		均值方程的 t 检验						
	F	Sig.	t	df	Sig.（双侧）	均值差值	标准误差值	差分的 95% 置信区间	
								下限	上限
方差相等	0.602	0.444	8.261	28	0.000	26.200	3.172	19.703	32.697
方差不等			8.2	26.937	0.000	26.200	3.172	19.692	32.708

（4）输出结果及说明。

表 15.4 给出了 1 班和 2 班成绩的基本统计特征，包括样本、均值、标准差和均值的标准误。

表 15.5 给出了方差方程的 Levene 检验和 T 检验结果。F 统计量的概率 P 值为 0.444，则不否认方差相等的假设，因此应该参考第一行 T 检验的结果。第一行对应的概率 P 值远小于给定的显著性水平 0.05，因此拒绝原假设，认为两班的平均成绩存在显著性差异，即 1 班和 2 班的学生考试水平不同。

3. 配对样本 T 检验

对于案例中的不同班级，由于不同的教学模式对成绩会产生一定影响，为了研究 3 班在不同教学模式下的成效，应分析两种教育模式下学生的成绩是否存在显著差异。

（1）在菜单栏中依次选择【分析】—【比较均值】—【配对样本 T 检验】，将"教学模式 1"和"教学模式 2"选入【成对变量】列表，如图 15.9 所示。

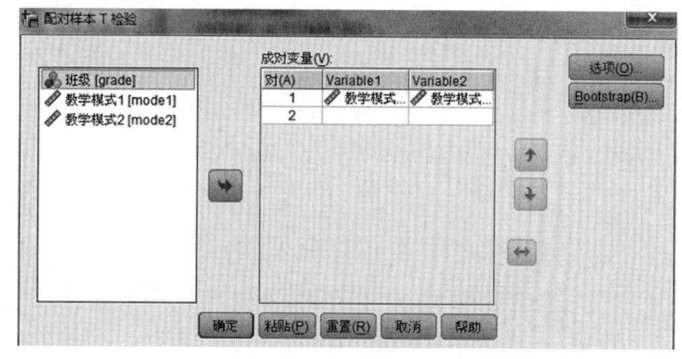

图 15.9 "配对样本 T 检验"主对话框

（2）单击【确定】，得到输出结果如表 15.6～表 15.8 所示。

表 15.6　成对样本统计量

		N	均值	标准差	均值的标准误
对 1	教学模式 1	41.47	15	10.433	2.694
	教学模式 2	63.00	15	8.000	2.066

表 15.7　成对样本相关系数

		N	相关系数	Sig.
对 1	教学模式 1 & 教学模式 2	15	−0.022	0.937

表 15.8　成对样本检验

		成对差分					t	df	Sig.（双侧）
		均值	标准差	均值的标准误	差分的 95% 置信区间				
					下限	上限			
对 1	教学模式 1 − 教学模式 2	−21.533	13.287	3.431	−28.892		−6.277	14	0.000

（3）输出结果及说明。

① 表 15.6 是成对样本统计量，是对数据的基本描述。

② 表 15.7 是数据前后变化的相关系数，概率 P 值是相关系数的概率值，概率大于显著性水平 0.05，则说明数据变化前后没有显著的线性变化，线性相关程度较弱。

③ 表 15.8 是成对样本检验，即将两样本数据相减后与零相比较，如果概率值为零，小于显著性水平 0.05，则拒绝原假设；如果相减的差值与零有较大差别，则表明数据变化前后有显著的变化。结果表明，本案例中两种教学模式有显著区别。

附表

1. 随机数字表

03 47 43 73 86	36 96 47 36 61	46 98 63 71 62	33 26 16 80 45	60 11 14 10 95
97 74 24 67 62	42 81 14 57 20	42 53 32 37 32	27 07 36 07 51	24 51 79 89 73
16 76 62 27 66	56 50 26 71 07	32 90 79 78 53	13 55 38 58 59	88 97 54 14 10
12 56 85 99 26	96 96 68 27 31	05 03 72 93 15	57 12 10 14 21	88 26 49 81 76
55 59 56 35 64	38 54 82 46 22	31 62 43 09 90	06 18 44 32 53	23 83 01 30 30
16 22 77 94 39	49 54 43 54 82	17 37 93 23 78	87 35 20 96 43	84 26 34 91 64
84 42 17 53 31	57 24 55 06 88	77 04 74 47 67	21 76 33 50 25	83 92 12 06 76
63 01 63 78 59	16 95 55 67 19	98 10 50 71 75	12 86 73 58 07	44 39 52 38 79
33 21 12 34 29	78 64 56 07 82	52 42 07 44 38	15 51 00 13 42	99 66 02 79 54
57 60 86 32 44	09 47 27 96 54	49 17 46 09 62	90 52 84 77 27	08 02 73 43 28
18 18 07 92 45	44 17 16 58 09	79 83 86 19 62	06 76 50 03 10	55 23 64 05 05
26 62 38 97 75	84 16 07 44 99	83 11 46 32 24	20 14 85 88 45	10 93 72 88 71
23 42 40 64 74	82 97 77 77 81	07 45 32 14 08	32 98 94 07 72	93 85 79 10 75
52 36 28 19 95	50 92 26 11 97	00 56 76 31 38	80 22 02 53 53	86 60 42 04 53
37 85 94 35 12	83 39 50 08 30	42 34 07 96 88	54 42 06 87 98	35 85 99 48 39
70 29 17 12 13	40 33 20 38 26	13 89 51 03 74	17 76 37 13 04	07 74 21 19 30
56 62 18 37 35	96 83 70 87 75	97 12 25 93 47	70 33 24 03 54	97 77 46 44 80
99 49 57 22 77	88 42 95 45 72	16 64 36 16 00	04 43 18 66 79	94 77 24 21 90
16 08 15 04 72	33 27 14 34 09	45 59 34 68 49	12 72 07 34 45	99 27 72 95 14
31 16 93 32 43	50 27 89 87 19	20 15 37 00 49	52 85 66 60 44	38 68 88 11 80
68 34 30 13 70	55 74 30 77 40	44 22 78 84 26	04 33 46 09 52	68 07 97 06 57
74 57 25 65 76	59 29 97 68 60	71 91 38 67 54	13 58 18 24 76	15 54 55 95 52
27 42 37 86 53	48 55 90 65 72	96 57 69 36 10	96 46 92 42 45	97 60 49 04 91
00 39 68 29 61	66 37 32 20 30	77 84 57 03 29	10 45 65 04 26	11 04 96 67 24
29 94 98 94 24	68 49 69 10 82	53 75 91 93 30	34 55 20 57 27	40 48 73 51 92
84 37 90 61 56	70 10 23 98 05	85 11 34 76 60	76 48 45 34 60	01 64 18 39 96
36 67 10 08 23	98 93 35 08 86	99 29 76 29 81	33 34 91 58 93	63 14 52 32 52
07 28 59 07 48	89 64 58 89 75	83 85 62 27 89	30 14 78 56 27	86 63 59 80 02
10 15 83 87 60	79 24 31 66 56	21 48 24 06 93	91 98 94 05 49	01 47 59 38 00
55 19 68 97 65	03 73 52 16 56	00 53 55 90 27	33 42 29 38 87	22 13 88 83 34
53 81 29 13 39	35 01 20 71 34	62 33 74 82 14	53 73 19 09 03	56 54 29 56 93
51 86 32 68 92	33 98 74 66 99	40 14 71 94 58	45 94 19 38 81	14 44 99 81 07
35 91 70 29 13	80 03 54 07 27	96 94 78 32 66	50 95 52 74 33	13 80 55 62 54

（续表）

37 71 67 95 13	20 02 44 95 94	64 85 04 05 72	01 32 90 76 14	53 89 74 60 41
93 66 13 83 27	92 79 64 64 72	28 54 96 53 84	48 14 52 98 94	56 07 93 89 30
02 96 08 45 65	13 05 00 41 84	93 07 54 72 59	21 45 57 09 77	19 48 56 27 44
49 83 43 48 35	82 88 33 69 96	72 36 04 19 76	47 45 15 18 60	82 11 08 95 97
84 60 71 62 46	40 80 81 30 37	34 39 23 05 38	25 15 35 71 30	88 12 57 21 77
18 17 30 88 71	44 91 14 88 47	89 23 30 63 15	56 34 20 47 89	99 82 93 24 98
79 69 10 61 78	71 32 76 95 62	87 00 22 58 40	92 54 01 75 25	43 11 71 99 31
75 93 36 57 83	56 20 14 82 11	74 21 97 90 65	96 42 68 63 86	74 54 13 26 94
38 30 92 29 03	06 28 81 39 38	62 25 06 84 63	61 29 08 93 67	04 32 92 08 09
51 29 50 10 34	31 57 75 95 80	51 97 02 74 77	76 15 48 49 44	18 55 63 77 09
21 31 38 86 24	37 79 81 53 74	73 24 16 10 33	52 83 90 94 76	70 47 14 54 36
29 01 23 87 88	58 02 39 37 67	42 10 14 20 92	16 55 23 42 45	54 96 09 11 06
95 33 95 22 00	18 74 72 00 18	38 79 58 69 32	81 76 80 26 92	82 80 84 25 39
90 84 60 79 80	24 36 59 87 38	82 07 53 89 35	96 35 23 79 18	05 98 90 07 35
46 40 62 98 82	54 97 20 56 95	15 74 80 08 32	16 46 70 50 80	67 72 16 42 79
20 31 89 03 43	38 46 82 68 72	32 14 82 99 70	80 60 47 18 97	63 49 30 21 30
71 59 73 05 50	08 22 23 71 77	91 01 93 20 49	82 96 59 26 94	66 39 67 98 60
16 90 82 66 59	83 62 64 11 12	67 19 00 71 74	60 47 21 29 63	02 02 37 03 31
11 27 94 75 06	06 09 19 74 66	02 94 37 34 02	76 70 90 30 86	38 45 94 30 38
35 24 10 16 20	33 32 51 26 38	79 78 45 04 91	16 92 53 56 16	02 75 50 95 98
33 23 16 86 38	42 38 97 01 50	87 75 66 81 41	40 01 74 91 62	48 51 84 08 32
31 96 25 91 47	96 44 33 49 13	34 86 82 53 91	00 52 43 48 85	27 55 26 89 62
66 67 40 67 14	64 05 71 95 86	11 05 65 09 68	76 83 20 37 90	57 16 00 11 66
14 90 84 45 11	75 73 88 05 90	52 27 41 14 86	22 98 12 22 08	07 52 74 95 80
68 05 51 18 00	33 96 02 75 19	07 60 62 93 55	59 33 82 43 90	49 37 38 44 59
20 46 78 73 90	97 51 40 14 02	04 02 33 31 08	39 54 16 49 36	47 95 93 13 30
64 19 58 97 79	15 06 15 93 20	01 90 10 75 06	40 78 78 89 62	02 67 74 17 33
05 26 93 70 60	22 35 85 15 13	92 03 51 59 77	59 56 78 06 83	52 91 05 70 74
07 97 10 88 23	09 98 42 99 64	61 71 62 99 15	06 51 29 16 93	58 05 77 09 51
68 71 86 85 85	54 87 66 47 54	73 32 08 11 12	44 95 92 63 16	29 56 24 29 48
26 99 61 65 53	58 37 78 80 70	42 10 50 67 42	32 17 55 85 74	94 44 67 16 94
14 65 52 68 75	87 59 36 22 41	26 78 63 06 55	13 08 27 01 50	15 29 39 39 43

17 53 77 58 71	71 41 61 50 72	12 41 94 96 26	44 95 27 63 99	02 96 74 30 83
90 26 59 21 19	23 52 23 33 12	96 93 02 18 39	07 02 18 36 07	25 99 32 70 23
41 23 52 55 99	31 04 49 69 96	10 47 48 45 88	13 41 43 89 20	97 17 14 49 17
60 20 50 81 69	31 99 73 68 68	35 81 33 03 76	24 30 12 48 60	18 99 10 72 34
91 25 38 05 90	94 58 28 41 36	45 37 59 03 09	90 35 57 29 12	82 62 54 65 60
54 50 57 74 37	98 80 33 00 91	09 77 93 19 82	74 94 80 04 04	45 07 31 66 49
85 22 04 39 43	73 81 53 94 79	33 62 46 86 28	08 31 54 46 31	53 94 13 38 47
09 79 13 77 48	73 82 97 22 21	05 03 27 24 83	72 89 44 05 60	35 80 39 94 88
88 75 80 18 14	22 95 75 42 49	39 32 82 22 49	02 48 07 70 37	16 04 61 67 87
90 96 23 70 00	39 00 03 06 90	55 85 78 38 36	94 37 30 69 32	90 89 00 76 33
53 74 23 99 67	61 32 28 69 84	94 62 67 86 24	98 33 41 19 95	47 53 53 38 09
63 38 06 86 54	99 00 65 26 94	02 82 90 23 07	79 62 67 80 60	75 91 12 81 19
35 30 58 21 46	06 72 17 10 94	25 21 31 75 96	49 28 24 00 49	35 65 79 78 07
63 43 36 82 69	65 51 18 37 88	61 38 44 12 45	32 92 85 88 65	54 34 81 85 35
98 25 37 55 26	01 91 82 81 46	74 71 12 94 97	24 02 71 37 07	03 92 18 66 75
02 63 21 17 69	71 50 80 89 56	38 15 70 11 48	43 40 45 86 98	00 83 26 91 03
64 55 22 21 82	48 22 28 06 00	61 54 13 43 91	82 78 12 23 29	06 66 24 12 27
85 07 26 13 89	01 10 07 82 04	59 63 69 36 03	69 11 15 83 80	13 29 54 19 28
58 54 16 24 15	51 54 44 82 00	62 61 65 04 69	38 18 65 18 97	85 72 13 49 21
34 85 27 84 87	61 48 64 56 26	90 18 48 13 26	73 70 15 42 57	65 65 80 39 07
03 92 18 27 46	57 99 16 96 56	30 33 72 85 22	84 64 38 56 93	99 01 30 98 64
62 93 30 27 59	37 75 41 66 48	86 97 80 61 45	23 53 04 01 63	45 76 08 64 27
08 45 93 15 22	60 21 75 46 91	98 77 27 85 42	28 88 61 08 84	69 62 03 42 73
07 08 55 18 40	45 44 75 13 90	24 94 96 61 02	57 55 66 83 15	73 42 37 11 61
01 85 89 95 66	51 10 19 34 88	15 84 97 19 75	12 76 39 43 78	64 63 91 08 25
72 84 71 14 35	19 11 58 49 26	50 11 17 17 76	86 31 57 20 18	95 60 78 46 75
88 78 28 16 84	13 52 53 94 53	75 45 69 30 96	73 89 65 70 31	99 17 43 48 76
45 17 75 65 57	28 40 19 72 12	25 12 74 75 67	60 40 60 81 19	24 62 01 61 16
96 76 28 12 54	22 01 11 94 25	71 96 16 16 88	68 64 36 74 45	19 59 50 88 92
43 31 67 72 30	24 02 94 08 63	38 32 36 66 02	69 36 38 25 39	48 03 45 15 22
50 44 66 44 21	66 06 58 05 62	68 15 54 35 02	42 35 48 96 32	14 52 41 52 48
22 66 22 15 86	26 63 75 41 99	58 42 36 72 24	58 37 52 18 51	03 37 18 39 11
96 24 40 14 51	23 22 30 88 57	95 67 47 29 83	94 69 40 06 07	18 16 36 78 86
31 73 91 61 19	60 20 72 93 48	98 57 07 23 69	65 95 39 69 58	56 80 30 19 44
78 60 73 99 84	43 89 94 36 45	56 69 47 07 41	90 22 91 07 12	18 35 34 08 72

2. 标准正态分布概率度表

t	$F(t)$	t	$F(t)$	t	$F(t)$	t	$F(t)$
0.00	0.0000	0.35	0.2737	0.70	0.5161	1.05	0.7063
0.01	0.0080	0.36	0.2812	0.71	0.5223	1.06	0.7109
0.02	0.0160	0.37	0.2886	0.72	0.5285	1.07	0.7154
0.03	0.0239	0.38	0.2961	0.73	0.5346	1.08	0.7199
0.04	0.0319	0.39	0.3035	0.74	0.5407	1.09	0.7243
0.05	0.0399	0.40	0.3108	0.75	0.5467	1.10	0.7287
0.06	0.0478	0.41	0.3182	0.76	0.5527	1.11	0.7330
0.07	0.0558	0.42	0.3255	0.77	0.5587	1.12	0.7373
0.08	0.0638	0.43	0.3328	0.78	0.5646	1.13	0.7415
0.09	0.0717	0.44	0.3401	0.79	0.5705	1.14	0.7457
0.10	0.0797	0.45	0.3473	0.80	0.5763	1.15	0.7499
0.11	0.0876	0.46	0.3545	0.81	0.5821	1.16	0.7540
0.12	0.0955	0.47	0.3616	0.82	0.5878	1.17	0.7580
0.13	0.1034	0.48	0.3688	0.83	0.5935	1.18	0.7620
0.14	0.1113	0.49	0.3759	0.84	0.5991	1.19	0.7660
0.15	0.1192	0.50	0.3829	0.85	0.6047	1.20	0.7699
0.16	0.1271	0.51	0.3899	0.86	0.6102	1.21	0.7737
0.17	0.1350	0.52	0.3969	0.87	0.6157	1.22	0.7775
0.18	0.1428	0.53	0.4039	0.88	0.6211	1.23	0.7813
0.19	0.1507	0.54	0.4108	0.89	0.6265	1.24	0.7850
0.20	0.1585	0.55	0.4177	0.90	0.6319	1.25	0.7887
0.21	0.1663	0.56	0.4245	0.91	0.6372	1.26	0.7923
0.22	0.1741	0.57	0.4313	0.92	0.6424	1.27	0.7959
0.23	0.1819	0.58	0.4381	0.93	0.6476	1.28	0.7995
0.24	0.1897	0.59	0.4448	0.94	0.6528	1.29	0.8030
0.25	0.1974	0.60	0.4515	0.95	0.6579	1.30	0.8064
0.26	0.2051	0.61	0.4581	0.96	0.6629	1.31	0.8098
0.27	0.2128	0.62	0.4647	0.97	0.6680	1.32	0.8132
0.28	0.2205	0.63	0.4713	0.98	0.6729	1.33	0.8165
0.29	0.2282	0.64	0.4778	0.99	0.6778	1.34	0.8198
0.30	0.2358	0.65	0.4843	1.00	0.6827	1.35	0.8230
0.31	0.2434	0.66	0.4907	1.01	0.6875	1.36	0.8262
0.32	0.2510	0.67	0.4971	1.02	0.6923	1.37	0.8293
0.33	0.2586	0.68	0.5035	1.03	0.6970	1.38	0.8324
0.34	0.2661	0.69	0.5098	1.04	0.7017	1.39	0.8355

t	$F(t)$	t	$F(t)$	t	$F(t)$	t	$F(t)$
1.40	0.8385	1.75	0.9199	2.20	0.9722	2.90	0.9962
1.41	0.8415	1.76	0.9216	2.22	0.9736	2.92	0.9965
1.42	0.8444	1.77	0.9233	2.24	0.9749	2.94	0.9967
1.43	0.8473	1.78	0.9249	2.26	0.9762	2.96	0.9969
1.44	0.8501	1.79	0.9265	2.28	0.9774	2.98	0.9971
1.45	0.8529	1.80	0.9281	2.30	0.9786	3.00	0.9973
1.46	0.8557	1.81	0.9297	2.32	0.9797	3.20	0.9936
1.47	0.8584	1.82	0.9312	2.34	0.9807	3.40	0.9993
1.48	0.8611	1.83	0.9328	2.36	0.9817	3.60	0.99968
1.49	0.8638	1.84	0.9342	2.38	0.9827	3.80	0.99986
1.50	0.8664	1.85	0.9357	2.40	0.9836	4.00	0.99994
1.51	0.8690	1.86	0.9371	2.42	0.9845	4.50	0.999993
1.52	0.8715	1.87	0.9385	2.44	0.9853	5.00	0.999999
1.53	0.8740	1.88	0.9399	2.46	0.9861		
1.54	0.8764	1.89	0.9412	2.48	0.9869		
1.55	0.8789	1.90	0.9426	2.50	0.9876		
1.56	0.8812	1.91	0.9439	2.52	0.9883		
1.57	0.8836	1.92	0.9451	2.54	0.9889		
1.58	0.8859	1.93	0.9464	2.56	0.9895		
1.59	0.8882	1.94	0.9476	2.58	0.9901		
1.60	0.8904	1.95	0.9488	2.60	0.9907		
1.61	0.8926	1.96	0.9500	2.62	0.9912		
1.62	0.8948	1.97	0.9512	2.64	0.9917		
1.63	0.8969	1.98	0.9523	2.66	0.9922		
1.64	0.8990	1.99	0.9534	2.68	0.9926		
1.65	0.9011	2.00	0.9545	2.70	0.9931		
1.66	0.9031	2.02	0.9566	2.72	0.9935		
1.67	0.9051	2.04	0.9587	2.74	0.9939		
1.68	0.9070	2.06	0.9606	2.76	0.9942		
1.69	0.9090	2.08	0.9625	2.78	0.9946		
1.70	0.9109	2.10	0.9643	2.80	0.9949		
1.71	0.9127	2.12	0.9660	2.82	0.9952		
1.72	0.9146	2.14	0.9676	2.84	0.9955		
1.73	0.9164	2.16	0.9692	2.86	0.9958		
1.74	0.9181	2.18	0.9707	2.88	0.9960		

3. t 检验临界值表

α	单侧	0.100	0.050	0.025	0.010	0.005
	双侧	0.200	0.100	0.050	0.020	0.010
	1	3.078	6.31	12.71	31.82	63.66
	2	1.89	2.92	4.30	6.96	9.92
	3	1.64	2.35	3.18	4.54	5.84
	4	1.53	2.13	2.78	3.75	4.60
	5	1.48	2.02	2.57	3.37	4.03
	6	1.44	1.94	2.45	3.14	3.71
	7	1.41	1.89	2.37	3.00	3.50
	8	1.40	1.86	2.31	2.90	3.36
	9	1.38	1.83	2.26	2.82	3.25
	10	1.37	1.81	2.23	2.76	3.17
	11	1.36	1.80	2.20	2.72	3.11
	12	1.36	1.78	2.18	2.68	3.05
自	13	1.35	1.77	2.16	2.65	3.01
	14	1.35	1.76	2.14	2.62	2.98
	15	1.34	1.75	2.13	2.60	2.95
由	16	1.34	1.75	2.12	2.58	2.92
	17	1.33	1.74	2.11	2.57	2.90
	18	1.33	1.73	2.10	2.55	2.88
度	19	1.33	1.73	2.09	2.54	2.86
	20	1.33	1.72	2.09	2.53	2.85
	21	1.32	1.72	2.08	2.52	2.83
数	22	1.32	1.72	2.07	2.51	2.82
	23	1.32	1.71	2.07	2.50	2.81
	24	1.32	1.71	2.06	2.49	2.80
m	25	1.32	1.71	2.06	2.49	2.79
	26	1.31	1.71	2.06	2.48	2.78
	27	1.31	1.70	2.05	2.47	2.77
	28	1.31	1.70	2.05	2.47	2.76
	29	1.31	1.70	2.05	2.46	2.76
	30	1.31	1.70	2.04	2.46	2.75
	40	1.30	1.68	2.02	2.42	2.70
	60	1.30	1.67	2.00	2.39	2.66
	120	1.29	1.66	1.98	2.36	2.62
	∞	1.28	1.64	1.96	2.33	2.58

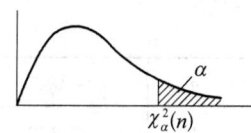

4. χ^2 分布表

$$P\{\chi^2(n) > \chi^2_\alpha(n)\} = \alpha$$

n	$\alpha = 0.995$	0.99	0.975	0.95	0.90	0.75
1	—	—	0.001	0.004	0.016	0.102
2	0.010	0.020	0.051	0.103	0.211	0.575
3	0.072	0.115	0.216	0.352	0.584	1.213
4	0.207	0.297	0.484	0.711	1.064	1.923
5	0.412	0.554	0.831	1.145	1.610	2.675
6	0.676	0.872	1.237	1.635	2.204	3.455
7	0.989	1.239	1.690	2.167	2.833	4.255
8	1.344	1.646	2.180	2.733	3.490	5.071
9	1.735	2.088	2.700	3.325	4.168	5.899
10	2.156	2.558	3.247	3.940	4.865	6.737
11	2.603	3.053	3.816	4.575	5.578	7.584
12	3.074	3.571	4.404	5.226	6.304	8.438
13	3.565	4.107	5.009	5.892	7.042	9.299
14	4.075	4.660	5.629	6.571	7.790	10.165
15	4.601	5.229	6.262	7.261	8.547	11.037
16	5.142	5.812	6.908	7.962	9.312	11.912
17	5.697	6.408	7.564	8.672	10.085	12.792
18	6.265	7.015	8.231	9.390	10.865	13.675
19	6.844	7.633	8.907	10.117	11.651	14.562
20	7.434	8.260	9.591	10.851	12.443	15.452
21	8.034	8.897	10.283	11.591	13.240	16.344
22	8.643	9.542	10.982	12.338	14.042	17.240
23	9.260	10.196	11.689	13.091	14.848	18.137
24	9.886	10.856	12.401	13.848	15.659	19.037
25	10.520	11.524	13.120	14.611	16.473	19.939
26	11.160	12.198	13.844	15.379	17.292	20.843
27	11.808	12.879	14.573	16.151	18.114	21.749
28	12.461	13.565	15.308	16.928	18.939	22.657
29	13.121	14.257	16.047	17.708	19.768	23.567
30	13.787	14.954	16.791	18.493	20.599	24.478
31	14.458	15.655	17.539	19.281	21.434	25.390
32	15.134	16.362	18.291	20.072	22.271	26.304
33	15.815	17.074	19.047	20.867	23.110	27.219
34	16.501	17.789	19.806	21.664	23.952	28.136
35	17.192	18.509	20.569	22.465	24.797	29.054
36	17.887	19.233	21.336	23.269	25.643	29.973
37	18.586	19.960	22.106	24.075	26.492	30.893
38	19.289	20.691	22.878	24.884	27.343	31.815
39	19.996	21.426	23.654	25.695	28.196	32.737
40	20.707	22.164	24.433	26.509	29.051	33.660
41	21.421	22.906	25.215	27.326	29.907	34.585
42	22.138	23.650	25.999	28.144	30.765	35.510
43	22.859	24.398	26.785	28.965	31.625	36.436
44	23.584	25.148	27.575	29.787	32.487	37.363
45	24.311	25.901	28.366	30.612	33.350	38.291

（续表）

n	$\alpha = 0.25$	0.10	0.05	0.025	0.01	0.005
1	1.323	2.706	3.841	5.024	6.635	7.879
2	2.773	4.605	5.991	7.378	9.210	10.597
3	4.108	6.251	7.815	9.348	11.345	12.838
4	5.385	7.779	9.488	11.143	13.277	14.860
5	6.626	9.236	11.071	12.833	15.086	16.750
6	7.841	10.645	12.592	14.449	16.812	18.548
7	9.037	12.017	14.067	16.013	18.475	20.278
8	10.219	13.362	15.507	17.535	20.090	21.955
9	11.389	14.684	16.919	19.023	21.666	23.589
10	12.549	15.987	18.307	20.483	23.209	25.188
11	13.701	17.275	19.675	21.920	24.725	26.757
12	14.845	18.549	21.026	23.337	26.217	28.299
13	15.984	19.812	22.362	24.736	27.688	29.819
14	17.117	21.064	23.685	26.119	29.141	31.319
15	18.245	22.307	24.996	27.488	30.578	32.801
16	19.369	23.542	26.296	28.845	32.000	34.267
17	20.489	24.769	27.587	30.191	33.409	35.718
18	21.605	25.989	28.869	31.526	34.805	37.156
19	22.718	27.204	30.144	32.852	36.191	38.582
20	23.828	28.412	31.410	34.170	37.566	39.997
21	24.935	29.615	32.671	35.479	38.932	41.401
22	26.039	30.813	33.924	36.781	40.289	42.796
23	27.141	32.007	35.172	38.076	41.638	44.181
24	28.241	33.196	36.415	39.364	42.980	45.559
25	29.339	34.382	37.652	40.646	44.314	46.928
26	30.435	35.563	38.885	41.923	45.642	48.290
27	31.528	36.741	40.113	43.194	46.963	49.645
28	32.620	37.916	41.337	44.461	48.278	50.993
29	33.711	39.087	42.557	45.722	49.588	52.336
30	34.800	40.256	43.773	46.979	50.892	53.672
31	35.887	41.422	44.985	48.232	52.191	55.003
32	36.973	42.585	46.194	49.480	53.486	56.328
33	38.058	43.745	47.400	50.725	54.776	57.648
34	39.141	44.903	48.602	51.966	56.061	58.964
35	40.223	46.059	49.802	53.203	57.342	60.275
36	41.304	47.212	50.998	54.437	58.619	61.581
37	42.383	48.363	52.192	55.668	59.892	62.883
38	43.462	49.513	53.384	56.896	61.162	64.181
39	44.539	50.660	54.572	58.120	62.428	65.476
40	45.616	51.805	55.758	59.342	63.691	66.766
41	46.692	52.949	56.942	60.561	64.950	68.053
42	47.766	54.090	58.124	61.777	66.206	69.336
43	48.840	55.230	59.304	62.990	67.459	70.616
44	49.913	56.369	60.481	64.201	68.710	71.893
45	50.985	57.505	61.656	65.410	69.957	73.166

参考文献

［1］梁前德.统计学［M］.2 版.北京:高等教育出版社,2008.

［2］黄良文,陈仁恩.［M］.3 版.北京:中央广播电视大学出版社,2006.

［3］贾俊平,何晓群,金勇进.统计学.［M］.7 版.北京:中国人民大学出版社,2018.

［4］曾五一,朱建平.统计学［M］.上海:上海财经大学出版社,2012.

［5］杨世莹,高健.SPSS22 统计分析案例教程［M］.北京:中国水利水电出版社,2016.

［6］杨维忠.SPSS 统计分析与实验指导［M］.北京:清华大学出版社,2020.